中国人民大学劳动人事学院**第四代系列教材**

企业文化

基于人类学和管理学的视角

石 伟 著

CORPORATE CULTURE

中国人民大学出版社
· 北京 ·

FOREWORD

总序

正值我国改革开放40周年之际，我们迎来了中国人民大学劳动人事学院成立35周年。这套遵循传承、创新理念的中国人民大学“十三五”规划教材暨劳动人事学院第四代系列教材正式出版。

35年来，中国人民大学劳动人事学院创设了国内第一个人力资源管理专业、第一个劳动关系专业、第一个劳动经济学博士点；第一次建成国内劳动经济、人力资源管理、社会保障、劳动关系专业最完整的本硕博培养体系等。

35年来，中国人民大学劳动人事学院持续组织编写在劳动学科领域拥有最大影响力的系列教材；持续开展中国就业问题短期研究，发布《中国就业市场景气报告》；持续开展中国人力资源审计研究，发布《中国人力资源法律审计报告》；持续开展中国人力资源职业发展状况追踪调查，发布《中国人力资源职业发展状况调查报告》；持续开展中国企业雇主-雇员匹配数据调查，建设基础性科研数据库；连续举办14届中国人力资源管理新年报告会暨中国人才发展高峰论坛等。

35年来，中国人民大学劳动人事学院首倡发起全球劳动科学院长论坛，举办中国劳动科学年会、全球人力资源论坛、中国人力资源服务业博士后学术交流会、中国职业发展论坛、中国助业研讨会、中国新就业论坛等。

“但开风气不为师。”我们高兴地看到，经过几代学人的耕耘，中国人民大学劳动人事学院所倡导的以问题导向、创新导向、实践导向、合作导向为指引的学风，已经成为本学科领域的共识。中国特色社会主义进入新时代，开启了全面建设社会主义现代化国家的新征程，人才培养和学科发展的使命更加重大。党的十九大报告中提出的实施人才强国战略，建设实体经济、科技创新、现代金融、人力资源协同发展的产业体系，在人力资本服务领域培育新增长点，提高就业质量，构建和谐劳动关系，加强社会保障体系建设，建设高素质专业化干部队伍等重大命题，都与我们的学科领域密切相关。与此同时，一场影响深远的变革正在拉开大幕：数字经济时代产生的新就业方式、新组织管理形式、新劳动关系模式等都对传统的研究范式提出了挑战；国家层面实施的供给侧改革、生育政策调整等对劳动力供给、要素市场化配置、社会保障提出了新的调整要求。我们真切地感到：创新已经是新时代所要求的基本方法论，我们必须跟上时代的步伐。学科建设是知识创新的载体。随着开发人力资源、解决民生问题的重要性被提到前所未有的新高度，我们的学科迎来了新的机遇。中国人民大学劳动人事学院下定决心再出发，为发展我国高等教育进行新尝试新探索，践行“劳人之事，成人之美”的新使命，打造“精英型学院、研究型学院、智库型学院、全球型学院、创业型学院、责任型学院、创新型学院”。

“合抱之木，生于毫末；九层之台，起于累土”。我们认识到，课程和教材体系建设尤其是本科教材建设是学科建设的重中之重，直接关系到“为谁培养人、培养什么样的人、怎样培养人”这一根本问题。中国人民大学劳动人事学院具有重视教材建设的优良传统，建院以来的三代教材都影响深远，奠定了本学科的基本框架和教学传授方式。教材建设应当与时俱进，把新的前沿理论、新的研究方法、新的拓展领域等及时囊括进来，体现不断更新的教学理念，适应人才培养的规律。

中国人民大学劳动人事学院从 2015 年初开始筹划劳动人事学院第四代系列教材的编写工作。在中国人民大学教务处、中国人民大学出版社的指导和帮助下，编委会成员不懈劳作，终于如期奉献出这套全新的系列教材。这套新的系列教材有以下特点：

一是教材编写者虽然仍然全部为中国人民大学劳动人事学院的教师，但是其中有旧雨也有新知。系列教材由资深的名家与中青年学者共同创作完成。他们都对自己的领域有深刻的体认，都有鲜明的学术个性和研究风格。他们在教材中展现出的缜密的逻辑能力和广博的学识素养，能够代表劳动人事学院乃至中国人民大学的学者水平。

二是充分体现我国改革开放 40 年来的成就和近年来中外学术大交融的成果。这套教材关注中国本土的实践探索，以之为素材，以中国情境为前提，丰富和深化学生对学科专业的认识，尤其体现了学科交叉融合的研究视野，探索将各专业知识融会贯通的教学方式。新增的部分教材使丛书体系更加完备，在科学性、先进性、适用性方面都有新的拓展。

三是更加注意适应本科教学的特殊性。这套教材以本科课堂教学为出发点，在整体编排上注重系统性，在每本教材中注意理论基础性与实践应用性相结合，既奠基铺路、培养兴趣，又为引导学生未来的进阶性学习做好必要准备。教材的编写者都长期活跃在本科教学第一线，在教材的内容和形式上充分考虑教师讲授和学生学习的便利。

我们希望，这套系列教材的出版和使用能够为学科通往成熟之路做好铺垫，培养出更多更优秀的建设者和后备人才。对于教育界同行，希望你们不吝赐教，与我们携手为建设具有时代风格、中国品格的劳动科学学科而奋斗；对于新一代学子，期待你们能借助这套教材实现梦想，驶入“自由王国”的光明之域，激荡出人生的壮丽图景。

最后，感谢中国人民大学领导、中国人民大学各部处（特别是教务处）、中国人民大学出版社的关心、指导和帮助，感谢每本教材编辑的辛勤劳动。还要感谢各位作者和为教材付出心血的院内同仁。不管留下的脚印是深是浅，所做的工作能否载入汗青，学科的历史终究要由大家继续创造。衷心希望学科的未来能由今天的读者们以更多更好的成果一起创造！

谨以这套系列教材作为中国人民大学劳动人事学院成立 35 周年的纪念。

杨伟国

中国人民大学劳动人事学院院长

PREFACE

前言

笔者在2004年第1版的基础上编写的《组织文化》第2版（复旦大学出版社2010年出版），算是国内第一部运用人类学理论对组织文化进行梳理的教材，在学界和业界受到一些好评并得到大量的引用。但是每次重读，笔者总有些忐忑，因为教材作为文本，永远都要被持续解构。而过去的十年，正是中国经济高速成长，互联网影响到全球，技术日新月异的黄金时代，加上中国的学人和勤于思索的管理者的不懈努力，企业文化研究再次呈现出20世纪80年代的繁荣景象，尤其是应用人类学研究不断深入，许多成果引人瞩目，在此背景下，原教材就显得有些单薄了。

尽管《组织文化》（第2版）也吸引了业界的注意，一些公司邀请笔者去做专业咨询，但让人失望的是，虽然有关企业文化的量化研究成果汗牛充栋，但十年前企业文化构建就存在的问题，比如量化研究泛滥，忽略文化的理解和解释，墙头文化和实际文化“两张皮”的问题仍然没有解决。而在人类学，尤其是工商人类学的领域，由于很少有企业会允许人类学家花费一年以上的时间作为参与者开展研究，所以本来是最擅长文化研究的人类学家在企业文化建构中也无法写出《公司男女》那样的人类学民族志力作。

而具体到企业文化实践，当笔者行走在阴森的矿井、杂乱的员工宿舍、寒风凛冽的采油厂、嘈杂的食堂、凌乱的工作现场等“田野”中时，发现普通员工基本对墙头文化漠不关心。与此同时，那些公司的高管也缺少罗兰·巴特所说的对文化的“凝视”，企业文化似乎只是一种文本。更让笔者讶异的是，一家知名企业的董事长博学、儒雅，并且常年主抓企业文化的建构和宣传，他的企业被视为文化标杆，当年笔者见他的时候他非常得意，满是自豪地向笔者和咨询组的成员展示企业文化108条，结果一年后身陷囹圄。这些事件促使笔者去思考企业文化研究中较少出现的文本、话语、权力、文化霸权的关系，也让笔者认识到企业文化还要从理论上更上一层楼。

本书正是在这一背景下写就的，其特色在于从人类学和管理学的角度，提出一个融二者为一体的新框架。具体来讲，运用人类学的视角，将企业文化作为社会文化的一个分支，视企业文化的建构为一个文本的书写和解构的过程。企业文化遵循人类学的方法开始写文化、通过理解和解释而产生行动，这是“企业是文化”的进路；同时，将企业文化作为管理中的变量，强调企业文化建构仍然要发挥定量研究的特色，对企业文化建构的效果进行评估，这就是“企业有文化”的进路。重要的是，这两种进路不是各自独立叙事，而是不间断进行对话并展开“视域融合”，能够让读者产生更高层次的理解。这是本书的特色，也是创新之处。本书还结合近十年来企业文化研究和实践领域的成果，给出了一些极具操作性的工具及方法，相信能给读者新的启发，并引发众多的后续研究。

当然，应用人类学作为人类学的一个分支，这一领域近十年研究成果颇丰，笔者在“写文化”时难免挂一漏万，恳请各位企业文化领域的学人和致力于企业文化建设的实际工作者不吝赐教。

本书凝结了多人的心血。在此感谢中国人民大学出版社副总编辑于波和管理分社社长熊鲜菊，她俩在2015年就邀笔者编写新版教材，结果小儿果果的出生和成长让笔者难以静心完成书稿，多亏了爽朗、幽默的谷广阔编辑的敦促、细心和高效，新书终于抢在开学季到来之前完成了。

感谢中国人民大学劳动人事学院的孙健敏老师，即使他在遥远的新西兰，也没有忘记给笔者传回一些工商人类学的最新资讯。感谢劳动人事学院杨伟国、赵忠和研究生院安志伟老师对本书提供的支持和帮助。在此过程中，图书馆的储继华老师热心帮笔者收集资料，尤其在馆际之间论文的借阅方面给了笔者巨大的帮助，为笔者节省了不少时间。

笔者的博士生孙涂蔚、王静，硕士生赵寒霜、武肖肖、李弘扬在资料整理和收集方面投入了不少时间，北京师范大学蔡子君老师审阅了第1～6章，西南财经大学陈佩老师审校了第7～10章。在此向他们一并致谢。

感谢笔者的父母和爱人董媛，他们承担家务、看护孩子，使笔者得以集中精力完成本书。在撰写本书疲惫和劳累的时分，儿子果果在成长时期的欢笑和嬉戏时的灵动，带给笔者无尽的温馨和欢乐。

石伟

2020年8月于求是楼

CONTENTS

目 录

第 3 篇 功能篇：企业有文化

绪　论

企业文化：人类学和管理学的融合

企业文化是个老生常谈的主题了。笔者的案头一直放着笔者的博士生导师、中国人民大学沙莲香教授的《社会心理学》，她认为：所谓文化是凝聚在一个民族的世世代代的人的身上和全部财富中的生活方式之总体。生活方式包括行为方式和思考方式；文化是各种行为方式和思考方式的整体；作为文化的生活方式，代表民族特点。文化包括物质文化、社会文化和精神文化，这三种文化紧密相连、互为一体①。

这种对文化的界定不仅有很强的人类学中的“文化”色彩，据此还能将文化和文明分开。举凡文明，主要指物质文化，而文化不仅包括物质文化，也包括社会文化和精神文化。

具体到企业文化的研究范围，我们可以看到企业文化的研究从企业文化的概念、研究方法开始，长期以来受管理学、人类学的浸润，在管理实践中发挥着日益重要的作用。企业表面上复杂多样的文化现象之间存在着内在的必然性，即本质规律。企业文化研究的目的就在于寻找这些客观规律，总结企业文化的知识原理并用以指导企业文化实践。

重要的是，文化具有整体性的特点，企业文化必须具备完整的体系和理论框架。固然，各人对客观事物的观察角度不相同，而表现为各种文化理论的体系也各不相同，但是，对各种体系的理论进行分析和研究后，我们可以总结出企业文化的规律性，从而为各具体企业文化实践提供“文化地图”。

本书正文部分主要分为理论篇、象征篇和功能篇。

- 理论篇是企业文化的背景知识介绍，具体包括第 1 章和第 2 章。
- 象征篇则将企业视为社会文化的一支，从背景、环境、理解和解释、反思与行动方面对企业文化进行审视，具体包括第 3 章到第 6 章。
- 功能篇从功能主义角度出发，将企业文化作为影响企业经营业绩的变量，从企业文化的形成与传承、企业文化的变革与整合、跨文化管理与沟通、企业文化与人力资源管理角度探讨企业文化，具体包括第 7 章至第 10 章。

本书每一章交替引用人类学的理论和实践，这是本书冠之以综合人类学和管理学理论的原因。但最为重要的是，本书将找寻文化通则的人类学和致力于建立管理通则的管

---

① 沙莲香．社会心理学．北京：中国人民大学出版社，1987：63－66.

理学置于企业文化的背景中，让读者体会到阐释学中的“视域融合”，在理解的基础上能对企业文化做出较为客观的说明、解释和描述。这是本书不同于其他企业文化教材之处。

如果你是经济学和工商管理类的学生，补充一些人类学的知识是重要的，因为经管类的培养计划较少有人类学的选修课，你可以由本书开始，研习其他人类学的知识，你会发现主要使用质化研究方法的人类学别有洞天，从而对人类学产生学习兴趣。

如果你是人类学专业的学生，尽管你对文化人类学的知识和田野研究已经了然于胸，但是本书肯定能帮助你掌握一些量化研究的企业文化研究方法，你会将田野置于一个更为独特而少有人类学家研究的企业和企业集群，增进对中外企业管理的理解。而且在你浏览完毕之后，你会发现本书从第 3 章到第 6 章是沿着人类学的进路完成的，而阅读本书第 7 章到第 10 章会让你更加熟悉企业文化的理论与方法。

需要说明的是，本书每一章中的开篇都有“学习目标”“章首案例”，你要带着思考和问题仔细看书。每一章的结尾都有“本章小结”、“关键词”、“复习思考题”、“案例”和“学习与练习”，方便你提升学习效率。和其他教材不同的是，大部分的“章首案例”和章末的“案例”是首尾呼应的。由于所有的案例均是笔者根据自己主持或参与的企业课题改编而成，你会有一种身临其境之感。而且“案例”能带你走入每章最后的“学习与练习”，帮助你更好地分析问题和解决问题。

如果你是教师，除了能获取本书的 PPT 之外，还能获得与本书内容相关的 33 份企业文化的影视人类学、企业文化文本和相关教学辅助资料（电子版）。重要的是本书引用的文献能够帮助你效率更高地做好教学准备。请登录中国人民大学出版社网站（www.crup.com.cn）免费下载使用。

如果你是咨询师，笔者相信本书中有关企业文化的基础理论和案例介绍能增添你服务客户时的文化自觉（费孝通语），避免单一地从经营业绩来思考企业文化和建构企业文化。

如果你是企业的管理人员，心里会有学院派和实战派教师的分类概念，笔者想说的是，但凡在企业沿用过人类学方法，参与企业实践的教师应该是懂得企业的，本书能告诉你一些企业文化比较新的理论和视角，因为本书中多次援引的，无论是作为社会心理学创始人，还是作为倡导行动学习的大师库尔特·勒温（Kurt Lewin）说过：没有什么比一个好的理论更实用的了（There is nothing so practical as a good theory）！

第 1 篇

理论篇：企业文化理论

理论篇是企业文化的背景知识介绍，包括第1章和第2章。

第1章从基本的概念着手，分别梳理企业、组织、文化和文化人类学、企业文化的一般性知识。进而介绍了西方企业文化的人类学和管理学渊源，在给出本书企业文化定义之后，本章结合现代阐释学的内容提出了一个跨学科的综合性企业文化研究框架：理解和解释、分析的框架。

第2章首先从哲学高度介绍了关于组织研究的三个阶段，然后围绕哲学的本体论、认识论和方法论理解企业文化，最后介绍了我国企业文化研究的现状，使读者进一步掌握研究企业文化的人类学和管理学的“视域融合”的方法。

第 1 章
企业文化概论

学习目标

- ◎ 理解文化及其特点
- ◎ 熟悉组织气氛以及企业文化的含义
- ◎ 了解企业文化“四重奏”
- ◎ 概述中外企业文化的发展路径
- ◎ 概述阐释学理论与文本理论
- ◎ 熟悉量化和质化研究法在企业文化研究上的差异
- ◎ 熟悉企业文化研究和实践的理解和解释、分析的框架

章首案例

任正非的《华为基本法》和任克雷的《华侨城企业文化宣言》

2000 年的一个夏夜，深南大道上车水马龙。从华侨城集团企业文化部出来已是十一点了，一整天的讨论让我们的大脑保持亢奋，华侨城集团张整魁书记向我们提议绕着华侨城散步来放松一下。

1998 年《华为基本法》问世，同在南山区，与华为相距不足五公里的华侨城的“掌舵人”任克雷深受启发：作为国企的华侨城也应该有一部纲领性的企业文化文本。

我作为课题组成员之一参与了这个为期半年的企业文化项目。在无数次的访谈、调查、讨论与争论中，加班加点成了家常便饭。散步成了我们了解华侨城、产生灵感的好方式。

夜色中的华侨城里，你看不到一条完全笔直的道路。自然地形地貌的保持和维护是华侨城“花园中建城市”的规划理念的体现，这和“城市中建花园”是两种完全不同的思路。华侨城选择先造环境，后造建筑，依托自然，以人为本，并在规划中遵循保护原有自然资源的原则，使人工环境和自然融为一体。漫步其间，令人心旷神怡。

华侨城总部楼下的那棵老榕树时常让我们驻足，流连忘返。在华侨城总部周边所有的大榕树中，气度、风采最佳的就是总部楼下的这棵古榕，它高大、挺拔，枝叶繁茂，

而且树冠大、树形好，简直就是一盆巨大、美丽的天然盆景。

“文化也是一棵大树啊！”张整魁感叹道。文化是一棵枝繁叶茂的大榕树的比喻，正契合上企业文化的根隐喻。

看得出张整魁今晚兴致很高，因为华侨城纲领性的企业文化文本标题确定了下来。原来拟订的标题是《华侨城宪章》，总经理任克雷觉得那还是《华为基本法》的思路，于是，熟读马列的张整魁建议标题改成像《共产党宣言》一样的《华侨城企业文化宣言》，这个建议令我们击节叫好。

张整魁随后给我们讲了这棵老榕树的幸运故事。本来，华侨城集团初创时期秉持的是“城市中建花园”的理念，就是先注重建设，再设计景观，但是任克雷和张整魁坚决反对，并不惜重金请来香港的规划设计师，按照依山傍水、道法自然的方式拟定华侨城总体规划，并于 1996 年再次修编总体规划，严格按照规划进行保护性开发、建设，老榕树等原始景观得以保留。在那个以速度为先的年代，正是秉持这种超前的自然环境保护意识，才会有华侨城现在的景观。置身华侨城，无论是在汉唐大厦，还是锦绣花园、波托菲诺，行人的路线和视线都不会被庞大的建筑物所阻挡，而架空层层次分明的花草树木则与建筑共同形成了悦目的景观。

同时，任克雷和张整魁也意识到建立企业文化的重要性，华侨城在 1999 年就成立了企业文化部，并且，他们不是单纯从提升经营业绩的角度去审视企业文化，而是花半年时间让所有的员工参与讨论，统一思想。这启发我们，企业文化构建不仅要关注经营业绩，也要注重过程。修改到第九稿的《华侨城企业文化宣言》得以在 2000 年问世，华侨城在此基础上广泛讨论，丰富企业文化的建构。

20 年弹指一挥间，由于两代人的奋力拼搏，华侨城注重规划，更注重文化，终于成了今天的“优质生活创想家”！

后来我多次在那棵老榕树下驻足，想起 20 年前的《华侨城企业文化宣言》，“文化也是一棵大树”的话语还在我耳畔回荡。而华侨城作为国家经济支柱的国企，《华侨城企业文化宣言》就如文化的根隐喻一样，我们只看到地面之上的华盖擎天，其实看不见的根系一直在默默扩张、伸展，吸取天地之精华并不断成长……尽管默默无闻！

思考：

1. 什么是文化？

2. 如何定义企业文化？

请你设想一下这样的场景：一位帮助企业建构企业文化的教师或者咨询师进入企业，首先需要了解企业成员是如何看待企业文化的，他会通过访谈、问卷调查等方式做出判断，然后着手提炼体现企业特色的文化，形成企业文化的文本，基于这个文本所展开的讨论会增进企业成员对企业文化的理解，进而影响企业成员的行为和企业的制度、规范等领域。由于企业盈利性的存在，他要向企业证明建构企业文化的工作能够使得企业有效地达成目标。

问题随之而来，作为局外人，他是如何看待企业成员的观念和行为，并把这些不同个体的观念和行为提升到相对一致的水平呢？如果仅仅基于管理学的视角，将企业文化作为一个结果变量，而大量的研究已经证明企业存在或者有文化，那么首先必须了解企业文化，然后通过企业文化变量的操控来证明企业文化的作用。如果仅仅基于人类学的视角，文化本身就是有差异的，建构企业文化的过程本身需要局外人介入，描述企业成员的观念或者行为，书写企业文化的文本，并且借助这个文本推动企业成员的反思和行动。这样的反思和行动本身对企业就是有意义的，但无法评价这个过程对企业目标的影响。如果融合这两种视角，对企业文化的研究和实践会有哪些不同呢？为此，我们需要熟悉管理学和人类学的相关理论，帮助我们更透彻地了解企业中的文化现象。

第 1 节　企业文化概述

概念是思维活动的结果和产物，同时又是思维活动借以进行的单元。要反映企业文化的本质属性和客观实现，我们先定义企业以及相关概念，进而定义文化和企业文化。

一　企业和组织

（一）企业的概念

在我国，“企业”是指从事生产、流通、服务等活动，以产品或劳务满足社会需要，并以盈利为目的，依法设立，实行自主经营、自负盈亏的经济组织。通常它指代一种社会经济的基础单位，同时又具备如下技术和组织上的特征：

第一，企业是从事生产、流通、服务等活动的经济组织。

第二，企业通过交换生产经营的成果与消费者或其他生产单位发生经济联系，满足一定的社会需要，同时获得盈利。

第三，企业具有独立的经济利益，自主经营，自负盈亏。

第四，企业要依法设立。

第五，企业是社会经济力量的基础，企业生产力的总和构成社会生产力。

其中，企业有盈利性诉求，这是它不同于其他社会组织的显著特征。另外，由于现代企业中的员工概念扩展到还包括股东、顾客和其他利益相关者，因此，除非有所限定，本书除了在讨论企业文化需要区别层级之外，统一用企业成员而不是员工来指代。

（二）组织的概念

与“企业”相近的一个概念是“组织”。在管理学中，作为名词，“组织”（organization）就是建立组织结构的一系列程序，具体表现为部门的设置、工作描述、工作流程设计等。而“组织”（organizing）一词作为动名词则包括确定为达成目标所需要进行的各项工作。

良好的组织使管理者得以有效地调配和使用各种资源，而这种有效地获得并使用资源的能力，常常是组织成功的关键①。在这个意义上，组织是一种有意协调的社会单元，

① 维克．组织社会心理学．贾柠瑞，高隽，译．北京：中国人民大学出版社，2012：38.

由两个以上的人组成，在一个相对连续性的基础上运作，以达到共同的目标或一系列目标[①]。

根据这个定义，在本书中，"组织"是指在社会、经济、政治、文化等活动中，依照法定程序批准建立的具有独立法人资格或法人授权管理的正式机构或正式团体，包括政府机关、企事业单位、商业公司、社会团体、院校、学术机构、各类协会等。这个概念等同于我们所说的单位，除了包括上文提到的企业之外，还有事业单位、党政机关、社会团体等。无疑，组织的概念比企业的外延要广。

需要说明的是，本书在援引国内外的文献时，有时会使用比"企业文化"外延更广的"组织文化"一词，因此，本书中对于研究对象不是企业的相关结论，会在注释中给予简要说明。

二 文化的概念

（一）中国训诂学中的文化

"文化"一词在中国有悠久的历史。从词源上看，"文"与"化"在三千多年前的卜辞中就出现了。文，原来的意思是文错、文饰和纹理。"文"通"纹"，体现一种美的自然形态，如波纹、水纹和云纹一般。《庄子·逍遥游》记载"越人断发文身"，"文"有美好的意思。古代的学者还认为"文"的本质是一种规律。唐代李翱在《李文公集·杂说》中描述"日月星辰经乎天，天之文也。山川草木罗乎地，地之文也。志气语言发乎人，人之文也"。

"化"这个字在甲骨文中像一正一反的两个人，本义为生成、造化，引申为教化、改造、培育等。《说文解字》中记载："化，教行也。"

"文""化"两个字较早一并出现在《周易》之中，"观乎人文，以化成天下"。而后又出现在汉代刘向的《说苑·指武》中："凡武之兴为不服也，文化不改，然后加诛。"南齐王融的《曲承诗序》言："设神理以景俗，敷文化以柔远。"晋代束皙的《补亡诗》中则写道："文化内辑，武功外悠。"这里的"文化"，指的都是文治和教化，与现在使用的"文化"一词有别[②]。

（二）西方知识考古学[③]下的文化

Culture 最接近拉丁语 cultura 中"耕耘"（cultivate）或"开垦"（tilling）的意义[④]。鉴于此，以下介绍英国学者雷蒙德·威廉斯（Raymond Henry Williams）用知识考古学方法对"文化"一词的研究。

文化一词的现代意义主要是在英语中发展起来的，可分为两条演化路径。

---

① 罗宾斯，贾奇．组织行为学：第 14 版．孙健敏，李原，黄小勇，译．北京：中国人民大学出版社，2012：5.

② 王玉德．文化学．昆明：云南大学出版社，2006：4.

③ 知识考古学是法国结构主义学者福柯（M. Foucault）的首创，知识考古学是一种应用考古学的意识和方法来对知识和观念的构成（前提、条件、机制）与演变过程进行考察和分析的方法。王建平．文化研究读本．北京：中国人民大学出版社，2016：1-11.

④ 霍尔，尼兹．文化：社会学的视野．周晓红，徐彬，译．北京：商务印书馆，2004：19.

（1）主要路径。此路径是“colere—cultura—culture”。cultura 的词源是 colere。包含栖息、培养、保护、光荣且崇拜等含义。后来，colere 发展出一系列衍生词，这些衍生词分担了部分含义。例如，colonus 表示“栖息”，colony 表示“殖民、集群”，cultus 表示“光荣且崇拜”，cultura 则表示“栽种”或者“照料”。

在古法语中，cultura 被写作 couture，发展了自己的独特意义，最终演变为 culture，在15世纪时为英语所用。在以上的用法中，culture 被视为一个表示“过程”（process）的名词，表示对某种农作物或者动物的照料。

（2）次要路径。此路径是“culter—colter—coulter—culture”，它稍晚于主要路径。在17世纪，coulter 才演变成 culture。此时，culture 指代农耕用具——“犁”和“铧”。

启蒙运动时期，法国启蒙思想家和德国古典哲学家将文化同人类理性的发展联系起来，并与原始民族的“不开化”和“野蛮”相对立。直到21世纪，才消除了19世纪的学者强加在那些非欧洲文化之上的含义，不再用“野蛮”（savage）、“原始”（primitive）、“低劣”（inferior）等词来描述那些文化①。

现在，“文化”作为一个独立的抽象名词，指代的是知识活动，特别是艺术领域的作品和实践。音乐、文学、绘画、雕塑、电影、戏剧等都是文化的一部分。

（三）文化的定义和特征

当代人类学对文化有两种基本的界定方式：一种是广义的结果规定，另一种是狭义的界说。前者仅将文化限定于精神领域，如墨菲（R. F. Merphy）把文化定义为“由社会产生并世代相传的传统的全体，亦即指规范、价值及人类行为准则，它包括每个社会排定世界秩序并使之可理解的独特方式”②。而后者则包括人类通过后天的学习所掌握的各种思想和技巧，以及用这种思想和技巧创造出来的物质文明和制度文明。

相对于本书所要讨论的企业文化而言，广义的文化具有更大的包容性，它可以同时兼顾到文化的物质方面、制度方面、精神方面和行为方面。正如约翰·奥莫亨德罗（John Omohundro）给文化下的定义，即：文化是一群人通过习得，对所作所为和每件事情的意义共有的认识③。

每一个社会都有与其相适应的文化，考虑到文化的这些特征在后面的章节都有涉及，此处仅简要介绍每一个社会的文化都具有的共同特征：

（1）文化是共享的。文化是一套共享的理想、价值和行为准则。正是这套行为准则使个人的行为能为社会其他成员所理解，而且赋予他们的生活意义。因为人们分享共同的文化，他们能够预见其他人在特定环境里最倾向于如何行动，以及自身如何做出相应的反应。

（2）文化是习得的。所有文化都是习得的而不是遗传的，著名人类学家拉尔夫·林顿把这称为人的“社会遗传”。人们与文化一起成长，从而学会自己的文化，而文化借以从一代人传递到下一代人以及个人借以成为其社会成员的过程称为濡化（encultura-

---

① 凯根．三种文化：21世纪的自然科学、社会科学和人文科学．王加丰，宋严萍，译．上海：上海世纪出版集团，2005：155.

② 墨菲．文化与社会人类学引论．王卓君，吕迺基，译．北京：商务印书馆，1991：20.

③ 奥莫亨德罗．像人类学家一样思考．张经纬，任珏，何敏，译．北京：北京大学出版社，2013：26.

tion)。理解这个特征对我们了解文化的传承极为重要。

(3) 文化以符号为基础，也依靠符号传递；文化最重要的符号是语言——用词代替对象。借助语言，人们能够把文化一代又一代地传递下去。人们能够从积累、共享的经验中学习语言，没有语言，一个人无法告知其他人他们所不了解的事情。

(4) 文化是整合的。文化是系统，为了发挥作用，文化的各个方面必须合理地整合在一起，以和谐的方式运行。由于文化中总存在某种变化的潜力，这种变化过程中的冲突需要从更高的层面加以整合，来保持文化系统的和谐运行①。

三 文化人类学的起源及其分支、发展

人类学有两大任务，一是理解什么是人，二是理解人性是如何通过不同的文化表现出来的。鉴于此，我们先从源头说起。

(一) 人类学的起源和分支

人类学作为一门独立而完整的学科，虽然至今只有数百年的历史，但是其相关内容的研究却在很早以前就已经开始。对人类的研究可以追溯到两三千年以前，在古希腊、古罗马以及东方文明古国的文献中，就有对人类种族、民族等情况的记载，当然，这些记录是零散的，科学意义上真正的人类学研究产生于19世纪。

伴随着现代工业革命的发生和西方对外殖民的加剧，了解非西方的文化显得越来越重要。最初，人们认为民族学包括人类学。1839年，法国率先成立了巴黎民族学学会，英国、美国等国也相继建立了民族学学会，1859年，巴黎民族学学会为人类学学会和民族学学会所取代，各国纷纷效仿。系统的人类学研究，涌现了一批专业的人类学家，出版了大量的人类学论著和刊物，形成了一系列有关人类及人类文化的理论。

英国“人类学之父”爱德华·泰勒（Edward B. Tylor）在1871年出版的《原始文化》中认为，“文化是一个复杂的总体，包括知识、信仰、艺术、法律、道德、风俗，以及人类所获得的才能和习惯”②。

泰勒的定义有两个缺点：一是把“文化”界定为个别行动者身心状态中的一个复合整体，没有考虑到个体之间的差异；二是只列举了那些既有的制度和风俗，并未深入了解这些制度和风俗中的结构，亦未考虑到这些制度和风俗为人习得及传递的过程。尽管如此，这个定义在人类学以及随后的文化研究中依然有着重要影响，并且标志着现代人类学的产生。

美国著名人类学家霍尔姆斯（Lowell D. Holmes）和帕利斯（Wayne Parris）将人类学概括为：“人类学（Anthropology）是研究从史前时代到当代人类的体质和文化发展的一门学问（其中Anthropology——由意为‘人’的希腊文anthropo和意为‘系统的研究’或‘科学’的希腊文logia构成）”③。人类学也是寻求关于东西方人的状况和社

---

① 哈维兰．文化人类学．瞿铁鹏，张钰，译．上海：上海社会科学院出版社，2006：36-45.

② 泰勒．原始文化．连树生，译．桂林：广西师范大学出版社，1998：11.

③ Holmes L D, Parris W. Anthropology: an introduction. 3rd ed. New Jersey: John Wiley & Sons. Inc., 1981: 3.

会发展问题的答案的一门科学。

中国人类学家童恩正将人类学定义为：人类学是从各个方面综合地考察人类的一门科学，是一门研究人类的生物性及其文化的发生、进化和当代的变异的科学[①]。这个定义较全面地概述了人类学的研究范围。

（二）人类学的四分支和文化人类学的内容

一直到 19 世纪末，人类学最通行的意义还是我们现在所说的体质人类学。到 19 世纪后期逐渐发展，才形成“社会文化人类学”[②]。狭义的文化人类学相当于欧洲大陆一些国家所称的民族学和在英国所称的社会人类学或社会文化人类学。广义的文化人类学则包含考古学、语言学和民族学三个分支学科[③]，多数学者倾向于人类学应包括如下四个分支学科：体质人类学、语言人类学、考古人类学和文化人类学。人类学的四个分支的基本内容如下：

1. 体质人类学

人类学与生物学不同，主要研究人类起源、人种、人体形态等三个部分。可以说，体质人类学研究的是人类及相关的灵长类动物的体质发展过程中与自然和社会环境的关联。我国将体质人类学的研究列入自然科学的研究范畴。

2. 语言人类学

语言人类学是着重考察人类各地语言使用与文化关系的分支学科。语言人类学者把语言视作一种交际工具和思维模式，更重要的是将其视为行动的形式。

3. 考古人类学

考古学家试图发现和研究所有的人类活动遗迹，通过这些遗迹来了解和复原人类的活动，来了解人类与其环境所构成的关系。

4. 文化人类学（社会人类学或社会文化人类学）

文化人类学是对不同人群间思想和行为上异同之处的描述和解释，也是对其他人类生活方式的阐述与写照。它主要解决人类生存和发展过程中的三大重要关系：（1）人与自然的关系，这是最基本的关系，是人类生存的前提，涉及物质文化；（2）人与人的关系，这是人之所以为人的根本内容，人不能离开社会单个地存在于自然中，而社会就是人与人关系的体现；（3）人与心理的关系，要了解个人就离不开了解心理。

一百多年来，文化人类学的各种理论彼此激发、相渗互补，推动了其文化研究的深度和广度。中国人民大学人口与社会学院的夏建中教授将文化人类学的各理论归纳为十大学派：古典进化论学派、传播论学派、法国社会学学派、历史特殊论学派、英国功能主义学派、文化与人格学派、新进化论学派、结构主义人类学、象征人类学、解释人类学[④]。

随着人类学的发展，认知人类学或者民族科学开始出现。认知人类学强调心智的观

---

① 童恩正．文化人类学．上海：上海人民出版社，1989：4.

② 威廉斯．关键词：文化与社会的词汇．刘建基，译．北京：生活·读书·新知三联书店，2018：60.

③ 哈维兰．文化人类学．瞿铁鹏，张钰，译．上海：上海社会科学院出版社，2006：12.

④ 夏建中．文化人类学理论学派：文化研究的历史．北京：中国人民大学出版社，1997：11.

点，受后现代理论影响，这一派理论认为文化是维持秩序的认知或心理结构，力图借助语言的范畴来认知建构外在环境的含义①。

随着社会的发展，研究领域不断扩展与细化，人类学的分支也越来越多，如医学人类学、工业人类学、计算机人类学、教育人类学、都市人类学等等。

第 2 节 企业文化的起源

一 从科学管理到企业文化时代

当西方的人类学家“坐在舒适的摇椅”上沉思，抑或在远离西方的异邦开始考察时，西方的管理学家也几乎做着相同的事情。泰勒在伯利恒钢铁公司进行铁锹实验，法约尔在矿山通过管理提升效率，共同催生了科学管理时代。而随后的霍桑实验又催生出了人际关系学派。到 20 世纪 50 年代，企业中的文化现象逐渐成为多学科研究的内容。

（一）科学管理时代和人际关系学派

1. 科学管理时代

19 世纪末到 20 世纪初，西方工业化发展到以大机器和生产流水线为主要生产方式的阶段，企业经营者主要关心的问题是生产效率和投入产出比，在这种条件下，泰勒的科学管理模式和韦伯科层制理论的应用就引发了一系列理性化的管理实践。但是，它们都是基于“经济人”的假设，认为人的行为动机就是为了满足自己的私利，工作是为了得到经济的报酬。科学管理理论建立在四大原则（即动作分析、科学选拔与培训、劳资协作以及劳资双方平等分担工作职责）基础之上。这些原则背后抽象而又最根本的东西，即科学管理的实质——泰勒在美国国会的证词中所提到的——思想革命。科学管理的精髓在于把科学的精神引入管理并以一种非对抗的态度重新审视劳资关系②。此处需要说明的是，泰勒原是米德维尔钢铁厂的车工，后来成为工程师，而法约尔是企业的矿井组工程师。他们都是以“局内人”的眼光来审视管理，由此提炼出的管理思想奠定了科学管理理论的基础，泰勒也被称为“科学管理之父”。

2. 人际关系学派

随着人类学理论和方法的日益完善，其触角伸展到人类社会生活的各个层面，形成了工业人类学、医学人类学、心理人类学、宗教人类学、政治人类学等一大批应用分支。工业人类学创始者是哈佛大学的梅奥（E. Mayo）、沃纳（L. Warner）和他们的学生查普尔（E. Chapple）等人。在芝加哥西方电器公司霍桑工厂所做的试验中，作为公司的“局外人”，他们运用一系列的科学实验和人类学的田野研究方式，发现工人的心理和行为对生产率有重要影响，这催生了人际关系学派的诞生。霍桑实验的结果使人们注

---

① 张小军．人类学研究的“文化范式”：“波粒二象性”视野中的文化与社会．中国农业大学学报（社会科学版），2012（2）：66－77.

② 泰罗．科学管理原理．胡隆昶，译．北京：中国社会科学出版社，1984：2－20.

意到组织中的人际关系、非正式群体等因素对组织效益的影响，管理者开始关注包括自我实现在内的人的社会性需要，于是导致了一系列激励理论的出现。这些理论强调人际关系在管理中的重要性，以人的社会性为基础，提出用"社会人"的概念来代替"经济人"的假设。

此后，研究者们关心的重点不再局限于工作场所的"硬性"物质环境，而是转而注重"软性"的心理环境。组织气氛（organizational climate）研究的出现，正是应此种转变而产生[①]。

（二）企业文化的序曲

霍桑实验之后，1939 年，勒温（Lewin）、利皮特（Lippitt）及怀特（White）在《国际社会心理学杂志》上发表了研究报告《在实验创造的"社会气氛"中的攻击行为类型》，也就是著名的"领导风格"研究，实验以民主、专制、放任自流三种不同的领导方式来创造不同的群体气氛，考察不同气氛中群体成员的行为[②]。勒温，他首次提出了"组织气氛"的概念，并将其定义为个体间的知觉或个体所形成的认知地图之间相同或者相似的事，包括组织的制度化（institutionalization）运作，使组织成员对于恰当的、基本的、有意义的行为有了共同的理解。一个组织具有了制度化的持久性之后，可接受的行为模式对于组织成员来说就是不言而喻的事情了[③]。

20 世纪五六十年代，美国心理学家马斯洛提出"自我实现人"假设理论，他认为自我实现是人体内一种最大限度地实现自身各种潜能的趋向。与此同时，基于对组织气氛的操作定义不同，不同的研究者选择不同的气氛维度进行研究。塔邱力（R. Tagiuri）对组织环境的分类是公众比较认可的，他把组织环境划分为生态学（ecology）、背景环境（milieu）、社会系统（social system）、文化（culture）四个维度。他认为组织气氛是一个组织的总的环境性质，它来自环境四个维度各因素的相互作用，研究组织气氛宜从这四个维度中去选择变量：

（1）生态学维度，指组织的物质资源，包括设备、材料、仪器、建筑及财政等。

（2）背景环境维度，来自组织中成员带来的背景特征，包括成员的社会经济地位、教育水平、经验、自我概念、士气、满意感等。

（3）社会系统维度，指组织中正式和非正式角色的相互作用，包括行政组织、指导计划、作业分组、上级和下级之间的相互作用、同事之间的相互作用，以及决策与参与模式等。

（4）文化维度，包括规范、信念系统、价值、认知结构、对人生意义的看法等[④]。

---

① 唐京，陈卫旗．从"组织气氛"到"组织文化"：概念发展的逻辑．心理学动态，2001（1）：62－65.

② Lewin K，Lippitt R，White R K. Patterns of aggressive behaviour in an experimentally created social "climates". International Journal of Social Psychology，1939（10）：271－299.

③ 罗宾斯，贾奇．组织行为学：第 16 版．孙健敏，王震，李原，译．北京：中国人民大学出版社，2016：425.

④ Tagiuri R，Litwin G H. Organizational climate：exploration of a concept. Boston：Harvard University Press，1968：11－32.

自此以后，组织气氛从最初注重对企业环境的共享知觉，发展到更深层的对共享规范、信念、价值及意义的关注，文化的意义在此凸显出来，最后发展成企业文化①。

（三）管理理论的丛林与文化管理

1. 管理理论的丛林

1961 年，美国管理学家孔茨（H. Koontz）对现代管理理论中的各种学派加以分类，发表论文《管理理论的丛林》（“The Management Theory Jungle”），概括出六个有代表性的管理理论学派。1980 年，他又在美国《管理学杂志》上撰文《再论管理理论的丛林》，指出经过近 20 年的时间之后，“管理理论的丛林”不但存在，而且更加茂密，并使得管理学的第三个时代——管理科学时代到来。他划分的 11 个学派为：

（1）经验主义学派或案例学派。

（2）人际关系学派。

（3）组织行为学派或团体行为学派。

（4）社会协作系统学派。

（5）社会技术系统学派。

（6）决策理论学派。

（7）系统管理学派。

（8）管理科学学派或数量学派。

（9）权变理论学派或情境学派。

（10）经理角色学派。

（11）经营管理理论学派②。

管理学是否能走出“丛林”，完成统一，管理学家意见并不一致。有人认为当时管理学派林立的现象是正常的，和而不同反而促进相互交流和补充，最终会形成统一的管理理论；而另一些学者则认为各学派间的争论正是差异的表现，建立统一的管理理论是不可能的。孔茨本人就持后一种观点。

另外，这一时期关于人的假设有了变化。由于人的动机非常复杂，不能单单把人的动机假定在一两种情况之上。因此孔茨提出了“复杂人”假设，基于“复杂人”假设，根据具体情况而采取相应的权变理论和管理措施，在传统的 X 理论和 Y 理论基础上产生了超 Y 理论。

2. 文化管理

孔茨的文章要是再晚发几年，他就会看到企业文化学派的诞生了。只是当时企业文化这棵“树”尚不引人瞩目，管理理论的“丛林”也还没有形成“森林”。

1973 年，第一次石油危机爆发，许多工业发达国家都受到了冲击并发生了严重的通货膨胀。唯独石油全部靠进口的日本，却保持了很低的通货膨胀率，并在此期间提高了生产率。日本汽车和电子消费品等像潮水般涌入国际市场。在战后短短的 30 年，日本发展成了仅次于美国的经济大国，由此引起了美国朝野上下的震惊。

---

① 唐京，陈卫旗．从“组织气氛”到“组织文化”：概念发展的逻辑．心理学动态，2001（1）：62－65．

② 高良谋，张媛媛．管理理论丛林的成因及反思：走向统一的探索．管理现代化．2009（4）：36－38．

1979年，哈佛大学费正清东亚研究中心的傅高义（Ezra Vogel）教授撰写了《日本第一：对美国的启示》，该书立刻成为该年度美国和日本最畅销的书。至1980年，美国《商业周刊》以醒目标题报道企业文化问题。接着，美国权威性杂志《斯隆管理评论》《哈佛商业评论》《加州管理评论》《幸福》《管理评论》等，先后以突出篇幅讨论企业文化。美国理论界和企业界一些重要人物，纷纷以调查讨论和经验总结等形式著书立说，对企业文化发表真知灼见。人们注意到了文化差异对企业管理的影响，进而发现了社会文化与企业管理的融合——企业文化，即员工的一套意义共享的体系，它使企业独具特色，区别于其他企业。"文化人"假设开始出现。

"文化人"假设的基本观点：首先，"文化人"具有利己性，在知识经济中，知识型员工追求自身利益是驱策人的经济行为的根本动力；其次，"文化人"是具有高度社会责任感的人，一般情况下不会以损害社会或他人的利益来换取个人利益，而且经过自身修养和外界的整体目标协调一致，愿意使其追求的个人利益符合组织社会的整体利益。

此后，越来越多的美国人在这种严峻的态势下开始审视日本，反省自身。在对美日两国不同的管理模式进行分析探讨后，美国理论界和企业界认为日本企业成功的奥秘在于其独特的企业文化，并在1981—1982年短短两年间通过对日本管理经验的总结和两国管理状况的比较研究，接连出版了《Z理论——美国企业界怎样迎接日本的挑战》《公司文化》《追求卓越——探索成功企业的特质》《日本的管理艺术》等四本畅销书，对企业文化的研究进入了繁荣时期。

（四）企业文化"四重奏"

1.《Z理论——美国企业界怎样迎接日本的挑战》

1981年，美国加利福尼亚大学美籍日裔的教授大内（W. Ouchi）出版了他的专著《Z理论——美国企业界怎样迎接日本的挑战》，该书分析了企业管理与文化的关系，提出了"Z型文化""Z型组织"等概念，明确指出企业的控制机制是完全被文化所包含的。书中写道："一个公司的文化由其传统和风气所构成。此外，文化还包含一个公司的价值观，如进取性、守势、灵活性——即确定活动、意见和行动模式的价值观。经理们从员工的事例中提炼出这种模式，并把它传达给后代的工人。Z理论文化具有一套独特的价值观，其中包括长期雇佣、信任以及亲密的个人关系。一家Z型公司的所有领域或方面，从战略到人力资源管理，没有不为这种文化所涉及的，即使是产品，也是由这些生产员工所持的价值观所决定的。在所有这些价值观中，最重要的是一种Z型文化对其员工所施加的影响。事实上，一种Z型文化的人道化的因素还扩展到公司之外。"①

2.《公司文化》

受日本企业经验的启发，美国哈佛大学教授迪尔（T. Deal）和麦金斯管理咨询公司

---

① 大内．Z理论：美国企业界怎样迎接日本的挑战．孙耀君，王祖融，译．北京：中国社会科学出版社，1984：168－169.

的专家肯尼迪（A. Kennedy）在20世纪70年代末80年代初调查了近100家美国优秀企业，在此基础上写成了著名的《公司文化》一书[①]。此书一出版就成为当年最畅销的管理学著作，之后又被评为20世纪80年代最有影响力的管理学著作之一，是企业文化这一领域的经典著作。作者提出，杰出而成功的公司大都有强有力的文化，并在书中把企业文化的构成归纳为五大要素，即企业环境、价值观念、英雄人物、文化礼仪和文化网络。其中，价值观念是核心要素。该书还提出了企业文化的分析方法，即应当运用管理咨询的方法，先从表面开始，逐步深入观察公司的无意识行为。该书认为，正是这些非技术性、非经济的因素，对企业成功与否起主要作用。

3.《追求卓越——探索成功企业的特质》

1982年，彼得斯（T. Peters）和沃特曼（R. Waterman）的著作《追求卓越——探索成功企业的特质》出版。他们研究并总结了三家优秀的革新型组织的管理，发现这些组织都以企业文化为动力、方向和控制手段，因而取得了惊人的成就，这就是企业文化的力量。"在西方，越来越多的管理工作者发现，在经营得最成功的企业里，居第一位的并不是严格的规章制度或利润指标，更不是计算机或任何一种管理工具、方法、手段，甚至也不是科学技术，而是所谓的企业文化。"[②] 人们普遍认为，20世纪70年代管理实践和理论的中心主题是经营战略，80年代的主题则是企业文化。《幸福》杂志预言，美国企业界正经历着分娩的阵痛，即将诞生一场"文化革命"。没有强大的企业文化，再高明的经营战略也无法成功。企业文化是企业生存的基础、发展的动力、行为的准则、成功的核心。

4.《日本的管理艺术》

1982年，美国管理学界还出版了帕斯卡尔（R. Pascale）和阿索斯（A. Athos）的《日本的管理艺术》一书，书中强调："管理不仅仅是纪律，而且是具有它自身的价值法则、信念、手段和语言的一种'文化'。我们已经探讨了这种亚文化是怎样处于民族的大文化之中的。两种文化都包含着我们最近管理衰退的根源。当我们已经感到这种压力的时候，曾设法弄到某些诀窍和灵丹妙药来求得解脱，但这种做法是徒劳的，那种倾向已使我们受到创伤。'敌人'不是日本人或德国人；它是我们管理'文化'的限制。"[③] 企业竞争能力下降的原因在于"文化"，这就是结论，也是提倡企业文化的缘由。

需要明确的是，本书后面所论述的文化的内容大都以企业为对象，因此多使用"企业文化"一词。而在国外，组织是作为企业的群集而与公共机构相区别的，"组织文化"首次在英文文献中出现是20世纪60年代，当时和"组织气氛"这一术语几乎不做区别。与其类似的"公司文化"（corporate culture）是20世纪70年代创造出来的[④]。这个词和"企业文化"作为专业术语，首先出自西方管理学界，从20世纪80年代开始被频繁使用。它的英文是"corporate culture"或"organizational culture"，直译成中文是"公司文化"或"组织文化"。可是在当时的中国，"公司"一词表示的是"部—局—公司—

① 肯尼迪和迪尔的著作《公司文化》经印国有、葛鹏翻译，由三联书店在1989年出版，后来该书使用名称《企业文化：企业生活中的礼仪与仪式》，2008年由中国人民大学出版社出版，孙健敏、李源翻译。

② 彼得斯，沃特曼．追求卓越．余凯成，钱东升，译．北京：中国对外翻译出版公司，1985：3.

③ 帕斯卡尔，阿索斯．日本的管理艺术．张宏，译．北京：科学技术出版社，1987：215.

④ 霍夫斯坦德．跨越合作的障碍：多元文化与管理．尹毅夫，译．北京：科学出版社，1996：2.

厂”这种垂直管理中的一级行政组织。为了避免发生误会，翻译家们把这个新的术语译成了“企业文化”，并且一直沿用至今[①]。

二 企业文化学派的诞生

（一）企业文化学派的诞生

1986 年，格雷夫斯（D. Graves）出版了著作《公司文化——诊断与变革》，该书系统研究企业文化，宣告了企业文化学派的生成[②]。企业文化学派成为管理丛林中的一个重要分支，因此 20 世纪八九十年代也被称为管理的企业文化时代[③]。企业文化学派的特点如下：

1. 注重管理中的文化要素

企业文化学派是在反对主流学派，如行为学派、决策学派等的过程中出现的，企业文化学派的学者认为组织行为和决策中被视为既存的基本假设模式并非事先决定的，实际上，它是“文化”，这些模式引导员工按组织中成为惯例的“工作模式”工作，文化潜移默化地影响组织的行为——即使环境在不断变化。

2. 强调理念和行为文化

企业文化学派还认为，“文化”包括价值观、信念、基本认知、观念、行为规范和行为模式等，是一种社会能量，促使人去行动。文化普遍存在于组织中，每一个组织的文化都具有唯一性，组织的文化是一个社会建构概念，组织文化提供成员对组织的理解，组织的文化也是控制机制。

3. 量化和质化研究并举

还有一点需要重视，影响组织运营和发展的变量有 60 多个，这些要素对组织有着重要的影响[④]。如果留意沙因的组织文化研究和企业文化“四重奏”，能看出早先较少使用定量研究的方法，但从企业文化学派诞生后，组织气氛的测量和其他企业文化定量方法也被引入组织文化研究，企业文化研究呈现出多学科性[⑤]。从以下选取的企业文化的内容、定义中就可见一斑。

（二）企业文化的内容、定义

1. 沙因的企业文化模型

沙因提出的企业文化理论是西方管理理论中的一个重要流派，在中国影响极为广泛，对于我们今天研究企业文化结构具有重要的借鉴意义。由于文化是抽象的概念，沙因绕开文化的表面模型，将文化置于更深层次、更复杂的人类学模型之上。这一模型涉

---

① 罗长海．组织文化学．北京：中国人民大学出版社，1991：26 - 28.

② Graves D. Corporate culture-diagnosis and change：auditing and changing the culture of organizations. New York：St. Martin's Press，1986.

③ 大内．Z 理论：美国企业界怎样迎接日本的挑战．孙耀君，王祖融，译．北京：中国社会科学出版社，1984.

④ 汉迪．组织的概念．方海萍，译．北京：中国人民大学出版社，2006：9.

⑤ 邱泽奇．在工厂化和网络化的背后：组织理论的发展与困境．社会学研究，1999（4）：1 - 25.

及广泛的可觉察事件和潜在力量，几乎涵盖了企业文化的所有领域，具体包括：

（1）成员互动时可观察到的行为准则，包括企业中所使用的语言、习惯、传统、仪式。

（2）群体规范，是指在工作中逐渐形成的隐形标准和价值观。

（3）信奉的价值观（espoused values），是指企业所公开表达及公告的方针及价值观。

（4）正式哲学，是指企业的政策及理想的方针。

（5）游戏规则，是指要在企业中生存及成功，成员所需遵守的隐而不见的规则。

（6）气氛，是指成员对企业的知觉及感觉。

（7）内在的技能，指群体成员完成任务时表现出的特殊能力，使得某些事不用书写就能代代相传。

（8）思维习惯、心理模式、语言典范，是指企业成员所共有的认知形塑的技术（embedded skill），是指企业成员无须依靠书面的记载，就能将事务代代相传的方式。

（9）共享的意义，是指企业成员间对事务显现出共同的了解。

（10）根隐喻或整合的象征（root metaphors or integrated symbols），是指企业成员所发展出来的想法、感觉、印象，可以代表企业的特色。

（11）正式的仪式和庆典①。

2. 西方学者有代表性的定义

企业文化学派的出现是对管理实践变化的回应，其发展也是西方近代学术思潮发展的体现。以上企业文化定义中出现的象征、仪式等，实际上是西方社会学和人类学的研究范畴。

既然是学派，对概念的界定基本能够确定研究者的研究旨趣，并大致界定研究的脉络，以下我们从概念和有代表性的研究着手。

英国管理学家佩蒂格鲁（A. W. Pettigrew）1979 年通过一篇文章引起学界对组织文化的广泛关注，其他学者也纷纷展开对组织文化的研究，如表 1-1 所示。

表 1-1　国外组织文化概念列表

作者	定义
佩蒂格鲁（1979）	组织象征，通过组织存在的一系列象征、神话以及仪式等，从而影响组织内部确定各种意见、开展活动和行为模式的价值观与信念。
迪尔，肯尼迪（1982）	集企业环境、价值观念、英雄人物、文化礼仪和文化网络在内的五大要素的内在存在。
斯默西奇（1983）	被组织员工普遍接受的价值与信念，能支持组织的发展，通过成员的日常行为表现体现出来。
戴维斯（1984）	在内部体现为如何管理的价值信念，在外部体现为如何竞争的价值信念。
沙因（1986）	表面层、应然层和实然层三个层次。分别对应组织的表面现象、组织的价值观、一种更深层次的信仰，指导着组织成员的各种行动并引导着组织成员的观察和思考。
丹尼森（1995）	信念、价值观、行动模式。

① 沙因．组织文化与领导力．孙健敏，译．北京：中国人民大学出版社，2014：13-14.

从这些学者的定义不难看出，和组织气氛基于定量研究不同，组织文化研究开始出现符号、象征、神话和仪式等范畴，体现出更多的符号学、阐释学和文化人类学的色彩。肇始于梅奥组织的著名的霍桑实验的人际关系学派虽然一直不是主流，但是人类学对企业研究的深化，推动了企业文化研究和实践的发展。

第 3 节　企业文化的发展

一　西方企业文化的发展

（一）“组织是文化”和“组织有文化”

斯默西奇（L. Smircich）在 1983 年就归纳、整理了有关的组织理论及文化理论，列举出了五类组织文化研究的主题，包括跨文化或比较管理、企业文化、组织认知、组织象征论及潜意识的过程与组织，使得组织文化研究者得以清楚地了解组织文化定义的源头①。

如图 1-1 所示，跨文化或比较管理研究将文化视为组织的外在变量，探讨不同国家的管理行为与员工态度；企业文化的研究将文化视为组织的内在变量，是可以改变、控制及管理的，此研究还探讨了其与策略、变革、绩效、员工效能间的关系；组织认知的研究将文化视为组织的原始暗喻，研究组织内共有的认知体系与规则；组织象征的研究也将文化视为一种暗喻，探讨组织内的各种象征，并加以分析、解读与诠释；潜意识的过程与组织的研究将文化视为潜意识心理历程的表现，利用心理分析的观点来分析组织。

基于以上的比较，斯默西奇区分了研究组织文化的两种视角。

（1）“组织是文化”。这一视角不再将组织视作机械或者有机的实体，而是将其视为“根”的隐喻或者象征，组织就像人类学研究中的初级社会组织，如氏族、部落等一样，对于次级社会组织，如企业、军队等，也看作社会文化的一支而加以人类学范式的研究。组织认知、组织象征、组织潜意识历程的研究者多具有人类学背景。

（2）“组织有文化”。这种观点是一种典型的功能主义的观点，此观点将组织视为一种有机体或者机械体，在其中实际存在着文化变量，而这些变量在组织内是可以操控的。持这一观点的多为管理学家，研究组织文化时主要使用量化的方法，说明组织文化在满足组织或者员工个体需求时所能发挥的作用。

在斯默西奇看来，在组织文化研究中，这两种视角都是很合适的。

（二）管理学和文化人类学研究企业文化的比较

美国人类学家乔丹（A. Jordan）继而比较了管理学和文化人类学对于企业文化的研究，将管理学家与文化人类学家研究企业文化的区别总结如表 1-2 所示。

---

① Smircich L. Conception of culture and organizational analysis. Administrative Science Quarterly，1983（28）：339-358.

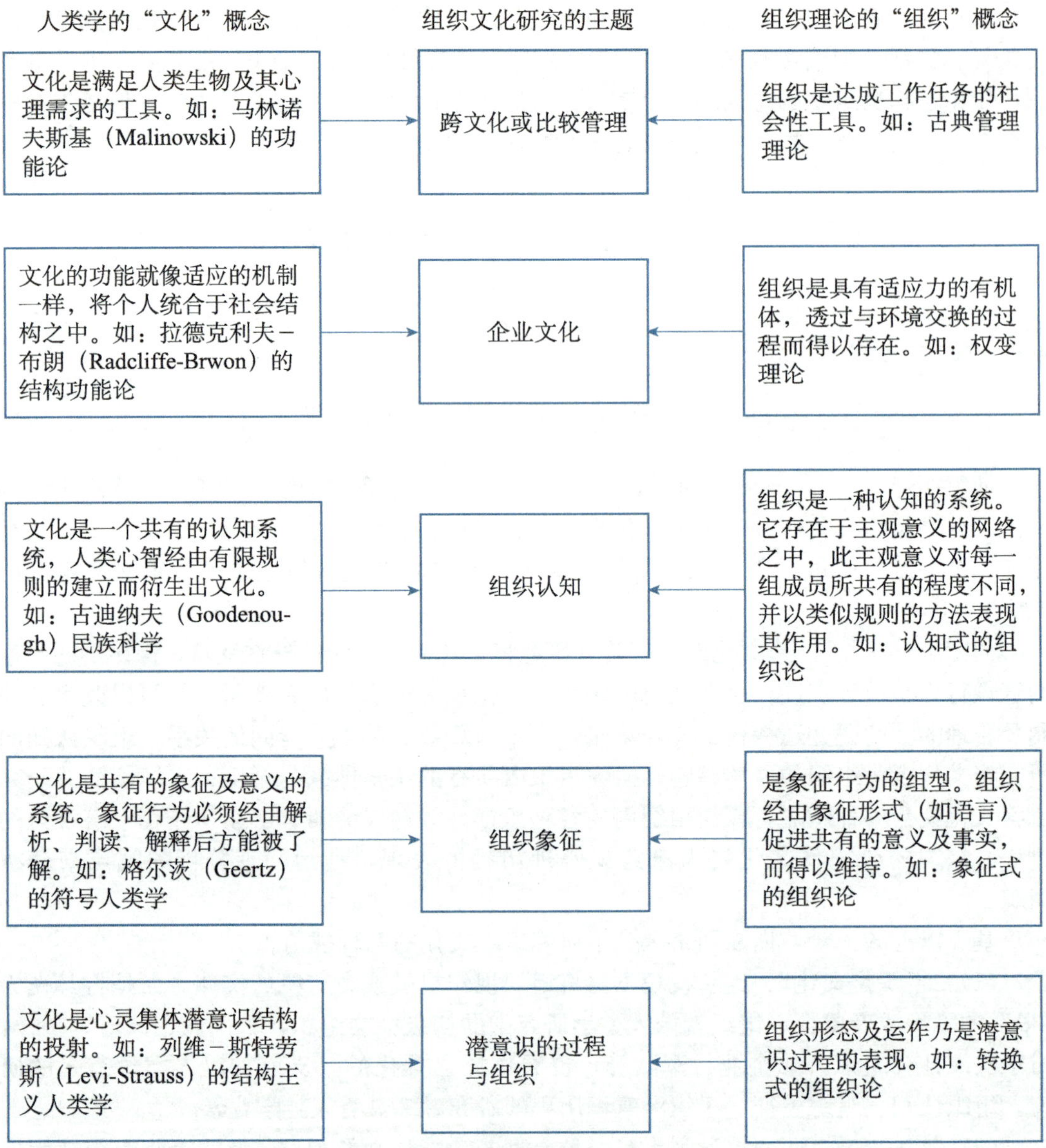

图 1－1　文化理论与组织理论的交集

表 1－2　管理学与文化人类学研究企业文化的区别概览

管理学研究企业文化	文化人类学研究企业文化
可以在微观/个体层面、群体层面、宏观/组织层面进行不同的研究	将整个企业的所有层面都作为文化的一部分
作为一个企业整体的文化	作为一个群体的文化特征
客位方法	客位与主位方法的并用
管理中心主义	文化相对主义
主要是量化的研究方法	主要是质化的研究方法
正式/非正式制度	理想/现实文化

资料来源：Jordan A T. Managing diversity：translating anthropological insight for organization studies. Journal of Applied Behavioral Science，1995，31（2）：124－140.

在表1-2中，有三组概念需要给出解释。

1. 主位与客位

主位（etic）与客位（emic）这两个术语来源于语言上关于语音学和音位学的（Phonetic/Phonemic）区分，是由语言学家派克（K. L. Pike）发明的。派克从语音学、音位学的研究开始，把音位的概念和原理逐步引申，最后用来分析人类的各种行为，并使用了两个词的后半部分创造出etic和emic两个术语来。前者表示一种纯物理的、不牵涉任何结构体系的观点、方法或性质，后者表示涉及结构体系的观点、方法或性质①。

在他看来，因为客位性描述最终取决于以往或当时的主位性分析，所以客位性描述远不同于主位性描述。对于派克而言，客位意味着一个局外人应用内部人的观点看。在这一过程中，局外人会带有自身结构性的观点，并且会对其基于内部视角的观察带有某些预设。同时在解释及理解内部事物时，也会参考其作为局外人时对于这一内部系统最初的观点②。

派克的研究影响了人类学。人类能对自身经验及文化提供描述和解释，主要肇始于参与者的观点和观察者的观点。参与者导向性（participant-oriented）的研究导致了主位的描述和解释，而观察者导向性（observer-oriented）的研究则导致了客位的描述和解释。进一步说，主位性的陈述描述了社会系统中的思想和行为，而这些思想和行为具有的一些现象区别、实体及“某些事物”的建构，则是通过与真正参与到社会系统的人们相类似的、真实的、有意义的、显著的或者恰当的思想和行为对比进而得出的。如果主位性陈述和参与者的感受是相互矛盾的，那么它就被证明是错误的。

客位性的陈述则是基于企业中具体的观察者对于某一显著现象所做的恰当性判断。客位性陈述即使和参与者所感知的什么是真实的、有意义的、显著的或者恰当的不一致，也不能证明客位性陈述是错误的。只有当客位性陈述收集了一些被观察者视为存疑的经验材料和证据时，它才可以被证明是错误的。

2. 管理中心主义和文化相对主义

管理中心主义坚持文化的普遍性（cultural universality），亦称“文化的普通模式”，指在全人类的各种文化中所存在的共同性文化因素。管理学寻求的是“规则”，采取的是文化的普遍主义思想，即企业中的文化有共同点或者存在可以比较的因素，强调文化的共同标准和作用。

文化相对主义（cultural relativity），指任何一种行为必须首先由其在一独特文化结构中所处的位置，及其与此文化的价值系统关系来加以判断。且由于文化具有独特性，事实上我们不应该对文化加以比较，并且给予评价。因为每一种文化都具有各自的特点，对文化的考察必须放在文化所处的整个系统之中。文化相对主义是直接涉及文化价值判断的方法和理论，是文化人类学的核心。它认为任何一种文化都有自己的特征、个性。在过去、现在和将来，任何文化在价值上都是平等的。我们不能用普遍、共同、绝对的标准去衡量一种文化的价值。

具体到企业文化研究，如何融合自然科学和人文科学的方法呢？遵循普遍主义，就

---

① 桂灿昆．美国著名语言学家肯尼斯·派克．国外语言学，1980（4）：46-52.

② 默顿．科学社会学：上册．鲁旭东，林聚任，译．北京：商务印书馆，2003：176.

需要研究者从不同企业文化在共同维度上的差异着手，发现共同规律；同时要注重将企业文化作为一个整体。对于研究文化差异的人类学而言，对文化只能是理解和解释的，因而当我们更深刻地去把握企业文化时，还要遵循相对主义标准。

3. 量化和质化的研究方法

从表 1-2 中可以看到，管理学主要使用量化的研究方法，文化人类学主要使用质化的研究方法。萨克曼（S. Sackmann）对企业文化的量化与质化研究的基本思路和研究方法进行了归纳。如果研究者以局外人的身份进行研究，一般会采用问卷的形式进行演绎，即量化研究；如果研究者以局内人的身份进行研究，一般会采用参与观察、访谈法等形式进行归纳，即质化研究。

管理学研究通常采用客位和量化的研究方法，而传统的文化人类学方法是使用有关人类行为的数据和他们通过实地考察使用民族志的方法搜集而来的经验数据，从而理解为什么人类会像他们所做的那样行动，什么对一个特殊群体是唯一的，以及人类在全世界范围内的实践是如何被解释的。如果要综合人类学和管理学对企业文化进行跨文化研究，就得从科学的解释和解释的解释着手了。

(1)“演绎—定律”的解释（deduction-nomological explanation）。定量研究遵循的是“演绎—定律”的解释，即提倡科学解释模式（models of scientific explanation）。当研究者尝试对特定现象（无论自然现象还是社会现象）的出现做解释时，其所追求的目标就是对造成有关现象的条件做出综合而普遍的解释。以企业文化为例，定量研究通常从说明的角度，从企业共有的现象（如战略、技术和组织结构、管理等系统）中做出因果解释，证明企业存续的过程中确实存在企业文化，并且，对这种文化进行干预和操控，还能够预测企业的经营业绩。无论是因果解释，还是对未来的预测，都可以划归到解释模式中（如图 1-2 所示）。

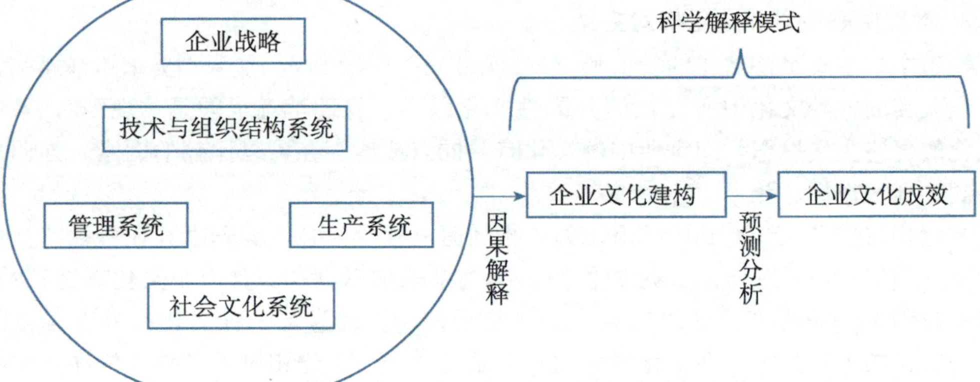

图 1-2 管理学企业文化研究方法图

(2)“同感的理解”。相比之下，人类学是将整个企业都看作社会文化的一部分，企业文化由企业成员个体相互之间的交往行动所组成，它们蕴含着主观意义与意图以及人与人之间建立起来的“相互接受”（reciprocity）与共识，因此不能依据因果定律做出“前因—后果”式的解释，而必须对人类行动做出“同感的理解”（empathetic understanding）。人类学家对这一群体中大多数成员所共享的行为和价值观进行观察，并对它们与群体规范的关系进行解释；与此同时，他们从管理学角度去解释一个特殊的个体行为为什么会以特殊的方式表现出来。解释它们存在的原因以及它们与确立起的规范的关系正是文化人类学的工作。文化人类学的研究方法如图 1-3 所示。

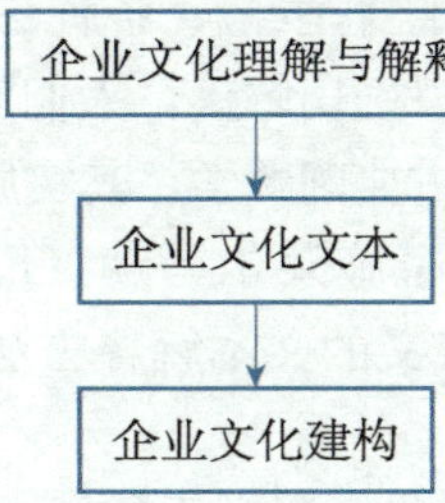

图 1-3　文化人类学企业文化研究方法图

有学者发现，在应用中，将两种方法结合起来才是最佳选择。标准的质化研究过程从明确研究对象开始，先构建出基于研究对象的概念，然后根据过往的文献整理出概念之间的逻辑关系，便于研究问题所包含的维度和层次①。

图 1-3 中出现了文本（text）一词，这是个与阐释学相关的概念，以下简要加以介绍。

（三）文本与阐释学

阐释学最早是从文本衍生而来的。“文本”一词有四种含义：一是日常用语，通常指原文、正文、课文、版本，英语中还指教科书；二是古典阐释学的前身——解经学里的专门术语，专指《圣经》的经文、经句；三是使用于古典阐释学，分别指称经典文献与作为阐述对象的文献内容；四是使用于古典文艺批评理论或结构主义语言学，指称大于句子的语言组合体或语言组合体中不同层次的结构组织②。如一个文本可以指一个段落（paragraph）或者一个语篇（discourse）。法国结构主义大师利科尔（P. Ricoeur）把“文本”区分为广义和狭义两种，广义的包含由书写所固定下来的任何话语；狭义的则是语言文字组成的文学实体，指代“作品”③。

20 世纪后半叶以来，“文本”概念被中外传播学、符号学、认知科学、互联网等关联度较高的领域广泛借用，形成新一轮的多义化、普适化趋势。究其根源，还得从阐释学说起。

1. 阐释学的起源

阐释学又称“解释学”、“释义学”或“诠释学”。本书统一称之为阐释学。其英文词（hermeneutic）源自古希腊神话中的神赫耳墨斯（Hermēs）。在传说中，赫耳墨斯是宙斯的信使，他的任务是往返于奥林匹斯山上的诸神与人世间的凡夫俗子之间，迅速给人们传递诸神的消息和指示。由于诸神的语言与人间的语言不同，无法直接沟通，因此，赫耳墨斯的工作不是单纯的传达或简单的复述，而是需要进行必要的翻译和解释。

阐释学是一个解释和了解文本的方法、手段和技术，但是很多解释——如古典阐释

---

① 田广，周涛．管理学与工商人类学．银川：宁夏人民出版社，2018：15.

② 胡昌斗．关于文本概念语义规范的思考．中国图书馆学报，2006（7）：34-37.

③ 钱瀚．从作品到文本：对“文本”概念的梳理．甘肃社会科学，2010（1）：37-41.

学中对《圣经》的解释就见仁见智，因个体的动机、知识结构、认知能力等莫衷一是。阐释学一开始作为方法论出现，要求有效的解释是客观而且忠实于文本的，阐释不能空穴来风，必须客观地把握文本和作者的原意。

到了中世纪后期，古代流传下来的《圣经》、各种法典和史籍上的文字不仅字迹难辨、歧义丛生，而且在词汇和语法上也难以确切解读，人们对于它们又有进行考证和释义的需要，于是形成了早期的解释学，也称古典阐释学，其实质是狭义的文本解释的方法论。

进入19世纪后，由于德国哲学家施莱尔马赫（F. Schleiermacher）和狄尔泰（W. Dilthey）的杰出贡献，阐释学才从狭义的文本解释方法扩展到了哲学领域，成为真正意义上的当代阐释学。

施莱尔马赫第一次从哲学的角度将解释学系统化，将在各个领域得到专门发展的解释学作为人文科学的一种方法论。他的解释学理论的研究重心在于理解本身，而不是被理解的文本。他把解释学理论分为语法解释和心理解释两部分，前者侧重于"客观地"解释作者的语言，后者则主要研究该思想是如何从作者生活的整体中产生的。心理解释在创造性地重建作者的创造过程时，达到了理解的目的，这正是解释学方法论的根本原则。

狄尔泰则认为，阐释学为"精神科学"（即人文科学）奠定了科学的认识论和方法论的基础。因为，相对于自然科学的观察、实验方法来讲，精神世界在很大程度上是不能使用直接观察方法的；目的、价值、文化是看不见的，历史性的内容由于属于过去也同样如此。人文科学的历史已经表明，对于已经发生的事件所进行的解释，一方面本身就具有历史性，另一方面，我们不能指望它成为记录事件的拷贝，因此，人文科学所面对的世界，永远是一个被解释的世界，除了对解释加以解释以外，别无其他选择。这样一来，在人文科学研究中，狄尔泰建议用"理解"来代替自然科学的因果解说方法，使人文世界变得可知。

2. 阐释学的发展

阐释学在20世纪经历了一次根本性的转折——本体论转折，其结果是哲学阐释学的产生和阐释学问题的扩大和深化。在这一过程中，德国哲学家海德格尔（M. Heidegger）是发动者，伽达默尔（Hans-Georg Gadamer）则是继承者和推动者。

在海德格尔看来，适宜于人文科学的理解（understanding）模式同自然科学的解释（explanation）模式是不同的。理解是解释（interpretation）的基础和根据，理解是我们作为读者与文本打交道的第一步。理解是指向文本含义的，或者说是对文本含义的建构（construction of meaning），解释虽然也指向文本的含义，但是是对文本意义的说明（explanation of meaning）。从时间上看，理解先于解释而出现，解释也可能反过来加深理解甚至改变理解，在此基础上的阐释学就是理解和解释文本的方法、手段和哲学思想。换句话说，理解是解释的基础和根据，解释是把理解筹划的可能性清楚地揭示出来，是理解的发展（但在通常的意义上，两者可以等同使用）。

伽达默尔则认为，理解是"视域融合"。任何历史、传统和文化都具有自己的特殊意义和视域（horizon），与此同时，每个处于理解情景之中的个体都有自己的特殊意义和视域。对历史的理解、对文化的理解、对他者的理解，其实都是某种视域融合。由理解带来的视域融合，也就是新的视域、新的意义的获得。这种融合的过程不断地发生着，构成了生生不息的有价值的意义世界，构成了绵延不断的历史和生活，构成了不断生长的知识和经验。

法兰克福学派的著名哲学家哈贝马斯（J. Habermas）批判地继承了他的这些德国前辈所开辟的解释学研究传统，并以之作为方法论基础。在他看来，语言介乎人和世界之间，人是通过语言来表达世界的，世界也是通过语言来展现给人的①。在理解文本的过程中，作者和读者都是参加者，由于视域不同，他们之间的理解既是一种经验交流，更是一种已经在日常语言中形成某种固定含义或意义的两种思想框架之间的对话或沟通，这就为阐释学的研究方法开辟了更为广阔的发展空间。“文本”这一概念被扩展为除了书面文件之外的讲话、行动和事件等②。

二　我国企业文化的兴起与发展

新中国成立以来，尤其是改革开放以后，中国的学人和企业家在企业文化的理论和实践中不断探索，企业文化建设取得不少成就，并呈现出生机勃勃的态势。

（一）我国企业文化的兴起

20 世纪五六十年代，在中国共产党优良传统和作风的基础上，大庆油田产生了“三老四严”的“铁人精神”，体现了爱厂如家、忘我工作的高尚品格，以及将高涨热情与严格的科学态度结合起来所展示的健康向上的精神风貌。当时虽然未冠之以企业文化的概念，但实际上是企业文化在实践中发挥重要作用。《鞍钢宪法》可以视为这一时期企业文化的文本③。

改革开放之初，我国兴起了企业文化热潮。前文所述企业文化“四重奏”的四本经典书籍中文版的面世，推动了中国企业文化研究和实践。中国学界和企业界得益于改革开放，使得开放的中国和中国的管理者迎头赶上这一企业文化的盛典。

这一时期我国兴起的企业文化热，既与国外企业文化理论的传播、内化直接相关，同时又是在改革开放条件下，我国企业管理以及整个社会经济文化发展的必然结果，这些构成了企业文化在我国兴起的历史背景。在我国企业界，大部分企业领导人对“企业文化”的概念已不再陌生，对其在企业经营管理中的功能也有所认识。更有不少企业身体力行，结合实际开始了有声有色的企业文化建设，获得了可喜的成就。

1992 年，随着我国改革开放的进一步深入，在引进外资、引进国外先进技术和管理的过程中，企业文化作为一种管理模式又被引入我国的企业中。一时间，许多企业都风起云涌地搞起了企业文化，在全国掀起了热潮④，中国特色的企业文化理论研究进入了新阶段。

如果说 20 世纪 80 年代的四本企业文化经典书籍影响了中国管理者的文化视角，到了 1997 年，美国哈佛大学商学院的约翰·科特教授（John Kotter）和詹姆斯·赫斯克特教授（James Heskett）出版的专著《企业文化与经营业绩》（*Corporate Culture and*

---

① 加达默尔．哲学解释学．夏镇平，宋建平，译．上海：上海译文出版社，2004：7.

② 彭启福．理解、解释与文化．北京：人民出版社，2017：57－58.

③ 王华生．现代企业文化建构的思考．河南大学学报（社会科学版），1994（6）：49－55.

④ 赵琼．对中国企业文化发展的反思．广东社会科学，2001（3）：106－112.

Performance）在中国的发行，再次掀起了学界和业界的企业文化热潮，迄今还是经典。在该书中，两位学者总结了他们在1987—1991年期间对美国22个行业共72家公司的组织文化和经营状况的研究结果。通过调查，他们发现组织文化对组织长期经营业绩有着重要的影响，并预言在近十年内，组织文化很可能成为决定组织兴衰的关键因素（如表1-3所示）①。

表1-3　重视企业文化的公司与不重视企业文化的公司的对比

类型	重视企业文化的公司	不重视企业文化的公司
总收入平均增长	682%	166%
员工人数增长	282%	36%
公司股票价格增长	901%	74%
公司净收入增长	756%	1%

受此影响，我国在20世纪90年代的企业文化研究理论和实践呈现出两个特点：第一，业界和学界日益关注企业文化和经营业绩的影响；第二，随着对西方学者的企业文化研究的深入，业界和学界开始使用测量的方法构建企业文化。这一时期对企业文化开始出现多种不同的解释，但对于企业文化的核心内容，已取得了广泛的一致，这就是企业的价值观念、企业精神、企业管理、企业经营环境及广大职工认同的道德规范和行为准则。

（二）企业文化的定义

进入21世纪，企业文化研究和实践的大潮更是蔚为壮观，许多企业群策群力，或者聘请外部咨询师和借助高校的支持开始企业文化建构，其中有关企业文化的提炼、书写几乎成为企业网站必备的内容。

在理论上，我国对企业文化成体系的研究相比国外晚一些，国内的企业文化研究主要起源于对企业的研究，而对企业文化的界定，很大程度上受到国外研究者的影响（如表1-4所示）。

表1-4　国内的管理学者定义表

作者	定义
朱筠笙（2000）	是一种感知又是一种描述。感知体现在：组织文化是一种群体氛围，体现整体的感受、感悟、认知，是一种现象性的归总。描述体现在：组织文化是一种个体感受、感悟、认知，是个体的观念。
徐二明（2002）	指有关理念、价值观、精神文明、风俗习惯、行为模式、道德准则、信仰、规章制度、行为准则、内外部经营环境等，有广义和狭义之分。
罗长海，林坚（2003）	"同心圆说"，文化三层含义：内层是企业文化，中间层为制度文化，外层为物质文化。
魏文斌（2006）	组织管理者将达成共识的组织管理理念以及基本假设等运用在组织的管理当中，是价值、观念、心理等因素的整合。
石伟（2010）	形成于组织外部环境中的以价值观念为核心基础的行为准则、制度规范以及组织外在整体形象的总体。

① 科特，赫斯克特．企业文化与经营业绩．曾中，李晓涛，译．北京：华夏出版社，1997.

综合人类学、管理学的理论，本书将企业文化定义为企业基于自身的背景和环境而建构的核心价值观、行为准则、制度规范等符号体系，企业成员通过对这一符号体系的理解和解释，以及行动等管理活动，以期达成企业目标。

较之以往的定义，这个定义界定了本书主要的研究脉络，并体现出以下特点：

1. 符号性

符号学作为一种对普遍意义活动规律的思索，目的就是为了理清人类表达与认识意义的方式。文化人类学的假设是：文化的整体不仅是一个功能性的系统，也是一个符号和意义的系统，文化在很大程度上表征为符号，也依靠符号传播。文本也是一种符号，艺术文本、科学文本、历史文本通常由文字、声音、图像等静态性感官符号元素来表达，而企业文化文本不但要借助文字、声音和图像等感官符号元素来实现表达，还会经由各种活动（如企业的日常工作流程、组织成员间的相互关系、奖励和处罚的安排、招聘和晋职的标准、薪酬福利的设定、各种仪式等）动态地生成企业文化的文本。企业文化外在的符号元素具有容易被视觉、听觉、触觉等感觉系统感知的特征（如企业文化中包括的公司标识、企业文化宣称等），因此企业在自我宣传时通常采用这种文本形式，并将这种以感官符号为载体来表达的企业文化形式称为“言文本”，而将经由组织的各种活动（如日常管理、员工关系、考核激励、组织仪式等）传达的有关企业文化的意义体系称为企业文化的“行文本”。

2. 目的性

从管理学角度上看，企业文化的文本作为意义的符号系统，对这一符号体系的计划、组织和控制，是为了达成企业的经营目标。企业作为一个社会的连续体，包括企业的利益群体，如企业投资方、企业员工、合作伙伴、供应商、经销商和最终客户等主体，企业文化的建构是为了实现企业经营和管理的目标①。

3. 建构性

企业文化是通过愿景、使命、核心价值观等意义来建构的，作为一个符号和意义的系统，它需要企业成员能够在描述、理解和解释的过程中，发展特有的文化，并且通过企业的各项制度和规范，使得员工的行为与企业的发展保持一致。

4. 民族性

企业文化植根于民族文化的土壤之中，不同的民族文化氛围，必然会产生具有不同民族特点的企业文化。企业是由人支配的，而任何人又都从属于一定的民族。任何一个国家的企业文化（亚文化）都植根于它的民族传统文化基础之上。

（三）企业文化的理解和解释、分析的框架

如果说在 20 世纪，中国的企业文化是紧随西方亦步亦趋，那么进入新世纪之后，随着企业文化实践的广泛开展和理论的深入研究，各学科的融合，尤其是管理学和文化人类学的融合，一些本土化的研究才开始出现。将企业文化作为一个文本来研究，是我国学者反思企业文化建设的成果。

---

① 王晓春．价值观契合与企业文化文本：概念、测量及其关系研究．北京：经济管理出版社，2012：64.

文化人类学将企业文化作为一个整体看待，忽视了企业文化对盈利性的诉求。而管理学量化研究仍然是主流，例如对企业的测量，对企业文化和经营业绩之间的影响等的研究依然被认为是最“科学”的。但是，管理学定量研究也忽略了文化的理解和解释，以及互动的重要性。尤其是对企业文化的指导思想，一直将企业文化凸显为一种满足盈利诉求的目标，较少有借鉴文化人类学方法做出的企业的民族志。

企业文化建构（很多咨询师冠之以“落地”一词，本书统称为“建构”）对文化人类学家和管理学家来说都包含了三个阶段：

第一个阶段是言文本的书写。这个阶段需要管理学家像文化人类学家一样在企业里观察，质化与量化过程并举，把企业成员眼中的文化提炼、书写出来；文化人类学家则需要有更多的田野或者企业研究来使用量化方法。由于企业的盈利性特征和社会性特征，企业在经营和管理过程中会呈现出一些文化特质，这就需要管理学家具备人类学的知识，不仅能测量企业文化的维度，抽取变量，而且要向文化人类学家一样去对企业文化加以理解和解释；而文化人类学家视企业文化为一种地方性知识，能帮助企业建立起自己独特的文化，这是文化人类学家最擅长的地方。

第二个阶段是企业文化建构阶段，也是两类学科重叠的重点，这一重点确定了企业文化实践性的特征。在此，文化人类学家是持整体性观念，将企业调查，写文化和行动并置于一体，推动企业文化实践。而管理学家将企业文化作为变量，通过对企业文化的计划、组织、领导和控制的方式，达成一致的价值观和行为规范，以期达成企业的目标。

第三阶段是对企业文化成效的预测。在文化人类学家视域中，文化呈现出的是差异性和地方性的特征，较少关注文化的成效和精确的评估，而这些正是管理学家之所长。

借助解释学中的“视域融合”的概念，笔者在文化人类学和管理学基础上（参考图1-2和图1-3），提出理解和解释、分析的框架如下（如图1-4所示）。

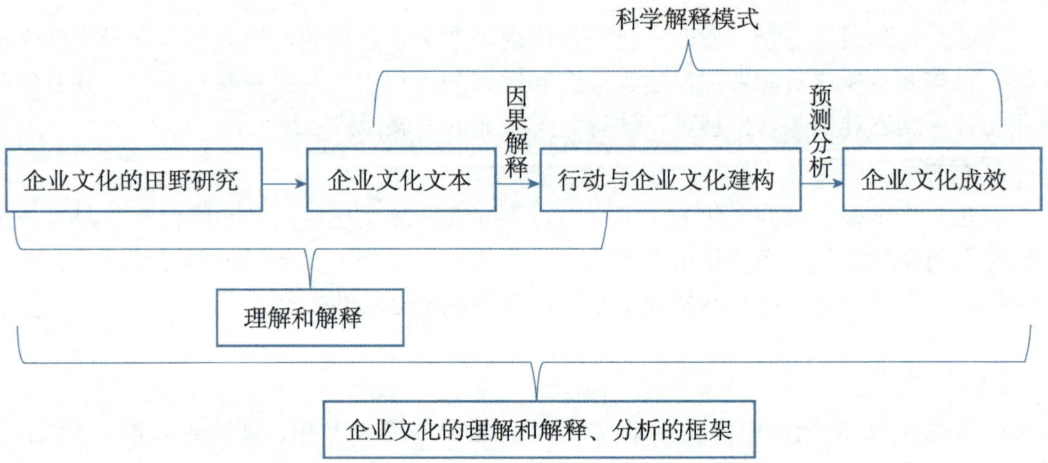

图1-4 企业文化的文化人类学和管理学视域融合图

科学的解释模式通常是将企业的行动、技术、规则，非正式规则、目标、文化等构成要素视为文化表达的形式，同时，这些活动、技术、制度与战略是企业开展行动的坐标。任何一个企业都具备战略、组织结构、人力资源等基本要素，缺少任何一个要素都无法构成企业。而行动就是一种变换，即接收某一类型的输入，在某种规则控制下，利用某转换方式，经过变换转化为输出，可表示为：行动＝{输入、处理规则、转换方式、输出}[①]。换言之，企业文化的构建，需要从这些输入和处理规则中，找出企业文化的各种变量以及这些变量相互之间的因果关系（规律），并运用这些规律对企业文化加以操控而预测（输出）企业成员希望达到的目标。

事实上，科学解释所能提供预测的功能成为过去大半个世纪企业文化研究所追求的主要目标。企业作为营利机构，若能找到影响因素并做出准确的预测，就能设计出有效的行动措施。这是一种基于“演绎—定律”解释模型的思考方式。这一模式指向绩效的企业文化，即企业有前途、工作有效率和个人有成就，效率（或称绩效）永远是问题的关键和核心。工作的高效支撑了公司的前途，公司的前途保障了员工的成就。公司的绩效、组织的绩效和员工的绩效导向要求企业建立起绩效文化[②]。这就是“企业有文化”的思路。

企业文化的理解和解释可以自成一体，独立运作。企业文化包括言文本和行文本。文本是文字、行为、事件，甚至就是一群人。通过记录、描述与解释呈现企业文化构建中的符号系统，可以了解文化的符号体系如何与人们的思想、情感、行为、生活意义发生联系[③]。显而易见，它是理解和解释的，在构建企业文化时产生意义，并且产生行动。

许多企业自行开展的企业文化建构，实际上遵循的是文化人类学的范式。因为在企业文化作为文本被解读的过程中，文本的理解和解释就使得原先在文本中作为可能存在的要素现实化，这就需要通过企业成员的理解和解释，这一过程就是要在理解的层面上将企业各级人员的思想再现出来，需要通过企业成员的讨论不断地加以呈现，并付诸行动，这正是文化人类学“解释的解释”（the interpretation of interpretation）的过程，也是“企业是文化”的体现。

综合这两种模式，我们可以形成视域融合，由此将企业文化理论和实践综合成理解和解释、分析的框架。这是本书的特色，也是本书自然合逻辑的起点。

在笔者看来，文化人类学的田野研究，形成文本的过程中应该使用文化人类学的方法，在企业文化的建构过程中不断发掘意义，这是人类学的研究范式。而在对企业文化进行理解和解释时，既可以采取理解—解释—行动的文化人类学范式，也可以采用量化研究，企业成员可以考察过去的证据及信息，并建立其认知的基础及文化建构的根据。最后，企业文化建构可以根据企业文化研究的理论和实践决定预测和评估的效果。简而言之，二者都是一种因果解释，遵循的是管理学的研究范式。

综上所述，基于文化人类学和管理学对企业文化进行整合，企业文化的研究者要先把企业文化视为理解、解释的部分，然后通过变量的操控，验证企业文化构建的结果。这正是企业文化跨学科研究的诉求，也是理解和解释、分析，以达成企业目标的过程。两门学科共同的交集在于行动或者实践，这也是企业文化理论和实践越来越受到关注和推崇的原因。

---

① 芮明杰，钱平凡．组织整体结构模式：一种研究企业组织的新方法．复旦学报（社会科学版），1998（6）：20－25.

② 吴春波．华为的核心价值观．企业文化，2017（6）：26－30.

③ 郑向春．诗性文本：人类学与文化编织．贵州大学学报（社会科学版），2018（2）：69－74.

本章小结

本章首先从企业和文化两个角度界定了相关概念和特点，并从人类学的视角阐释了文化人类学的概念、起源和发展，进而对企业文化的内涵和外延进行了界定。在此基础上，介绍了企业文化的起源、历史与发展脉络，并对中国情景下的企业文化兴起和发展进行介绍，通过文化人类学和管理学对企业文化研究的视域融合，建立起理解和解释、分析的理论与实践的框架。

关键词

企业文化　文化人类学　文化的特征　主位和客位　量化和质化研究　文化的普遍性和文化相对主义　阐释学　文本

复习思考题

1. 什么是企业？在我国，企业具有哪些特征？
2. 什么是文化人类学？文化的定义是什么？文化具有哪些特点？
3. 什么是主位？什么是客位？
4. 什么是文化的普遍性？什么是文化相对主义？
5. 简述在企业文化研究过程中量化和质化研究的异同。
6. 什么是文本？在阐释学中，理解和解释的含义是什么？
7. 试述企业文化的理解和解释、分析的框架的主要内容。

案例

华侨城的企业文化

以下是2000年成稿的《华侨城企业文化宣言》的完整版本，如果想了解现在的华侨城集团文化，你可以登录华侨城官网 https://www.chinaoct.com 查看20年之后华侨城的文化价值观发生的改变，如原来的核心价值观是“创造新的生活品质”，而现在是“优质生活创想家”，这也折射出文化的文本动态变化性。

华侨城企业文化宣言

导言

文化是一棵树，是一棵树摇动另一棵树，一朵云推动另一朵云，一个灵魂唤醒另一个灵魂。

人因文化而变灵秀；企业借文化而显生机，并富有如同人一般的品格和特性。

文化塑造了人，也塑造了企业。

文化铄金，于是华侨城人在中国导入了企业文化建设。华侨城的企业文化经多年培育和传承，已成为华侨城的一大特色。“华侨城”品牌洋溢着“时尚、典雅、现代”的气息，“同根、同心、求实、求精”展现出华侨城人的精神风采。优秀的企业文化为华侨城集团的成长提供了支撑，华侨城集团已跻身中国一流企业之列，成长为引导潮流的时代先锋。

天时有改换，文化有变迁。跨入新世纪，全球化浪潮扑面而来。科技发展日益加快，新兴产业迅速崛起，跨国公司步步紧逼……东西文化、新旧思想在激烈地融合、碰撞，经济形态变化带给我们新的冲击，也带给我们空前的文化震荡。我们清楚地意识到：如果我们不能使原有的企业文化得以拓展和升华，我们就会陷入停滞不前的陷阱，在新一轮竞争中败下阵来。

“设神理以景俗，敷文化以柔远”。继往开来，我们把目光再次投向企业文化，并从忧思之中产生一种振奋和对未来的企盼……

我们宣告：华侨城集团将再次擎起文化建设的旗帜，以敢为人先的气魄和永不止步的精神实现对自身文化的不断超越，致力于成为具有高成长性和鲜明文化个性的国际化企业。经吐故纳新、丰润和淘洗，华侨城企业文化必将一片葱茏，青春永驻！

《华侨城集团企业文化建设五年发展纲要》也由此诞生。她为我们的文化思想确定了基调，也为我们的文化建设行动点亮了灯塔，引导我们迈向共同的愿景。

让我们携手，与华侨城同行……

华侨城企业文化的底蕴

华侨城企业文化是历史与未来之间的现实凝练，是对内培育人和对外塑造形象的体现。其文化的内涵体现为：

核心价值观——“创造新的生活品质”。即通过良好的产品和悉心的服务，对外为顾客、股东创造价值，对内为员工创造发展的空间，提升生活品质。

员工精神——“中国心·世界情·华侨城”，“寸草心·手足情·华侨城”。前者赋予华侨城人以民族感和世界主义的胸襟，后者显示华侨城人朴实和诚挚的情怀。

企业精神——“同根，同心，求实，求精；敬业，合作，学习，创新”。这种精神培育出富有干劲、闯劲、巧劲和特别善于学习的华侨城人，是我们赢得未来的保证。

经营理念——“锐意开拓，稳健运作”。华侨城这一经营理念体现了追求卓越的精神。充分准备、看准时机、当机立断、积极开创是华侨城集团的一贯策略，进而发展出“规划就是财富”“环境就是资本”“结构就是效益”等创先理念和严谨求实、规范缜密的工作风格。

组织气氛——“公平、公正、公开”。华侨城不仅是一个工作场所，也是员工精神的家园。在此凝聚了个体的力量，达成了华侨城人与组织间的和谐融洽、相互认同。

品牌的文化特色和外部形象——“时尚、典雅、现代”。华侨城人不仅培育出了著名的品牌，并赋予了品牌各种独特的形象，向社会传导着华侨城文化的神韵。

企业文化建设目标

让社会满意、顾客满意、股东满意、员工满意，这是我们的总体目标、立业之本、发展之道。我们重申：

对社会——我们追求合理利润，同时也善尽社会责任，义利兼具。积极参加各项公益活动，回馈社会！

对顾客——“顾客至上”是我们经久不变的座右铭。我们不仅需要顾客的“完全满意”，更要赢得顾客的忠诚度。

对股东——我们还将尊重股东的权益，使股东参与到经营决策之中，给予合理的回报。

对员工——我们将遵循基本的人权理念，尊重员工，提供整洁安全的工作环境，给予公平的报酬。拓展多样的发展空间，帮助员工实现自我价值。

具体说来，集团企业文化建设要在未来五年内实现以下目标：

(1) 构筑独具特色的现代企业文化建设模式。

(2) 营造富有个性、充满活力的企业文化氛围。

(3) 树立世界一流、品牌卓越的集团企业形象。

(4) 培育新经济时代的高素质企业员工。

(5) 加强科学高效的现代企业管理。

(6) 实现高速发展、持续成长的集团愿景。

华侨城企业和文化建设的目标规定了我们基本的价值主张和行动纲领，规定了我们实现目标的手段、措施和基本步骤。

实现目标的途径和步骤

第一部分　拓展和培育——以文兴业，以文育人

第一条　产业发展

文化力将是我们获取经济增长的有效手段，我们将启动文化杠杆以促进产业发展，具体设想是：在旅游业领域，我们提倡“娱乐＋文化”的概念，使游客在享受旅游快乐的同时体味文化的内涵；在电子业领域，我们提倡“科技＋文化”的概念，使我们的电子产品成为文化的载体、沟通的渠道，使人们享受开放的生活和多彩的空间；在房地产业领域，我们提倡“环境＋文化”的概念，为人们提供高尚文化品位的生活空间。

第二条　开发文化产品，形成文化产业，造就文化经济

我们还将关注文化产业这一巨大的市场空间和利润空间，研究文化政策、文化资源和文化市场，在现阶段，进行教育、艺术、演出、服装、美术、咨询等的产业化研究，视商品化、产业化的可行性，分阶段导入集团的文化产业布局。同时要充分发挥何香凝美术馆、华夏艺术中心、体育中心和保龄球馆等现有文化设施的基本功能，为民族文化、世界文化交流服务，为企业文化建设服务，为集团经济发展服务。文化产业及相关部门也要坚守市场导向，逐步实现自负盈亏。

第三条　员工伦理

企业向社会输出的不仅仅是产品和服务，而且要培养富有能力和具备优良品德的现代人。未来华侨城人应具备如下的伦理观念：

虚心学习——采取开放学习的态度。唯一可以使自己迎头赶上的方法，就是不断地学习与吸收。

追求完美——任何状况都不应轻易放弃，要本着精益求精的精神，督促自己全力以赴。

敬业乐群——要有远大的理想和抱负，并通过自己的工作实现目标。同时要善于与人合作，树立集体荣誉感。

洁身自爱——工作的周围充满了诱惑和陷阱，一不小心就可能误入歧途，每个员工都应珍惜个人的声誉和发展前途。

品质意识——优良的产品和高品质的服务是我们孜孜以求的目标。我们的产品和服务，一如我们的生活那样，都应是高品质的。

坚韧不拔——工作中不会一帆风顺，当问题发生时，员工应有继续面对问题的勇气和毅力，不达目的，誓不罢休。

第四条 价值评判的基本准则

尊重知识、尊重人才是我们的价值导向，也是我们培养员工的目标。集团还将对知识贡献和管理业绩给予分配上的倾斜，因此，员工要善于学习，胜任工作要求，并在岗位上成才。同时我们强调员工要认同华侨城集团核心价值体系，能够视工作为自觉的行为和生活方式，因此我们坚持以下的评价准则：

人的知识不如人的智力。

人的智力不如人的素质。

人的素质不如人的觉悟。

第二部分 强化——共享价值观

第五条 表彰模范人物

传统的评优创先方式在企业文化建设中发挥了重要的作用。在新时代，我们要赋予其现代色彩，着重对知识精英、管理人才和创新者进行表彰，发挥其示范作用，使企业文化的价值观人格化。

第六条 繁荣职工文化活动

充分利用何香凝美术馆、华夏艺术中心等设施和资源，积极创造条件，尽快建设康佳集团文化活动中心。

第七条 制度文化

我们意识到：取得进步的诀窍在于在变化中保持有序的状态和在有序的状态中继续变化。集团将进一步完善规章制度，发挥其约束作用，同时还将注重习惯、习俗对员工的影响，以保障核心价值观的内化。在未来五年里，集团要建立一系列的规则和制度来激励员工，实践和完善华侨城集团企业文化，主要包括有关企业文化建设、企业文化部门管理、思想政治工作、员工素质培养、对外形象宣传等方面的制度。

第八条 思想政治工作

中国共产党始终代表中国先进文化的前进方向，共产党员是推进企业文化建设的骨干力量。我们将继续总结发扬思想政治工作的优良传统，改进方法，将世界观、人生观的塑造与价值观的培养相结合，发挥思想政治工作对企业文化的积极影响，建立有中国特色的社会主义企业思想政治工作体系。

第九条 领导和企业家文化

华侨城领导是企业文化的建设者、倡导者、决策者、指导者、组织者、激励者和培养者。为此我们将强化领导层的文化意识，并且将文化的传导作为标准，对领导者进行评价。

企业文化主要是企业家文化，企业家文化要受所有者文化的制约和为广大员工所认同。因此，企业家应该是先进文化的代表，要具备优秀的文化素养，承担起企业文化的倡导者和传递者的责任。企业家应自觉地从所有者文化中吸取营养，特别注意防止和克服小生产意识、抵制封建残余和腐朽没落文化的影响。

第十条 企业文化与精神文明建设

企业文化是精神文明建设的范畴，也是管理科学的范畴。文化管理是一个优秀企业科学管理的基本内容。集团要按照党中央、国务院加强企业思想政治工作的总体要求，按照现代企业制度中管理科学的基本要求，将企业文化建设与精神文明建设结合起来，与经营管理结合起来。

第三部分 创建——文化机构和文化队伍

我们将在原有的基础上调整和设立相应的文化机构。对能够承载我们的文化理念，扩充我们的文化影响的机构做进一步的扩充和完善。同时还要建立起一支具有良好的文化素养、丰富的市场经验和超前意识的文化队伍。

第十一条 成立华侨城集团联合培训中心（华侨城大学）

集团会同康佳、华控、房地产，共同建立华侨城集团联合培训中心（华侨城大学）。

第十二条 建立现代传媒中心

从企业文化建设的角度出发，整合《华侨城》《康佳通讯》《侨城通讯》《深圳航空》等内部报刊及集团网站和各企业网站，运用现代传媒和网络技术宣扬企业精神，传播企业文化。

搜集整理能够体现集团文化价值理念的故事、格言，用具体的事例作为载体，用员工喜闻乐见的形式，展现企业文化的魅力。

第十三条 成立华侨城集团企业文化研究会

组织构成：企业文化研究会和文化专家顾问团。

研究内容：集团企业文化的发掘、整理、推广，国内外优秀企业文化研究、借鉴，文化产业化研究。

运作方式：举行年会，组织论坛，提交研究报告，出版研究成果。

第十四条 设立企业文化建设专项资金

集团建立企业文化建设专项资金，对企业文化建设的各项活动实行项目管理方式，为企业文化建设提供资金保证。

第四部分 文化整合——重新构造文化体系中的各个要素

第十五条 整合集团各企业识别系统 CIS

理念识别：“创造新的生活品质”是我们核心的价值理念，我们将通过宣传、培训等活动使之广为传播，让社会了解，让员工认同。为此我们将与新闻媒体建立广泛、稳定的合作关系，广泛宣传企业。

行为识别：我们一方面要创造出华侨城集团独特的管理方法、管理风格；另一方面，我们要努力与顾客、股东、生产供应商等群体及时沟通，维护自身的信誉。集团还将推出不同的企业行为如公关、社会公益事业等，赢得公众的好感和信任，提高集团的美誉度。

视觉识别：华侨城集团和康佳、华控、房地产等核心企业，对企业形象识别系统 CIS 进行整合。在两年之内，锦绣中华、世界之窗、欢乐谷等企业必须完成 CIS 系统的重塑。集团各成员的 CIS 应该在理念上拥有统一性，在形象上拥有包容性或相似性。这一工作将聘请著名咨询机构进行。

“时尚、典雅、现代”是华侨城品牌的文化个性。我们将顺应新经济的时代潮流，运用数码、网络等新技术，全面提升华侨城的品牌价值和形象力，使社会各界消费者对集团产生美好的感受。

第十六条 集团各成员企业的亚文化系统

各企业在《华侨城企业文化宣言》和《华侨城集团企业文化建设五年发展纲要》的基础上，积极有效地制订和执行各自的子文化系统和企业文化建设的纲要性文件。集团相关部门要积极给予支持和协助，使集团企业文化建设扎扎实实地落实到基层，落实到班组。为此集团将建立精干高效的企业文化管理部门，保证《宣言》和《纲要》的贯彻实施。

集团和各子公司计划将原有的党办、共青团、工会、妇联等组织重组成企业文化部。企业文化部的职责主要有：企业文化的研究及其挖掘、整理、推广；企业文化相关制度的制定与执行；举办各种文体、文娱活动；企业文化建设硬件、软件设施管理。

集团公司与各子公司企业文化部是分工与协作的关系。集团公司文化部的工作侧重于宏观方面和精神层次。各子公司企业文化部的工作侧重于经济建设方面和员工基层，要把企业文化建设与培养员工素质结合起来，与提高经济效益结合起来。

第十七条 个人与集体的关系

优秀的企业文化总是根植于自身特定的历史传统中的。华侨城人创业伊始所形成的集体主义精神仍然是我们丰厚的文化存量，共同的愿景和企业文化的建设也需要我们同心同德、团结奋进，因此我们强调：集体高于个人！

而少年的华侨城呼唤少年英雄，因此我们也鼓励能力上的个人主义。公司即将创造一个公平的竞争环境，让人人都有参与比赛的机会，通过公开竞争出人头地，提供每个人向上发展的空间。既给员工强烈的集体荣誉感，又使员工获得个人发展的满足感。

第十八条 员工关系

和谐的员工关系是员工的心理需求，也是企业文化建设的必要条件。遵循人权理念、相互尊重、人格平等将是集团信守的准则。我们致力于确立内部有效沟通的制度环境，营造“宽容、宽松、宽厚”的组织气氛，减少内耗，达成人际关系的融洽、和谐。为此我们将广纳忠言，克服等级化导致的弊端，鼓励各种方式的沟通与对话，并在此基础上推动员工之间的合作与协调。

第十九条 企业与员工的关系

员工的成长是集团成长的动力，集团的持续成长取决于知识资源与文化资源的高速积累。集团将在新分享经济的指导下，崇尚机会均等，为员工提供成长和成就的机会。当员工为集团做出一定的业绩时，随时会得到发展的机会和精神、物质的奖励。集团同时致力于建设学习型组织，帮助员工实现自我价值。集团发展依靠的五种力量是：普通劳动者、研发人员、市场营销人员、创意策划人员、经营管理人员。我们将分别为不同的员工提供不同的成长跑道。我们需要的是劳动模范、知识英才和企业领袖的涌现，实现企业与员工的共同成长。

第二十条 变革与创新

企业发展的动力在于变革与创新。我们将在集团内部实施有关观念、行为以及群体结构等方面的变革，从变革中获取精神和行动上的支持。

我们还将塑造创新的文化，为员工的创意和创造、企业家精神提供良好的文化和心理环境。我们不墨守成规，勇于探索和尝试，敢为天下先。我们鼓励成功，同时也容忍可能招致的失败，为此我们将树立新的风险收益观并和创新者共担风险。

第二十一条　企业文化建设的步骤

企业文化建设五年分三步走：

第一步，整合核心价值观体系，建立充满活力的企业文化建设队伍。

第二步，研究、借鉴优秀企业文化。制定系统的企业文化建设与管理制度，完善集团员工的培训体系。

第三步，融企业文化建设于企业经营管理之中，树立华侨城集团先进企业文化杰出代表的形象。

第二十二条　补充

本《宣言》由集团指挥部所属的企业文化部负责解释。

结束语

我们正走向充满希望的明天

走向明天的道路充满曲折

我们能够走出曲折，信步明天

学习与练习

1. 相信你有过网购的体验，以下分别是阿里巴巴和京东的企业言文本。请结合自己的购物体验，谈谈这两家企业的行文本和言文本是否一致。

阿里巴巴企业文化文本由五个部分组成：

(1) 使命：让天下没有难做的生意。

(2) 目标：做持续发展102年的企业，做世界十大网站之一，只要是商人就一定要用阿里巴巴。

(3) 价值观：客户第一，团队合作，拥抱变化，激情，诚信，敬业。

(4) 四项基本原则：唯一不变的是变化，永不把赚钱作为第一目的，客户第一、员工第二、股东第三，永不谋暴利。

(5) 三个代表：第一代表客户利益，第二代表员工利益，第三代表股东利益。

在这五个部分当中，价值观是阿里巴巴企业文化的核心，马云于2004年提出，它由六个关键的要素组成，被马云称之为“六脉神剑”，支配着阿里集团和员工的一切行为。

京东的企业文化核心理念则有五条：客户为先、学习创新、激情工作、团队合作、诚实守信。按照刘强东的话讲，这五条核心价值观的每一条都关系到京东的整体效率和企业竞争力。京东自成立以来就是以客户导向而著称的公司，处处为客户考虑问题，重视客户购物体验是公司创始以来就形成的企业文化。京东在客户体验调查中发现，物流交付环节是网购客户最不满意的环节，也是最能够改善客户体验的环节，于是刘强东把募集的十几亿美元资金大部分都投到了物流领域，刘强东的这种决心是京东重视客户体验的最好诠释，无疑这一投资举措也会进一步强化京东重视客户体验的文化。

2. 请你思考：如何整合人类学和管理学的思想研究企业文化?

第 2 章
企业文化的理论基础

学习目标

◎ 重温哲学中的本体论、认识论和方法论
◎ 了解管理学和文化人类学的三个发展阶段
◎ 熟悉人类学中企业民族志的研究内容
◎ 理解文化人类学中功能主义、象征主义流派的主要观点
◎ 掌握结构—功能主义人类学和格尔茨的解释人类学的主要观点
◎ 熟悉企业文化建构的言文本和行文本概念
◎ 了解企业文化的理解和解释、分析框架中的五大融合

章首案例

开新店都要剪彩——仪式还是劳民伤财?

恒波公司的 A 总是个勤于学习的客家人，即使在创业艰难的时候，A 总夫妻俩也双双报名，参加了英国一所大学在鹏城深圳开办的在职 MBA 班。

在我初进公司，上午做完企业文化建设授课之后，A 总邀请我进了他的办公室。

A 总的办公室在三层东边的一间算不上宽敞的房间，除皮沙发、办公桌和书柜之外，办公桌的另一边放着一张座椅，以方便他与来客交谈。

办公区域的另一边是树根雕刻的茶几和茶具。客家人好客是有名的，每逢有客人到来，不管什么时候，也不管是在民宅、餐厅还是办公室，主人都会立即取出“茶米”，泡一杯浓茶敬上。客家人称茶叶为“茶米”，将茶与米等同看待，说明他们对茶的重视程度。客家人一则自己饮茶成癖，二则以茶待客成俗。本来不喝茶的我也只好入乡随俗，不过我得承认，A 总家乡的梅县清凉山茶确实是对付湿热天气的良方，几杯下肚，唇齿生津。

A 总从书柜里拿出一本《管理学》①，指着书中的文字问我：“管理万能论我好理解，

① 罗宾斯．管理学：第 4 版．黄卫伟，等译．北京：中国人民大学出版社，1997：56－58.

可什么是管理的象征理论呢?”

不愧是客家人，总是这么勤学好问!

管理万能论认为不论环境条件如何，管理者对企业的成败负有直接的责任。当企业运行不良时，管理者承担责任；当企业运行良好时，管理者得到荣誉。这种观点仍然是主流。意大利裔美国人艾柯卡在 20 世纪 70 年代末接管克莱斯勒公司时，该公司已濒临倒闭。1980 年，公司亏损 17 亿美元。艾柯卡上任后，削减费用，大刀阔斧实施变革。到 1984 年，该公司扭亏为盈，净利润达到 24 亿美元，艾柯卡也因此获得了使公司起死回生的极高声望。

而在通常情况下，当企业运行不良时，必须有人承担责任。在一般的社会观念中，承担责任的角色是由管理者扮演的。当然，当一切运行良好时，管理者就会得到荣誉。而管理象征论则持相反的主张，认为企业受到管理层无法控制的诸多方面因素的影响，管理者在企业成功与失败中所起的实际作用非常微弱。这两种主张各有偏颇，现实更倾向于这两种观点的综合。

书本中的内容我耳熟能详，在象征主义管理学家眼中，大量的因素是管理者所不能控制的，如经济、技术变化、市场变化、政府政策、竞争者的行动、特殊行业的环境等，期望管理者对一个企业的绩效有重大影响是不合情理的。管理者的作用被看作对随机性、混淆性及模糊性中的内在含义做出判断。

“那为什么叫象征呢? 什么是象征?” A 总打破砂锅问到底。

象征可以表达为用具体事物表现某些抽象意义，如茶文化象征着客家人的热情好客和怡然自得的恬适心态，茶文化这个抽象的名称实际上是由具体的器皿和可视化的工夫茶的程序来替代的。

“是不是可以说，恒波公司的文化也是一种象征?” A 总追问道。

“当然。” 我回答说。因为只有把命题名词和抽象名词都转化为象征性的实体（表征)，社会和文化才能理解它们的存在。人们使用的象征符号多种多样，在企业文化领域，包括塑造管理者和员工价值观和行为方式的词语、logo 和习俗等，它们的含义因社会和文化的差异会发生变化，领会和处理象征符号的方式构成了解释。企业文化理念的意义不可能独立于相关的象征符号，象征符号也不可能独立于阐释它们的人或者物。

看得出，A 总有些不理解这些教科书式的说法。突然，我看到茶桌上的《恒波人》内刊，上面刊载了 A 总去门店剪彩的报道。我在访谈时得知员工对于每次开新门店都要剪彩有不同观点，我忽然有了新的解释方式。

“昨天您去 S 店剪彩了，那我问您，每次开新店都要剪彩，这是必要的仪式还是劳民伤财?”

A 总陷入了沉思……

思考：

1. 管理万能论和管理象征论的现代哲学源头是什么?
2. 你能用一个实例给其他人解释这两种理论吗?

要理解管理万能论和管理象征论，首先要从哲学的角度解决认识论（epistemology）和

本体论（ontology）问题。进而探讨近百年来社会科学研究在方法学上的两大传统：实证主义与解释取向（interpretive approach）。前者主要是量化的研究方法；后者则强调必须探究蕴含在社会现象背后的意义与意图，并对它们加以理解和解释。

第 1 节　管理学和人类学的进路

要从人类学和管理学角度研究文化，现代哲学是我们绕不过去的基石。从西方哲学的整个发展过程来看，从古希腊开始的西方哲学史可划分为三个时期，其间经历了两次转向。三个时期为：从古希腊到近代的本体论时期，从近代到现代的认识论时期，从现代开始的语言论时期。两次转向为：近代哲学从本体论向认识论的转向，现代哲学从认识论向语言论的转向。这两次转向对人类学和管理学都产生了积极影响[①]。

一　管理学发展三阶段和哲学

管理学家哈奇（M. Hatch）和坎利夫（A. Cunliffe）将管理学置于认识论和本体论，从哲学的高度划分组织理论的实证主义、象征主义和后现代理论三个阶段，并给出简洁而清晰的说明（如表 2-1 所示）。

表 2-1　组织理论简史

阶段	实证主义	象征主义	后现代理论
本体论	客观主义相信外部现实的存在独立于对它的了解；世界作为一个独立的对象存在，等待被发现。	主观主义相信除了主观意识之外，你不能了解一个外部或客观的现实；我们所同意的存在，存在于我们、存在于我们的主体间意识之中。	后现代主义认为，在言语、文字或其他表现形式中，没有什么东西是与表现形式分离的；世界是在没有参照物的情况下出现在语言、话语和艺术品中的，因为没有参照物。
认识论	实证主义认为真理是通过有效的概念化和可靠的测量来发现的，这允许对客观世界的知识进行测试；知识积累，允许人类进步和进化。	解释主义或象征主义认为真理是相对于认识者的，只能从直接参与的个人的角度来理解；真理是由知识主体通过多重解释而建构的，因此它们和它们的真理是共同建构的，并随着时间的推移而改变。	后现代主义认为，由于没有独立的现实，就不可能有真理，真理是一个空洞的概念；没有事实，只有渲染和解释，因此每一个对知识的主张都只是一场权力的游戏。
组织	客观地说，真实的实体在现实世界中运作；当设计和管理得当时，它们是由理性、效率和有效性准则驱动的决策和行动系统，这些准则指向既定的目标。	由其成员通过象征性中介的互动（例如，组织是个剧场）持续构建和重构的情境；社会构建的现实，其中意义之网创造情感联系和成员之间的象征性联系[①]。	建立权力关系、产生压迫、非理性和虚假的场所，也有幽默和幽默的讽刺；因为它们是文本或剧场，我们可以改写组织，使自己从人类的愚昧和堕落中解放出来。

① 霍永寿．语言事实与哲学眼光：谈语言研究的认识论基础．外国语文，2011（1）：58-65.

续表

阶段	实证主义	象征主义	后现代理论
组织理论焦点	发现管理组织的普遍原则和法律，阐明解释它们和/或它们的表现的理论，开发测试理论及其含义的方法；强调结构、规则、标准化和常规。	描述生活如何在仪式和其他有意义的活动中在组织环境下展开，以产生对组织如何发生的理解；有利于解释符号，通过其假设、价值观、工作和实践揭示组织文化。	对组织文本进行评价和/或解构，以揭示管理思想并破坏现代主义组织和理论模式；支持边缘化和受压迫的观点；鼓励灵活和包容的理论化和组织形式。

资料来源：Hatch M J，Cunliffe A L. Organization theory：modern，symbolic and postmodern perspectives. Oxford：Oxford University Press，2013：52.

注：①剧场论由美国社会学家欧文·戈夫曼（Erving Goffman）提出，他援引莎士比亚的名言，“世界是个大舞台，每个人都扮演着一个重要的角色”，进而指出在社会中，要使互动能够顺利进行，互动的双方都应有能力运用某种互动的技巧对自己的印象进行控制、管理、整饰。戈夫曼的理论既可称为“剧场理论”，又可称为“印象整饰”或“印象管理”。

要理解上表中的内容，我们得从大家在哲学课上学过的基本问题——本体论、认识论和方法论说起。

（一）本体论

在思考人如何认识世界的问题时，作为思考主体的人，必然会去思考认识的对象，本体（noumenon）究竟是什么？其核心在于：任何事物和现象包括社会和文化，到底是客观存在的，独立于其他社会实体的，还是由所有社会成员共同参与而构建的？

在本体论上，一直存在着实在论和观念论两种看法。

（1）实在论（realism）。主张外在的客体世界是独立于人的意识而存在的，万事万物都存在着普遍的本质，人们可从变化万千的现象和过程中发现稳定的特性和共同的特点，因此在方法上主张将自然科学的研究方法应用于社会科学研究，在研究方法上坚持实证主义。即通过观察和测量，找出事物的规律并有效加以预测。

（2）观念论（idealism）。并不否定客体世界的存在，但是这种“实在”并不是独立于人们的思想而存在的，人们所认识的“实在”，必然通过思想、意志和行为起作用，是人类内在思维和外在事物的整体结果[①]。

（二）认识论

如果说本体论关注的是外在世界的本质是什么，那么认识论关心的是“人如何认识外在世界”。在西方文化中，人认识外在世界的主要途径之一，是把认识的主体和外在世界中的客体对立起来。这种主体和客体对立的二元论哲学，对近代科学产生了重大影响，近代哲学也从此完成了从本体论到认识论的第一次转向[②]。

认识论主要关注科学研究涵盖的知识范围，焦点在于是否能够采用与自然科学研究完全相同的原则和程序来进行社会科学、人文科学的研究，这就在研究方法论中形成了两种立场：实证主义和象征主义。

---

① 黄光国．社会科学的理路．2版．台北：心理出版社有限责任公司，2011：17-19.

② 余蕾．从对实在问题的研究看本体论、认识论和语言论的统一．四川理工学院学报（社会科学版），2008(1)：37-39.

(1) 实证主义 (positivism)。自文艺复兴与启蒙运动以来，尤其是笛卡儿的“我思故我在”将主观与客观二分之后，实证主义成为西方最有影响力的一种认识论形式，它视理性为个体或群体思想与行为的一种特质，将理性的个体作为受制于抽象法则、拥有明确的目标、能够周密地行事并会适当地调整实现目标的实体。与相信一切知识都来自感觉经验的在英国成为主流的经验主义不同，实证主义认为具有普遍必然性的知识不可能来自经验，基于理性和逻辑推理，能够把握事物的本质，或者依据理性进行逻辑推理而得来的知识才是可靠的知识。实证主义精神催生了近代科学的产生，并影响到 19 世纪后期以来的社会科学包括社会学、人类学的研究。

(2) 象征主义 (symbolism)。象征主义者认为社会科学研究的对象不同于自然科学研究的人和实体，不能沿用自然科学的研究方法来研究社会科学。在他们看来，并没有内在的、恒定不变的普遍本质，所谓的内在本质实际上是特定历史时代的认识论建构，是社会建构的产物，并被历史和文化具体地规定着。象征主义者认为，知识并不存在一个超时间、超文化、超历史的内在本质，这些真理、事实不是通过所谓的科学方法得到的，而是通过语言“建构”的，是社会互动的产物、协商的结果。

(3) 后现代理论 (post-modernism)。实证主义把一切现存的文化都当成事实加以接受，排除了思维的批判性和否定性，实际上起着维护现实的消极作用。象征主义虽然强调了人的主体意识，但只是着眼于重现或体验过去的情景，而没有着眼于批判。后现代理论的出现既反实证主义，也不同于象征主义。尽管后现代理论主张主体和客体不可分离，但和象征理论不同的是，它不认为主体只是在互动关系中了解和认识客体，而认为由于主客体双方都有可能受到社会不公正意识形态的压抑，因此研究应该是一个主客体共同演化成长，达到知识领悟的过程。在这个研究过程中，除了“理解”意义、考察象征的价值之外，还应当以批判和反省来代替生命经验的重构。因此研究者不仅应该尊重被研究者的意见，而且应该让被研究者参与到研究之中，为双方自身的解放乃至社会的全面进步而努力。

现在回头去看看表 2-1 中三种认识论对组织和组织理论焦点论述的区别，对其理解就会加深。

(三) 方法论

第 1 章中提到的质化和量化研究区别的源头在方法论意义上是功能主义 (functionalism) 与建构主义 (constructivism) 方法论上的差异。

英国社会学家斯宾塞借用 19 世纪盛行的生物学和演化论观点，强调不同的社会组织能满足不同的社会需求——正如不同的人体器官满足不同的生理机能一般。这一派的研究强调通过中立的观察获得客观事实，承袭了实证主义的研究取向，并且通过归纳或者演绎的研究方法观察。例如，在企业文化研究中，功能主义力图找出企业文化和经营业绩的关系，由此产生一个大家能普遍接受的解释或者“真理”，并且是规律性的，能够推而广之，这就是管理万能论的源头。

与之相反，建构主义和象征主义一脉相承，表现为以下两点不同：

(1) 建构主义强调企业文化的经验的传统特征，个体或企业的身份与利益是不可通过先验假设得到的，不能化约 (reduction) 成变量加以分析，并且推而广之（见第 1 章中“演绎—定律”的解释），其身份与利益只有放在社会互动过程中才可理解。

（2）建构主义更强调观念与规范对行为体身份与利益的建构与决定意义。因此，如果建立在利益导向基础上的理性主义、功能主义、客观主义可以统称为功利主义的话，那么，重视观念建构的建构主义和象征主义也可以用观念主义来代称。在企业文化中，建构主义更多是探究表意性解释而不是寻求一般性因果规律。对于企业文化而言，象征主义更多聚焦于理解和解释，企业文化的不一致也就易于理解了。

二 人类学发展的三个阶段

如果说管理学的方法论可以用质化和量化加以概述，田野研究（field study）和民族志（ethnography）则是人类学的“入门礼”了。尽管二者被视为等同的研究方法，但有学者指出，并非做田野调查就是民族志，民族志是更加严格的田野调查。可以说，民族志是人类学独有的方法，既然人类学家研究文化是一种“记述性的整合”，那么“对于每个地方及各个时期的所有文化现象的完整记述”就是最基本的要求了。

民族志一词源自希腊文“ethnos”和“graphy”，前者意指民族、种族或文化群体，而后者是绘图、画像的意思。所以，“ethnography”的内涵可以简单地理解为一种对民族、种族或文化群体的描述。民族志是记述的民族学，也就是在田野工作中，对于文化实况的观察与记录；另外，当这些活动在对于历史文献的研究中出现时，也可以说是文化活动的记述。

泰勒在《原始文化》中给出文化的定义后，人类学理论和实践不断发展，由于这一时期的人类学尚未严格区分文化与社会，对文化的研究处于摸索阶段，直到马林诺夫斯基（Bronislaw Kaspar Malinowski）出现，开始奠定范例和规则，人类学的现代框架得以形成，至今可以概述为三个发展阶段。

（一）结构—功能主义阶段（1922—1973 年）

1922 年，马林诺夫斯基发表了《西太平洋上的航海者》，同一年，拉德克利夫-布朗（Alfred Radcliffe-Brown）的《安达曼岛人》出版，他的理论与马林诺夫斯基不同的是，他认为文化是在社会层次上而不是在个人需求层次上发挥功能的。通常人们将他们的人类学理论称为结构—功能主义（structural functionalism）。这一派的思想包括：

1. 文化在于满足个体或社会的功能需求

马林诺夫斯基将人类学称作文化比较学。他认为，文化是人工制品和传统体系组合而成的，文化可以陶冶人格，还可以使社会团体和组织得到维系和延续。人首先是一种生物性存在，人类必须保证基本生物性需要得以满足，才能生存下去。因此，无论是什么样的社会，都要考虑这些基本需求的满足，都需要制定相应的文化措施，个体是以文化而非自然的方法来满足这些需要的。这样，人就为自己创造了一个派生的环境，这个环境就是文化（当然文化中还包括宗教、艺术等）。

综上所述，人有两种需要：基本需要和派生需要。前者指人的生物需要；后者是派生的环境，即文化的需要，它要满足的是人类扩大其安全与舒适所做的各种努力。

为了满足这两种需要，人必须合作，必须建立一套秩序，必须提供组织和维持各种社会活动的方法，这就需要建立某种制度。制度就是在共同的任务中团结起来并受到特定环境制约的一个集团的人运用某些专门机构遵从的一整套法规。制度是文化的结构单位，只有研究了制度，才能了解文化内部社会组织的具体状况。

相比之下，拉德克利夫-布朗认为，文化考察的其实是实际存在的错综复杂的社会关系网，也就是“结构”。而从功能主义的视角看，一切文化现象都具有特定的功能，构成统一体的各部分相互配合、协调一致，研究时只有找到各部分的功能，才可以了解其意义。而对功能的理解基于“社会结构”这一概念之上，社会结构是个有机整体，社会行为的各个方面之所以存在，是为了保持某个社会的结构，而不是为了满足个人的需要。不同的社会之间之所以产生差异，是因为各个社会均是用不同的方式来发展自己的结构，用不同的特点来安排社会的各部分。

2. 强调共时性研究

马林诺夫斯基的功能论，解释了文化如何满足个人的需要，把个人作为起点，以文化为中心，强调的是文化的生物基础，侧重对文化进行功能分析；而拉德克利夫-布朗的功能论，探讨的则是社会结构如何在时间的推移中保持自身的作用，从社会出发，以社会为中心，强调的是社会结构的研究，强调结构和功能之间的关联，更加系统、清晰地阐述了功能主义的研究方法。

在此基础上，两人都归纳出文化人类学有两种研究：历时性研究和共时性研究。前者研究的是文化的历史起源，是纵向性的研究；后者研究的是文化的本质和结构功能，是横向性的研究。共时性的研究不考虑文化的起源，而将文化看成一个整合的系统，在这个系统中，文化的每一个因素都扮演特定的角色，都具有一种功能。功能主义学派主张用自然科学的方法来进行人类学研究，把社会看作有着维护社会结构的文化要素的一体化的功能整体，着力于对现存文化和社会的分析和说明①。

3. 为人类学家的田野工作制定了标准

马林诺夫斯基在西太平洋上的特罗布里恩群岛进行田野工作的时间约有两年半，在此期间，他力图了解当地人的观点以及他们共同生活的关系，以认清他们对所处世界的看法，这也是他“参与性观察”的经验。在他看来，科学的人类学必须做到搜集资料的主体与理论研究的主体的合一来保证田野工作质量，这就需要较长时间的实地生活以及对土著语言的掌握和熟练使用。较之于此前的非专业人员撰写的民族志，他的这些创新的方式体现了人类学规范化的、科学性的一面，把人类学的理论建构和分析活动结合成一个整体化的学术与职业实践。

马林诺夫斯基指出：“我们记录这些无法估计的，但也是全部实际生活中的重要事实，它们也是社会结构中真实存在的部分”②。另外，马林诺夫斯基的“文化持有者的内部眼界”（the native's point of view）的观点同样具有重要的启发意义，也就是说，要充分理解当地人的思路，学会用他们的眼光来看世界。就表达而言，民族志文本不仅仅是故事，它需要有理论支撑，从这个意义上讲，民族志文本所讲述的故事是一种“理论故事”③。

拉德克利夫-布朗则进一步指出，文化人类学的研究不可能在实验室中进行，更不能只是“坐在舒适的摇椅”上对异邦遐思，研究者应该“在那里”（be there）亲自收集

① 黄淑娉，龚佩华．文化人类学理论方法研究．广州：广东高等教育出版社，1996：101－106.

② 高丙中．民族志发展的三个时代．广西民族学院学报（哲学社会科学版），2006，28（3）：58－63.

③ 郭建斌，张薇．“民族志”与“网络民族志”：变与不变．南京社会科学，2017（5）：95－102.

资料，然后进行分析、综合，得出假设，接下来进行修改和验证。此外，还有一种途径，即进行比较研究，就是对不同的文化、不同地区的社会进行比较，然后验证和修改自己的初步结论，最后得出具有普遍意义的规律。

（二）象征人类学和解释人类学阶段（1973—1986 年）

有学者将象征人类学（symbolic anthropology）和解释人类学（symbolic and interpretative anthropology）分为两个学派。但仍有不少人将解释人类学归入象征人类学的阵营，因为象征人类学是一个宽泛的说法。

1. 利奇的象征人类学

人类学家看到，文化由认知、概念及一整套将之秩序化的原则组成，是社会中的人通过认知、决策、行动将社会加以类别化以实现社会秩序的标准和规则。鉴于各社会中秩序形成的规则都是独特的，所谓的文化差异和相对性也就出现了。而且，正如语法一样，一个社会的文化规则也是可以“编码”的，暗示了文化规则不是与生俱来的，也不是一成不变的，而是可以创造、形塑和改变的。这就启发了利奇（E. R. Leach）对观念、意义的关注①。

作为马林诺夫斯基的学生，利奇把象征体系的结构分析提升到新的高度，他认为人类思维结构的本质是二元对立的，由于思维这一本质特点，那些不能被明确划分为二元对立中某一级的事物就成了禁忌。

在利奇眼里，思想结构（仪式）与社会结构（社会类别）之间的明确区分不复存在，因二者是一个单一的相互作用的整体，都能被单独地进行逻辑分析。另外，利奇反复强调，象征不可能在独立的条件下得到理解，象征总是潜在地具有多种解释，只有当象征作为一整套文化的组成部分并与其他象征进行对比时，其才产生意义。因此，要正确理解象征的主题，就必须详细研究该象征的文化背景。

2. 解释人类学

克利福德·格尔茨（Clifford Geertz）的解释人类学的出现，是他从阐释学（hermeneutics）中受到启发，为人类学的发展提出的另一种可能。他曾经说：“阐释学的目的即从高层次的普同化和人类学的细节的往还中借助社会话语而臻于对复杂纽结在一起的符号形式的‘理解’。”这种理解就是理解者对被理解的客体应持有“文化持有者的内部眼界”②。格尔茨将民族志看作一种文本，1973 年问世的《文化的解释》成为这一阶段的标志，其理论概述如下：

（1）民族志的文本性。在格尔茨之前，人类学家一直囿于学科的规范和寻找通则的诉求，没有朝方法论的方向做进一步思考，在当地人观点和研究者观点二分的两难下争论不休。

格尔茨将文化视为一种由当地人自己编织进来而由人类学者阅读的文本，当地人的文化具有公共性与象征性，而人类学者只是通过对此行为中象征意义的探寻以寻求对文化的阐释。格尔茨文化解释的核心概念“解释的解释”（the interpretation of interpreta-

---

① 庄孔韶，方静文．从组织文化到作为文化的组织：一支人类学研究团队的学理线索．浙江大学学报（人文社会科学版），2012（5）：18－27.

② 徐黎丽，伊西旺姆．对西方民族志文本写作的再反思．民族文化研究，2016（1）：61－65.

tion）精妙地呈现了人类学文本解释性的双重维度：第一重是当地人对自己文化的解释；第二重则是人类学者在当地人解释基础之上基于自身学科专业素养而进行的再解释，而后以民族志形式呈现①。

格尔茨认为，文化系统的意义是通过人与人互动的过程建构起来的，行动与行动之间的接合、交流、互动形成一段对话，因此我们对某一行动或某一文化现象的了解必须将其放在原来的“脉络”（context）中来解读。不仅如此，意义的传递与交流是公共的，而不是存在于个人脑海中的。写出来的民族志作为文本能够被阅读，事件也能够像文本一样被阅读（events can be read as text）。并且，文本作为一种社会事实，能够反映社会本身；文本还是创造性的，包含着建立、构造、制定、恢复与革新等动力。

格尔茨引入了一个影响极广的概念——“深描”（deep description）。他引用赖尔的例子来说明：设想有三位正在眨眼睛的少年，一个是无意地眨眼，一个是使眼色地眨眼，一个是恶作剧似的模仿眨眼。他们的眨眼动作表面是相同的，都是抽动眼皮。浅描式的民族志如照相机拍的照片一样，能够区别谁在无意识地眨眼，谁在使眼色地眨眼，谁在恶作剧似的模仿眨眼。而深描式的民族志则感知、阐释这几种行为之间的文化层次，建构一个分层化等的意义结构，民族志就应该是一种具有深度的描写。

深描关注的是揭示行动与文化之间的关系，并由此来解释行动的意义。这就是人类学理解的关键。人类学的理解并不在于捕捉在研究地点发生的事实，而是如何去澄清在该处到底发生了什么意义的活动。正如格尔茨所说：“如果民族志是深描，民族志学者是深描者的话，那么为了确定任何这类情况，不管是随笔性的田野日志还是马林诺夫斯基那种大规模的专题著述，我们都应该问：它是否把眨眼示意和抽动眼皮区分开来，把真的眨眼示意和模仿的眨眼示意区分开来啊？”②

格尔茨把田野工作视为一种对话形式，或者说，田野工作是在人与人互动交流的过程中，行动与行动之间接合，交流，互动形成一段段对话。意义的解读是以行动为中心的，即努力追随当地人的行为。通过从研究者到当地人，从当地人再到研究者的反复努力，进行“第二层次和第三层次的阐释”③，从而使当地人的行为成为可阅读的文本。

（2）文化是意义之网。格尔茨根据韦伯关于人的定义，把文化看作一种对符号的意义的解释。他指出：“我主张的文化概念实质上是一个符号学的概念。马克斯·韦伯提出，人是悬在由他自己所编制的意义之网中的动物，我本人也持相同的观点。于是，我以为所谓文化就是这样一些由人自己编织的意义之网，因此，对文化的分析不是一种寻求规律的实验科学，而是一种探求意义的解释科学。”④ 对不同文化的比较不仅仅是一种“文化转译”（cultural translation），更是一种“文化阐释”（cultural hermeneutics），或者说是在当地人和人类学家视域上的“视域融合”⑤。

寻找客观性的人类学家认为文化可以被看作科学研究的一个对象，而在格尔茨眼中，文化是一个被解释的对象。人类学家的工作，不是要寻找放之四海而皆准的客观规

---

① 郑向春．诗性文本：人类学与文化编织．贵州大学学报（社会科学版），2018（2）：69－74．
② 格尔茨．文化的解释．韩莉，译．南京：译林出版社，1999：19．
③ 格尔茨．文化的解释．韩莉，译．南京：译林出版社，1999：17．
④ 格尔茨．文化的解释．韩莉，译．南京：译林出版社，1999：19．
⑤ 格尔茨．文化的解释．韩莉，译．南京：译林出版社，1999：5．

律，而是要寻找在这个意义网络中的具体的意义的构成，这实际上是理解和解释的问题。按照解释人类学的观点，人类学应该背离过去自然科学的方向，走向哲学阐释学的方向。因为人类学著述本身即是解释，并且是第二和第三等级的解释（按照定义，只有“本地人”才能做出第一等级的解释）。因此，民族志是“虚构”的产物，只是人类学家自己写出来的，有待读者解读的文本①。格尔茨干脆把追求科学化的人类学家的“他观察，他记录，他分析”的描述重新阐释，形象地把解释人类学简化为“他写”②。

（3）文本解释与描述、评价的关系。格尔茨借助韦伯的理解社会学和阐释学的理论，进一步阐明了功能主义和建构主义，或者说研究自然科学和人文社会科学的几个关键术语。

文化的解释（interpetation）不同于描述（description），因为不管是作为理解（understanding）还是解释，都不是要对被解释的文本本身进行描述，而是对文本意义的理解，或者是一种有可能引起对于某种意义的理解。对于一个文本的描述可能与说出该文本由文化构成的某些特征有关，例如它由哪些单词组成等，而解释则不止如此。

解释也不同于自然科学的说明（explanation）。说明力图告诉我们某种事物的原因，而对于一个文本的理解或者应当引起某种理解的文本却并不以说明为什么会有这个文本或者它为什么会有这种意义为目的。当然，那种说明性的理解也可以做到这一点，但并非所有的解释都是这种类型的。例如，如果在解释一种文本的时候，有人希望理解什么是作者所理解的东西，那就与说明无关了。

同时，理解也不一定要进行评价（evaluation），尽管在事实上它也可以进行评价。在前面我们提到的例子里，解释中包含着对于作者的理解的再理解，但却并不一定要对作者的意图进行评价，倒不如说是在对某种文本的解释中，再生产某种与特定读者的理解行为相似的理解行为。当然，解释性的评价也是有可能的③。

（三）反思和批判阶段（1986 年迄今）

1986 年，《写文化——民族志的诗学与政治学》和《作为文化批评的人类学：一个人文学科的实验时代》的出版，强调了作为人类学标志性的结果——民族志的文学性，人类学在变革的世界观中获得新生。

在这个多元发展的时代，民族志在各个方面都变得更开放。由于“写文化”的出现，反思人类学、文化批判理论、话语分析、文化修辞学等方法“侵入”民族志，使得民族志在文体和风格上更加开放了。

民族志的写作方式和写作的针对性发生着变化：面对研究话题的拓展以及研究范式的逐步完善，追求多元、双向、互动、开放的撰写取向，借助多样化的手法，唤起作者—文本—读者的一种审美整合，通过语言和修辞的手段，力图把多元心声和多种观点植入文本之中，在著作中提炼表述的技艺④。在此过程中形成了特征鲜明的倾向与主张，这些倾向和主张主要有：把人类学研究者的田野工作过程作为民族志实验的中心内容和描述的重要对象，并同时强调给予被研究者自己解说机会的重要性；同时注重对文化的

---

① 和虎．人类学家的文化见解：从象征人类学谈起．民族论坛，2016（11）：56－63.
② 陈庆德，郑宇．民族志文本与“真实”叙事．社会学研究，2006（1）：140－153，244－245.
③ 欧阳康．文本性、解释和解释学哲学：访美国解释学家乔治·格雷西亚教授．哲学动态，2004（11）：39－44.
④ 冯学红．民族志书写的创变走向与图景．宁夏大学学报（人文社会科学版），2008（4）：162－166.

阐释；最突出的意义在于强调了民族志的文学性。民族志不再是对当地人的关于文化的理解或者解释，注重修辞、讲究文本的想象力和艺术性得到认可，这些“对话”与“多声道”的撰写取向技法等一反既往的民族志文本的权威性和其名义上的真实可信，强调民族志其实是一种修辞结构，过去的文本修辞结构强化了民族志作者的权威性，作者代表报道人说话，报道人反而处于从属地位。对此，解决之道就是把报道人的声音前置于文本，几乎所有人类学家都采用了这个变通法则①。

在文本上，现代人类学的文本是简单的、封闭的、边界明显的文本。而后现代人类学倡导的是开放的、杂乱的文本，试图打破科学与文学二元论的文本，试图揭示人类经验的矛盾与真相的文本，以及那些通过打破规则来展示（或部分展示）人类怎样应对关于人类存在的永久、真实的文本，那些应对现实生活所必须面对的日常侵扰和悲剧的文本。人类学研究进入了一个全新的格局，并表现出以下三个特征：

（1）现代人类学和后现代人类学的相互交融。如果说此前的人类学只在自我关涉、自我澄清的层面上具有反思性质的话，那么，现在二者都获得了一种多重反思的视野和维度。二者各自从对方那里获得了新的视野，也都从对方那里获得了自我反思、自我观照的契机，即二者都把对方看作自身反思的他者。这是以前从未有过的。

（2）人类学研究处于科学实证主义、解释主义和批判解构主义的张力中。首先，人类学者对他者进行描述时，注重描述的真实性和可靠性，采用实证主义的取向，通过一些可操作的程序和手段如证伪、相关验证等对研究的过程和结果进行检验；其次，人类学者对他者进行理解性阐释，关注我者与他者之间的主体间性和视域融合。

（3）反思和批判意识。人类学者必须有后现代的批判意识，意识到田野工作和民族志书写都受到了一定的政治、文化、性别和社会阶层的影响，不能忽视研究中的权力关系以及研究对知识建构和社会改革的重要作用②。

至此，我们能大致理解管理学中的功能主义和象征主义的看法的差异了。对企业文化的理解有两个不同的视角：唯实论（realism）认为，文化是一种实体，是超越个人的存在，这就是马林诺夫斯基眼中的文化。唯名论（nominalism）则认为，文化并非实体，而只是一个名称和概念，不是真实的存在，人们只能借助概念来认识文化，既然感官无法准确地捕捉它，就需要更多地去“理解”，概念上的“文化”并不一定“真实”，而只是一种象征，这就是利奇和格尔茨的解释人类学。而批判和反思的人类学家将行动看成不可避免的有意义的产生过程，积极倡导不同程度的行动。

第 2 节　人类学和管理学的企业文化研究

一　人类学的企业文化研究

（一）曼彻斯特的工厂和车间——“下行”研究

霍桑实验之后，1952 年，英国社会学家雅克（E. Jaques）出版了《改变工厂文化》，

① 冯学红．民族志书写的创变走向与图景．宁夏大学学报（人文社会科学版），2008（4）：162－166.
② 张连海．从现代人类学到后现代人类学：演进、转向与对垒．民族研究．2013（6）：50－62，124.

成为第一个描述组织文化的组织理论家。雅克指出：将文化概念纳入组织理论使得研究者只关注组织结构，忽视了人与情感组织生活要素。他的工作启发了英国的特纳（B. Turner）、佩蒂格鲁和美国的斯默西奇等人，这些学者开始关注象征在企业中的作用。

早期的霍桑实验在企业的研究中使用民族志和参与观察研究方法，并且从中获得成功。到 1953 年，哈佛大学的霍曼斯（G. Homans）教授到英国曼彻斯特大学做访问学者，他提议继续霍桑实验的研究。第一阶段对五个工厂开展了研究，探索产量的定额与非正式组织结构之间的关系。20 世纪 60 年代，研究进行到第二阶段，另外一组学者从三个侧面研究了雪铁龙公司：埃米特（I. Emmett）研究管理者，摩根（D. Morgen）研究装配车间，沃克尔（M. Walker）研究机械车间。

实验结果令人惊讶，第一阶段的研究中发现的“问题”与霍桑实验中得出的结论是非常不一样的。在对五个工厂的研究中，尽管员工中间存在一些非正式组织，以及与管理者之间不同类型的关系，也是以团队的形式完成不同的生产任务，但他们并没有保持一个稳定的工作绩效，而比较热衷于“互争的利己主义”。研究还发现女性员工表现出对管理者要求产量的默许，直到紧要关头，她们才会采取集体行动。这一“问题”使得曼彻斯特学派的研究者们发展更广泛的社会组织理论，用以解释这些工人和管理者之间协调模式的多样性。研究者们开始关注冲突，而不是人际关系学派的观点：工人与管理者之间的“自然”关系是“自发合作”——只是受到沟通不足的阻碍。因此，曼彻斯特学派承认工人和资本家之间存在着一条无法逾越的鸿沟。在鸿沟的两侧，二者的互动和意外的联盟维系了整个生产体系——尽管这个体系有冲突。曼彻斯特学派的领军人物格卢克曼（M. Gluckman）称其为“均衡”。

曼彻斯特学派把车间当作联系环境中的社会结构的结合点。坎尼森（S. Cunnison）从车间的环境差异去理解工人和管理者之间协调模式的多样性。他驳斥了把车间当作一个封闭系统的方法，并且把外部因素引入他的分析中。工作场所的生产系统只是结构中的一种，个人在“广义社会”的很多结构和系统中担任角色。这包括社会阶级和局部关系是否紧密结合（即工人和管理者在工厂之外是否有其他很多社会关系的联系）、家庭中的性别区分、年龄和种族特点。员工在所有这些结构中拥有的角色都会影响他们在工作场所的表现。

值得一提的是，和霍桑实验中的实验方法不一样，在曼彻斯特的车间研究中，研究者在“参与观察”中将局内人和局外人的身份合为一体。在对五个工厂的研究中，研究者都花至少半年时间在车间与工人一同工作，通过长时间的参与观察，研究者逐渐揭开车间中的社会互动过程，追踪不同工人群体之间的关系及其随时间的转变。这种参与和观察之间的新关系具有重要的方法论意义，研究者既是参与者，也是观察者，由此能够更好地发现“问题”。也由此将霍桑实验中的车间从封闭系统的模型中转移出来，使之处于更广泛的社会结构之中。这是曼彻斯特学派车间研究的重要贡献。

（二）“上行”研究

对方法论和认识论的一个重要影响是女性人类学家纳德（L. Nader）提出：人类学家应当同时开展“下行”和“上行”研究。因为既往的人类学家总是研究民族、乡村和车间，有学者批评人际关系学派的研究是一种自上而下的单向研究，有悖于传统人类学"下行"研究（study down）的传统取向，人类学家的研究应该包括高高在上的官僚机构[①]。

与管理学家对人类学方法的热衷不同，以往人类学的研究对象往往是和现代企业迥然不同的。总体而言，自霍桑实验以来，人类学对现代企业的研究在延续，但到了 20 世纪七八十年代，不光是企业文化，甚至对企业的研究也比较少。客观上，当时更流行采用大规模定量数据进行社会认知研究，而以个案研究为主的民族志研究处于边缘化状态。而且当时在人类学领域，功能主义范式被大力提倡，落实到实践层面，便是鼓励学者到遥远的他乡进行"科学数据"收集以及"客观性"描述。最后是研究伦理的限制。自 1971 年起，美国人类学家协会禁止开展一切不能免费公之于众的研究项目。那些受企业资助的工商人类学研究项目通常都要受制于企业资助方，因此，其研究成果便很难通过伦理审查，以至于无法公开发表[②]。

另外，人类学使用的观察法是指通过有目的、有组织的直接观察，收集有关人类社会行为的各种非语言资料。英国社会学家莫泽（C. A. Moser）曾说，"观察可称为科学研究的第一等方法"[③]。观察法原来是人类学家和动物学家使用的技术，后来被用于政治学、社会学和社会心理学领域。这一方法的最大的特点就是直观，望、闻、问，感同身受，往往能获得意想不到的第一手资料。但是，由于企业的特征和许多为企业构建企业文化的咨询师和研究者时间的限制，长时间地参与企业的互动，了解企业成员如何做事、如何表达，以及各部分如何相互衔接是一件费时费力的事情。

（三）文化研究的黄金期

20 世纪 80 年代的人类学研究强调从更广泛的角度研究工作和工作场所，将企业置于现代阶级社会更广阔的社会和经济结构之中来考察。这类研究应用民族志方法发展出新的分析框架，并将这一方法的重要性提到了前所未有的高度。人类学研究在管理学中再度发挥了作用，比如对生产环节中文化适宜性的审视、对企业作为组织变迁的关注、对产品设计与开发的介入、对市场和消费行为的研究、对跨文化企业的关注等。从研究方法上看，人们已经不再满足于传统的问卷调查，尝试采用更加深入且具有解释力的研究方法。人类学擅长的田野工作方法恰逢其时地被应用，并促进了应用人类学中重要的一支——工商人类学的发展与繁荣[④]。

20 世纪 90 年代以来，人类学对企业研究产生了越来越大的影响，尤其是企业文化和跨文化管理的研究[⑤]。简要介绍如下：

---

① 袁同凯，陈石，殷鹏．现代组织研究中的人类学实践与民族志方法．民族研究，2013（5）：45－54.

② 刘谦，张银锋．人类学视野下的商品生产与消费：从西方工商人类学的发展谈起．中国人民大学学报，2016（1）：138－146.

③ Moser C A. Survey methods in social investigation. London：Heinemann，1965：55.

④ 刘谦，张银锋．人类学视野下的商品生产与消费：从西方工商人类学的发展谈起．中国人民大学学报，2016（1）：138－146.

⑤ 刘谦，张银锋．人类学视野下的商品生产与消费：从西方工商人类学的发展谈起．中国人民大学学报，2016（1）：138－146.

1. 企业文化

20 世纪八九十年代，“文化”尤其是“亚文化”的概念成为人类学关注的热点，人类学家普遍开始强调对“文化”边界的模糊和跨越，淡化对界限划分的描述[①]。不同于以沙因为代表的学者早期对企业文化“内部一致性”的假设，这一时期的许多人类学家指出：组织成员并不总是“共享”的，组织结果也并非总是通过“强文化”得到增强。以职业和专业为基础分化而成的各种类型的“亚文化”越来越具有突出地位和强大的体制力量[②]。

由于工作—生活平衡、虚拟项目团队、外包安排和企业并购的全球化发展，正式组织中的不确定性、模糊性和多区域性变得越来越明显，企业组织内部的工作变得更加复杂，组织本身也在变化，并以新的方式重新配置，这为理解企业文化的“碎片化”观点创造了机会[③]。但是人类学研究并不仅仅关注企业内部特定的“职业亚文化”本身，而是倾向于讨论企业、组织或个人跨越各种边界的努力[④]，由此延伸出对跨文化管理的探讨和研究。

进入 21 世纪以来，随着社会网络分析领域的迅速发展，人类学也将网络分析应用到企业文化的研究中：关注一组参与者或节点之间的关系网络。节点可以是人员、团队、部门、组织或任何其他类型的活动实体；关系可以是节点之间存在的任何一种二元关系，例如友谊、亲属关系或契约；网络分析可以是完整的网络方法，也可以是不生成整个网络全貌的自我网络方法。这种分析思路与企业文化研究中的“碎片化”“亚文化”概念发展相适应[⑤]。

2. 跨文化管理

人类学家在 20 世纪 90 年代以来对企业文化中“亚文化”“跨边界”等概念的探讨，还体现在对企业环境中跨文化现象的研究上。

在全球化背景下，企业的兼并、收购、重组逐渐成为管理增值的核心内容，管理的基本价值主张不再局限于管理材料、设施和资源，而是拓展到管理关系和管理意识。企业文化作为意识管理的一种重要形式，也是影响企业并购、重组的重要因素之一，不相容的企业文化往往会在企业全球化进程中扮演着破坏性的角色。21 世纪以来通过基于 IT 技术的网络分析和民族志相混合的方法研究全球网络组织中跨地理、文化、组织边界的问题，则是人类学家研究全球工作和组织模式、企业文化与跨文化管理的最新探索[⑥]。

---

① Baba M. Anthropology and business//Brix H J. Encyclopedia of anthropology. Thousand Oaks，CA：Sage Publications，2006：23－33.

② Abbott A. An old institutionalist reads the new institutionalism. Contemporary Sociology，1992，21（6）：754－756.

③ Baba M，Marietta L. New institutional approaches to formal organizations. A companion to organizational anthropology. //A companion to organizational anthropology. New Jersey：John Wiley& Sons，Incorporated，2013：76－89.

④ Baba M. Anthropology and business. //Brix H J. Encyclopedia of anthropology. Thousand Oaks，CA：Sage Publications，2006：23－33.

⑤ Ofem B，Floyd T M，Borgatti S P. Social networks and organizations//A Companion to Organizational Anthropology. New Jersey：John Wiley& Sons，Incorporated，2013：154－162.

⑥ Baba M. Anthropology and business. //Brix H J. Encyclopedia of anthropology. Thousand Oaks，CA：Sage Publications，2006：23－33.

除此之外，人类学还对企业社会责任开展研究。人类学家解释了在不同背景下企业社会责任的演变及其向不同环境的扩散问题。企业的社会责任被解释为经济"社区"和"市场"领域之间的动态互动，而历史和文化以及企业社会关系的机制可以理解不同企业和相同企业不同阶段的企业社会责任差别，解释企业和社会之间关系性质的变化[①]。

除了理论贡献之外，人类学家为企业文化研究带来的新方法和新视野也十分引人瞩目。人类学与管理学在方法论上的学科融合使得企业文化研究得以不断深入。

人类学研究常用的方法包括深入观察、出席和记录会议、文献调查、参与者观察等等。人类学的一个基本概念就是思想和行为不能在它们所处的环境之外得到正确的理解，因此人类学的一个优点就是把个体置于他所在的社会背景中，置于行为发生的情境中，并在他的日常活动中观察他[②]。传统的参与式观察强调人类学家作为研究人员具有一种独特的能力——既能置身于另一种文化中，又能保持独立的知识立场。人类学家一直在努力做到两全其美：既可以参与，观察又意味着距离[③]。

（四）企业的民族志与成果

正是由于"写文化"的出现，在人类学研究中，民族志的核心开始强调"批判性"，它提供给管理学的启发是在有关文化领域的研究中不能仅仅局限于现实主义和实证主义[④]。管理学家更喜欢对未来的发展做出预测，或者对企业文化中的各种变量给予说明（explanation），但是人类学家更加关注企业的"生命史"。从这个角度来说，对于企业文化的研究，民族志是有益的方法论。以斯图尔特（Thomas A. Stewart）对创业精神和社会企业精神的研究为例，他提出将参与观察法融入扎根理论的技术，更为适合做出理论建设[⑤]。他在对家族企业亲属关系、非正式网络的民族志研究中，探讨了与价值观、知识优势和技能等内容相关的企业竞争优势[⑥]。袁同凯、陈石和殷鹏对企业民族志的特点有如下四点总结：

1. 历史的观点

中国人民大学黄剑波教授指出，历史是人类学的一个研究领域或范围，从而成为某种"历史田野"，并且援引美国人类学家斯特拉森的观点，"每个人类学家必须在一定程度上是一个历史学家"[⑦]。袁同凯等援引了贝特（S. P. Bate）对英国铁路系统文化图式的

---

① Ertuna B. Corporate social responsibility：interaction between market and community. //A companion to organizational anthropology. New Jersey：John Wiley& Sons，Incorporated，2013：438－452.

② Bate S P. Whatever happened to organizational anthropology? A review of the field of organizational ethnography and anthropological studies. Human Relations，1997，50（9）：1156.

③ Greenwood J D. The organization of anthropology and higher education in the United States. //A companion to organizational anthropology. New Jersey：John Wiley & Sons，Incorpored，2013：28－32.

④ Bate S P. Whatever happened to organizational anthropology? A review of the field of organizational ethnography and anthropological studies. Human Relations，1997，50（9）：1153－1154.

⑤ Rosa P，Caulkins D D. Entrepreneurship Studies. //A companion to organizational anthropology. New Jersey：John Wiley & Sons，Incorpored，2013：100－104.

⑥ Stewart A. A prospectus on the anthropology of entrepreneurship. Entrepreneurship Theory & Practice，1991，16（2）：23－46.

⑦ 黄剑波．何处是田野?：人类学田野工作的若干反思．广西民族研究，2007（3）：66－71.

研究。结果发现，蕴含于企业中的“思维习惯”大多形成于一个世纪以前，但迄今仍然影响着员工的思维和行为，由此造成了现在日常管理中的混乱，并最终导致组织的衰败。这样的历史观对于解释企业研究中发现的问题及其机制具有重要意义。同样，在中国，如果我们视王兵的纪录片《铁西区》为影像人类学的一种，就能理解东北企业在 20 世纪末的转型过程中的艰辛和痛楚了。

2. 情境的观点

格尔茨把民族志或田野工作中人与人的互动交流，行动与行动之间的接合、交流所形成的一段段对话视为一种社会性对话（social discourse），并置于行为发生的情境（context）之中，观察其日常活动。通过在“个人”和“社会”之间，在微观和宏观之间建立联系，人类学家能够获悉其他学科难以发现的真知灼见。如坎特（M. Kanter）将在一家公司长达五年的研究成果于 1977 年出版，那就是堪称经典的《公司男女》。作者通过演员与舞台、角色与形象、结构与过程、理解与行动四部分，对化名为塔科达的公司的场景和员工进行深描，将现代企业带给员工的无力与疏离诠释得淋漓尽致，进而对企业提高员工对组织的认同，提出了不同凡响的观点①。

3. 过程的观点

具体到对企业这种社会组织的研究中，需要研究者关注组织生活正式与非正式两方面之间的相互作用，人类学者更偏重组织生活中非正式的一面。在他们看来，“文化”不是管理学组织研究想象的那种静止、固定的实体，而是一个过程，甚至本质上是一个政治过程，其中的意义在互动过程中被各方重新定义，而人类学的任务就是梳理、描述和解释该过程。1999 年，巴芭（M. Baba）调查的一家大公司为了简化产品开发过程，引入单一的“战略”系统，该系统取代数百个不同的系统，然后在数十个不同的技术领域中运行。巴芭绘制了这些群体的文化生态图，确定了他们在二维产品开发环境中所处的情景。她分析了这些工作组对公司战略的反应中的差异（例如：阻力、采用、再创新）之后，解释了当美国工作组织中存在不信任关系时以工作组抵制与其他组矛盾的过程②。

4. 以当地人为中心

如文学作品一样的民族志出现，其中有多个受众、研究问题、目标和语言，通过将不同的客体并列，对当地人的理解得到进一步加强，通过反思，可以比较研究者和当地人视角的不同③。在研究中不是问“我如何看待他们做的事情”，而是要问“他们如何看待自己做的这些事情”。“人类学家的任务就是要发现，当地人是如何从人类学家认为一团乱麻的日常生活中创造秩序的。”④

不同时期的经典民族志的成果如表 2-2 所示。

---

① 肯特．公司男女．Nakao Eki，译．台北：群学出版有限公司，2008.

② Baba M. Anthropology and business. Encyclopedia of anthropology. Thousand Oaks，CA：Sage Publications，2006：23-33.

③ Baba M. Anthropology and business. Encyclopedia of anthropology. Thousand Oaks，CA：Sage Publications，2006：30.

④ 袁同凯，陈石，殷鹏．现代组织研究中的人类学实践与民族志方法．民族研究，2013（5）：45-54.

表 2-2 民族志方法在管理学研究中的应用

应用领域	代表性研究	研究方法	理论贡献
组织行为	霍桑实验 (Mayo, 1933)	在照明实验基础上，哈佛研究小组做了继电器装配组试验、大规模访谈和对绕线室员工的观察。	“社会人”假说
管理工作性质	对 5 位总经理工作的研究 (Mintzberg, 1968)	样本限制在有经验的中等或大型组织的总经理，田野研究过程包括原始数据的收集以及对观察进行记录和编码。	管理者角色理论
组织文化	日美企业比较研究 (Ouchi, 1981)	访问了 20 多家日本和美国企业，总结 A 型组织和 J 型组织的特点，重点研究具有融合特点的 Z 型公司。	Z 理论
战略决策	硅谷计算机公司高管团队的快速决策 (Eisenhardt, 1989)	对 CEO 初始访谈后，对高管团队成员做半结构化访谈。观察公司的战略决策会议和每周的高管例会，并从问卷中收集定量数据。	动荡环境下的战略决策模型
团队管理	对 LSE 通信公司的研究 (Barker, 1993)	访问 LSE 公司，确定关键的资料提供者并制定深度访谈计划；对一个团队做了 4 个月的密切观察；研究者做了 37 次深度访谈。	自我管理型团队中协调控制的演化模型
网络的研究	对纽约服装工业公司的研究 (Uzzi, 1997)	样本取自销售额 50 万～10 亿美元的厂商，分析单元是公司间的关系。用 5 个月的时间访谈高管和员工。	社会资本分布网络模型
技术创新	对医院实施新技术过程的研究 (Edmondson, Bohmer and Pisano, 2001)	第一阶段为熟悉技术和手术过程，进行起始访谈；第二阶段用 5 个月时间做了 165 次访谈，访谈对象是医生、护士、管理人员等。	建立新技术惯例过程模型

资料来源：刘红叶．民族志方法在管理学研究中的应用．西北民族大学学报（哲学社会科学版），2019（1）：166-172.

二 企业文化的管理学研究方法

企业文化的研究方法的演变与企业文化的研究是一脉相承的。与人类学研究企业文化的主要研究方法不同，管理学对企业文化的研究通常从效率和效果出发，加上寻找通则的诉求，功能主义或实证主义一直是主流①。管理学家抱着“企业有文化”的观点，研究中尽管也有一些关于企业成员的价值及意义的探讨，但是研究者多采用客位（etic）的局外人观点，主要采取量化的方法来研究，以便进行比较与类推②。

这些方法运用到企业文化研究时，主要围绕两个问题展开：企业文化的构成和企业文化的预测作用。

（一）企业文化的构成

本书第 1 章提到关于文化的定义外延极为广泛，而对于企业文化的读解也是仁者见仁、智者见智。企业文化的测量始于组织气氛，后来，对文化不同的见解直接影响到对

① 李成彦．组织文化：基于组织文化效能的视角．北京：北京大学出版社，2013.
② 郑伯埙，郭建志，任金刚．组织文化：员工层次的分析．台北：台湾远流出版社，2001：6-7.

文化的量化研究，因为它是连接“经验”和“数据”的重要环节。

正如田野研究成为人类学家的成人礼一样，从 20 世纪 80 年代开始，随着对企业文化理论研究的不断深入和完善，量化研究成为管理学家的入门叩拜礼，企业文化研究也不例外。围绕着企业文化“是什么”，国内外学者已提出了诸多包含不同维度的企业文化模型，以及相应的测量量表。以下截取在我国应用广泛的几种典型理论加以介绍。

1. 丹尼森的组织文化模型

丹尼森（D. R. Denison）等人认为，企业文化是一套价值观、信念及行为模式，并构成企业的核心体。他们构建了一个能够描述有效组织的文化特质模型，该模型认为有四种文化特质，即适应性（adaptability）、使命（mission）、一致性（consistency）和投入（involvement），其中每种文化特质对应着三个子维度（如图 2－1 所示）[①]。

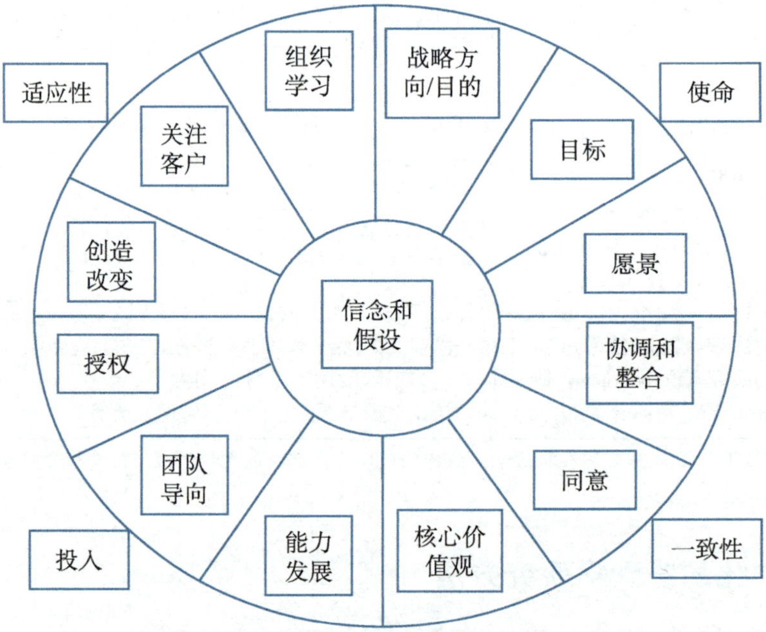

图 2－1 丹尼森的组织文化模型

2. 卡梅隆和奎因的对立价值构架

卡梅隆（K. S. Cameron）和奎因（R. E. Quinn）认为企业文化通过企业所信奉的价值观、主导性的领导方式、语言和符号、过程和惯例以及成功的定义方式来得到反映。他们在竞争价值观框架（competing values framework，CVF）的基础上构建了 OCAI 量表。竞争价值观框架从灵活性—稳定性和关注内部—关注外部两对主要维度划分了 4 种不同类型的企业文化（如图 2－2 所示），分别为宗族型（clan）、活力型（adhocracy）、层级型（hierarchy）和市场型（market）[②]。

OCAI 量表共有 24 个测量项目，从 6 个判据来测量企业文化，即主导特征、领导风

① Denison D R，Mishra A K. Toward a theory of organization culture and effectiveness. Organization Science，1995，6（2）：204－223.

② Cameron K S，Quinn R E. Diagnosing and changing organizational culture：based on the competing values framework. New York：Addison-Wesley Press，1998.

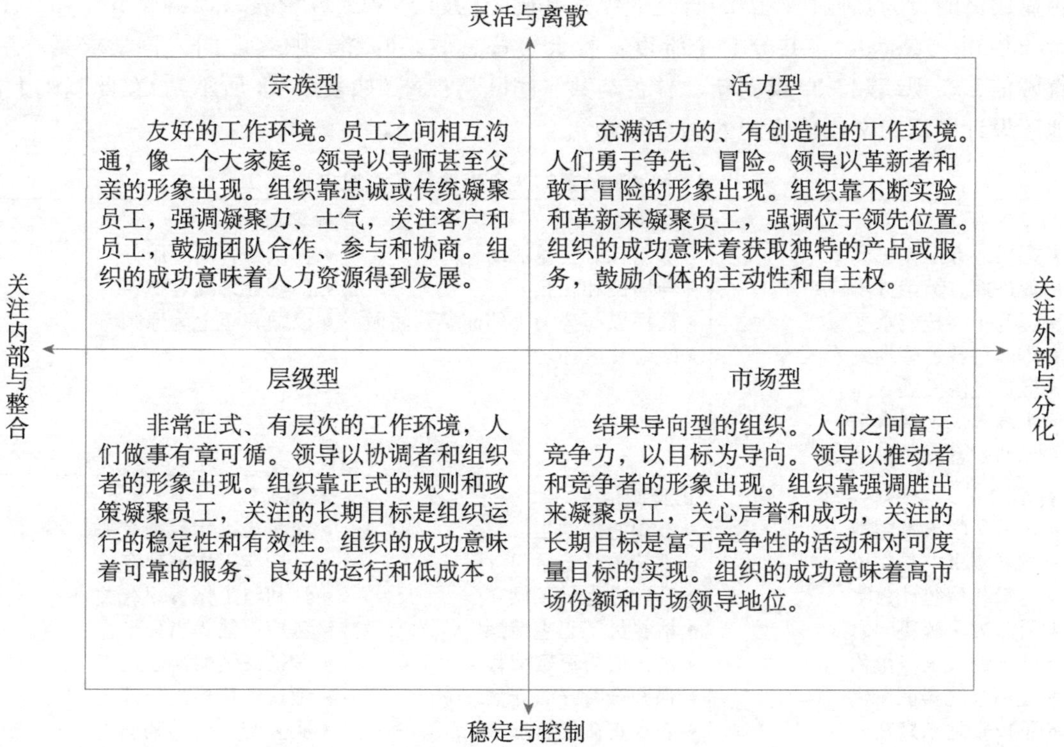

图2-2 卡梅隆和奎因的企业文化分类模型

格、员工管理、组织凝聚力、战略重点和成功准则，每个判据下有4个对应着4种类型企业文化的陈述句。对于某一特定企业来说，它在某一时点上的企业文化是4种类型文化的混合体，通过OCAI测量后形成一个剖面图，可以直观地用一个四边形表示。卡梅隆和奎因指出，OCAI在辨识企业文化的类型、强度和一致性方面都是非常有用的。

奎因以86个公用事业公司的796名管理人员为样本，考察了OCAI的内部一致性系数以及会聚和区分效度。4个文化类型的内部一致性系数（α系数）都在0.70～0.80之间，多质多法分析和多维量表分析表明OCAI具有良好的会聚和区分效度。

3. 郑伯埙的VOCS量表

现有的企业文化测量工具以国外的量表居多，但企业文化作为一种文化现象，具有很强的环境依赖性，某些传统文化因素，如对权威的尊重、集体主义、面子和关系等被认为会对企业行为产生重要影响。国内学者张勉和张德曾对四种国外量表（卡梅隆和奎因的OCAI量表、丹尼森等的OCQ量表、霍夫斯泰德量表、查特曼和奥雷利的OCP量表）的具体测量项目的内容进行逐条分析，发现量表中诸多项目难以找到准确的中文释义，而与西方社会文化环境有高度的语意相关性①。因此，如果直接将西方的量表用于本土研究，必然会影响研究的信度和效度。因此，国内学者对中国情境下的企业文化模型和测量展开了相应研究。

台湾大学心理学系教授郑伯埙认为，企业文化是一种内化性规范信念，可用来引导

① 张勉，张德．组织文化测量研究述评．外国经济与管理，2004，26（8）：2-7.

企业成员的行为。他在沙因的研究成果的基础上构建了 VOCS 量表（values in organizational culture scale），共分 9 个维度：社会责任、敦亲睦邻、顾客取向、科学求真、正直诚信、表现绩效、卓越创新、甘苦与共、团队精神[①]（如表 2-3 所示）。在此基础上，他还设计了组织文化价值观的调查问卷[②]。

表 2-3　VOCS 量表的 9 个维度及其测量内容

社会责任 • 提供地方工作机会 • 促进地方繁荣进步 • 提升工人技能水平 • 培养科技、管理人才 • 促进经济发展 • 提高人民生活水平 • 创造财富增进福祉	敦亲睦邻 • 参与社区公益活动 • 与居民和睦相处 • 居民以与公司为邻而感到骄傲 • 改善社区环境	顾客取向 • 提供顾客周到服务 • 即刻处理顾客抱怨 • 以顾客至上为原则
科学求真 • 讲求科学求真精神 • 本着实事求是作风 • 尽量相信统计数字 • 科学方法解决问题 • 会强调数据与量化 • 应用系统实证文化 • 不以直觉来判断 • 强调统计品质管制	正直诚信 • 不做违法勾当 • 不拉关系走后门 • 升迁考虑员工操守 • 培养员工正直情操 • 员工值得尊敬依赖 • 强调守时守法守信 • 表现正派经营形象	表现绩效 • 加薪与工作表现有关 • 升迁与工作表现有关 • 红利与工作表现有关 • 考核评估相当公平 • 考核评估相当公正 • 考核评估相当公开 • 奖金配合公司利润 • 强调利润分享 • 致力激励工作绩效 • 强调健全绩效评估
卓越创新 • 具有求新求善精神 • 自我教育突破现状 • 具有积极负责态度 • 具有旺盛的求胜心 • 严格要求提高标准 • 自我期许一流表现 • 提供成长发展机会 • 不断改善精益求精 • 商品与科技创新化 • 学习新知识的技能 • 强调产品领先同行 • 一向坚持奖优汰劣 • 学习创新追求卓越 • 具有高昂服务精神	甘苦与共 • 环境配合员工需要 • 信任公司解决纠纷 • 公司工会相处融洽 • 上下员工相处和谐 • 员工彼此互相信任 • 对待员工一视同仁 • 求助公司而非工会 • 极端强调劳资和谐 • 公司努力改善环境 • 提升员工生活品质 • 上下一体患难与共 • 强调人性化管理	团队精神 • 员工能够参与决定 • 计划征询下属意见 • 采纳基层员工意见 • 高层不否决低阶意见 • 容易形成一致看法 • 实施多数同意方案 • 采取参与管理方法 • 强调贡献团体智慧 • 上下采取一致措施 • 重视员工所提意见 • 决策征询下属意见

4. 忻榕、徐淑英和王辉等的企业文化维度研究

忻榕、徐淑英和王辉等对中国本土企业文化进行了探索性质化研究，调查了来自国有

① 郑伯埙．组织文化价值观的数量衡鉴．中华心理学刊，1990（32）：31-49.

② 郑伯埙．组织价值观与组织承诺、组织公民行为、工作绩效的关系：不同加权模式之比较．中华心理学刊，1993，35（1）：43-58.

企业的 120 位高层经理。从得到的定性数据中，发现了企业文化的 10 个维度，和西方的学者所建的模型中所得的维度进行对比，揭示出中国国有企业文化中的一些独特维度，并把这些维度从“内部整合能力”和“外部适应能力”两个指标进行区分，如表 2－4 所示。

表 2－4　中国国有企业文化维度

内部整合能力	外部适应能力
• 贡献：组织激励员工认同组织，并对组织的成功做出贡献。 1. 富有创新精神，工作努力 2. 奉献 3. 对组织忠诚 4. 职业化的道德标准 • 员工发展：组织重视员工，为他们提供培训和其他发展机会。 1. 挖掘员工潜力 2. 员工参与 3. 员工参与和集权化决策的平衡 4. 员工福利 5. 员工个性发展 6. 制度控制与自我约束的平衡 7. 意识形态的训导 • 和谐：组织重视员工之间的协调一致，采取促进员工之间沟通的措施。 1. 团队合作 2. 人际和睦 3. 合作 4. 沟通 5. 友谊 6. 情感表达与分享 • 领导：组织强调或采取友好的、关系导向的领导风格。 1. 树立榜样 2. 个人领导 3. 道德领导 4. 以权威与尊敬为基础的领导 • 实用主义：组织强调实用的目标，采取相应制度、政策保证其实现。 1. 为员工规定明确目标与任务 2. 一致性和统一行动 3. 明确的工作期望和责任 4. 全面而完整的制度 5. 技能和技术开发 • 奖酬：组织采用绩效工资制实施赏罚。 1. 公平的报酬与考评 2. 公正和平衡 3. 根据工作成果奖惩	• 顾客导向：组织为顾客提供服务，使他们满意。 1. 一流的服务 2. 诚挚而可靠的服务 3. 顾客是第一位的 4. 以全面质量管理为中心 • 未来导向：组织强调未来的发展，有特定的政策与规则保证高水平的业绩。 1. 明确的目标与任务 2. 长期利益与短期收益的权衡 3. 卓越的标准 • 创新：组织不遗余力进行产品创新与组织结构的创新。 1. 创新 2. 改革导向的思维方式 • 结果导向：组织强调目标实现和社会责任。 1. 公司利益与社会利益的平衡 2. 民族企业的振兴 3. 单位的业绩与结果 4. 对社会负责

资料来源：忻榕，徐淑英，王辉，等．国有企业的企业文化：对其维度和影响的归纳性分析//徐淑英，刘忠明．中国企业管理的前沿研究．北京：北京大学出版社，2004：381.

5. 其他模型

一些学者提出了相应的三维度模型，例如戴月明和杨浩[①]认为企业文化包含行为文化力、制度文化力、精神文化力，而谭茜元[②]则指出，企业文化由企业的形象、精神力以及行为组成。另外一些学者则提出了四维结构模型，吴慈生、李石海[③]将企业文化分为物质、精神、制度、行为文化竞争力，丁政、张光宇将企业文化划分为企业的决策力、执行力、形象力和理念力。此外，还有学者提出了五维度模型，周松平和朱亦兵[④]将企业文化分为企业的精神力、形象力、结构力、智力和传统力。

（二）企业文化的预测作用

企业文化作为企业的无形资产，对企业带来了诸多影响。大量的实际案例表明，优秀企业的成功离不开其独特的优秀企业文化，例如通用电气“坚持诚信、注重业绩、渴望变革”的价值观，沃尔玛“尊重每位员工，服务每位顾客，每天追求卓越”的文化，英特尔“只有偏执狂才能生存”的宣传，华为“狼性文化”的坚持等。这些企业的独特文化是每一位员工共享的价值观念和行为准则，激励员工与企业共同成长，促进了企业的绩效表现。有学者对企业文化的功能进行了总结（如表 2-5 所示）。

表 2-5 企业文化的功能

项目	内容
氛围营造	文化决定组织成员对组织特征的感知和认识，并以此为标准来衡量自己的行为。
行为控制	文化能潜移默化地规范组织成员的行为并使其更具效率，并且能够帮助新进员工完成其社会化过程以及清退那些与组织不匹配的员工。
战略形成	文化影响组织面对外部局面的变化采取积极的行动，并制定相应的应对战略。
社会效率	文化可以作为共享的意义、语言以及信念，能促进内部沟通，并且提高效率、节省时间；文化能够降低交易费用。
组织学习	文化本身就是知识的重要组成部分和行为方式。
整合与差异化	共有的文化因素诸如语言、思维方式、情感和行为能够整合内部成员，确保组织的凝聚力和目标共识；文化能够将其与其他组织有效区分。
领导	创造和培养组织文化是领导的一项关键职能，尽管文化不能像其他组织因素一样被管理，但是领导者在组织文化的培育、传播和进化过程中发挥关键作用。

资料来源：Saffold G S. Culture traits, strength, and organizational performance: moving beyond “strong” culture. Academy of Management Review, 1988, 13 (4): 546-558.

国内外学者对企业文化对绩效的影响进行了广泛的研究，例如提高企业的财务绩效[⑤]、

---

① 戴月明，杨浩．企业文化力的界定与构成．经济论坛，2007（19）：77-79.

② 谭茜元．企业文化力构成要素及评估体系．中国集体经济，2009（5）：63-64.

③ 李石海．企业文化力与企业竞争力的关系研究．合肥：合肥工业大学，2009：41-42.

④ 周松平，朱亦兵．企业文化力论纲．湖北社会科学，1999（4）：17-18.

⑤ Kotrba L M, Gillespie M A, Schmidt A M, et al. Do consistent corporate cultures have better business performance? Exploring the interaction effects. Human Relations, 2012, 65 (2): 241-262.

增强顾客满意度①、促进目标实现等②。除了组织层面的结果，学者也对员工层面的研究进行了探索，企业文化可以有效预测员工的态度、行为。企业文化作为组织成员共享的信念和准则，在招聘环节可以帮助企业筛选出拥有相似文化的应聘者③，同时在日常运营中也规范着员工的行为④，并且有助于员工保留、降低员工离职率和流动率⑤。

关于企业文化为何会影响其绩效，沙因曾总结组织文化对绩效的促进作用主要分为两个方面：一是帮助企业适应外部环境，二是将组织内部的各个因素整合起来⑥。施奈德（Schneider）进一步总结了组织文化影响组织绩效的过程，他认为企业文化通过影响组织的人力资源管理实践和组织气氛，进而影响到员工的工作态度和行为，最终影响到组织效益⑦。贝赞可⑧（Besanko）则认为组织文化通过简化个体的信息处理、补充正式控制制度的缺陷、促进合作而促进企业绩效。

尽管研究主要发现了企业文化对于绩效的促进作用，但是不同的文化类型所带来的具体影响是有着巨大差异的。基于文化类型不同，不能笼统地说企业文化对于企业绩效究竟是有利还是有弊。例如，研究发现拥有宗族型文化的企业员工有着更强的工作满意度和组织承诺，而对于拥有市场型文化的企业，其财务绩效往往会表现得更好⑨。因此，企业文化对于绩效的作用错综复杂，需要考虑到不同企业所拥有的文化的独特特点。传统的量化方法难以去把握不同企业的独特性，这对管理学的学者开展研究带来了挑战，同时也为人类学方法的引入带来了机遇。

第 3 节 我国企业文化的研究成果

由于人类学和管理学分属于几乎完全不同的专业，在我国，人类学家在 21 世纪之前较少选择企业去做田野研究，而管理学家也很少使用文化人类学的方法研究企业，“演绎—定律”的量化研究迄今仍然是主流，直到工商人类学出现，企业文化研究领域

---

① Gillespie M A，Denison D R，Haaland S，et al. Linking organizational culture and customer satisfaction：results from two companies in different industries. European Journal of Work and Organizational Psychology，2008，17（1）：112－132.

② Xenikou A，Simosi M. Organizational culture and transformational leadership as predictors of business unit performance. Journal of Managerial Psychology，2006，21（6）：566－579.

③ Van den Steen E J. On the origin of shared beliefs（and corporate culture）. RAND Journal of Economics，2010，41（4）：617－648.

④ Van den Steen E J. Culture clash：the costs and benefits of homogeneity. Management Science，2010，56（10）：1718－1738.

⑤ 贾晓慧，符正平．组织文化、高管价值观和社会性管制对企业社会绩效的影响：一个实证研究．南方经济，2010（5）：46－59.

⑥ 沙因．组织文化与领导力．孙健敏，译．北京：中国人民大学出版社，2011.

⑦ Schneider B. The climate for service：an application of the climate construct//Schneider B. Organizational climate and culture. San Francisco：Jossey-Bass，1990：91－139.

⑧ Besanko D，Dranove D，Shanley M. The economics of strategy. New Jersey：John Wiley & Son，1996.

⑨ Hartnell C A，Ou A Y，Kinicki A. Organizational culture and organizational effectiveness：a meta-analytic investigation of the competing values framework’s theoretical suppositions. Journal of Applied Psychology，2011，96（4）：677－694.

呈现新的热潮。

一 文化人类学和管理学的视域融合特色

第 1 章中介绍了企业文化研究的理解和解释、分析的框架。比照当前研究企业文化的方法可以看到，对企业文化的研究应该综合文化人类学和管理学，做到以下四点视域融合。

（一）主位方法和客位方法的综合

主位和客位借用的是语言学的概念，引申后指从两个不同的角度去观察人们的思想和行为。在人类学中，主位研究（emic study）与客位研究（etic study）是两种独特的研究方法。主位研究，就是要研究者从事件参与者本人的角度去观察，需要研究者摆脱既有范式的束缚，抛弃文化本位的偏见，去探讨企业中的文化现象。人类学家经常根据外部标准来描述他所观察到的企业文化和其他的文化，找出能够影响人类行为的文化中的基本要素。客位研究，即是从旁观者的角度观察人的行为和文化。

主位方法提供了单个案例，难以进行概括，如从前文对企业文化的定义中可以看到，我国学者定义的文化有中国的特色，但是无法“放之四海而皆准”。客位方法则更注重于寻找企业文化的共同点，通过企业文化在价值观上的差异，使得企业文化之间的比较成为可能。事实上，在企业文化研究中，两种方法应该交替使用。

（二）定性和定量相结合

管理学研究通常采用的是定量的方法。尽管人类学家也运用了定量方法，但主要的方法还是定性研究，人类学家甚至认为文化应该完全使用定性的方法来定义。而管理学家不仅对于借用人类学的文化概念很感兴趣，而且对于人类学的民族志方法也同样感兴趣，两门学科实际上在互相取长补短。

传统的人类学方法是使用有关人类行为的数据和他们通过实地调查使用民族志的方法收集而来的经验数据，从而理解，什么对一个特殊群体是唯一的，以及人类在全世界范围内的实践是如何被解释的。这个目标要求人类学家对这一群体中大多数成员所共享的行为和价值观进行观察，并对它们与群体规范的关系进行解释。与此同时，他们也需要从管理学角度去解释特殊的个体行为为什么会以特殊的方式表现出来，解释它们存在的原因及它们与确立起的规范的关系正是人类学的工作。

总体上讲，对于企业文化的研究分为定性和定量两种方法，前者多为文化人类学的方法，后者为管理学的研究方法，二者相互影响，相得益彰。

（三）功能主义和象征主义相结合

功能主义源于社会学中的结构功能主义，按照这个分析范式，在维持企业体系时也必须满足企业体系在文化上的功能要求，并以此作为确定文化结构要素的依据。那些满足文化功能要求的特定部分，如企业的文化活动、文化载体等，都被看作企业文化的一个分支。企业体系依靠这些功能上相互依存、互为条件的关系，才能够维持企业文化的存在。民族文化、企业文化的层次性也在此基础上发展而来。

而文化人类学有关个体和民族的研究，有助于对群体和整体的把握。人类学认为：

每一种人类文化都包含一套通用的要素——生存模式、宗教、经济系统、政治系统、语言、社会结构和艺术。

对于企业而言，文化人类学主要持象征主义的观点，认为企业文化是概念化的隐喻，企业本身就是一种文化现象；而企业行为学则是一种功能观点，即文化是企业水平研究的又一个变量。

（四）个体主义和整体主义相结合

个体主义（individualism）和整体主义（holism）是两种截然不同的文化预设，必然会在方法论层面上有所体现，并由此形成方法论个体主义与方法论整体主义之间的差异与争论。个体主义认为文化最终可还原为个体以及个体之间的互动，并可以通过后者来得到解释。因此，文化是不具有实体性的抽象名词，它们必须由个人的动机和行为来说明和解释。具体到企业文化研究中，企业文化不能以自身的整体性质来解释，而应该以企业中的个体为研究对象，以个体间的种种互动行为作为研究的出发点。整体主义则认为，文化只能由抽象的、普遍的本质加以说明而不能归结为个人因素。因为企业中存在着集体意识、集体特征，它们具有外在性和强制性，必须把它当作一种客观事物。因此，必须重视整体研究，主张摒弃个人的主观因素，对社会现象做客观的描述。因此，管理学家主要集中在企业的个体层面（群体和企业层面）展开研究。而人类学家则把人类的行为（包括体制、社会、文化甚至心理）的所有方面联系起来进行研究。

人类学家把文化看作包括所有的观念、行为和物品的整合。因此企业的实际存在（如集会或软件开发）、企业的各个系统（如会计和市场）、企业结构和管理程序都是企业文化的要素。在企业的每一个群体模式中都可以寻觅文化的踪迹。这是文化的整体主义特征。而企业行为学研究的目标通常是帮助管理者更好地管理企业，因此将研究更多地集中于管理者以及被管理者，将企业文化作为一个变量，醉心于文化的测量。而人类学家着迷于实地调查，包括参与观察（participative observation），这是人类学家最擅长的。在研究企业文化时，超越个体主义和融合整体主义的方式是必要的。

二 我国工商人类学领域的企业文化研究

伴随着改革开放，企业研究受到越来越多的人类学研究者的关注。他们贡献的丰富的研究成果，为中国工商人类学的发展奠定了基础。

进入21世纪以来，工商人类学的领军人物开始涌现，以中国社会科学院民族学与人类学研究所的张继焦、汕头大学商学院的田广、中山大学人类学系的周大鸣、中国人民大学社会与人口学院的庄孔韶为代表，这些学者的研究领域涉及老字号、政商关系、民族企业和企业家、跨文化经营管理、消费行为和市场营销等。本世纪的头十年，庄孔韶教授先在中央民族大学，后在中国人民大学指导其研究生以企业为“田野”，做出了多篇工商人类学的研究[①②③]。近年来，以这几位学者为代表的中国人类学者积极介绍国

---

① 张华志．第二家庭：家族企业的人类学研究．北京：中央民族大学，2003.

② 曹媞．对安利传销过程的人类学分析．北京：中国人民大学，2007.

③ 章文．微观渐进式改革：对武汉某安装公司的人类学与管理学调查报告．北京：中央民族大学，2007.

外研究理论，组织召开国际会议，推进多领域实证研究，对中国工商人类学乃至国际工商人类学的发展起着重要作用[①]。其中，周大鸣、田广创办的《国际工商人类学期刊》(*International Journal of Business Anthropology*)，成为第一份以工商人类学为主题的学术刊物，为工商人类学研究提供了很好的平台。除了期刊，田广、周大鸣主编的《工商人类学》一书（宁夏人民出版社 2012 年 5 月出版）以及近年来在相关领域主编的工商人类学系列丛书，填补了人类学领域的空白，对我国工商人类学的教学、研究和管理实践起到了巨大的推动作用。张继焦提出的“社会结构转型”理论，不再聚焦个案式地研究企业，而是从市场转型和社会结构转型的整体性视角，探讨了企业发展的内在动因（包括文化动因）及其社会结构性因素，可视为企业人类学在中国应用的范例[②]。吉林大学的宋方煜运用参与观察法和访谈的方法，对河南胖东来商贸集团的家族企业文化的变化进行了探讨，可视为工商人类学本土化有益的尝试[③]。

然而，工商人类学除去对家族企业、少数民族创办企业的文化领域的研究引人瞩目之外，鲜有使用人类学方法对现代大中型企业和跨国公司进行的企业文化研究[④]。直到 2016 年，綦晓光在人民出版社出版新作《工商人类学视角下的组织文化研究》才弥补了这一缺憾。该书基于綦晓光十余年在跨国公司工作的经历和观察，并结合他在做博士后时期的研究，从工商人类学的视角，使用了包括参与观察、人物访谈等田野调查方法，对进入中国境内的跨国组织的文化特点进行了分析。

工商人类学的发展带动了越来越多的本土化研究。如陈刚和郭锐对以东南亚中国企业为代表的跨国经营企业的研究，徐薇对一个中国与博茨瓦纳合资建造玻璃厂项目长期深入的田野调查等都不同程度地运用了工商人类学的原理和方法，使研究具有独特的魅力，显示了工商人类学的理论活力和应用价值[⑤]。

王少杰使用工商人类学研究方法，从 50 家备选企业中选择 4 家最具有代表性的企业文化建设案例进行研究。利用 NVio10 和 ATLAS. ti 两个质化分析软件对收集到的第一手数据进行分析，在此基础上构建研究理论模型。研究发现：(1) 企业文化演化路径是一个动态过程；(2) 企业文化演化受到三方面力量的影响，分别是企业文化获取能力、企业文化掌控能力和企业文化应用；(3) 在企业文化演化的不同阶段，受到不同因素的影响；(4) 企业文化演化的不同阶段对企业绩效的影响不同[⑥]。

黄河和吴能全运用案例研究方法讨论我国中小型民营企业组织文化形成途径。文章选取三家中小型民营企业，分别从组织文化价值观的建立和传播、人力资源管理政策以及领导人的影响这三个角度分析了它们的组织文化形成途径，并在综合三个案例分析结果的基础上提炼出文章的结论。研究发现，我国中小型民营企业组织文化形成过程中，

---

① 郭静．中国工商人类学研究的回顾与展望．湖北民族学院学报（哲学社会科学版），2018 (1)：43－47.

② 张继焦．企业人类学：从社会结构视角分析经济行为．北京：中国社会科学出版社，2017.

③ 宋方煜．新兴家族企业文化变迁的人类学研究：以河南胖东来商贸集团为个案．长春：吉林大学，2010.

④ 庄孔韶，方静文．从组织文化到作为文化的组织：一支人类学研究团队的学理线索．浙江大学学报（人文社会科学版），2012，(5)：18－27.

⑤ 唐远雄，陈文江．中国工商人类学的兴起和发展．西南民族大学学报（人文社会科学版），2017 (5)：1－7.

⑥ 王少杰．企业文化演化路径及对绩效影响的实地研究：基于工商人类学视角的分析．山西财经大学学报，2015 (7)：71－84.

创始人在组织文化价值观树立和传播中担当重任，采用形式多样、各具特色的组织文化传播手段，注重通过选聘、培训来加强组织文化，但忽视了薪酬激励体系应起到的作用①。

三　管理学的研究成果

当人类学家从管理学中吸取量化的研究方法时，中国的管理学家也从文化人类学中吸取田野研究和民族志的方法，对于企业文化进行深描，理解和解释不再是财经杂志记者的描述，越来越多的管理学和咨询师开始使用人类学的方法研究企业。

（一）《华为基本法》和其后的企业文化研究

在我国，管理学家真正走进企业，交叉使用管理学和人类学方法研究企业文化，成果首推《华为基本法》。

早在 1996 年，华为公司邀请中国人民大学彭剑锋、孙健敏、吴春波、黄卫伟、包政、杨杜等六位专家进入华为公司，在长达两年的时间里，六位专家采用访谈、现场观察、问卷调查等质化和量化相结合的方式，终于在 1998 年出台了《华为基本法》。在长达两年的时间里，六位专家和任正非等公司高层和员工就其开展了意义的理解和解释，并推动了华为公司的反思和行动。到 2002 年人民邮电出版社出版了《华为基本法》的诠释版本《走出混沌》之后，全国范围内掀起了一股企业文化的研究热潮，并且在华为的客户以及相关利益者之间掀起了一股华为热，很多人正是通过这本书认识了华为公司，记住了华为的价值追求，书中列举的对企业文化的调查和企业文化大纲（文本）的讨论过程（深描），对运用企业文化提升经营业绩的人类学研究有着开创性意义。

之后，作为《华为基本法》起草小组组长的中国人民大学劳动人事学院彭剑锋教授主编了“世界级企业最佳实践研究丛书”共 11 册，包括艾默生、联邦快递、波音、诺基亚、三菱、任天堂、辉瑞、IBM、苹果、安利、汇丰这样的知名企业；还出版了《海尔能否重生：人与组织关系的颠覆与重构》②。这些研究中除了应用公司二手资料外，还使用了扎根理论、焦点小组、社会网络分析、故事讲述等新方法。中国人民大学劳动人事学院许玉林教授和王剑合著的《阿胶是这样炼成的》③，可视为企业民族志的成果。类似的还有中国人民大学长期担任华为公司高级管理顾问的吴春波教授的《华为没有秘密：华为如何探索和坚守常识》④，作者亲历华为成长 20 余年，作为参与者和观察者解读了华为的经营哲学与成长逻辑。类似的成果包括《海尔转型笔记》⑤《光变：一个企业及其工业史》⑥，分别记录了海尔、京东方的崛起。通过讲述真实的故事——真实的个人和团队在真实的世界里创造出来的真实业绩——解释了中国经济发展的动力，这些书中

---

① 黄河，吴能全．组织文化形成途径：我国中小型民营企业的跨案例研究．管理世界，2009（增刊）：56－64.

② 彭剑锋，云鹏．海尔能否重生：人与组织关系的颠覆与重构．杭州：浙江大学出版社，2015.

③ 许玉林，王剑．阿胶是这样炼成的．北京：清华大学出版社，2017.

④ 吴春波．华为没有秘密：华为如何探索和坚守常识．北京：中信出版社，2014.

⑤ 郝亚洲．海尔转型笔记．北京：中国人民大学出版社，2018.

⑥ 路风．光变：一个企业及其工业史．北京：当代中国出版社，2016.

都专门论述了企业文化的影响。

纵观以上的研究成果，在企业文化领域，人类学背景的学者越来越多开始尝试使用量化的方法研究企业文化，而管理学背景的学者开始尝试使用人类学民族志的方法。如何增进双方的交流，提升企业文化的总体研究水平就成了建设中国特色企业文化的应有之义。

（二）企业文化与文本研究

在实践领域，2004 年 7 月，国务院国资委在大庆召开首次中央企业文化建设研讨交流会，各方在总结交流了中央企业的企业文化建设工作的经验，现场参观学习了中石油在大庆的企业开展企业文化建设的做法后，广泛而深入地研究探讨了企业文化建设工作的有关问题，并讨论修改了《关于加强中央企业企业文化建设的指导意见》，对中央企业当前和今后一段时期企业文化建设工作进行了部署。2004 年 12 月 13 日，国资委又在京西宾馆召开会议，结合落实中共十六届四中全会精神，对企业文化建设提出了新的要求。随着理论上的成熟，伴随着实践的诉求，企业文化进入了一个新的发展时期。由此，企业文化理论界、咨询界和实业界掀起了一轮新的企业文化热潮。同年，北京交通大学设全日制企业文化硕士班，开高校之先河。企业文化师国家职业标准确定，国内关于企业文化师的培训如雨后春笋般快速发展起来。而国内相关刊物和文献更是名目繁多，仅百度“企业文化”相关网页就达 32 200 000 条①。进入 21 世纪以来，企业文化研究和实践的大潮更是颇为壮观。越来越多的研究者、咨询师和企业文化实务工作者加入企业文化研究领域。但是很少有学人将企业文化的建构（书写的和行动的）作为文本，进行理解和解释、分析。

在企业文化研究领域，四川大学的程学义在使用发生学研究企业的源头文化时，将企业文化发生过程表达为口头文化和文本文化两个阶段，文本文化阶段主要表现为源头理念集丛的系统化和规范化，促使源头理念定型以及源头文化文本形成②。

江西财经大学的王晓春基于组织文化是组织中一切关乎意义的表征与实践，指出组织也是一种“文本”，并且，文本的意义依附于现实表意的需要及其自身表意的可能性。斯图亚特·霍尔（Stuart Hall）指出，文化是一种“意义的分享”体系，“表征”是文化生产实践中最核心的环节。霍尔这里说的表征，有两个相关的含义，“1. 表征某物即描述和摹状它，通过描绘或想像……，在我们头脑和感官中将此物的一个相似物品摆在我们面前；2. 表征还意味着象征、代表、做（什么的）标本或替代”③。

王晓春发现，“文本”作为意义的承载系统，它和“文化”的关系与霍尔所言“表征”与“文化”的关系具有同构性。因此，文本的状态也是文化的状态，文化文本即文化的“表征”系统，企业文化文本就是组织实践的存在意义的表征方式。

她将企业的“宣称价值观”视为企业价值观的“言文本”，将企业的“践行价值观”视为企业价值观的“行文本”（如图 2 - 3 所示）。

---

① 宋跃三. 组织文化自主建设操作指南. 北京：红旗出版社，2007：9.

② 程学义. 基于发生学的企业源头文化研究. 成都：四川大学，2008：73 - 75.

③ 霍尔. 表征：文化表象与意指实践. 徐亮，陆兴华，译. 北京：商务印书馆，2003：16.

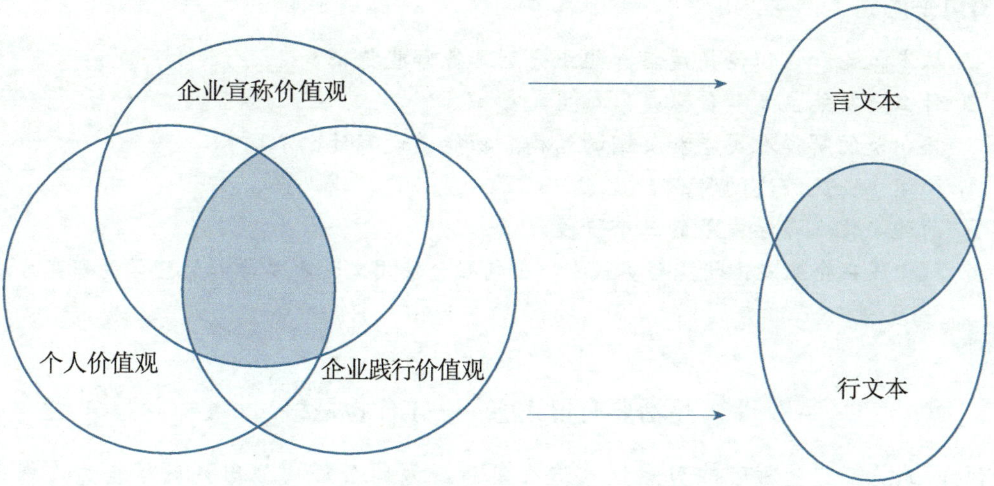

图2-3 企业价值观的"言文本"与"行文本"

在王晓春看来，由于表征的对象——企业文化是一种持续性的群体实践，其作为文本呈现的样态，较之其他文本形式（如艺术文本、科学文本、历史文本）更具有实践特征。

进一步说，企业文化的"言文本"通常体现为企业公开宣称的价值与信念体系，一般由企业管理层（尤其是高层管理者）构造并主要体现在企业的战略目标、规章制度、人工制品、企业标识等各类可直接观察到的组织符号体系中。

企业文化的"行文本"表现为企业及其成员在组织存续过程中价值观的实现方式（如企业实际执行的招聘标准、员工晋升的真实依据、管理者与普通员工之间的沟通状况等），企业文化的"行文本"具有隐蔽性、真实性和批判性的特点。

这些研究基于人类学的研究成果，同时运用管理学定量研究加以分析，算是本土化企业文化理论的有益尝试，对于理解本章的文化、企业文化概念和案例，对于"企业是文化"和"企业有文化"的理解有着重要的启示。

本章小结

本章首先从哲学意义上分析了管理学的现代主义、象征主义和后现代主义三大流派。其次基于文化人类学视角，向读者阐述了三个发展阶段，选取结构—功能主义人类学、象征和解释人类学和后现代人类学三个流派加以介绍，并对同一时期的民族志特点和企业的民族志特点加以概述，以期读者从人类学的视角和方法对文化形成更深刻的理解。最后，通过探讨人类学家和管理学家对企业文化的研究成果，让读者更加清楚地看出企业文化兴起的历史背景、起源和发展的历史线索，熟悉文化人类学和管理学的研究方法。

关键词

管理万能论　管理象征论　本体论　认识论　方法论　实证主义　象征主义　功能主义　结构—功能主义人类学　解释人类学

复习思考题

1. 从本体论和认识论角度看，组织分别具备哪些特征？
2. 什么是功能主义？什么是象征主义？
3. 格尔茨的解释人类学和英国的结构—功能学说有什么不同？
4. 简述企业民族志的特点。
5. 简述文化人类学发展的三个阶段。
6. 试论述在企业文化研究与实践中，如何融合使用文化人类学和管理学的研究方法。

案例

生活要有仪式感——工作也是！

我问A总："开新店的剪彩仪式这么复杂，为什么每次公司还倾尽全力，您也要亲临？"

A总说："那只不过是个仪式，确实累人，公司也有人说每次开新店都太注重仪式，劳民伤财！"

我回应说："要不我再给您讲个剪彩的故事，您再看看桌上的《恒波人》杂志？"

据说商业上的剪彩最早出现在1912年，地点是美国圣安东尼奥市的华狄密镇。店主威尔斯在商店即将开业时，为了阻止闻讯蜂拥而至的顾客在正式营业前闯入店内，随便找来一条布带子拴在门框上。谁料这项临时性措施竟然更加激发了挤在店门之外的人们的好奇心，使他们显得有些迫不及待。此时店主的小女儿牵着一条小狗突然从店里跑了出来，将拴在店门上的布带子碰落在地。店外不明真相的人们误以为这是该店为了开张志禧所搞的"新把戏"，一拥而入，大肆抢购。让店主转怒为喜的是，他的这家小店在开业之日的生意红火得令人难以置信。

店主对此进行了一番"反思"，最后认定好运气全是由那条被碰落在地的布带子所带来的。因此，此后新店陆续开业时，他便将错就错地如法炮制。久而久之，经过他和后人不断地"升华"，逐渐成为一整套的仪式，先是在全美，后是在全世界广为流传开来，并被人们赋予了极其响亮的名字——剪彩。

仪式作为文化人类学的研究范畴之一，是由文化传统所规定的一整套相对固定的行为方式，包括固定的人、固定的步骤、固定的活动、固定的场所等，因此仪式具有强烈的象征性，或者说象征主义的理念。在格尔茨看来，社会是超越个体生命的某种集合，能够通过仪式等活动来影响个体，使整个社会达到有序运作的目的。法国人类学家范热内普（A. van Gennep）提出过渡仪式的功能，据此发展了他最著名的仪式三阶段理论：分离—阈限—融合。

简单地讲，分离是个人或群体从社会结构中的一个固定点离开朝向某个未知的事物进发；阈限指一个模糊的发展过程，他或她处在某种在社会之外的感觉之中；融合指在这个阶段人们返回成为新的人，通常比原来等级更高。

剪彩最初只是人们用以促销的一种手段，这是功能主义的典型观点，到后来，它渐渐地演变为商务活动中的一项重要的仪式。

剪彩首先从众多的开业仪式中被单独地分离出来，独立成项，这是剪彩仪式的分离阶段，这一阶段的特殊用具，诸如红色缎带、新剪刀、白色薄纱手套、托盘以及红色地毯，需要仔细地进行选择与准备。

阈限阶段最为精彩，这一阶段有众多的惯例、规则必须遵守，其具体的程序亦有一定的要求。剪彩的礼仪，就是对此所进行的基本规范。例如剪彩的人员，主要是由剪彩者与助剪者这两个主要部分的人员所构成的。由于担任剪彩者是一种很高的荣誉，剪彩仪式档次的高低，往往也同剪彩者的身份密切相关，同时决定了剪彩仪式的实际效果。

随着红色缎带的分离，仪式的第三个阶段——融合开始了。融合阶段是重新聚合或者重新并入的阶段，剪彩强化了剪彩者的身份和地位，无论是对顾客，还是员工，仪式不仅加强了受众的印象，仪式本身也被寄予了一种期望。

“剪个彩有这么多说法，我也看看！”A 总说着，抓起了手边的《恒波人》。

“……场外的节目精彩不断，台上台下一片火爆，而场内更不逊色，穿着红色波波仔服装、头戴可爱的开业喜庆帽的员工，他们用恒波人的热情、专业迎接着一批又一批的顾客。有人的脚已肿得胀痛，有人的汗水不曾干过，有人的嗓音已嘶哑，但所有恒波人的笑容依然灿烂，激情飞扬。和所有员工一样，A 总与 Z 总头戴开业喜庆帽，他们为奋战在一线的员工送水来了。

“笔者采访了两位新员工，这是她们到公司正式上班的第一天，正好赶上松岗生活馆的开业，她们一个在礼品柜台，一个在休闲区招待顾客，没有类似的经历与心理准备，可这两个可爱的小姑娘满怀激情。‘累吗?’‘好激动、好高兴，大家都这样努力，这样团结，最多的是喜悦。’她避开了笔者的问话，让人只感觉到她的开心与热情。‘我今天发了好多礼品，手都麻了，不过好开心，越多越好，大家都这么齐心协力，越干越有劲儿。’

“临近营业结束时，喜讯传来，团结、奋进的恒波人在今天又创下了恒波手机销量历史新高。”

A 总看完后思考了一会儿，然后告诉我说：“我知道了！”

从管理的象征论来看，企业文化作为理念、符号，抑或活动本身只是一种象征，就像剪彩仪式一样，红地毯、即兴演讲、剪彩……开新店的准备活动在结果上可能提升了公司的经营业绩，但是这些活动或者过程本身无法或者太难化约成可以测量的变量。在管理象征论看来，恒波开新店时详细的制度规定，开新店准备过程中的员工与管理层的互动等都具有象征意义，这是个持续的过程，同样也能达成对内塑造人、对外树立企业形象的功能。在这个过程中，企业战略、企业制度、企业的人力资源管理等共同发挥作用，即使没有开新店仪式，也会有客户“酒好不怕巷子深”。当然，有了这个仪式，公司的员工经过阈限阶段所包含的带有象征意义的行为（领导讲话、剪彩等），增进了文化认同感和向心力。

“看样子，仪式也是一种象征，生活需要仪式感——工作也是！”A 总说完，开心地笑了……

学习与练习

1. 回忆一下你参加过的入学仪式，尝试使用范热内普的仪式三阶段理论加以分析。

2. 小组讨论：每 4～6 人一组，组内的同学分成两部分，一部分使用象征主义理论分析企业文化，另一部分使用功能主义分析企业文化。

3. 阅读与思考：透过阿里巴巴的企业文化发展，谈谈你对企业文化与经营业绩关系的见解。

2019年9月10日，在杭州奥体中心举办的阿里巴巴集团20周年年会上，马云正式宣布卸任阿里巴巴集团董事局主席，这个曾经借钱给员工发工资的企业家除了留给阿里3万亿的市值之外，在企业文化建构领域也让人赞叹不已。

马云的思想是阿里企业文化的基础与核心，关明生等人在早期的群策群力则让这套企业文化更具整体性。2001年1月，关明生被任命为阿里巴巴首席运营官（COO），并很快提议阿里巴巴总结确立价值观。马云和关明生总结了9条阿里巴巴能够存活下来的因素，这成为阿里巴巴最早的价值观，后来被马云定名为“独孤九剑”。这“九剑”是激情、创新、教学相长、开放、简易、团队、专注、质量、客户第一。

一直到2004年下半年，随着阿里巴巴的迅速发展，公司员工数大幅度增加，企业价值观的传播出现瓶颈，过于冗长导致传播力不够的“独孤九剑”到了必须修改的地步。

作为阿里“六脉神剑”的文本（参见本书第1章“学习与练习”）充分听取各方意见，历时14个月、5轮合伙人专题会议、海内外9场、累计467名组织部成员讨论，涵盖全球各事业群，不同司龄、岗位、层级、年龄的员工参与调研，近2 000条建议反馈，从第一个字到最后一个标点，历经20余稿修改正式出炉。

马云曾经自豪地说：“可能全世界很少能找到这样一家公司，花这么多时间对价值观进行讨论。”只为寻找与阿里一起走向未来的“同路人”。

由于早年大家都对互联网持怀疑态度，要去操盘一个面向未来的市场，最大的问题其实不是竞争，而是让别人相信这个市场的存在，然后培养一群能推动市场发展的人。所以阿里在最困难的时候还要斥巨资组织脱产学习，最主要的就是价值观的学习。

4. 表2-6所示是阿里巴巴著名的“六脉神剑”和对应的子项目。在你学习过管理学和人类学之后，你会采用哪些方法来研究阿里巴巴企业文化的独特性？

表2-6　阿里巴巴的核心价值观和所对应的36项文化表征

客户第一	客户是衣食父母。
	尊重他人，随时随地维护公司形象。
	微笑面对投诉和受到的委屈，积极主动地在工作中为客户解决问题。
	与客户交流过程中，即使不是自己的责任，也不推诿。
	站在客户的立场思考问题，在坚持原则的基础上，最终达到客户和公司都满意。
	具有超前服务意识，防患于未然。
团队合作	共享共担，平凡人做非凡事。
	积极融入团队，乐于接受同事的帮助，配合团队完成工作。
	决策前积极发表建设性意见，充分参与团队讨论；决策后，无论个人是否有异议，必须从言行上完全予以支持。
	积极主动分享业务知识和经验；主动给予同事必要的帮助；善于利用团队的力量解决问题和困难。
	善于和不同类型的同事合作，不将个人喜好带入工作，充分体现“对事不对人”的原则。
	有主人翁意识，积极正面地影响团队，改善团队士气和氛围。

续表

拥抱变化	迎接变化，勇于创新。
	适应公司的日常变化，不抱怨。
	面对变化，理性对待，充分沟通，诚意配合。
	对变化产生的困难和挫折，能自我调整，并正面影响和带动同事。
	在工作中有前瞻意识，建立新方法、新思路。
	创造变化，并带来绩效突破性地提高。
诚信	诚实正直，言行坦荡。
	诚实正直，表里如一。
	通过正确的渠道和流程，准确表达自己的观点；表达批评意见的同时能提出相应建议，直言有讳。
	不传播未经证实的消息，不背后不负责任地议论事和人，并能正面引导，对于任何意见和反馈“有则改之，无则加勉”。
	勇于承认错误，敢于承担责任，并及时改正。
	对损害公司利益的不诚信行为正确有效地制止。
激情	乐观向上，永不放弃。
	喜欢自己的工作，认同阿里巴巴企业文化。
	热爱阿里巴巴，顾全大局，不计较个人得失。
	以积极乐观的心态面对日常工作，碰到困难和挫折的时候永不放弃，不断自我激励，努力提升业绩。
	始终以乐观主义的精神和必胜的信念，影响并带动同事和团队。
	不断设定更高的目标，今天的最好表现是明天的最低要求。
敬业	专业执着，精益求精。
	上班时间只做与工作有关的事情；没有因工作失职而造成的重复错误。
	今天的事不推到明天，遵循必要的工作流程。
	持续学习，自我完善，做事情充分体现以结果为导向。
	能根据轻重缓急来正确安排工作优先级，做正确的事。
	遵循但不拘泥于流程，化繁为简，用较小的投入获得较大的工作成果。

资料来源：阿里企业文化：三万亿市值的密码．[2019－11－17]. https：//www.sohu.com/a/340040511_121344.

第 2 篇

象征篇：企业是文化

人类学家通常将组织看成一种文化（organization is culture）现象，因为组织行动构建于成员间共有的意义上，因而应从成员间确定意义的过程中进行研究，研究目的放在对整个组织的描述及解释上[①]。本书的象征篇亦将企业视为社会文化的一支，通过企业外部的背景、环境，内部的制度和文化角度加以审视，具体包括第 3 章到第 6 章。

第 3 章围绕民族文化的核心——价值观这一概念，在阐述人类学的文化发展中的各种现象和基本规律之后，结合中国的实际，论述了民族文化对企业文化的影响，并着重分析了中国民族特性及其对企业文化的影响和中国员工的管理。

第 4 章首先对企业文化内部的结构进行了分解、剖析，介绍了企业文化的内外部环境、构成要素的特征；其次从文化和企业文化的动态性方面，对企业文化的功能展开了论述。

第 5 章从解释人类学、阐释学和叙述学的角度审视企业文化，将企业文化作为一个静态的实体，探讨了企业文化读解、理解过程中的话语、意识形态和权力。

第 6 章运用反思人类学的方法和行动研究的方法，将企业文化的实施作为一种企业的行动，提出了企业文化的内化、外化过程，为读者提供了建构企业文化的工具与方法。

---

① Smircich L，Calás M B. Organizational culture：a critical assessment//Handbook of organizational communication：an interdisciplinary perspective. Thousand Oaks，CA：Sage Publications，Inc.，1987：228－263.

第 3 章
企业文化与背景

学习目标

- ◎ 了解文化与人格学派的代表人物以及主要观点
- ◎ 熟悉霍夫斯泰德的民族文化研究五维度
- ◎ 了解中国历史和文化的特点
- ◎ 能洞悉中国人的民族性，掌握管理中国员工的要点
- ◎ 了解文化、价值观、人格和民族性的研究意义

章首案例

他们首先是中国人，其次才是企业的员工！

即使过去了 15 年，每次翻开当年在恒波做的田野笔记，我都会感怀中国人的勤劳和耐受力强等品质，并心怀敬意。沙莲香老师对民族性的研究结论常常在我脑海里成像，化成一幅幅让人敬畏，又有些伤感的情景，后来在给研究农民工的学者孙文凯的书《中国劳动力流动问题研究》作序时，我引用了歌德的那段话："一提起德国人民，我常常不免黯然忧伤。作为个体，他们人人可贵；作为整体，他们又是那么可怜。"以下是恒波员工的几个工作场景，因为我随身带着卡片相机，今日得以回望这些"逝去的"事件复活，定格为恒波影像人类学视角中的几个片段（如图 3－1、图 3－2、图 3-3、图 3－4 所示）。

图 3－1　2005 年 7 月 20 日，烈日炎炎，恒波某店每个员工需要穿戴 30 分钟波波仔的路演服装，店长心疼地为自己满头大汗的员工卸装

图 3-2　人人都在疯跑——开店时节的“店员战士”

图 3-3　工作即生活——晚上十点打烊，回宿舍就睡觉

图 3-4　看这个人！18 岁的店员举牌 20 分钟才放下一次，不服你试试

如果仅仅看这些，你会被公司员工的敬业和热情感动，但是另一方面，课题组对恒波集团 6 家有代表性的门店进行调研和数据分析，对门店管理的问题汇总如下：

(1) 员工有“唯利是图”的心态。对品牌的建设、企业文化无暇顾及。

(2) 门店的经营方向和目标不是很明确，现在绝大多数门店单纯地以销售量和毛利作为门店全体人员共同奋斗的目标，对日常工作不重视。

(3) 门店的店长只关注业绩，而没有起到带队伍、培养新人的作用，只是想要好的销售人员，而不重视培养新人。

(4) 门店的店员流动率达到 30%，使得门店店长的工作难度加大，对于门店来说，没有一支稳定的队伍很难在业绩上有稳定的增长。

(5) 开新店用人海战术有自己的特色，也有自己的流程，但是缺乏成本与收益的核算。调入新店的员工一定时期内普遍收入低于在原有门店的收入，是造成不稳定的因素，导致员工离职率较高。新店的店长在安抚员工的工作中耗费了不小的精力。员工反映去新店全部是吃亏，在新店打工什么都得不到。

(6) 部分店长对公司的战略规划和企业文化所知甚少，对于公司的战略、远景、使命没有了解。

(7) 一切依靠门店，不能过多地责备门店。比如门店申请单页，根据现有的资源只能给 10 000 份，毕竟资源是有限的，各个店都要照顾到。店长也要换位思考，不能只考虑自己。

(8) 门店执行力不强的问题比较突出，很多上面想达到的效果，到了下面一看全部都走样了。在召集店长做目标和计划时发现现在的店长对于门店的事务基本上麻木了。店长分不清楚自己想去哪里，自己在哪里。没有归属感，他们就不能视恒波为家，公司要对此负责任。门店没有那么多受公司高层感染的机会。随着角色的转换，作为区域的管理者，到底是传达还是指挥门店好？是应该换个角度，扮演管理的角色。下属的执行力问题，上级不能遥控。

(9) 门店各个层次的员工应该明确职责和权限，在规章制度比如仪容仪表、服务方面也应该建立标准，做得最好的汇总成服务标准。门店很多员工至今没有见到员工手册，也没见过门店运营流程手册。

(10) 门店有弄虚作假的行为，如谎报销量。因为公司会考察日销量，所以门店会把前几天的销量留到周末一起上报，或者留到日销量任务没有完成的时候再上报。收银有日期凭据，但上有政策下有对策，无法杜绝。

(11) 门店管理中，有的店长执行公司制度不够到位，如已经规定七字架不能挂中号海报（中号海报只能贴在店的外面），有的店却非要挂。一旦违反规定，店面形象主管会扣店长的分，但是店长对批评有异议，总有各种各样的理由为自己开脱。

(12) 收银员携款逃跑事件的原因：“三权分立”（收银员隶属财务部，仓管隶属物流中心，销售员和店长隶属营销中心）。

(13) 门店的账如果弄虚作假很难监控，只能通过事后抽查发现问题。很多时候是店长授意或者胁迫收银。还有改单问题，如电池少了，就在单子上表明：送电池。或者改手机的售出价格，自己获取差价。

(14) 门店安全问题，如丢机事件今年相对比较少，2001、2002 年比较多。现在安全工作做得比较严。出入登记包里的内容，员工上班后把包放在休息室，要拿时店长拿钥匙，所有员工我们晚上都会查包。比如出去吃饭也要登记。

现在抢机事件，基本都追得回来。没追回来，保安负责 50%，店长 30%，员工 20%。如果是员工粗心的责任，就全部由员工负担。

…………

思考：

如果你是公司的总经理，应该如何解决这些问题？

企业是现代社会中最为常见的一种组织形式。怀特（W. Whyte）在他的著作《组织人》中定义了组织人。“这些人不是工人，也不是一般文员意义上的白领。他们只为组织工作。他们属于中产阶级，在精神上和身体上都离开了家……他们是美国社会中的主要成员。

他们是一群有头脑的人，被期待能灵活对待其他人的要求，对公司完全忠诚。”[1]

怀特描述的组织人是美国个体主义文化影响下产生的典型代表，而中国独特的民族文化背景，同样会对企业和员工产生影响。因此，本章首先从人类学理论出发探讨历史、文化对企业文化的影响，进而讨论中国人和中国员工的特色。

第1节 历史和文化的互相嵌入

民族文化凌驾于企业文化之上吗？例如，IBM设在德国慕尼黑的分公司更可能反映德国的民族文化，还是IBM的企业文化呢？研究表明，民族文化对成员的影响比组织文化对成员的影响大。罗宾斯在《组织行为学》一书中列举的案例告诉我们，民族文化是影响组织和成员的重要因素[2]。鉴于此，本章先介绍文化人类学关于文化与人格的分析，从最能体现民族性的价值观着手，讨论价值观与企业文化的关系。

一 文化人类学关于价值观的相关研究

（一）文化与价值观

概括地讲，在文化人类学中，价值观是区分文化类型的标准；在社会学领域中，社会学家视价值观为社会成员所共享的一种符号系统（shared symbolic system）。

价值观代表着一系列的基本信念：从个人和社会的角度来看，某种具体的行为类型和存在状况比那些与之相反的行为类型和存在状况更可取。这个定义包含了判断的成分，并且反映了一个人关于正确和错误、好与坏、可取和不可取的观念[3]。以下截取林顿和克拉克洪的理论加以介绍。

1. 林顿对身份、角色的研究[4]

拉尔夫·林顿（Ralph Linton）的研究特点是广采众家理论之长，兼收并蓄，但其主要研究重心还是个人心理结构如何影响文化。对他的理论可概述如下：

身份被认为是权利和义务的统一，当具体到每个人时，要依据与他人的关系或在特定社会关系中的位置才能确定。角色需要履行与身份对应的行为，与身份密不可分。

身份可分为指派给个体的“先赋身份”（ascribed status）和通过竞争和个人奋斗而得到的“获致身份”（achieved status）。任何社会都有诸如性别、年龄、行业以及某些社会关系等“先赋身份”，但不同文化体系中“先赋身份”的运用可能大相径庭。在某些文化中某些归为女性工作的行业，在另外一些文化中可能被认为更适合男性从事。

角色也可分为个人“扮演”的“实际”角色和社会希望个人“扮演”的“理想”角

---

① Whyte W H. The organization man. New York: Doubleday&Company, Inc., 1956: 3.

② 罗宾斯，贾奇．组织行为学：第12版．李原，孙健敏，译．北京：中国人民大学出版社，2008：493.

③ 罗宾斯，贾奇．组织行为学：第12版．李原，孙健敏，译．北京：中国人民大学出版社，2008：103.

④ 林顿．人格的文化背景：文化社会与个体关系之研究．于闽梅，陈学晶，译．桂林：广西师范大学出版社，2007.

色。总之，林顿认为任何人在社会结构中都要扮演各自特定的角色，社会功能的正常发挥依赖于个体对其身份和角色的准确适应。

2. 克拉克洪的价值观研究

克拉克洪（C. Kluckhohn）是研究文化与价值观的先驱，在克拉克洪看来，文化应被定义为“历史上所创造的生存式样的系统，既包含显型式样又包含隐型式样；它具有为整个群体共享的倾向，或是在一定时期中为群体的特定部分所共享”①。具体地讲，就是为了生存，人的机体必须在最低限度上随着自然环境做出一定调适；人类的生态和自然环境为文化的形成提供物质基础，文化正是这一过程的历史结晶。文化不仅具有内容，而且具有结构，故形成“系统”。显型式样可以由该文化的局内人向局外人描述，而隐型式样则只可意会不可言传，类似于一种集体无意识②。在价值观研究领域，克拉克洪的贡献表现为：

（1）注重价值体系的研究。他曾指出“文化基本核心由两部分组成，一是传统的思想，一是与人类有关的价值”③。为此他进行了泛文化的比较研究，在《价值取向中的变量》一书中将价值观界定为“复杂而有限的模塑原则，这个原则由认知、情感和导向三要素的相互作用形成，能够使人确定其解决问题的想法和行动”。根据他归纳出的社会调查问题，区分了不同文化的价值取向。如现代美国人的主要价值取向是个人主义、注重未来的时间取向、征服自然与实干型。

（2）倡导跨学科的研究方法。克拉克洪主张以跨学科的方式进行文化的比较研究，比如文化人类学与社会学、心理学的合作。这使得文化人类学的研究范围更为广阔，也为新的分支学科的产生提供了机会。

克拉克洪在1951年对价值观做出了经典性的定义：“价值观是一种外显的或内隐的，有关什么是‘值得’的看法，它是个人或群体的特征，影响人们对行为方式、手段和目的的选择。在一个个有关‘值得’的看法背后，是一整套具有普遍性的、有组织的观念系统，这套观念系统是有关对大自然的看法，对人在大自然的位置的看法，人与人的关系的看法以及在处理人与人、人与环境关系时对值得做和不值得做的看法。”④ 克拉克洪称之为“价值取向”（value-orientation）。这个概念使得“价值观”在概念结构上清晰了许多。它影响个体在某种行为可能的状态、方式或结果中做出选择。既然价值取向是稳定的、动态的表现，在价值取向层面进行测量也就成为可能。他与斯特罗德贝克总结出五种价值取向（如表3－1所示），设计了著名的价值取向量表。

通过和不同文化背景的人进行访谈，克拉克洪发现在西方工业化背景下成长起来的人强调对自然的主宰地位，以未来为中心，强调行动与个人主义；而在非工业文化背景下成长起来的人强调与自然的和谐相处，以现在和过去为中心，顺其自然发展自我，强调与他人的合作关系。

---

① 克鲁克洪，等．文化与个人．高佳，何红，何维凌，译．杭州：浙江人民出版社，1986：6.

② Kluckhohn C. Values and value-orientations in the theory of action. //Parsons T, Shills E. Toward a general theory of action, 1967, 18 (4): 36－61.

③ 庄锡昌，等．多维视野中的文化理论．杭州：浙江人民出版社，1987：116.

④ Kluckhohn C. Values and value-orientations in the theory of action. //Parsons T, Shills E. Toward a general theory of action, 1967, 18 (4): 36－61.

表 3-1 克拉克洪和斯特罗德贝克的价值观类型表

价值观维度	变化类型		
与自然的关系	控制	和谐	屈从
时间取向的本质	过去	现在	未来
人的本质	善	混合	恶
人的行为动力和目标	及时行乐	理想	实干
人际关系的形式	个体主义的	群体的	等级的

克拉克洪关于文化的定义为现代西方许多学者所认同，并且吸引了越来越多不同学科背景的研究者关注价值观。

（二）文化模式学说

从文化人类学角度来看，文化与社会是人类生活的两个层面。社会所指的是可以观察到的现象的领域，是实际行为模式和实际事件模式；而文化所指的是观念的领域，是可以从行为和事件中推导出来的共同的观念系统。早期的文化人类学家并没有就价值观进行专门性的研究，而是将价值观与信仰、知识、习俗和法律等要素并列在一起。直到后期，人类学家开始克服这一局限，以下截取几位人类学巨匠的研究成果加以介绍。

1. 弗洛伊德

心理人类学是在弗洛伊德精神分析学的影响下产生的，该理论学派认为：文化塑造了各民族的“基本人格”，而基本人格又决定了这个民族文化的命运，各民族文化的差异正是由于基本人格的差异造成的。所以要改变文化发展方向，就要从儿童教育入手来改变基本人格。

弗洛伊德作为精神分析学的创始者，他的许多论著其实已经超出了个人领域，比如《梦的解析》和《图腾与禁忌》等，早已经超越了精神病学的范围，而介入了解释文化现象以及民族学的领域。之后很多民族学家都主张使用精神分析法来进行人类学研究，美国曾有大批民族学者着重从事印第安人的心理研究和收集他们的自传及个体行为资料。

2. 本尼迪克特

（1）文化模式理论。

鲁思·本尼迪克特（Ruth F. Benedict）的文化模式理论是文化与人格理论（心理人类学）的重要内容。本尼迪克特认为，人类文化的价值体系和特征不同，文化模式是文化中的支配力量，赋予人们行为的意义，并将各种行为统合于文化整体之中。因为各种文化的主旋律即民族精神不同，形成了各具特色的文化模式。人的行为受文化制约，在每种文化中都只能发挥为文化所相容的一部分，压抑其余部分。因此，文化研究应重视文化的整体结构，重视文化对人格形成的影响。她的理论对文化与个性领域的研究产生了深刻影响。

本尼迪克特的观点凸显了人本主义的思想，强调个人在社会文化中的重要性，并尊重个人的遗传天赋、重视个人早期经历的影响。她更关注独特的个人，认为文化应当包容多样性而不是压制其中每个人的行为。

（2）现代国家的民族性研究。

《菊花与刀》是本尼迪克特书写现代国家国民性最有影响力的一部作品。二战后《菊花与刀》的出版引起巨大反响，该书成为文化人类学直接应用于现实的杰出范例[①]。

《菊花与刀》探讨了日本社会的基础、日本社会中人与人之间维持关系的主要要素和日本人人格形成的童年经验等几个方面。书中，本尼迪克特将文化模式理论和文化与人格理论扩大应用到近代日本这一大型文明社会，通过对等级制度、“恩”与“报恩”、义理与人情、耻感文化、修养和育儿方式等的考察，深入探讨日本人的价值体系、外部行为及思考方法，即日本文化的种种模式。她认为日本的社会组织原理是不同于欧美“个人主义”的“集团主义”，日本文化是不同于欧美“罪感文化”的“耻感文化”[②]。

日本社会结构或日本文化的基础是等级制度[③]，是基于人身或统治服从关系，而不是个人与个人之间的自由意志结合，维持这种关系的观念是“报恩”意识。日本儿童的养育习俗存在着二重性，由此产生矛盾性格，造成日本人的人格紧张。如他们一方面可以爱好赏樱花、赏日、赏菊，另一方面可以手持刀枪进行残酷虐杀或自戕。

本尼迪克特关于日本文化的基本理论和观点，对理解当代日本仍具有重要的参考价值。尤其是她所使用的从整体结构上把握日本文化，以及基于文化相对主义的比较方法等更值得借鉴。

3. 玛格丽特·米德

（1）“来自南海”的研究。玛格丽特·米德（Margaret Mead）的三部著作《萨摩亚人的成年》《新几内亚儿童的成长》《三个原始部落的性别与气质》后来汇集成一本——《来自南海》，这三部曲开创了田野工作这一美国文化人类学的研究新模式[④]。

米德解决了文化人类学的一个争论：青春期究竟是由文化决定，是在现代西方社会中的特殊经历，还是由生理变化造成的普遍症状。她对萨摩亚三个相邻小村庄的少女进行观察后发现，青春期对她们而言并不是一段困难、动荡的时期，在心理上也没有出现危机和突变。米德总结出四个原因：首先萨摩亚人对周围的所有事情都缺乏深刻的感受，不会全情投入；其次是他们给每个人提供的选择不同于现代西方社会，如宗教信仰、道德标准、职业选择等；再次是萨摩亚社会没有人患精神病，也没有现代战争造成的大量残疾人，这避免了儿童发育过程中心理上的不良适应；最后是萨摩亚人对性和生死知识采取自由放任的态度。总之，萨摩亚之行使米德最终得出结论：“以往我们归诸于人类本性的东西，绝大多数不过是我们对于生活于其中的文明施加给自己的各种限制的一种反应。”[⑤]

1930年，米德出版的《新几内亚儿童的成长》一书得出了关于性别角色及其差异的新观点：“根据我们收集的材料，我们可以这样说，两性人格特征的许多方面（虽不是全部方面）极少与性别差异本身有关，就像社会在一定时期所规定的男女的服饰、举止

---

① 本尼迪克特．菊花与刀．晏榕，译．北京：光明日报出版社，2005：序．

② 本尼迪克特．菊花与刀．晏榕，译．北京：光明日报出版社，2005：149.

③ 本尼迪克特．菊花与刀．晏榕，译．北京：光明日报出版社，2005：35.

④ 庄孔韶．人类学概论．北京：中国人民大学出版社，2006：52.

⑤ 米德．萨摩亚人的成年．周晓虹，李姚军，译．杭州：浙江人民出版社，1988：32.

等与生理性别无关一样。”① 她认为是社会文化造成了两性人格的差异。因此主张社会应允许同一性别的个体可以具有截然相反的气质，每个人不必为是否具有男子气或女子气而顾虑重重。

（2）文化传承与代沟。米德认为代沟问题出现的根源是文化传承的差异。她将全部人类文化传承划分为三种基本类型：后辈向前辈学习的前塑文化（pre-figurative），后辈与前辈的学习都发生在同辈人之间的同塑文化（co-figurative）和前辈反过来向后辈学习的后塑文化（post-figurative）。前塑文化变化迟缓、难以察觉，存在于一切传统社会中，晚辈主要通过长辈获得生活经验、生存技术和社会规范，因此不存在代沟现象；同塑文化是一种过渡性文化，由于移民、战争和科技的发展等，前辈无法再向晚辈提供符合发展潮流的全新行为模式；后塑文化又称为青年亚文化，在社会巨大变革时期，日益落伍的年长一代反过来向青年一代学习。

二 价值观与民族文化

无论是研究民族文化、企业文化，还是价值观，有一位荷兰学者是不得不提及的。他的研究如此引人瞩目，他对民族文化的量化研究和对企业文化的独到研究，在人类学、管理学两个领域都影响甚广，使得我们有必要专门给予介绍②。

（一）在人类学与管理学之间

随着跨国公司的兴起，对于来自不同民族的成员进行有效的管理是组织所面临的又一问题。荷兰文化协作研究所前所长霍夫斯泰德（Geert Hofstede）在1980年出版的《文化的结果》一书中，将文化定义为在一个环境中的人的“共同的心理程序”（collective mental programming）。他认为文化不是一种个体特征，而是具有相同的教育和生活经验的许多人所共有的心理程序，不同的群体、区域和国家的这种程序互有差异，这是因为他们的“心理程序”是在多年的生活、工作和教育环境中形成的。从这一结论中我们可以看到文化人类学中文化与人格学派的强烈影响。

霍夫斯泰德还从帕森斯理论中受到启发，甚至直接从帕森斯理论中借用了个人主义与集体主义这两个概念，在总结前人研究的基础之上，得出了表征国家文化不同价值观的四个维度：权力距离、不确定性规避、个人主义与集体主义、阳刚气质与阴柔气质③。在随后的研究中，他结合其学生彭迈克（Michael Bond）在香港的研究成果又增加了另一个维度：短期取向与长期取向，即儒家动力论（Confucian dynamism）。这五个维度的解释如下：

（1）权力距离（power distance）。权力距离是衡量社会对机构和组织内权力分配的不平等这一事实认可的尺度。一个权力距离大的社会认可组织内权力的巨大差异，成员对权威显示出极大的尊敬，称号、身份及地位占据着极为重要的位置。

---

① 马尔库斯，费彻尔．作为文化批评的人类学．北京：生活·读书·新知三联书店，1998：193－218.

② 霍夫斯泰德 G，霍夫斯泰德 G J．文化与组织：心理软件的力量：第2版．李原，孙健敏，译．北京：中国人民大学出版社，2010：22－31.

③ Hofstede G. Introduction：Geert Hofstede's “culture's consequences：international differences in work-related values”. The Academy of Management Executive（1993－2005），2004，18（1）：73－74.

（2）不确定性规避（uncertainty avoidance）。不确定性规避是指一个社会中的人对不确定性和模糊态势所感受到的威胁程度，以及他们试图获得更稳定的职业、建立更正规的规则，抑制异常的观点和行为从而避免这种不确定性的程度。那些鼓励其成员战胜和开辟未来的社会文化便可被视为高度不确定性的社会文化。

（3）个人主义与集体主义（individualism and collectivism）。个人主义指的是在一种松散结合的社会结构中，人们只关心自己或直系亲属的利益，做事从工作出发而不是从关系出发。与个人主义相反的是集体主义，它以一种紧密结合的社会结构为特征。在这一结构中，人们希望自己所归属的群体（比如一个组织）中的其他人在他们遇到困难时能帮助和保护自己。以这种安全感为交换条件，他们感到自己应该对群体绝对忠诚，做事应更多地考虑到人际关系和谐而胜于工作本身。

（4）阳刚气质与阴柔气质（masculinity and femininity）。阳刚气质倾向文化被定义为社会的主要价值观强调自信，追逐金钱、物质、社会地位以及重视个人生活数量（quantity of life）的程度。阴柔气质倾向文化则强调生活质量（quality of life），这种文化重视人与人之间的关系，对弱者关切并对他人幸福表现出敏感和关心。

（5）短期取向与长期取向（short-term orientation and long-term orientation）。短期取向与长期取向所包含的内容是：某些民族关注短期目标的实现，另一些民族关注长期目标的制定。短期目标的社会更关注眼前的利益，对当前的状态更感兴趣，人们的时间观念较强，讲求效率，信奉真理（truth）；长期目标的社会放眼于未来，认同个体间的不平等，时间观念淡漠，做事从长计议，信奉美德（virtue）。

（二）霍夫斯泰德的研究评述

霍夫斯泰德的研究是里程碑式的，他的研究对于理论和实践的影响都深远而重大，以至于在文化人类学、管理学、社会学、心理学上几乎无人可及。其贡献主要在以下几个方面：

（1）在全球范围内，霍夫斯泰德找到了作为衡量民族文化核心的价值观的维度并进行测量。将在此之前的价值观研究从个体层面提高到社会和民族文化层面，从而使跨文化研究成为可能，并且在广泛的领域内得以展开。

（2）霍夫斯泰德认为，上述价值观维度“代表着不同国度文化系统的共同价值观”，在不同的社会中只不过是以不同的方式展开而已。这使国家之间在文化价值观上进行比较真正成为可能，它提供给人们最基本的比较要素。霍夫斯泰德根据前四个维度计算了几十个国家的得分，表3－2列举了其中12个典型国家的文化维度分值。

表3－2　12国的霍夫斯泰德文化维度得分举例

国家	权力距离	不确定性规避	个人主义与集体主义	阳刚气质与阴柔气质
澳大利亚	36	51	90	61
加拿大	39	48	80	52
英国	35	66	89	25
法国	68	86	71	43
希腊	60	112	35	57
意大利	50	75	76	70

续表

国家	权力距离	不确定性规避	个人主义与集体主义	阳刚气质与阴柔气质
墨西哥	81	82	30	69
新加坡	74	8	20	48
瑞士（德语区）	26	56	69	72
美国	40	46	91	62
委内瑞拉	81	76	12	73
中国（不含港澳台）	80	30	20	66

资料来源：罗宾斯，贾奇．组织行为学：第16版．孙健敏，王震，李原，译．北京：中国人民大学出版社，2016：127-128.

(3) 霍夫斯泰德将价值观分类的这些维度和管理上的模式对应起来，为管理学提供了形态上的划分方式。例如，个人主义与集体主义这个维度涉及下述管理内容：基于个人观念的经济学理论的有效性，基于自我实现的心理学理论的有效性，基于经济或道义的劳资关系的本质，基于事物或关系的组织优先考虑之处，工作领域中的或者家庭的角色，面子与和谐的重要性。

(4) 霍夫斯泰德的贡献还在于他使用的方法启发了后来的许多研究者，如他用来区分文化类型的一个维度——个人主义与集体主义（I/C）引起了众多研究者的兴趣，大量的研究接踵而至，以至于20世纪80年代被称为“I/C的十年”，霍夫斯泰德也被称为“I/C之父”。

(5) 在企业文化研究领域，霍夫斯泰德通过文献回顾提出了企业文化层次结构之后，在访谈的基础上，尝试用六个维度描述组织文化：过程导向与结果导向、员工导向与工作导向、本单位导向对本专业导向、开放系统对封闭系统导向、松散式导向对严密控制导向、规范性的对重实效的导向。

值得注意的是霍夫斯泰德在测量中对于每个条目的陈述，被试者需在“非常同意”“同意”“不一定”“不同意”“非常不同意”中选择一项，分别对应获得5分、4分、3分、2分、1分，完成作答后将分数加总。例如：

我工作的地方：

- 会议时间总是十分准确的 1…2…3…4…5 会议时间是大概的
- 数量优于质量 1…2…3…4…5 质量优于数量①

霍夫斯泰德在企业文化变量中提炼出了一个简捷、清晰、统一和可以进行实证研究的分析框架，将不易操作化的文化变量操作化，直接启发了许多学者的后续研究。

通过本节内容的介绍，我们看到了世界范围内几个重要学派对价值观、民族文化的代表性研究成果。那么，中国文化和中国人具有哪些特点呢？

第2节 中国文化的特点和中国人的特点

嵌入性是指在田野调查中注重不同层面的背景下的文化，并且区别对待文化机制的

① 霍夫斯坦德．跨越合作的障碍：多元文化与管理．尹毅夫，译．北京：科学出版社，1996.

层叠关系，人类学家就是带着这种嵌入性的关系去看待我们的社会的[①]。人类学和历史学中的两个核心概念“文化”和“历史”成为彼此的修饰性定语而不是平等地互相嵌入。因此，一项真正的历史人类学研究不是简单地在空间中加入时间作为叙事的时代背景，在时间中加入空间考察地域文化的历史形成过程，而是让二者能够互相嵌入[②]。

从上一节中，我们了解到文化影响着人们价值观的形成，而价值观是文化的外在表现，因此我们有必要探讨中国文化的特点。由于文化与历史又是密不可分的，接下来我们介绍中国文化的特点和中国人的心理和行为。

一 中国文化的特点

中国文化指由中华民族在东亚大陆这片广袤的土地上创造的文化。在一定程度上可以说文化是活着的历史，但不是全部[③]。

“一方水土养一方人”，文化是人创造、发展和传播的，实质是一方水土养一方文化。中国延续不断的历史令人叹为观止，独树一帜，中国的民族文化也相应地有着鲜明的特点。

（一）强大的包容力

中国文化博大精深，以其宽广的胸襟为自身的发展创造了多姿多彩的天地，令人想到林则徐所说的“海纳百川，有容乃大”。从微观角度看，人与人之间相处强调宽容、忍让；从宏观角度看，更为明显。比如春秋战国时期的百家争鸣，儒家、道家、阴阳家、法家、名家、墨家、杂家、纵横家……可谓是百花齐放。各派学说、各种思想交汇碰撞，正是因为没有一家独鸣，才使得这个阶段在史册上大放异彩。还有在中国大地上共同生活的56个民族团结友爱，共同创造；包容力不仅体现在对本国文化和人民，而且体现在对异国他乡的文化和人民也以宽大心胸接纳之。这突出表现在气度不凡的唐代，它的繁盛、它的热情令很多国家的人慕名而来，有日本人、朝鲜人、波斯人等等，阿倍仲麻吕就是其中著名的日本来访者。较强的文化包容力使得中国文化得以源远流长，但是任何事物都有其两面性，也许正是这样，使得变革在中国显得格外艰难。良莠皆纳，姑且可称之为绵性。相比而言，西方国家比较有刚性，既然包容不了，就痛快地改变。中国文化令我们引以为豪的包容力是否也削弱了我们变革的勇气呢？这需要我们进一步反思。

（二）重视天人关系

“春江潮水连海平，海上明月共潮生。滟滟随波千万里，何处春江无月明！……”这是唐朝诗人张若虚的《春江花月夜》，除了文字上的动人心弦外，诗中还饱含诗人对整个宇宙空间的冥想，即宇宙情怀。其实在生产力欠发达的古代中国，人们一直未曾停止过对天人关系的研究。“中国古代最早的天命观至少在殷商的时代便已经产生……孔

---

① 奥莫亨德罗．人类学入门：像人类学家一样思考．张经伟，译．北京：北京大学出版社，2017：84-85.

② 李文钢．历史人类学研究中的历史与文化．广西民族研究，2018（2）：112-119.

③ 张岱年，方克力．中国文化概论：修订版．北京：北京师范大学出版社，2004：6.

子的天人理论是历史上第一个成型的天人观。”① 他既敬畏天又力图远离之，这反映出古人对天的认识还是朦胧的。孟子也谈到天人关系：“尽其心者，知其性也。知其性，则知天矣。存其心，养其性，所以事天也。”② 老庄学派强调的是人应效法天地，按本来的状态生存。墨子理论也涉及了天的讨论，比如“非命”“天志”的提出。再到后来的程朱理学，陆王心学，还有张载、王廷相的气学说，等等，人们对天人关系的思辨是这样的乐此不疲。古人虽敬畏天，但也认识到人的价值与潜在的力量亦不可低估。大家耳熟能详的“天人合一”，包含的不仅有对天的敬畏，也有对人的尊重。再看现在提倡的人与自然之间的“和谐”“可持续发展之路”“科学发展观”，便可知晓对天与人的探索和认知从未停止。

（三）强调道德伦理

道德伦理观念在中国传统文化中的分量之重是显而易见的，其实质是强调秩序与规范。于家、于国，儒家发展出一套以“仁”为核心的道德伦理体系。“三纲五常”，大家都能说出一二。需要指出的是，传统的伦理道德中固然有合理的成分，但同时也带有强烈的封建色彩，特别是对于女性的压迫和约束尤重，立贞节牌坊、裹小脚等是较为集中的体现。现在，中央电视台用心打造的《感动中国》栏目，在弘扬社会主义核心价值观的同时，承袭了传统美德，注重道德对于国家和社会发展的促进作用。过去与现在，虽然均重视道德伦理，但是在出发点、内涵、作用等方面随着社会发展阶段的不同、国家性质的不同，都有着本质区别。

（四）家庭观念浓厚

家是中国人的栖息之地，无论古今，人的生老病死，都离不开家庭，但是家在中国人眼中也具有文化意义。“家和万事兴”“修身、齐家、治国、平天下”“国有国法，家有家规”等体现出中国人重视家庭的感情层面，并且发展出一整套治家的理论和方法，后者在大家族中更有突出表现。家谱、宗祠、家训、家法等等，强烈的家庭观念随处可见，家长的权威是不可动摇的。晚辈经常被训导有朝一日能够光耀门楣、光宗耀祖，个人与家庭荣辱与共。孝顺与重视子嗣，均是家庭观念的衍生。更重要的是，在中国人眼中，家和国是同构的，儒学中的修齐治平是由己开始，进而演绎到国家和天下，这种文化观念对中国人的治世和治家的方式有着重要的影响。

（五）注重中庸之道

西周的史伯提出了“夫和实生物，同则不继。以他平他谓之和”的和而不同的说法。“认为只有‘和’即不同性质之物的相互作用才有可能生成新事物，而同一性质之物的量的简单相加最终只能引导事物走向死亡。”③ 孔子提出了“中庸之为德也，其至矣乎”，即“中庸之道”，讲究“过犹不及”。后来人继承并阐发了这种思想，认为在为人、

---

① 向世陵．中国哲学智慧．北京：中国大学人民出版社，2006：29－30．

② 兰州大学中文系孟子译注小组．孟子译注．北京：中华书局，1960：301．

③ 向世陵．中国哲学智慧．北京：中国大学人民出版社，2006：9．

为政、为学上应适中，但绝不是一味机械地折中。这指导着人们在各种事件中、各种环境下要行动有度，把握分寸。如果做过头，就会走向事情的反面。正是有了这样一种文化的积淀，中国人做事时显得不温不火，凡事会三思而后行。

（六）维护君主权威

正是由于治家和治国方式上有一致性，中国人基于对家长的尊重，通常会屈从于家长和君主的权威。禹的儿子启破坏了“禅让制”，拉开了“家天下”的帷幕；春秋战国，群雄逐鹿，为的是登上代表着最高权力的宝座；秦始皇雄心壮志，横扫六国，成为我国第一位皇帝。权力自古至今都闪耀着光芒，在中国长期的封建时代里，皇帝就像众多光芒中最耀眼的一道。可以这样说，中国封建社会的种种事件都是围绕着君主而展开的。君主理所当然地掌握着生杀予夺的大权，家国天下都是他的。实际上，在这九五至尊的背后隐藏着多少的历史风暴，君主恰似风暴中心。正因君主的权威至高无上，促使现在的我们考虑该怎样在一个范围内既维护领导的权威，同时又能有力地制衡权力，这也是政治进步的一个方面。而面对人们因这样的传统而形成的倚重权力、看重权力的心理，领导者应如何科学地进行有效的组织管理，也是值得思考的问题。还有著名公共关系专家麦独孤（W. McDougall）提出政府关系是第一公共关系，进而指出任何成功的企业背后，都有政府的某种形式的存在。当今管理者该如何看待这样的断言，有待于大家一起探讨。

（七）学而优则仕

“天子重英豪，文章教尔曹。万般皆下品，惟有读书高。”从隋朝创立科举制至今，国家选拔了许多人才，很多人也从这一途径进入官场，“金榜题名时”成为人生四大喜之一。班固说，“盖利禄之路然也”。不管我们承不承认，“学而优则仕”观念有其道理，且深入人心。官场一向备受关注，读书人是给“官文化”添砖加瓦的重要力量。“官文化是由孔丘创始，并由秦汉及以后历代统治者和从属于他们的学者们坚持并贯彻于中国的社会的统治意识，其基本理论是儒家道统，并具体化为统治民众和协调统治阶级内部关系的丰富内容，它曾经在历史上起过相当进步的作用。”① 十年寒窗换来一朝的平步青云，令无数学子“心向往之”，而近年似乎又热起来的公务员考试让人多少看到这种观念的影子。现如今其实还多了一条“学而优则商”。二者从根本上看和权、利有着千丝万缕的联系。我们处在多元化的社会，那是否能在怎样成才和如何成功上也实现多元化呢？

（八）缺少宗教情怀

在中国古代，宗教虽然兴盛，但从总体上看皇权高于宗教权力。在西方却不是这样，就欧洲历史来看，整个中世纪的进程同宗教是紧密联系在一起的，比如基督教在减少病人痛苦，对远人的怀柔，改善人们的生活状况等方面做出了巨大贡献。在以上列举以及未列举的方面，基督教都会对政府和个人行为产生强大的影响力。“《旧约》利未记

---

① 刘永佶．中国官文化批判．北京：中国经济出版社，2000：467.

第十九章第三十三、三十四节说：‘若有外人在你们国中和你同居，就不可欺负他……我是耶和华你们的上帝’。中世纪政界要人看这段话，俨是上帝对他们说的，所以自公元第 7 世纪初年，至 16 世纪，差不多每一个世纪政府中皆有为远人说话之人物。”[①] 在古代中国的各个朝代，极少有宗教影响力如此强大。

二 中国人的心理和行为

中国文化的特点最终会表现在中国人的心理和行为中。杨国枢《中国人的心理与行为：本土化研究》中关于中国人社会取向的论述简洁而流畅，丝丝入扣。

杨国枢指出：社会取向是中国人在其生活圈中的运作或者适应方式，其包含的四种次级取向则代表四项次级运作或适应方式。确切地说，四种次级取向所表现的是个体如何与团体融合（家族取向），如何与其他个体融合（关系取向），如何与权威（与团体有关之重要个体）融合，如何与非特定他人融合（他人取向）。社会取向主要指个体融入或配合其社会环境的一套生活适应方式。中国人的社会取向主要是指个体融入或配合其家族、其他个体、权威及非特定他人所展现之社会互动的风格与形态[②]。

（一）家族取向

在传统中国社会里，社会的基本结构与功能单位是家族，而不是个人。中国人的家族主义在对家族的认知、感情和意愿方面各有特点。

认知：中国人的家族主义主要强调六种互相关联的事项，即家族延续、家族和谐、家族团结、家族富足、家族荣誉、泛家族化。感情：中国人的家族主义主要有六种互相关联的感觉，即一体感、归属感、荣誉感、责任感、忠诚感及安全感。意愿：中国人的家族主义包含八种行为倾向，即繁衍子孙、崇拜祖先、相互依赖、忍耐抑制、谦让顺从、为家奋斗、长幼有序以及内外有别[③]。

（二）关系取向

很多学者强调在中国文化中或者在中国人的日常生活里面人际关系的重要性与突出性。中国人的这种凡事以关系为依归的文化特征叫作“关系本位”或“关系取向”。关系取向有如下特征：关系形式化（角色化）、关系互依性（回报性）、关系和谐性、关系决定论和关系宿命观。在这里我们主要介绍一下关系形式化、关系互依性、关系决定论和关系宿命观。

（1）关系形式化：传统的中国人强调在人与人的社会关系中来界定自己的身份，例如，“我是某某的儿子”等[④]。同时在社会互动历程中，传统的中国人不是以内在的自我意向为中心，而是以外在的社会情境为中心。

（2）关系互依性：在传统中国社会中，社会关系的界定特别强调两造角色的对偶

---

① 杨昌栋．基督教在中古欧洲的贡献．北京：社会科学文献出版社，2000：61.
② 杨国枢．中国人的心理与行为：本土化研究．北京：中国人民大学出版社，2004：92.
③ 杨国枢．中国人的心理与行为：本土化研究．北京：中国人民大学出版社，2004：93.
④ 杨国枢．中国人的心理与行为：本土化研究．北京：中国人民大学出版社，2004：95.

性。每一个角色的行为规范，都与对应的角色的行为密切关联、密切配合①。

(3) 关系决定论和关系宿命观：中国人的人际或者社会关系，依其亲疏程度可以分为三大类，即家人关系、熟人关系及生人关系。在中国人中间，与自己人的关系不同于与外人的关系。在社会互动中，对方与自己的关系决定了如何对待对方及其他的相关事项②。

宿命观指“中国人很能忍受物质生活环境的脏乱，但却很怕社会生活环境的变乱或动乱”。一般的中国人是很能吃苦的，但是对社会生活环境变乱的慌乱和不知所措确实存在，过于希望安定也是普遍的心理③。

(三) 权威取向

在传统中国社会，无论是农民家族或地主家族，不管是小家族或大家族，都实行父权家长制。封建家长在家族中的专制作为，主要表现在四个方面：经济专制、思想专制、家规家法、尊卑等级。随之形成的中国人的权威取向最主要的特征有：权威敏感、权威崇拜、权威依赖④。

(四) 他人取向

他人取向是指中国人在心理与行为上极易受到他人影响的一种强烈取向——对他人的意见、标准、褒贬、批评特别敏感而重视，在心理上希望在他人心目中留下良好印象，在行为上则努力与别人相一致。顾虑他人、顺从他人、关注规范、重视名誉是他人取向的四个主要特征⑤。

中国人的心理和行为的四种取向和表现特征如表3-3所示。

表3-3 中国人之社会取向的主要互动或运作特征

次级取向	特殊内涵			
家族取向	家族延续 家族富足	家族和谐 家族荣誉	家族团结 泛家族化	
关系取向	关系形式化 关系宿命观	关系互依性 关系决定论	关系和谐性	
权威取向	权威敏感	权威崇拜	权威依赖	
他人取向	顾虑他人	顺从他人	关注规范	重视名誉

资料来源：杨国枢．中国人的心理与行为：本土化研究．北京：中国人民大学出版社，2004：115.

第3节 中国民族性研究和中国的员工

上一节探讨了中国文化和中国人的特点，那么，在这种文化氛围中，中国人有哪些

① 杨国枢．中国人的心理与行为：本土化研究．北京：中国人民大学出版社，2004：97.
② 杨国枢．中国人的心理与行为：本土化研究．北京：中国人民大学出版社，2004：99-100.
③ 杨国枢．中国人的心理与行为：本土化研究．北京：中国人民大学出版社，2004：105.
④ 杨国枢．中国人的心理与行为：本土化研究．北京：中国人民大学出版社，2004：109.
⑤ 杨国枢．中国人的心理与行为：本土化研究．北京：中国人民大学出版社，2004：114.

人格特征呢？此节将介绍学者沙莲香主编的《中国民族性（壹）》《中国民族性（贰）》的相关研究成果，不同于杨国枢的研究，此项定量研究成果迄今看来仍是我国研究文化与人格的里程碑。

一 中国人的民族性研究

沙莲香认为，民族性，或者说民族性格、国民性，表示渗透在一个民族或一个国家的文化中的一以贯之的文化精神或意义，具体表现为民族心理和由民族心理构成的特有的民族性格、风采①。她特别强调，与人格是就个体而言的概念不同的是，民族性格是一个群体概念，是"一个民族大多数成员共有的，反复出现的心理物质和性格特点之和，是人格的综合体"②。此项研究在海内外有着重要影响，以下着重介绍她在1988年所做的抽样调查结果。

（一）质化研究

沙莲香对中国民族性的实证研究主要在《中国民族性（贰）》中呈现。该项实证研究的目的在于对中国民族性的结构进行分析，即"对民族性做文化的、精神的深层研究"。结构分析具体分为两个部分。

首先，沙莲香对结构的构成元素进行分析，依据前人的研究成果做中国民族性研究的总结。她将历史观点大致分为八大类，并对《中国民族性（壹）》的内容进行了汇总，对71位学者的500多个观点进行编码统计，计算这些观点在八大类中出现的频率。然后结合历史上对中国人人格特质的研究和现实中常见的心理现象设计了14项人格特质（如表3-4所示）。

表3-4 中国民族性的历史观点统计

人格特质	基本含义
仁爱	如对人博爱，宽厚以待，富有悲悯之心，诚挚之情等。
气节	如临危不惧，宁折不弯，不屈辱求荣，不卑不亢等。
侠义	如在家靠父母，出门靠朋友，为难相助，有情无我等。
忠孝	如孝敬长辈，忠心为国，不背信弃义，不忘恩负义等。
理智	如三思而后行，深思熟虑，以理服人，以智取胜等。
中庸	如谦和忍让，不偏不倚，调和适中，忍让求和等。
私德	如不讲公共秩序，不爱护公物，不顾社会利益，损公利己等。
功利	如追求金钱，地位，唯利是图，不择手段等。
勤俭	如艰苦朴素，吃苦耐劳，勤俭节约等。
进取	如不安于现状，有竞争意识，敢于冒险。
实用	如讲究眼前实在的利益和个人满足等。
嫉妒	如排斥和自己的能力、地位、专业差不多的成功者，拆台、攻击、猜疑等。
屈从	如屈服于权势，欺软怕硬，唯唯诺诺等。
欺瞒	如圆滑，说谎，自欺欺人等。

① 沙莲香．中国民族性（贰）．北京：中国人民大学出版社，2012：2-3.

② 沙莲香．中国民族性（贰）．北京：中国人民大学出版社，2012：2.

其次，在正式调查前，沙莲香对关于中国民族性的历史观点进行了适当舍弃。如，关于不洁、不守时、生命力强的观点，沙莲香认为这些现实不应归结为中国民族性本身。例如，中国农村的不讲卫生往往是生活条件所限，而公共场所的清洁问题实质上跟缺乏公德有关，又例如不守时跟中国传统的小农经济和分散手工业有关，在中国现代企业管理模式下，人们的时间观念是非常强的。关于生命力强，沙莲香则认为这种生理上的韧性并不能“被蔑视为民族劣性”。

（二）量化研究

沙莲香在综合历史观点和结合现实的常见心理现象的基础上，采取问卷调查的方法：首先，她设计出 14 项人格特质量表让受访者打分，以获得对改革开放后民众对中国人人格特质的总体评价；其次，让受访者就 14 项人格特质对“文化大革命”前、“文化大革命”后和改革开放后民众最具备和最欠缺的人格特质进行选择，就结果分析，得出不同时期中国人人格特质的差异；最后，在 14 项人格中，对理想人格和实际人格进行选择，得出理想和实际人格特质之间的差异。该调查共收回有效数据 1 838 份①。

在测量上，采用 5/3/1/0/－1/－3/－5 的七等分评分法让受访者进行打分。其中，5 分代表最喜欢这种价值判断，－5 分代表最不喜欢这种价值判断，0 分表示中性。之后，结合年龄、学历、职业等人口统计学差异分析对人格特质评价的影响，归纳总结出人格特质评分表（如表 3－5 所示）。

表 3－5　人格特质评分表

人格特质	均值	标准差
气节	4.05	1.561
忠孝	3.92	2.020
仁爱	3.87	1.532
理智	3.75	2.170
勤俭	3.10	2.362
进取	2.91	2.182
侠义	2.33	2.571
中庸	0.01	3.448
实用	－0.63	2.553
功利	－2.77	2.769
私德	－3.58	2.102
屈从	－3.69	2.356
嫉妒	－3.83	1.976
欺瞒	－3.83	2.025

“气节最前，欺瞒最后，中庸居中”是 14 项人格特质评分的总体特征。通过分析特质各项评分的均值，可以看出受访者对气节、忠孝、仁爱等优质人格特质体现出强烈肯定，对欺瞒、嫉妒、屈从等劣质人格特质予以强烈否定，这两类人格特质的评分体现出极端化的倾向。分析标准差会发现 14 项人格特质中，中庸的标准差比其余特质标准差

① 沙莲香．中国民族性（贰）．北京：中国人民大学出版社，2012：47.

高，且评分的分布相当分散。沙莲香认为，受访者对中庸评价的模糊性，恰恰体现了人们喜爱和使用它们的情况。中庸虽不一定被百姓所真正理解，但是百姓在实际生活中却一直在遵守，并被用来“平和那些不平和的事，抚平不平衡的心理”①。但人们在表面上对中庸的评价如此模糊，多是由于常被作为批判的对象，人们出于“政治正确”的需要，才讳莫如深。

考虑到人口统计学因素对人格特质评价差异的影响，沙莲香从年龄、学历、职业三个角度进行了分析。

在年龄方面，以“文革”时期的年龄为参考，将受访者参与调查时的年龄分为51岁以上、41～50岁、31～40岁、30岁以下。调查得出的结果有以下特征：一是对仁爱、气节、理智、勤俭的肯定随年龄递增；二是31～40岁年龄组对侠义的评分最高，而41～50岁年龄组对忠孝的评分最高；三是30岁以下年龄组对中庸的否定最多，对进取的评分最高。

在学历方面，将受访者分为高学历（大学及以上），中等学历（初中、高中、中专），初等学历（小学及以下）。具体结果为：高学历受访者对进取、仁爱、理智、气节的评分最高；而对侠义、忠孝、勤俭的评价，初等学历比高等学历更高；对欺瞒、屈从、嫉妒、功利、私德的否定程度随学历的降低而降低，这体现了在是非观念上的学历差；高学历对中庸和实用的评价最低。

在职业方面，将受访者分为学生、脑力劳动者和体力劳动者。具体结果为：脑力劳动者对仁爱、气节、理智、侠义、忠孝、勤俭的评分最高；学生对进取的评价最高，对屈从的评价最低，且评价都很集中；体力劳动者对私德、功利、嫉妒、屈从、实用、欺瞒的否定程度最低。

沙莲香总结说，虽然我国社会各阶层人士的现代性程度不一，但被调查者的现代化意识的得分均已明显超过问卷测量的中界值，具体表现为以下两个方面：

（1）广大劳动者的主体意识日益突出，表现在现代人具有了更多的社会参与意识和社会责任感；民主意识和法律观念得到强化；在日常生活中，人们要求确立在择业、择偶等生活方式和生活内容中的自主权利；人们更加尊重老人、尊重妇女、尊重下一代人，在自身发展过程中更注重个性发挥和价值、潜能的展现，渴望成才，为社会做出更多的贡献。

（2）效益意识的日益强化是现代人观念变革的重要标志，主要体现在越来越多的人讲求务实、关心社会信息；要求机会均等基础上的公平竞争；强调时间、效率和生活的计划性；更加尊重知识、人才在现代化建设中的地位。

这项研究开创了首次我国国民性的量化研究，和杨国枢的研究有重叠的地方，它对我们进一步研究中国人的民族性格，改造民族性格中的负面因素（欺瞒、屈从等），乃至从整体上了解民族性都是有益的。当我们这个古老民族在传统的重负之下迈向现代化之时，这种研究比其他民族性的研究更有意义，能够为我们改造国民性、构建企业文化提供科学的依据。

---

① 沙莲香．中国民族性（贰）．北京：中国人民大学出版社，2012：52.

二 中国员工的特点

随着中国经济的发展，越来越多的学者开始探寻中国企业的管理模式。以本章介绍的文化与人格学派为例，由于中国人与西方人在遗传和文化方面既有相似性，又存在明显的不同，中国人与西方人的人格结构和行为模式也必然存在相似的一面和有差异的一面。因此，在人格领域中，要准确地反映中国人的人格结构，简单照搬西方的人格理论显然是不合适的。西方人的人格结构中可能包含中国人的人格结构的部分成分（即 etic 成分），也会包含不属于中国人人格结构的成分（即西方人的人格结构中的 emic 成分），而不能包含中国人人格的另一部分成分（即 emic 成分）。然而，西方心理学家往往把西方的研究结果看作是适合所有文化的，这并不严谨，因此中国学者对中国人的人格研究进行的多种本土化尝试是非常必要的[①]。

对于管理学家而言，这体现的正是管理的实践性特征。中国人民大学劳动人事学院许玉林教授通过多年在企业的参与观察，结合中国企业的实际状况对企业员工做出总结和提炼，提出了八条企业对人的管理原则，在业界被称为“人力资源管理的八条圣经”，广受好评。

（一）人性是恶的

“人之初，性本善。性相近，习相远。”中国传统文化认为人生下来都是善良的，人和人的本性没有太大的区别，只不过通过文化习得的不同，习性才有巨大差别。在这种思想的引导下，如果对人进行监督和控制，就是对对方的不信任，因此，需要给员工充分的尊重并依靠对方的自觉（“X 理论”）。许玉林质疑了这一观点，他提出西方的管理思想始于基督教，即人生来就是恶的，是有罪的，耶稣就是替人类赎罪的化身，因此人类应该敬重耶稣，应该存着感恩之心，遵从韦伯所说的天职观努力工作，多做善事，以免死后落入地狱。许玉林毫不掩饰对“Y 理论”的赞同，主张在基于“人性是恶”的管理假设下实施严格的管理。这种方式并不意味着在管理的过程中把员工都看成坏人，而是当假设员工是坏人的时候，在制度设计上保证企业可以最大限度地采取有效的应对和管理措施。

（二）人是自由而散漫的

卢梭在《社会契约论》中说，“人是生而自由的，但无往不在枷锁之中”。就一般意义而言，人生来对纪律约束都有排斥和抵触的情绪，如果不要求早晨八点到校，相信大多数学生都会等完全睡醒了再上学。在企业中也是如此。如果没有准点打卡的纪律约束，并且将打卡与个人工资相联系，可能员工就不会那么有动力在天还未亮的寒冬里起床挤公车了。因此，人是趋于散漫的，人必须在制度与纪律的约束下才会规范自己的行为和态度。如果我们把对员工的管理基于他们的自觉性，企业的效率就难以保障。对人的管理重点在于制度的保障。制度保障的结果是，无论什么人做什么工作，工作的结果是一样的。当然，这只是一种最高境界的管理理想，但也是企业管理者的最高追求。

---

① 崔红，王登峰．中国人人格结构的确认与形容词评定结果．心理与行为研究，2003，1（2）：89－95.

（三）人是需要控制的

以“Y 理论”看待员工，员工需要以有效的手段来控制。西方管理学界有这样一句话：“管理就是控制”。现在流行着各种各样的管理思想，但没有哪一种管理思想中不包含控制的思想。就像前两条“圣经”所讲的，既然人性是恶的，人是散漫的，那么怎么能不需要控制呢？比较中外企业，我们发现一个共同的规律：企业管理得好，就是管理的控制到位。

控制就是监督各项活动以保证它们按计划进行并纠正各种重要偏差的过程。所有的管理者都应当承担控制的责任，即便他们的部门是完全按照计划运作。因为管理者对已经完成的工作与计划所应达到的标准进行比较之前，并不知道他的部门的工作是否进行得正常。如果不对员工实施有效的控制，就难以保证他们的工作沿着企业的目标方向前进。对员工的控制系统越完善，管理者实现企业的目标越容易。

（四）人是目的，也是手段

企业管理的目标是在追求效益的同时满足员工的需要，人是目的。然而，经济学所有理论所依赖的基础就是：资源具有稀缺性。对于合格的员工来讲同样如此。不仅数量稀缺，个体员工的能力也是有限的。一个企业的成长壮大需要各种类型人才的累加，不仅要满足数量的要求，而且同样反映在质量要求上。企业的竞争优势归根结底就是两样：人力资本和非人力资本。企业在创建初期，可能会将资金、原材料等因素放在第一位，但当企业发展到一定阶段时，客观上就对人力资源提出了更高的要求，不仅要在用人上下功夫，有效的人力资源管理显得更为重要。只有将上至高层管理者下至普通员工都视为重要的公司资源，才能有助于企业的成长壮大。

（五）人是难以管理的

一方面我们强调人是重要的，但另一方面的事实是：人是难以管理的。人力资源同其他非人力资源最大的不同是人力资本具有不可分割性，这就注定了随着人力资本的价值增高，其流动性也将提高，管理的难度也就增大了。现在很多高科技企业的员工流动性都非常大，就是因为这些企业中的员工都是高学历、高素质的知识型员工，他们会按照自己认为正确合理的方式来行动，而这就给管理带来了很大的难度。因为管理者不可能针对每一个员工来设计一套适应他的管理方法，而统一的管理方法又不能令每个员工满意，这就导致了流动性的居高不下。因此，管理是一门技术，更是一门艺术，需要灵活又不失其主旨地将管理中的难点以四两拨千斤之力巧妙地化解掉。人是难以管理的，但如果有管理的技巧与艺术，人也是能够被管理好的。

（六）人是需要尊重的

基于“Y 理论”，许玉林教授也吸收了“Z 理论”的思想，强调对人的尊重，更多的是强调企业中对人的管理的公平。他认为管理的公平性特征就是对人的最大的尊重。

面对外部不公平和内部不公平两种现象，后者更让员工难以忍受。人是需要被尊重的，如果一个企业中存在不公平现象，就是对员工的不尊重。根据心理学家马斯洛的需求层次理论，每个人都有五个层次的需求：生理需求、安全需求、社会需求、尊重需求和自我实现需求。从激励的角度来看，没有一种需求会得到完全满足，但只要其得到部分的满足，个体就会转向追求其他方面的需求了。按照马斯洛的观点，如果希望激励某人，就必须了解此人目前所处的需求层次，然后着重满足这一层次或在此之上的需求。在现代企业里的员工尤其是知识型员工，其需求的层次一般都比较高，对于尊重的需求就更加明显。在这种情况下，给予员工充分的尊重就是给予他们最大的激励。

（七）人是多样化的

今天企业的特征是工作人员多样化，即员工在性别、民族、国籍和种族等方面更具有异质性。许玉林使用了“文化熔炉”方法来处理企业内的差异，即假定不同的人会在某种程度上自动同化。

工作人员的多样化已经对管理实践产生了重要影响。管理者们将不得不改变他们的哲学，从同样对待每个人转向承认差别和适应差别，从而确保员工的忠诚和更高的生产率，而又不发生职业、性别等歧视。

（八）人的管理是一门科学[①]

管理是一门科学，管理并不是管理者随心所欲的结果，它有规律可循、有技术支撑。特别是对人的管理，不仅人力资源管理研究对人的管理，而且，心理学、社会学、经济学、管理学等相关学科的研究为人的管理提供了广泛的理论研究和实践基础。仅就人力资源管理的薪酬设计而言，它是建立在企业与工作系统研究、工作分析、工作评价、薪酬调查、劳动力市场分析、公平管理、员工心理研究等一系列管理的理论与实践基础之上的一整套管理工作系统。其中的每一项工作都体现了管理科学的研究思想和科学的研究方法，最终才能保证企业的薪酬制度设计的公平性、合理性和科学性。

此外，人力资源这种特殊的管理对象决定了管理的难度和复杂性。因此，在遵循科学管理的前提下，管理的灵活性更加体现出多种学科的综合应用特征。

三　文化、价值观、人格和民族性的研究意义

无疑，了解中国民族文化的特点、中国人的国民性，对于构建有中国特色的企业文化意义重大。企业文化根植于民族文化的土壤中，传统的民族文化是一个国家在长期历史发展过程中逐步形成的，有强大的渗透力。企业文化理念和价值观、行为规范等无不打上民族文化的烙印，这样必然造成世界各地各个民族企业文化建设的千差万别、丰富多彩。如勤劳、爱国、自强、孝敬父母、尊老爱幼、遵纪守法都是中华民族的优良传统。

在实践过程中，注重企业文化的背景需要遵循以下原则：

（一）继往开来

传统文化是一个民族或国家在长期历史发展过程中所积淀下来的物质文明成果和精

① 许玉林．组织设计与管理．上海：复旦大学出版社，2003：230－234.

神文明成果的总和。任何一个重大历史变革，其背后必然有一只看不见的手——精神力量在引导着变革的演进，而这种精神力量又必然与一定的文化传统存在着历史渊源。同样，传统文化对现代企业文化的影响也具有鲜明的民族特色。因为企业文化和理念总是建立在特定的民族文化的基础之上，并与该民族物质文明和精神文明的发展水平密切相关。

（二）吸收与改造

在世界经济日益走向全球化的趋势下，企业文化对传统文化进行吸收与改造，使之具有新的生命力，成为具有现代文化特点的新生文化，正日益成为令人瞩目的现象。世界上还没有一个抛弃了自己的民族文化还能够生存和发展的国家，只有珍惜和发扬自己民族的优秀文化，才能自立于世界民族之林，对世界文明的发展做出新的贡献。中国的传统文化博大精深，它将为中国企业文化的成长提供肥沃的土壤。

（三）中西结合

在当代中国，虽然民族文化面临着外来文化的一些冲击，但本民族文化的传统影响力仍然占主导地位，也就是说方方面面都很难摆脱传统文化的影响，包括企业文化。企业文化是一个民族的文化传统在企业中的发扬。长期形成的文化传统对人们的思维方式和行为方式构成持续存在的影响，更对企业文化的发展和演变产生直接的影响。

（四）勇于实践

文化人类学对价值观的定量研究使得企业文化更具有可操作性。21世纪唯一不变的是变化，这就促使我们必须对企业结构和理念进行根本性的反思。人们已经逐渐认识到，对企业而言，员工的个人价值观与集体价值观都已经成为必须关注的关键因素。研究表明，企业在员工开发与管理上的投入比对技术、研发、竞争战略及品质管理的关注能带来更高的回报。在《价值观管理：21世纪企业生存之道》中，作者指出，指令管理和目标管理等管理模型不足以引导企业走向成功。我们需要的是一个战略领导工具，它在实践中的应用可以帮助企业通过关注员工来挖掘市场潜力①。

本章小结

本章从历史与文化的影响入手，阐述了中国的历史发展是如何造就了中国的文化特点，以及中国人具有什么样的文化、价值观、人格和民族性。探讨了在民族文化观的大背景下中国企业的员工行为是什么样的。

关键词

文化　人格　价值观　文化模式　民族文化　文化维度　中国文化的特点　国民性

复习思考题

1. 从文化人类学角度思考并说明组织文化类型划分的角度及观点。

---

① 多伦，加西亚．价值观管理：21世纪企业生存之道．李超平，译．北京：中国人民大学出版社，2009：5.

2. 概述文化人类学中文化与人格学派的研究成果及观点。
3. 中国历史和文化具有哪些典型特点？其对中国企业员工特点的影响是什么？
4. 中国民族性和中国员工价值观研究的意义何在？

案例

制度化管理，人情化处理

制度化管理还是人性化管理？这是个问题！

恒波的制度之严，从门店管理的各项规定可见一斑（如表 3-6 所示）。

表 3-6 门店早礼检查表

检查项目	项目内容执行标准	检查情况
基本服务礼仪	1A：顾客招呼、问候较到位	
	1B：在通道内没跟顾客打招呼	
	1C：只向靠近柜台的部分顾客打招呼	
	2A：微笑较好	
	2B：部分员工没微笑	
	3A：发型、淡妆、着装、姿态普遍较标准	
	3B：部分员工发型、淡妆、着装、姿态不符合标准	
	4A：早礼人员及时到位	
	4B：早礼部分员工未按时到位	
	4C：早礼喊口号不整齐	
	4D：早礼音乐及广播未按要求播放	
长廊、展柜商品陈列	1A：长廊陈列整齐有序，达到标准	
	1B：长廊陈列有空置座架或缺功能卡或机卡不对应	
	2A：柜台陈列较标准	
	2B：柜台内陈列较乱、有较花的装饰物	
	2C：手机与价格牌不对应或同一机型价格不统一	
	2D：商品挪动后未及时进行归位	
	3A：厂家宣传页陈列整齐，并及时规整	
	3B：部分宣传页较乱，并未及时整理	
店面、环境卫生	1A：柜面洁净	
	1B：柜面有指纹未及时清洁	
	2A：地面保持清洁	
	2B：地面有废纸或水迹、脚印未及时清洁	
	3A：角落或靠墙物品堆放整齐	
	3B：角落或靠墙有杂物堆放	
	4A：休闲区保持清洁、物品完整	
	4B：休闲区未及时清洁	
	检查人签名	

这里的考核指标每一项都能具象化，随便拿出一项，你都会啧啧称奇。

恒波制度严明，但是执行时并不是照章办事。A 总在 MBA 班上作为学员代表发言时，就讲过东方文化里的“情”字，比如“人情”、“友情”和“亲情”等等，中国人的生活里不能不讲人情，和西方的管理倾向法理精神不一样，人与人、人与情的结合产生的人情是中国文化的特征，“人情练达”是公司管理者的管理技能。于是有了恒波“制度化管理，人性化处理”的模式，其核心就是：管理事情强调纪律，管理员工强调感情。以下截取几个门店的实例和读者分享。

(1) X店店员回复顾客时语言粗暴，极不礼貌，有悖公司服务理念和服务宗旨，根据公司规定，对该店本月当班店长扣5分处罚；而Y店有3页顾客意见被人悄悄撕掉，这可是比顾客投诉还要重大的事，但是鉴于门店及时报告整改的情况，只对该店本月当班店长酌情扣了1.5分（注：以上扣分处罚均参照公司文件《客户意见本管理办法》)。

(2) 办公室或者门店里有人抽烟，按照公司的规定，罚款200元，那天下班C副总经理开完会，没忍住打开窗户抽了一口，被一个回来取钥匙的员工撞见。第二天一上班，我就看见C副总经理从A总办公室耷拉着脑袋回来——A总除了按公司规定罚款200元外，还让他接替写字楼的保洁工，干了一周办公室清洁。A总的解释是“烟味一周才能散尽”!

(3) 门店5S作业内容明确规定门前做到“五无”：无烟头、无垃圾、无污水、无污垢、无痰迹。还要求柜台内不得有污迹、灰尘、蜘蛛网等。在潮湿的南方地区，尤其是深圳关外的门店，想做到“一尘不染”是很艰难的事。那一天我从S店访谈回来，A总说：“听说您在店内外拍了好多照片，那里的工作环境、店面、柜台台面物品达标了吗?”

“……嗯，我看到他们在用清洗剂清洁。”本来我想说这是做研究的伦理，是不能回答的。

A总笑着说：“我知道，即使居家过日子，保持5S水平都难，但是他们清理了，他们心里有5S——这就够了。”

制度化管理，人情化处理！我开始理解恒波缘何以激励为“重”，惩罚从“轻”了，惩罚几乎都针对高层，因为管理者要考虑中国的文化背景，还有环境。

后来又出了一件事，让我印象深刻。公司里一名温文尔雅、有“教授”绰号的职员文凭造假，被责令马上走人，没想到“教授”仔细研究过深圳的辞工规定，要求双倍赔偿。当时也没有《劳动合同法》，恒波自成立后也没有过一起劳资纠纷的事项，“教授”可能也误判老总会选择息事宁人，威胁要上告。

A总轻轻一笑，对我说：“石老师，拜托您请他吃顿饭吧，好歹他在公司干了两年，告诉他要打官司的话公司随时奉陪——只是我再也不愿意看见他了。”

“为什么?”我赶紧问。

A总不假思索地说：“诚信是为人之本——也是公司的天条!”

学习与练习

1. 请阅读以下案例，分组讨论阿里企业文化是如何受到中国历史和传统文化影响的。

如果你走进阿里巴巴公司，首先会被那些表意的符号所吸引。比如阿里巴巴公司的办公室，全是用武侠小说里武林圣地的名称命名的。“光明顶”指会议室，核心技术研究项目组是“达摩院”，还有“桃花岛”、“罗汉堂”、“聚贤庄”、“半山亭”和“侠客岛”

等等，甚至洗手间都叫“听雨轩”。索绪尔关于能指和所指的任意性在此体现得淋漓尽致。

漫步于阿里巴巴公司内，有随处可见的漫画和宣言，你会感受到整个阿里巴巴公司空气中的“武侠”气息。在每个部门名称处还挂着另一个牌子，上书“武当派”或“华山派”字样。在“光明顶”（会议室），挂着香港著名武侠小说家金庸的亲笔题字：“临渊羡鱼，不如退而结网”。

熟悉金庸小说的人都知道“飞雪连天射白鹿，笑书神侠倚碧鸳”，这是金庸先生给自己所著的十四部中长篇武侠小说写的一副对联，由各小说名字的首字组合而成，横批是短篇小说“越女剑”。但即使有金庸老先生这么多的鸿篇巨制，成立20年的阿里巴巴公司使用的“花名”也显得不够用了，马云不得不求助于《西游记》中的角色，而《西游记》同样是中国传统文化中的精粹。

马云就在一次电视节目中说他最欣赏的就是唐僧师徒团队。唐僧是一个好领导，他知道孙悟空要管紧，所以要会念紧箍咒；猪八戒小毛病多，但不会犯大错，偶尔批评批评就可以；沙僧则需要经常鼓励一番。这是一个明星团队。

马云曾经说：懂金庸，就是性情中人，从金庸小说中，能看出来修身治国之道。马云说，你看郭靖、杨过的成功，除了机缘巧妙，还得勤奋努力。你要学会与各种人合作，最重要的是有一身正义和责任感；你还得学会时而超脱、时而务实，但一定不能松懈。做公司就像在练功，我们很多资源是很巧合地组织在一起的，就像金庸的小说，一个人的武功练到一定程度，是有很多机会结合在一起的。在互联网时代，企业不仅是资本和技术的结合，更多的是一种文化一种理念，以及整个公司资源的整合。因此，过去5年吃过的苦、积累的经验，都是资源。

阿里员工甚至还要求有一个“花名”，比如马云的花名就叫风清扬。花名是阿里巴巴的一个传统，大多数员工除了拥有一个专属于自己的工号之外，一般还会有自己的一个花名，花名一般来自相对有名的武侠小说中的正面人物。马云的花名风清扬，是金庸武侠小说《笑傲江湖》中独孤九剑的传人，无招胜有招的世外隐者。独孤九剑关键在于“料敌先机”，未雨绸缪，发现敌人的破绽，从而达到“只攻不守，以攻为守，攻敌之不得不守”的境界。

企业文化是创始人的文化，痴迷于武侠小说的马云回忆创立阿里巴巴之时，认为自己是受到了《天龙八部》中珍珑棋局的启发，“我从珍珑棋局中学到了一招——置之死地而后生”。

阿里巴巴公司的五大业务线阿里巴巴、淘宝网、雅虎中国、支付宝、阿里软件，被马云称为“达摩五指”。

以上只是阿里巴巴公司的表层文化，如果你熟悉金庸的小说，运用现代符号学的知识就能够轻易理解。但是如果你想参与其间，那么起码你还得了解中国的历史，尤其是近代史。

毛泽东熟稔中国传统文化，这位伟大的无产阶级革命家在中国近代史上取得了彪炳千秋的丰功伟绩，毛泽东思想影响了现代中国人、现代中国的企业，马云创办的阿里巴巴公司，将传统与现代巧妙地结合，铸就了阿里巴巴公司独特而生动的企业文化。

1999年公司初创，阿里巴巴企业文化建设初期有三件大事：“延安整风运动”“抗日军政大学”“南泥湾开荒”。显然在潜意识中，马云把自己的创业与中国共产党取得新民主主义革命胜利联系了起来，并从中国共产党的成功中汲取了养料。

2000年10月，马云在西湖宾馆召开“遵义会议”，展开“延安整风运动”，即明确阿里巴巴的目标使命和价值观。在“延安整风运动”期间，为了培养创始员工的忧患意识，提倡艰苦奋斗的精神，马云把阿里巴巴的员工在他家里上班叫“上井冈山”。也就在“延安整风运动”期间，马云创造了一句经典名言：今天很残酷，明天更残酷，后天很美好，但绝大多数人死在明天晚上。

“抗日军政大学”，即从员工队伍中寻找符合要求的干部，请专家培训这些管理人才。“南泥湾开荒”则培养销售人员面对客户应有的观念、方法和技巧。

从阿里巴巴公司建立到现在，其企业文化都在汲取传统文化的精髓。就是《历史的天空》和《亮剑》这样的电视剧，都能启发马云“政委制”的设置。马云在建构企业文化的过程中确实展现了过人之处，他对中国传统智慧有天生的领悟力和执行力，表面看似天“马”行空，“云”山雾罩，但是又能信手拈来，为我所用，这体现了马云的务实精神和中国企业家的智慧。

每逢盛会，员工们就要根据自己的花名去加入不同的帮派，一起争夺这“天下第一帮”的称号。每一帮派打乱原来的层级关系，所有“店小二”会忘记自己究竟是领导还是下属，而原本处在最基层的员工也可能一跃成为帮主、副帮主，统领原来的上司。武侠文化中的侠肝义胆和并力一向的精神一览无余。即使是马云的退休告别仪式，马云都对公司员工的活力和创意赞赏有加。

阿里巴巴企业文化不只有柔情和侠义的一面，犯了帮规，惩罚也是赶出山门。

2011年，阿里巴巴B2B业务平台爆发欺诈事件，公司宣布CEO卫哲、COO李旭晖引咎辞职，CPO邓康明降级另用，陆兆禧、彭蕾等人接替原有的职位。之所以这次事件引发非常高的关注度，是因为这次事件是阿里巴巴自爆消息，而非外部媒体报道。

美国《福布斯》期刊在2011年3月下旬的封面文章标题为《为企业诚信而战的人》。文章是该刊记者采访阿里巴巴公司CEO马云和若干高层的报道。文章称，在中国最大电子商务企业自曝欺诈丑闻后，马云在以零容忍态度整肃这股歪风。

这也是马云在赶走以欺诈或类似手法愚弄数千位外国商户的约100位销售人员后，首次接受媒体采访。这些销售人员的罪名是故意容忍欺诈性卖家，并将其认定为金牌供应商。而这类供应商在接受货款后，从未交付过笔记本电脑和平板显示器类的消费电子产品。马云称，这些销售人员可能已怀疑这些供应商有问题，但他们仍与其签订合约。这是严重的诚信问题。

此次丑闻，的确是这家拥有B2B销售、消费者网络市场、电子支付和数据服务的网络综合服务商成立12年的历史上最大一次挫折。马云称自己最初得知有欺诈顾客现象的消息，是通过负责事关公司信誉和安全的B2B业务平台的阿里巴巴共同创始人蒋芳在2011年1月22日的电子邮件。她的消息让马云和其他数位高管震惊。

马云在得知消息后立即召集了公司高层会议。据他回忆，此次会议开的时间很长，并做出了要认真对待，开始内部审查的决定。他当时考虑的问题是，若情况属实，接下来该如何办。这也是他创业生涯中感到最痛苦的时期。

阿里巴巴的各位董事在2011年2月18日举行了视频电话会议，内部专项整治小组揭出了系统性问题。它对客户造成的损失虽不算很大，但涉及2 300家网上销售店铺，更要命的是，这会形成不惜任何代价追求短期收益文化的风险。电子商务网站的高层必须为此承担责任。尽管网站的CEO和COO未涉及这类违法行为，但马云还是在那周周末会见了他们。他感到，自己必须向两人发出保护企业信誉的信息。

马云在采访时称，阿里巴巴公司可能是中国唯一一家高层经理人员必须要对经营欺诈负责的企业。虽然有人认为他处理问题过了头，太激烈，但他相信中国需要如此的“矫枉过正”。

马云认为，中国需要的是应该能让世界信赖，把员工价值置于利润之上的企业。他称，公司未来10年的目标是帮助提升1 000万家小企业在线经营能力，创造出1亿份新就业机会和服务全球的10亿消费者。主动揭短对于阿里巴巴需要壮士断臂的勇气，然而马云毫不含糊。诚信是阿里巴巴的核心价值观，对于欺诈行为，“丐帮”的态度自然是零容忍。

2. 如何根据本章关于中国人的民族性和中国员工的特点构建企业文化?

第4章 企业文化与内部、外部环境

学习目标

◎ 了解生态人类学和环境人类学的理论
◎ 掌握管理学中的系统理论和种群生态理论
◎ 理解人类学理论中有关环境对文化影响的论点
◎ 了解莫斯科维奇的社会表征理论
◎ 掌握企业文化对企业制度、企业战略、组织结构和人力资源管理的影响和作用
◎ 了解企业环境分析的方法

章首案例

我们的人被打了！

那天我正在恒波公司吃饭，运营部的李强经理突然叫着召集人手。原来兰亭店的员工派单，被另一家卖手机的D公司的人打了。因为在商贸城，有十多家手机专卖店，每家店员都在派单（公司专门制作的宣传单），在周末或节假日的时候派单的人更多，受过训练的店员都知道必须让自己占据一个有利的位置，如果派单的位置不对，收效甚微。所以兰亭店的店长要求店员占据商贸城两个入口的首要位置，当不同公司的派单员聚在一起，竞争就难以避免了。通常，各个店的店长会形成默契，各自划分好地盘和时间，但每逢节假日，这些派单员都想让自己占据主导单位，促成潜在客户成交，冲突就频繁发生。但是在深圳，打人的情况还是很少的。

“报警不就行了，这事还得你去？”我问李强。

“石老师，这你就不了解行规了，要不你跟我一起去看看？”李强回应了我。

行规？我顿时有了兴趣，加上兰亭店离公司很近，我就跟李强和运营部的七八个小伙子一起，坐上了公司的中巴车。

为什么不报警呢？李强在车上一边用手机询问情况，一边跟我解释。门店打架这样的事，即使派出所的民警赶到也只是息事宁人，还不如公司直接派人过去，在气势上要压倒对方，否则以后会永远失去地盘。

"那最后如何解决呢?"我弱弱地问李强。

"赔钱，吃饭，我跟他们运营部的人谈!"

"你怎么认识他们? 怎么还要吃饭呢?"尽管我在恒波访谈过 40 个店长，我得承认我忽略了这里的道道。

"当然认识，都是道上的人!"李强的简洁描述让我明白了真的"道道"。派单站位的竞争，看似是店员间的冲突，实际上是区域经理甚至整个公司的竞争。店长层面不能解决这个问题，就得更高一层的经理出面协调。而这些经理知道冲突毫无价值，最后都是谈判之后赔钱、吃饭、和解。李强的介绍还让我明白了为什么商业企业离职率高，因为门店位置都相距很近，每个门店的店员都互相熟悉，虽然保密工资在公司内部有效，但实际上基层员工对彼此的工资待遇都很清楚，所以发现其他企业工资高就会考虑跳槽。这也解释了为什么离职的员工能很快找到下家。

大约 15 分钟，中巴车就到了兰亭店。在我们赶到时，冲突似乎还在升级，两边门店的男性员工在互相推搡，女员工则在一边帮腔，我们的到来让对方气势上有些收敛。对方店长赶紧撤回门店里面。

李强带着公司的人冲进去："谁打的，有种就站出来!"事后我才知道，打人的员工早就躲到外面去了，恒波公司的人气势上很凶，但是整个过程却没有任何肢体冲突，更不会打砸物品。顾客跑光了，对方的店长在不停地打电话。对我来说奇怪的是，对方店员也都没有太惊慌，整个过程和我想象的打群架的样子不一样，更像是双方事先安排好的剧本。

一脸愤怒的李强手机响个不停，他低头看了看，然后跟我说："他们运营经理的电话来了……"这时候，所有人都停住了，看着李强，听着他说话……

事情的最后结果跟李强预想的一样，晚上对方的张经理请李强、挨打的员工吃了顿饭，爽快地赔付了医药费，还给了挨打的员工一条香烟。打人的员工没有出面，第二天就被调到另一个门店了……

思考：

你怎么看待这件事?

企业是一个开放系统，它不能脱离社会环境而存在。企业文化也不能脱离社会环境而生成。因此，要塑造良好的企业文化，就必须认真分析影响企业文化生成的环境因素。企业文化环境由外部环境和内部环境构成，影响企业文化的外部环境主要包括社会政治制度、社会经济发展状况、社会科技发展水平等；影响企业文化的内部环境则主要包括企业内部的特质、行为和制度等。

第 1 节　企业文化与外部环境

近几十年来，人类学日益关注环境问题，环境人类学在可持续发展研究中的地位已得到社会的认可。对环境人类学的理解有助于我们从社会、全球化两个层面认识和解释环境问题。管理学家也发现企业外部环境对经营业绩有着重要影响，对外部环境的研究成果有助于我们了解企业文化为何有着对环境的持续的回应[①]。

人类学家通过研究“新制度理论”探索并解释经济和社会环境各个方面之间的关系，强调组织间的相互作用及其内在环境，在此基础上进一步探讨企业如何在创造现代社会关系的文化中发挥作用[②]。

一 新进化论

人类学自诞生就出现的古典进化论在以下三个问题上基本持相同看法：第一，用人类本质的一致性观念来说明文化发展的单一性；第二，各民族文化都遵循同一路线向前进化；第三，整个世界是依自然法则运行的。而到 20 世纪，人类学新进化论的出现在此基础上进一步发展，并且催生了环境学派。以下我们截取新进化论的典型人物和理论加以介绍。

（一）怀特的普遍进化论

怀特（L. White）将整个人类文化的进化历史分为四个主要阶段：（1）依靠自身能源即自身体力的阶段；（2）通过栽培谷物和驯养家畜，把太阳能转化为人类可以利用的能量资源的阶段；（3）通过动力革命，把煤炭、石油、天然气等地下资源作为能源的阶段；（4）核能阶段[③]。在他看来，文化进化的标志是人类获取能量的增长，文化的首要功能也是利用和控制能量，使之服务于人类。

为了科学地评估文化进化的水准，怀特甚至提出了一个文化发展的公式，即 C=ET 或 E·T=C。其中，C 代表文化（culture），E 代表人均年用能量（energy），T 代表开发能源的工具与技术（technology）的效率。由此可以在任何一个文化系统中区分出三种因素：（1）每人年平均利用的能量；（2）开发能量并付诸使用的技术手段之效率；（3）满足人类需要的物品与服务的产量。C=ET 这个公式也是文化进化的基本规律，即文化随着每年人均利用能量的增长而进化，或随开发并将能量付诸使用的技术手段效率的增长而发展。

怀特坚持文化是一个自我产生、自我运行、自我发展的独立体系，它不但是人类天性的决定因素，也是发明与革新的决定因素。怀特提出两个重要命题：（1）在文化积累为新的综合提供出种种物质与观念的必要因素之前，任何发明与发现都不可能产生；（2）当必需的素材由于成长或文化传播而成为可能并出现特定文化互动的标准条件时，发明与发现必然会产生。这两个命题促使人类学家对文化体系和文化传播的作用开始思考。

（二）斯图尔德的“社会文化整合水平”和生态人类学

斯图尔德（J. H. Steward）在整合的水平上提出，人类学的中心任务是发现随时间

---

① 张瑞敏．互联网时代的企业文化．中外企业文化，2013（8）：12-13.

② Baba M L，Blomberg J，LaBond C，et al. New institutional approaches to formal organizations//Caulkins D D，Jordan A T（eds）. A companion to organizational anthropology Somerst. NJ：Wiley Blackwell，2013：74-97.

③ 怀特．文化的科学．沈原，译．济南：山东人民出版社，1988：355-374.

推移而呈现出来的世界文化发展规律，并从因果关系方面加以解释。斯图尔德将文化类型分为有代表性的三个层次，即家庭、群落（村落或社区）和国家。毫无疑问，家庭的整合水平最低，国家的整合水平最高。斯图尔德强调“社会文化整合水平”，即对复杂程度不同的文化的分类，它能够为不同的文化进行比较提供条件。

斯图尔德最重要的贡献在于生态人类学。传统生态学的意义是“适应环境”。文化生态学要研究生态环境、生物有机体与文化要素三者之间的关系，而不是像传统生态学那样仅研究自然环境与生物有机体之间的关系。他非常强调文化与环境之间的相互作用和相互关系，他的理论又被称为“生态人类学”。

根据斯图尔德的观点，文化生态学研究的范围包括三个方面：（1）生产技术或工具与生态环境之间的关系；（2）生产技术与人的“行为”方式的关系；（3）“行为”方式对文化其他方面的影响①。可以看出，斯图尔德将环境推进到生态，将技术和个体的行为相联系，在更广阔的层面引发了后续研究②。

（三）瑟维斯和萨林斯的进化理论

瑟维斯（E. R. Service）和萨林斯（M. Sahlins）则将怀特的普遍进化论与斯图尔德的社会化整合水平理论结合起来，他们认为这两种理论是互相补充而不是互相冲突的。文化的特殊进化和一般进化之间的根本区别在于：前者是一个形态的连贯和历史的序列，后者是以既定发展顺序中各种形态表现为阶段的序列。在此基础上，他们提出了进化过程中的两个“二律背反”。

（1）创造和保守的背反。一方面，文化是一种技术、社会结构和观念的综合构成，它经过调整而适应于其自然居住地和周围的相互竞争的其他文化。这种适应过程具有两个特征：创造与保守。前者是一种结构和模式的进化，后者则为一种稳定化趋势。

文化创造的机制是指文化作为一个开放系统，对自然界的适应将造就一种文化的技术，并由此造就这一文化的社会成分和观念成分。而对其他文化的适应亦会造就社会和观念，后者反过来影响技术，并决定其进一步的发展。

文化适应中创造性的主要结果之一，便是它能在特殊环境下产生多种文化，产生多样性。另一方面，文化的稳定性就是文化的保守性。特定的技术产生特定的社会组织和观念系统，后两者反过来也会巩固与保持这一技术基础。这也就是说，文化有保持现状的倾向。同时，这种保持的倾向也意味着，当一种文化受到作用而不得不有所变化时，这种变化也只会达到不改变其基本结构和特征的程度与效果。这就是进化的第一个“二律背反”，即在适应过程中同时产生的创造与保守两种特性。

（2）文化进程的二律背反。文化进化是一种双向运动的进程，一方面是高级文化类型自身多样性的不断增长，另一方面则是由于不同文化类型的同化而产生的文化同质性的不断增长。

文化进化的过程，同样是各种类型的延续，并且最终取代不适宜进化的类型，每一

---

① 黄淑娉，龚佩华．文化人类学理论方法研究．广州：广东高等教育出版社，1996：309-323.

② 马广海．文化人类学．济南：山东大学出版社，2003：51.

个后起的高级文化类型，都将比前一阶段的文化类型取得更为广泛、更为迅速的扩展。文化进化过程，一方面是文化类型自身趋异性的发展，另一方面则是由于文化同化而造成的文化同质性的发展。

综上所述，新进化论关注人类对环境的适应方式和生态系统的整体平衡，将研究重点放在文化的物质层面，“环境决定论”仍然是基调，最终陷入“物质—精神”“文化—环境”的二元论，但是这些理论为 20 世纪 80 年代后环境人类学的出现做了铺垫。

二 环境人类学

生态学的引入是人类学对人与环境关系认识的深化，为人类学开辟了一个新的研究领域——环境人类学，它是运用人类学的理论和方法，从政治、经济、历史、社会、文化等多重视角研究人类行为与周围环境，实现人与自然和谐发展的学科①。

环境人类学的突出特征就在于它的行动取向。行动取向是指行动者在面临多种行动可能性时信奉与崇尚的信仰、价值、规范与身份认同方式。环境人类学家既不同于“扶手椅上”的人类学家，也不同于只是“写民族志”的人类学家，环境人类学家直面问题，注重政府、市场、非政府组织等因素对环境的影响，包括与环境相关的资源保护、可持续发展等诸多问题。他们体现出强烈的实践的旨趣，将分析单位从原来的“地方”和“区域”进一步扩展到“国家”和“世界”，关注全球化和现代化的作用。因此，他们和国际组织、非政府组织、地方政府和公众等有着更多的互动和行动。虽然行动取向受到个体性差异及其生活历史的影响，但是它在很大程度上具有文化性，受到行动者熟悉的文化与亚文化中信仰、价值、规范与身份认同结构的影响。

从认识论角度看，环境人类学克服了自然和文化的二元论，用一种新的“一元论”将生活世界中的诸种现实（包括生态、物质、象征、政治、社会、历史）整合起来。这一学派不仅关注传统的生态人类学理论，也综合 20 世纪 80 年代兴起的历史生态学、政治生态学、宗教生态学、生态环境史、事件生态学等“多种生态学”（ecologies）理论，运用人类学整体性视角，怀着使命感和敏锐的问题意识去解决问题。

因此，和生态人类学相比，环境人类学具有以下特点：

（一）学科的综合性

环境人类学的综合性从它的多种生态学理论就能看出。环境人类学从文化的适应性到象征性、构建性，从社会结构到过程、策略、实践，从动态平衡到矛盾冲突、结构的破坏，从价值中立到政治经济批判，从“无历史”到时间维度的引入，从孤立地看待环境到将其视为社会环境的一部分，从一个新的角度提供有关环境问题的知识，还努力在一个比较普遍的层面上寻找可持续的生活方式，理解这种可持续的生活方式所需要的条件，如价值观、信仰、亲属结构、政治意识形态以及仪式、传统等因素会支持有利于可持续发展的人类行为。因此，环境人类学和人文社会科学结合更加紧密，对文化人类学者来说，环境人类学更有可操作性、更实用，同时更加关注现实主流热点问题，关注经

① 牟桃．环境人类学的由来、特征及中国经验．民族论坛，2013（9）：24－27.

济发展，这也是环境人类学的突出特点[①]。

（二）反思性和参与性

与旧生态人类学研究持有的文化相对和价值中立的立场不同，环境人类学十分关注全球化条件下环境运动中的冲突对抗以及权力关系，批判环境运动中的权力不平等现象，倡导一种更公正和可持续性的生态和社会关系。

（三）多样性

环境人类学认为每一种文化都有其特定的生态学——包含着独特的理解和体验世界的方式。因此，环境人类学特别强调地方性知识的潜力。正如生物学家指出维护生物多样性对于人类生存的重要性一样，保持文化的多样性对于人类的未来也是意义重大的[②]。

环境人类学在研究方法上也具有新的特点。在人类学理论方面，环境人类学除了继承生态人类学古典进化论、文化传播理论之外，同时纳入了象征人类学、结构马克思主义和历史特殊主义、人类学实践论、后结构主义等思想。除了传统的民族志方法，今天的生态人类学还开始使用高科技手段（如卫星定位技术和大数据），为多学科合作而开展的宏观和大规模研究提供可能。

综上所述，环境人类学不是将环境作为一个封闭系统，仅仅就某个民族生存方式做简单而直接的分析，而是综合了现代世界中政治、经济、社会、文化、历史等多种因素，将文化和环境两者结合起来，提供了一体化世界的完整图示[③]。

第2节　企业内外部环境、企业文化和制度

在管理学领域，自从泰勒于19世纪末20世纪初开辟了管理理论研究的先河以来，系统的管理理论主要经历了从古典组织理论、管理学组织理论到现代组织理论的发展进程。从泰勒的科学管理到人际关系学派，管理学家只是在企业内部活动，尚未将企业与外部世界作为一个整体联系起来，也没有涉及由人群所创造的文化与企业的关系，由人群所构成的部门协调、企业内部和外部的协调，等等。但是企业组织理论的出现让我们看到，几乎是在和现代人类学发展相同的时间内，管理学家也对企业的外部环境给予了重视。

企业内部环境是指企业内部的物质、行为和制度等文化环境的总和，包括企业文化、企业战略和企业制度等因素，也称企业内部条件。在人类学中，结构主义方法对我们分析文化有重要启示。

---

① Brosius P. Analyses and interventions: anthropological engagements with environmentalism. Current Anthropology, 1999, 40 (3): 1-40.

② 张雯．试论当代生态人类学理论的转向．广西民族研究，2007（4）：34-39.

③ 张雯．近百年来环境人类学研究．广西民族大学学报（哲学社会科学版），2013（6）：53-59.

一 组织与外部环境耦合的理论

自20世纪80年代以来，组织流程再造、虚拟组织、学习型组织、团队组织、网络组织等新的组织形态的大量涌现，就是对组织形态变化的一种呼应。因此，企业管理由物质层次、行为层次转向意识层次，强调企业文化在企业经营的作用成为组织理论新的发展趋势。主要的理论包括如下五种。

（一）系统学派

1956年，经济学家博尔丁（K. Boulding）第一次将一般系统论运用于社会科学研究，并试图建立一个万能的框架。1971年，卡茨（D. Katz）和卡恩（R. Kahn）才第一次将系统论引入组织研究。系统学派认为，组织是一个开放的、具有整体性能的社会技术系统。代表人物是霍曼斯（G. C. Homans）、卡斯特（F. E. Kast）、罗森茨韦克（J. E. Rosenzweig）等。

霍曼斯的社会系统模型认为，任何社会组织都处于物理的、文化的、技术的环境中。这些环境决定着社会系统中人们的活动和相互作用。而人们在进行活动和发生相互作用时，又会产生人们之间以及人们对环境的一定感情。

卡斯特和罗森茨韦克的系统组织理论认为，组织是一个人造的开放系统，它由各子系统组成，各子系统之间通过输入与输出的关系而构成一个完整的系统。该理论对组织内各子系统的划分根据是其所起的作用，对于我们认识组织内部构成要素提供了新的思路。

系统学派对于组织研究的最大影响还在于，组织总是处于与环境的持续互动中，并在这种互动中达到一种动态平衡，在动态平衡中保持其能量的转换。同时，系统论将组织行为当作一个“集体行为”，把关注点从个体层次引导到集体层次，关注群体和群体之间的关系和互动，结果导致很多学派的研究层面从个体向群体转换。以下的四种学派就是从群体层面开始分析的。

（二）种群生态论

种群生态论是生物学的一个分支，来源于达尔文的生物进化论，强调自然对生物物种的选择和决定性影响，基本的理念是：物竞天择，适者生存。在社会科学中运用达尔文理论的历史悠久，形成了社会达尔文主义。

1977年，哈南（M. Hanan）和弗里曼（J. Freeman）把这个原理运用到组织研究中，他们借用生物种群生态论的方法，强调从作为群体的组织层面探讨问题，而不是把组织个体当作分析单位。运用这种方法，种群生态论试图解释为什么一些类型的（或形态的）组织生存了（例如美国的大学），而另一些则消亡了（包括一些百年老店）。其基本的假设是分享相同资源的组织之间会因为争夺资源而相互竞争，这样的竞争直接影响到组织的生存与发展。同样借用生物学的观点，种群生态学关于组织的基本命题是，组织类型（或形态）对环境的适应性决定了组织的存亡。

两人又于1984年发表了《结构习惯与组织变化》一文，把生物学的群体生态理论应用到组织理论分析中。主要观点是组织在环境中生存与否遵循生物的适者生存规律，环境依据组织结构的特点及其与环境的适应性来选择一些组织或淘汰一些组织。

种群生态理论主要围绕三个方面进行：

（1）变异（variation）：变异是演化的原料，而且需要大量的变异，有了它，才能在其中择出最合适的物种。在组织中亦是相同情况，有大量的组织成立，亦有大量的组织死亡，最后存活的，当可称之为适应环境的。在运用时要经过修正，如在组织中就会有所谓内部转化的情况，这与物种演化就有所不同。组织会去设计，会有意识有计划地进行，而其他组织会去模仿进而创新。故变异可谓有计划性地响应环境，并可提供形成最适合组织结构的良好素材。

（2）选择（selection）：选择造成有些变异会留下来，有些变异会消失。这点是自然淘汰模式与资源依赖模式最大的争议，差别是由环境来选择还是经由内部人员的决策所制定。若要有系统化的选择就需有大量的组织成立，亦要有大量的组织死亡，若没有这样的情形，则天择就变得无标准可言，如大型机构及政府组织就无法解释。

（3）保留（retain）：即经过选择而存留下来的变异，再复制①。

（三）资源依赖理论②

种群生态理论强调的是环境选择作用，而弱化了组织行动者在决定组织命运中的作用。为弥补这一缺憾，萌芽于20世纪40年代的资源依赖理论在20世纪70年代后被广泛应用到组织关系研究中。该理论强调组织从环境中获取资源能力的重要性，其实质是把组织看作环境关系中的一个积极参与者而不是被动接受者，两者之间是一种互动关系。

资源依赖理论（Resource Dependence Theory）指出，环境中所拥有的资源并非取之不尽，用之不竭，因而，为了有效地利用有限的资源，组织有了分化和专门化的必要。更由于此种功能上的分工，任何一个个别的组织，在功能上和资源的取得上很难能单靠自身内部的力量自给自足，获得足够的所需资源，达成组织的目标③。

由于组织所处的环境资源的有限性和功能上的分工，在不能由内部获得足够资源的情况下，组织必须向外发展，依赖外界环境中与它有交易的其他组织。资源依赖理论将组织视为主动，能改变、操纵环境，也能对环境有适当对策的实体。高阶层决策者不仅需要处理其内部的协调合作，更需要面对环境，弹性调整其内部的运作设计。环境处理工作远比组织内部的工作重要。因为，根据这一模式，环境严格限定了组织生存的必要条件。组织面对环境的挑战时，可以有一种以上方法以应对环境，维持组织生存与发展存在多重选择机会，决策者的“决策过程”即成为关系重大的课题，这也是资源依赖理论的论点要点。当然，并非所有组织的设计与决策都会受环境决定性的影响。其基本观点还是以“适应过程”（adaptive process）来说明组织和环境之间的关系，高阶层的决策者在这个适应过程中扮演重要的角色。

---

① 王国峰．种群生态理论//徐世勇，李超平．管理与组织研究常用的60个理论．北京：北京大学出版社，2019：284－287.

② 刘冰，齐蕾．资源依赖理论//徐世勇，李超平．管理与组织研究常用的60个理论．北京：北京大学出版社，2019：315－322.

③ Aldrich H E，Pfeffer J. Annual review of sociology. Environments of Organizations，1976，2：79－105.

（四）迪尔、肯尼迪的环境因素

本书第1章介绍了迪尔和肯尼迪1981年出版的企业文化“四重奏”之一《公司文化》一书，作为企业文化“四重奏”之一，书中还论及了企业文化的外部环境。企业文化是由企业环境、价值观念、英雄、文化礼仪、文化网络等五个因素所组成，而五个因素所起的作用是不同的。企业环境并不是企业的内部环境等状况，而是指企业所处的外部环境，包括市场、顾客、竞争者、政府、技术等，企业环境是形成企业文化唯一的而且又是最大的影响因素，而企业文化则是企业在这种环境中为了获得成功所必须采取的全部策略的体现。价值观是一个组织的基本信念和信仰，因而价值观构成了企业文化的核心。企业的价值观的形成与组织的管理是分不开的。英雄人物是那些体现企业文化的人物，是企业文化的人格化和组织员工行为模仿的具体典范。习俗和仪式是公司日常生活中系统的和规划好的一些惯例。从企业对待世事的表现中（指习俗）要求员工与之相符合的行为方式，进而通过企业的一些宣传活动（如仪式等），提供给员工明显而有力的为公司所赞赏的范例。文化网络是指企业内部以轶事、故事、机密、猜测等形式来传播消息的非正式渠道，是企业内部主要的沟通手段[①]。

总之，现代企业理论把着眼点由企业内部转移到环境，并由企业被动适应环境的观点转变到影响环境，这一理论为企业理论提供了一个全新的视角和分析方法。

（五）社会表征理论

个人的表征是一种陈述性知识，是一个核心概念和一些个体特征之间的关系网络。核心概念的所指（referent）可以是自我、除去自我之外的他人、一个群体或一个社会范畴。比如中国人民大学的一个教师可能是一个具体的人，一个教学团队或者文教事业单位的一分子。每种个人表征都是一个独立的认知单元，可以独立地从记忆中提取。当个体对同一个所指构建出多种表征，且每种表征都对判断或者行为决策产生不同影响时，个体做出反应的决策将取决于哪一种表征被提取和使用。研究发现，在个体主义文化中，西方文化下的个人更多用自我来作为表征，而东方文化之下，个体通常视情景或者具体的环境，提取的是集体或者社会的表征[②]。

法国社会心理学家莫斯科维奇（S. Moscovici）的社会表征理论（Theory of the Social Representations），具体内容如下[③]：

1. 文化共识观

莫斯科维奇将社会表征定义为在特定时空背景下的社会成员所共享的观念、意象、社会知识和文化共识，是一种具有社会意义的符号或系统。因此，它对于建立秩序、为群体成员提供社会互动规则和对社会生活进行明确命名和分类并加以沟通有重要帮助。

莫斯科维奇将社会表征划分为三个层次，即被整个社区（community）一致接受的“支配性”（hegemonic）社会表征，子群体对之持有一些不同观点的“解放性”（emanci-

---

① 肯尼迪，迪尔．公司文化．印国有，葛鹏，译．北京：三联书店，1989：32－33.

② 赵志裕，康萤仪．文化社会心理学．刘爽，译．北京：中国人民大学出版社，2011：129－130，138.

③ 管健，乐国安．社会表征理论及其发展．南京师大学报（社会科学版），2007（1）：92－98.

pated）社会表征，以及存在于群体冲突中的“争端性”（polemical）社会表征。

2. 社会根源性和行为说明性

社会表征作为一种常识性的知识体系，主要源自人们的经验基础，同时也源自人们通过传统、教育和社会交流接收和传递的信息、知识和思维模式。这就是说，社会表征根源于人们的社会互动过程，因而具有社会根源性。有趣的是，社会心理学家发现社会表征反过来又可以对社会群体成员的行为、思想和感知施加一种近乎强制的影响力量，即所谓的“行为性的说明”（behaviorally prescriptive）。社会表征会预先安排个体的行为，同时也会影响群体成员的感知，并进而会影响他们对所经历事件的解释和行为回应。

3. 相对稳定性和长期动态性

一方面，社会表征具有行为说明性，并且会在社会群体的思想意识中得到巩固；另一方面，社会表征作为一种社群内成员共享的知识体系，一旦产生之后，就会超越成员个体而独立存在于社会中，因此社会表征在一定时期内具有相对的稳定性，可以被看成客观存在的社会现实。但是，社会表征具有客观性并不意味着它们是静态的，随着社会群体成员间社会互动和对问题认识的加深，以及诸如媒体等社会机构在信息传递、劝说教育等方面发挥作用，人们在有关该事物的社会表征的一致程度上可能出现分化和对现有社会表征的修正甚至是重新导向。

莫斯科维奇的理论为企业文化的分析提供了新思路。文化作为共享的价值观是特定时空下的表征，例如华为公司的“狼性文化”。但是这一企业文化的特征除了表征独特的企业之外，还要依靠员工的群体行动和交流，通过群体去影响个体的意识。尤其是企业文化作为社会心理现象和一种过程，要将其放在历史的、文化的和宏观的社会环境中才能进行最好的理解和研究，这就在某种意义上克服了北美心理学强调量化研究的个体主义化弊端，因为其只注重控制变量和预测行为，但是忽视了对企业文化的意义与理解。

二 企业文化与内部环境一致的理论

在管理学中，原来对企业的外部环境仅仅进行 PEST 分析，即进行企业的宏观环境的分析，P 是政治（politics），E 是经济（economy），S 是社会（society），T 是技术（technology）。在分析企业所处的背景的时候，通常是通过这四个因素来分析企业所面临的状况。而本书提出的综合分析框架中，企业文化就企业的内部环境而言也是统摄和影响其他要素的。从整体上看，基本是遵循企业文化—企业战略—企业组织结构—人力资源这个路径，即文化决定战略，战略决定组织结构，进而决定人力资源①。由于第 10 章有企业文化与人力资源管理的关系的专门论述，此处仅探讨企业文化的统摄作用，主要围绕企业文化、企业战略和企业制度展开。

（一）企业文化的统摄作用

企业内部环境分析是指企业对自身内部资源和能力状况及其变动趋势进行分析。企

---

① 许玉林．组织设计与管理．上海：复旦大学出版社，2004：7.

业内部环境分析的主要内容有企业资源分析和企业能力分析。企业资源是指企业从事生产经营活动所需的人、财、物的总和。从文化角度来分析，企业战略、组织结构和企业制度、人力资源都是构建文化的重要部分。在整个企业文化的讨论中出现的概念包括：愿景、使命、核心价值观和对人的假设等。这种文化讨论中的对象、宣称及概念已形成一定程度的稳定性及整合性，于是出现了企业战略选择。这一选择需要确定制度、权威和参与规则，要和企业战略保持一致就需确定组织结构、人力资源的管理模式，以保证文化和战略的顺利实施。

企业文化的形成如同其文化特质的创造一样，是需要智慧、技巧的，是有条件的。同任何管理一样，企业文化的管理既是科学，又是艺术。例如，由于现代企业处于市场经济环境中，而市场经济是交换经济，企业必须与相关利益方进行交易和对其负责。在大量的经济活动中，必须依靠诚信来维系交易的顺利进行。诚信和责任对于现代企业的经营尤为重要，是现代企业普遍奉行的价值。而诚信也是我国重要的传统价值。"诚"是真实可靠，"信"是信守承诺。诚信要求人的言语真实可靠、说到做到，诚信就成为我国几乎所有企业文化必备的要素①。

通过企业文化的整合，达到对文化的管理是企业家的追求，也是企业向卓越发展的体现。企业文化使企业成员形成统一的价值观，企业的制度鼓励员工向企业既定的目标努力。企业的价值观在企业文化中得到维系，塑造了共同的行为规范。这个路径按照逻辑顺序可以概括为以下三点：

1. 文化界定企业战略

战略是企业运行与发展的方向。确定了战略的企业才会显现出持续发展的生命力。没有战略或忽视了战略存在的重要作用，就等于失去了企业的发展方向。战略形成之后，随之而来的就是解决如何建立有效的企业，并通过企业的组织结构支持战略的实施的问题。企业组织架构是战略实现的载体。

2. 战略决定组织结构

海尔总裁张瑞敏说，互联网时代的特点：一是网络化，二是平台化。网络化把虚拟世界和实体世界连接到了一起，平台化给我们提供了一个可以快速配置资源的框架，所有的资源都能以较快的速度进行配置。我们必须根据互联网时代的这两个特点来构建企业文化。

其一，传统企业组织中的科层制也被称作"官僚制"，就像一座金字塔，高层领导在上面，往下是中层领导、基层领导，底层是员工。这和互联网时代的零距离完全不同。并且，"官僚制"不但有距离，而且距离非常大，各个部门是割裂的，协调就显得非常困难。其二，就是200多年来工业经济形成的流水线，虽然今天仍在沿用，但将来一定会被打破——因为流水线和平台的最大不同是：流水线把人变成了机器的附庸。这些年来，海尔一直在探索建立一种"人单合一双赢"的商业模式。"人"即员工；"单"不是狭义的订单，而是用户；"合一"就是把每个员工和他的用户连接起来；"双赢"就是员工在为用户创造最大价值的同时实现自己的价值。"人单合一双赢"模式带来两大变化：第一是对组织的颠覆，第二是对员工的颠覆。海尔把原来金字塔型的组织颠覆成

① 宿洪涛．论传统文化对企业文化的滋养．东岳论丛，2014，35（3）：166－169.

一个扁平化的组织，组成了2 000多个自主经营体，实行平台化管理。

3. 组织结构决定人力资源

在解决了战略的制定、企业组织结构设计之后，管理的任务自然转移到人力资源这一核心问题上。仍然以海尔为实例，在张瑞敏看来，企业由人组成：第一部分是企业员工，大家相互协同，而不是像原来那样研发、销售、生产各干各的；第二部分是分供方，过去企业和分供方之间是博弈关系，现在变成了合作关系；第三部分是用户，原来用户只是购买者，现在也可以成为设计者，参与企业的产品研发。这样，企业组织就变成了一个“利益共同体”。对于员工的颠覆，主要是在思想上。过去，员工只要听领导的就行了，现在不行了，还要听用户的，而且领导也要听用户的①。

可见，企业文化作为一种统摄的要素，使企业的管理与发展进入最高境界，提升了组织效能。

（二）企业文化与企业制度

企业文化本身是无形的，而制度是有形的。制度和制度化（institutionalization）与企业文化相得益彰，因为企业文化的生成取决于文化与制度之间的平衡，企业只有完成制度化才能脱离其创立者或者成员，企业也就有了生命②。

1. 制度

从表现形式上说，企业制度是指以产权制度为基础和核心的企业组织和管理制度。构成企业制度的基本内容有三个：一是企业的产权制度；二是企业的组织制度；三是企业的管理制度。

（1）企业的产权制度。关于企业的产权制度，在经济学的发展史上，制度经济学以其独特的视角和对事物的深入分析而在经济学这门科学中占有重要的位置；而且，它对于组织中制度及制度的变迁问题研究也具有重要的指导意义。

西方国家经过二战之后，经济危机频繁，社会问题突出，主流经济学却难以提出有效的解决办法。在这种历史条件下，科斯（R. Coase）早在1937年所著的《企业的性质》一文预示了新制度经济学的诞生。新制度经济学以实用主义、整体主义和演进主义为特征，引入制度结构分析方法，对我国经济学界和组织理论影响重大③。

在《企业的性质》一文中，科斯第一次明确提出在市场合同交易中存在着搜寻、协商、监督和测量成本，这些成本使得依赖权威和命令的等级组织可以作为对市场价格机制的替代性生产协作机制。在市场协作与组织协作间的选择原则是效率。科斯强调，要解释经济现象、经济行为和经济关系，就必须研究对它们产生影响、支配或约束作用的制度安排。科斯是第一个通过引入边际分析方法、分析边际交易成本来解释现实制度的内生化及其对经济绩效影响的人。他的开创性研究不仅加深了人们对制度重要性的认识，而且促使人们更加科学地研究制度及与之相关的经济问题，从而直接推动了制度分

---

① 张瑞敏．互联网时代的企业文化．中外企业文化，2013（8）：12-13.

② 罗宾斯，贾奇．组织行为学：第12版．李源，孙健敏，译．北京：中国人民大学出版社，2008：489.

③ 埃克伦德，赫伯特．经济理论和方法史：第4版．杨玉生，张凤林，等译．北京：中国人民大学出版社，2001：364.

析的复兴。

（2）规范个体行为的组织制度。如果说制度经济学从宏观的角度入手，管理学家则从微观层面，即一系列规范个体行为的企业制度出发。

2. 管理制度

企业文化没有强制力，它是软性的，靠员工自觉来运行，我们可以把它认为是企业经营的道德规范，员工行为违反企业文化，会遭到舆论的谴责；而企业制度具有强制力，它是刚性的，它的正常运行要有强制力来保证，我们可以把它认为是企业的法律，员工违反制度，就会遭到制度的处罚。企业管理制度的特征包括：

（1）权威性。制度一经形成，所有成员都必须执行，违反规定要受到必要的惩罚。制度是企业当中的“法律”。

（2）系统性。企业组织中各方面、各层次均有完整配套、具体严密的制度。它们相互具有内在一致性，互相衔接和补充，形成一套严密完整的制度体系。

（3）科学性。制度建立在科学合理的基础上。有的直接是技术规律要求，有的充分体现事物客观规律，有的合情合理。它反映了企业经营管理科学、成熟、合理的一面。

（4）同一性。制度作为一种带有法规性质的管理手段，具有无差别性特点。它不对具体情况和具体人分别对待，在规范约束范围内一律对待，没有变通的余地。它是一套理性的、非人格化的体系，是一系列抽象的、封闭的准则，往往以成文的形式确定下来，具有明确的、是非分明的特征。

（5）强制性。制度作为现实的约束和规定组织中活动和行为的管理手段，需要借助强制力。强制力是制度发挥作用的力量，没有强制力的制度只是一纸空文。在企业组织中，强制力主要表现在行政处分、降职降薪、开除等惩罚措施上。

（6）稳定性。管理制度往往是在长期管理实践基础上，经过分析研究、总结经验、提炼上升形成的理性准则，它在相当程度上反映了企业组织活动和管理过程的内在要求，具有较强的稳定性。在条件未发生较大变化的前提下，一般不做改动。只有在条件发生较大变化的情况下，才做相应调整。稳定性也是维持权威性的手段之一。更重要的是，唯其稳定，才能现实地发挥制约作用。频繁变动的制度不易贯彻执行，更难巩固。

（三）从制度管理到文化管理

在文化人类学中，文化决定论（Cultural Determinism）一度影响巨大。这种理论把文化看成一种塑造个人心智的力量，认为文化环境对个人的行为方式有决定性的影响，极端的文化决定论者甚至认为人类的全部行为都由文化传统的各种特点所决定[①]。

与文化决定论的观点相类似，企业文化研究领域的学者也发现文化能够对员工的行为方式产生影响。美国著名学者迈克尔·茨威尔（Michael Zwell）发现，企业文化决定了个体能力在整个组织的发挥程度。企业文化通过聘用和选任、奖励机制、薪酬制度、培训、工作惯例、管理程序等方式影响个人能力建设[②]。

1. 工作场所的灵修

毫无疑问，工作场所是员工朝夕相处之地，对个人的影响不言而喻。罗宾斯在总结

---

① 韩东屏．审视文化决定论．探索与争鸣，2016（6）：79－84.

② 茨威尔．创造基于能力的企业文化．王申英，唐伟，何卫，译．北京：华夏出版社，2002：64－65.

组织文化的功能时甚至提到了“灵修”一词。在实践中，人们常常将苹果公司作为工作场所的灵修的标杆。在笔者看来，阿里巴巴则也具有这一特质。

工作场所的灵修（workplace spirituality）指人们的内心生活会支持社会背景下有意义的工作，与此同时，个体的内心生活也受到有意义工作的培养与支持。致力于发展灵修文化的组织认为，既有思想又有灵魂的人，会寻求工作中的意义和目标，希望与其他人建立联系，并成为整个社会的一员。

灵修组织关注的是帮助员工开发和实现自己全面的潜能。受此启发，中国的企业近年来经常使用为员工赋能的说法。而且，这样的组织更可能直接针对那些会带来工作—生活冲突的问题。罗宾斯明确指出：与非灵修组织相比，灵修组织的文化特点包括：

（1）明确目的。灵修组织有一个明确的目的，并围绕这个目的建设组织文化。人们想要受到他们认为重要和有价值的目标的鼓舞，而不仅仅关注利润的获得。

（2）关注发展。灵修组织重视组织成员的发展，它提供的不仅是工作，还是成长、发展的机会。

（3）强调信任。灵修组织以相互信任、诚实和开放为特点，组织成员之间没有明显等级界限，管理者并不害怕向下级承认错误。

（4）人性工作。领袖组织通过弹性工作计划、群体和组织报酬、工作安全等实践为组织成员创造一个人性化的工作环境。

（5）鼓励表达。灵修组织的最突出特点是不压抑组织成员的情绪，让员工做“他们自己”——真实地表达自己的心境和情感，而不必感到内疚或担心被责骂①。

2. 自主管理

整体性是人类学的重要特征。背景分析和内外部环境分析是为了在企业文化文本生成过程中能有的放矢，适合每个企业自身的情况。就功能而言，企业的价值取向通过企业文化的功能在企业中实现。在企业价值取向形成的价值观的引导下，企业文化使企业成员形成相对统一的价值观，企业的制度鼓励员工向企业既定的目标努力。企业的价值观在文化系统中得到维系，形成共同的行为规范。而在企业制度失效的情况下，企业文化能够自发地实现对企业成员的激励和约束。这就是管理者追寻的文化管理的境界，它既是企业家的追求，也是企业向卓越发展的体现。文化管理的特征体现在：

（1）形成可以根据内外环境培养企业核心竞争力的企业战略。战略是企业运行与发展的方向，确定了战略的企业才会显现出持续发展的生命力。没有和文化相一致的战略，或忽视了战略存在的重要作用，就失去了企业的发展方向。

（2）有机的组织结构。战略形成之后，随之而来的问题就是如何建立有效的企业，并通过企业的结构支持战略的实施。企业是战略实现的载体。

（3）制度和人的合一。在解决了战略的制定、企业的设计之后，管理的任务自然转移到人力资源这一核心问题上。此时，管理者关注两个方面：一是以最具优势的人力资源组合，达成企业的战略目标；二是形成一整套有效的人力资源管理体系。

在战略制定、组织结构、人力资源管理三个要素的组合中，如何通过制度管理的方法提升企业的管理效率，是推动企业成长的关键。制度管理被看作企业提升的制胜原

---

① 罗宾斯，贾奇．组织行为学：第12版．李原，孙健敏，译．北京：中国人民大学出版社，2008：507.

则。而企业文化作为一种管理整合的要素，使企业的管理与发展进入最高境界，完成一个基本的企业生命周期的有效运行，保证企业以最有效的方式，在文化、战略的实施过程中实现企业的目标。

在企业层面上，企业文化主要表现在与企业整体业绩和企业发展的关系上。所有的企业都有自己的文化，这些企业文化均对企业内的成员和经营业绩产生巨大的作用。这种文化的影响甚至大过了经营策略、组织结构、组织管理制度、组织财务分析手段、组织管理领导艺术对企业的影响。西方企业中的优秀管理者认识到企业文化对企业经营业绩的高度相关关系，大力创造、塑造维护自己的企业文化，文化管理就此深入人心。

第 3 节　企业文化与环境的适应

环境变化的速度越来越快，适应环境变化的重要性也越来越高。为了适应变化，企业需要具有新的思考方式和行为方式。然而，人类学和管理学的研究表明，企业对于内外环境的适应不是一个被动做出选择的过程，变革的文化不仅仅要求企业改变战略、组织结构、管理系统，也将企业文化作为社会文化的一个分支，通过企业文化的宣传和传播，努力去影响整个社会，这正是环境人类学和现代管理理论的“适应”，这是一个双向互动的过程，是文化发挥其功能的过程。笔者认为：企业文化的功能在于“外塑形象，内塑人”。

一　人类学、社会学的功能观

（一）价值内化

在文化人类学中，有一个“价值内化”（value interiorization）的专有名词，指人们从小就吸收社会的文化价值，并在这种影响之下构成人格特征。企业文化主要指企业的价值观。企业文化的功能首先体现在个体层面上，企业通过将价值内化，使个体在价值观上与企业的价值观相一致，形成符合企业要求的态度、行为特征。

（二）价值外化

与价值内化相对应，可以借用德国哲学家黑格尔（G. W. F. Hegel）使用的哲学术语“外化”（exteriorization）一词。外化就是由统一的主体—客体自身分裂为主体和客体的辩证过程。在《精神现象学》中，外化指绝对精神将自身设定为对象，通过这个对象来认识自身。精神的发展过程是绝对精神不断外化并返回自身的过程，而意识、自我意识、理性等就是绝对精神外化出的各个形态，即绝对精神的“现象”。最后绝对精神从外化的形态中返回自身从而完全认识了自身，这种认识就是绝对知识[①]。它指代企业文化在社会和企业层面，传导企业形象，营造企业氛围，进而取得企业绩效的功能。

在人类学中，功能主义的代表人物拉德克利夫-布朗曾明白地提出：一种特定社会

---

① 张严．论黑格尔哲学中的外化概念．北京：中国社会科学院研究生院，2010.

习俗的功能，对作为系统运转的整个社会生活做出贡献，在此情况下社会系统的所有部分，都以一种极为和谐一致的方式或具有很强的内聚力共同运转，而不会产生无法解决或无法控制的持续性冲突，一切标准化的社会形式或文化形式都具有积极功能。

简言之，所有标准化的社会或文化形式都具有正功能。马林诺夫斯基更是以最极端的形式提出了文化功能观，即在任何形态的文明中，任何风俗、物件、观念与信仰都履行某种重要的功能。

（三）默顿的功能观

社会学家默顿（R. K. Merton）有感于功能主义的滥觞，他指出实证主义忽略了下述事实，即其他社会结构（与文化形式），在某种尚待考察的条件下，可能履行对于团体之存续所必需的功能，最后他提出了著名的社会学中层理论。其中包括：

（1）负功能（dysfunction）和正功能（positive function）。默顿认为，在进行功能分析时，之所以应裁定所分析的对象系统的性质和界限，是因为对某个系统具有某种功能的事项，对另一个系统而言就不一定具有同样的功能。凡是社会结构要素及其关系对于社会调整与社会适应起促进和帮助作用的是正功能，而导致社会结构及其关系破裂的则是负功能。

（2）显性功能和隐性功能。默顿认为，在进行功能分析时，应注意分析社会文化事项对个人、社会群体所造成的客观后果。那些有意造成并可以认识到后果的是显性功能，而非有意造成的和不被认识到后果的是隐性功能。默顿指出，社会学者的特殊贡献不但在于研究社会行动者有意安排的预期后果（显性功能），而且主要在于研究社会行动者未预期的或不为一般人所觉察的后果（隐性功能）。在此基础上，默顿提出了一整套功能分析的范式和社会失范理论。

二　企业文化与公司识别系统

就文化学本身而言，任何一种文化形态都具有凝聚、规范、认知、熏陶、人文与经济六个方面的功能[①]。考虑到企业文化和环境的动态适应，如果综合拉德克利夫-布朗的标准化的社会文化形式和默顿的显性功能，公司识别系统（corporate identity system，CIS）可视为企业文化建构的一个成果。

（一）企业文化与 CIS

企业识别系统由三个要素构成，即理念识别 MI（mind identity），行为识别 BI（behavior identity），视觉识别 VI（visual identity）。

1. 理念识别

企业文化不仅造就了独特的企业，而且造就了独特的个体。企业的竞争力往往是企业长期形成的一套理念，并不因人员的流动而减弱。然而它却能区分企业与企业，也区分了企业的产品、服务和员工。

企业文化的独特性导致企业文化在理念上要建构出自身的特性，企业理念指企业精

---

① 王玉德．文化学．昆明：云南大学出版社，2006：93－95.

神和全体企业成员的共同理想，即企业所追求的目标和境界。企业理念识别是对企业主导思想和观念的甄别，是企业的"自我定位"，也是企业欲使社会公众广泛知晓并接受的企业独立品格。它的核心是确立企业自身信奉的价值观，此价值观能使整个企业充满活力与朝气，并能激发广大企业成员的各种潜能。近年来，随着环境问题的引人瞩目，企业在理念识别中反复强调节能环保、绿色、健康、可持续发展的文化理念，这一理念成为企业根本性的承诺，向外界展示企业的形象和积极影响。在企业内部，这些理念被员工认可后，就会成为一种黏合力，从各个方面把其成员聚合起来，从而产生一种巨大的向心力和凝聚力。

2. 行为识别

CIS中信息传达的对象既然是抽象的理念，那就必定是无形之物，所以要实施传达就必须借助于一种可承载这种抽象信息的载体来实现，并且这种载体必须是可以感知的，譬如用看得见的标志、色彩或文字。它们就是实施信息传达的载体，并且是可为视觉或听觉等感官所感知的载体。这样，人们就能利用视觉或听觉等感官来"读取"信息了①。

更为重要的是，既然CIS是对企业文化价值的传达，就必须让社会上的受众和企业成员能对接收到的文本进行解释，重建这些文本中的信息，而事实上，解释的同时受众也接受了文本对自身无形的驱动，同时也就意味着被这种文化价值观所影响。企业文化能对企业整体和企业每个成员的价值取向及行为取向起引导作用，体现在企业文化规定企业的价值取向、明确企业的行动目标、确立企业的规章制度和行为方式上。具体表现在两个方面：对企业成员的思想行为起导向作用；对企业整体的价值取向和行为起导向作用。这是因为企业文化一旦形成，它就建立了自身系统的价值和规范标准。企业通过制度文化、伦理道德规范约束企业全体员工的言行，使员工在一定的范围内活动；企业通过受企业成员认可的价值观获得一种对员工的控制功能；企业文化将员工紧紧地联系在一起，通过目标凝聚、价值凝聚、理想凝聚来实现企业目标。

行为识别是指企业在其企业理念的指导下形成的一系列经营活动。具体来说，行为识别就是将企业的方针、目标、发展战略、企业结构、管理措施通过所采取的各种决策和措施发生作用，对内激起全体企业成员的积极性，使其共同行动，将目标变为现实；对外则树立和展现企业魅力，使之获得社会的承认和肯定，从而达到塑造良好形象的目的。行为识别还具有规范性的功能，这种规范性受企业理念的支配，同时又落实到企业行为中去。

3. 视觉识别

企业文化一旦形成较为固定的模式，不仅会对员工产生影响，也会通过各种渠道（宣传、交往等）对社会产生外部作用。企业文化的传播对树立企业在公众中的形象很有帮助，优秀的企业文化对社会文化的发展有很大的影响。企业文化能够不断地向社会扩散，伴随企业知名度的扩大辐射到社会，影响社会对企业的文化形象定位。视觉识别能起到这种作用。

视觉识别是在企业确立企业理念和战略目标的基础上，运用视觉传达设计的方法，

① 李曜良．文化符号学在CIS中的应用．榆林学院学报，2010（6）：76-78.

根据与经营有关的一些宣传要求设计出系统的识别符号，以刻画企业个性、突出企业精神，从而使社会公众和企业成员对企业产生一致的认同感和价值观。视觉识别是理念识别和行为识别的具体化和视觉化，它包括企业名称、标志、标准色、造型、象征图案、标语口号及办公用品、旗帜招牌、建筑物、交通工具、衣着制服、产品设计等。理念、行为和视觉三要素相辅相成，构成一个统一的企业识别系统即企业形象。

CIS 建立在管理学和符号学的基础上。企业文化通常是不为一般人所觉察的结果即默顿提及的隐性功能。CIS 系统将文化变成一种可视性的符号，由此，企业文化使员工之间相互依存，齐心协力，乐于参与企业的一切事务，为企业目标也为个人目标的实现做贡献。时至今日，CIS 已经从 corporate identity system 发展为 corporate image system（企业形象系统），比原来的理念识别、视觉识别、行为识别增加了听觉识别（AI）。听觉识别包括了厂歌、广告音乐、企业内部流行歌曲等，CIS 的手段进一步丰富化。

通过 CIS，企业的产品和服务更广更深地吸引社会公众，使企业有效地实现自己的综合目标，并通过对外传达信息的过程，追求实效性、功能性、审美愉悦性来促进企业的竞争力①。

（二）企业文化的负功能

企业文化对员工的思想、心理和行为有约束和规范作用。企业文化的约束不是制度式的硬约束，而是一种软约束，这种约束产生于企业文化氛围、群体行为准则和道德规范之中。内外部环境中的群体意识、社会舆论、共同的习俗和风尚等精神文化内容，对个体产生强大的群体心理压力，迫使个体行为从众化，从而达到行为的自我控制。

制度往往落后于企业发展，也常常迫使开放的企业文化对严格的制度、规范进行平衡和补充。企业文化中的宗旨、理念能规范企业的行为。如惠普的核心理念“给我们从事的领域贡献技术，对我们所在的社区奉献与负责”明确了惠普不会做有害于本领域、本社区的事情，更多地规范了员工的行为。企业有多种目标，当有些目标相互冲突时，无形的企业文化比写在纸上的行为规范更有力、更自觉、更统一。如 TCL 文化中的“企业利益第一，TCL 的事业第一”就指导员工办事以大局为重，以此规范员工的个人行为。

由于负功能的存在，企业文化还可能为企业的变革和发展设置潜在的障碍。企业文化建构中就更要对内外环境审时度势，在动态发展中适应内外部文化，摒除企业文化的负功能。

1. 变革、创新的障碍

企业文化往往是企业精神经过多年的沉淀、建设缓慢地形成的。一旦形成，企业文化就具有相当的稳定性。当企业面对的环境比较稳定时，企业文化所强调的行为一致性对企业而言就很有价值。但当企业所处的环境不断动态变化时，根深蒂固的企业文化就变成了一种可怕的惯性，它可能会束缚企业的手脚，束缚员工的思想，使企业不敢或不愿进行创新、变革。

在现代社会激烈的竞争环境中，企业面临的战略环境不断变化，企业自身也处于不

---

① 石伟．组织文化．2 版．上海：复旦大学出版社，2010：158－159.

断发展、变化的过程中，在这个过程中，企业内部会不断产生进一步提高企业效率的客观要求。当企业文化与这种提高企业效率的客观要求不相符时，企业文化就成了这个企业进一步发展的障碍。而企业文化的力量越强，这种文化对企业发展的阻碍就越大。如果问题迟迟得不到解决，当问题积累到一定程度并变得难以解决的时候，这种障碍可能会变成对企业致命的打击。

2. 整合的障碍

现代环境下的激烈竞争呼唤合作、整合，以便于资源的优化配置，兼并和收购也就成了许多企业的迫切要求。

以前在进行企业整合的时候，首要考虑的问题是速度和规模，很少会考虑企业文化。而近几年，随着卓有成效的企业文化建设的展开，各大企业形成了各具特色的企业文化，这些文化有些是相互排斥的。这时，双方文化的兼容性就成了企业整合是否成功的一个重要的影响因素。兼容性差的企业文化有可能对合并后的企业造成灾难性的影响。

3. 多元化的障碍

企业文化具有强制性，要求全体成员具有一致性。因此，企业领导往往希望甚至是强迫新进员工适应、接受企业的核心价值观，以员工的行为准则来要求自己。但是，当企业环境发生变化，进而要求企业文化发生变化时，企业往往将变化的力量寄托在新进员工身上。企业希望新人员所带来的差异可以为企业注入新鲜的血液，激活整个企业，促进企业的创新能力。这样矛盾就不可避免地出现了。

企业聘用各具特色、存在差异的不同员工，是希望这些各有特色的个体可以为整个企业带来多种选择、组合的优势，但由于强文化强调服从、适应，处于这种环境下的员工，往往只能尽力去适应企业原有文化的要求，照大多数成员的标准调整自己的行为，以缩短自己和企业的距离。这时，失去的不仅仅是差异，那种不同特色个体所带来的多样化优势也往往随之丧失。

所以，一旦强有力的文化抹杀了不同背景、不同特色的成员带给企业的独特优势，企业文化也就成了企业文化多样化的一个巨大障碍。在企业中，存在多样的文化往往是需要的。一旦环境改变，旧的文化不能适应变化，又不能马上建立起新的文化时，如果企业中已经存在多样化的文化，就可以从中寻找适合新环境的文化，并将之发展起来作为新的企业文化。这样，员工也不会很难适应①。

4. 非正式组织的目标偏移

非正式组织是企业中一些群体成员由于工作性质相近、社会地位相当、对一些事物的认识基本一致、观点基本相同，或是基于性格、态度等原因，形成了一些被其员工共同接受并遵守的行为准则，使得原来松散且随机形成的群体渐渐地趋向固定的非正式组织形式。

与正式企业相比，非正式组织往往没有明确的目的和计划，没有职责分工，其结构也有很大的不确定性。而且，群体中规范、地位、角色和从众的压力要求每个成员都必须遵守基于成员之间共同感情而产生的行为规范。如果某个成员不遵从这些规范，其他

---

① 罗宾斯，贾奇．组织行为学：第12版．李原，孙健敏，译．北京：中国人民大学出版社，2008：495.

非正式组织的成员就会疏远他或排斥他。另外，非正式组织成员之间是平等的关系，但个人魅力突出的成员会被视为企业的“英雄人物”，具有隐性的领导地位，企业成员对这些“英雄人物”的服从属于自愿追随。所有的企业员工往往都介入某种形式的非正式组织，且它们都具有一定的凝聚力和影响力，因此管理者应正视非正式组织的存在，在企业中有意识地引导和促进具有积极意义的非正式组织的形成和发展，努力使其成为正式企业的辅助力量。在可能的条件下，将其中一些转化为正式企业，并纳入企业结构体系中，接受正规化的管理，不能放任其演化成“小群体”①。

本章小结

本章首先从生态人类学和环境人类学的角度，解释了企业文化和环境之间的作用机制，其次从管理学的角度对企业文化和环境之间的关系进行了说明，再次探讨了企业内部文化对于企业战略、组织结构、人力资源管理等的统摄作用，最后讨论制度与文化的关系，从整体上解释了企业文化的功能。

关键词

生态人类学　环境人类学　企业外部环境　企业内部环境　组织结构　制度管理　文化管理　文化功能

复习思考题

1. 从人类学角度，环境对企业文化产生了什么样的影响？
2. 从管理学角度，环境对企业文化产生了什么样的影响？
3. 从管理学角度看，制度具有哪些特征？
4. 企业文化具备什么样的功能？
5. 如何从企业文化上升到企业管理？

案例

民主德国士兵杀人——执行命令也得判刑！

二战后，德国分裂，为防止民主德国人偷逃到联邦德国，在东柏林和西柏林之间修筑了一道水泥混凝土浇筑的柏林墙，共155公里长，4米多高。几十年来，柏林墙一直阴森森地横亘在两德分界线上，两边都有士兵严密守卫。1989年2月的一天傍晚，天空下着淅淅沥沥的小雨，大地笼罩在一片朦胧之中。民主德国士兵亨里奇和一名同伴目光像鹰隼一样，警惕地守卫在柏林墙一边。突然，他发现有一个人乘着雨雾鬼鬼祟祟地攀爬到柏林墙上，企图逃到联邦德国去。见此情景，两名士兵毫不犹豫地举起手中的冲锋枪，屏住呼吸，瞄准那个人后扣动了扳机。于是，22岁的民主德国青年克里斯-格夫洛伊在企图偷越柏林墙时，被守卫的两名士兵击中膝盖和背部，就医后死亡。事后，两名士兵还受到上司的嘉奖，成了英雄。没想到，仅过了几个月，到1989年底柏林墙被推翻，两德回归统一。这道分裂国家的柏林墙，也成了那段不堪回首的历史的见证。

---

① 周敏．跨组织知识管理理论与方法研究．武汉：武汉理工大学，2006：13.

在终审法庭上，被告士兵的辩护律师在辩护中称，被告士兵作为守墙士兵，是在执行命令，作为军人，执行命令是天职，他别无选择。

关于被告是否存在故意杀人的问题，法院同意初审法庭的意见，在当时民主德国的情况下，联系被告使用连发射击的事实，可以肯定他们接到的是同样的命令，并不惜以杀死逃脱者为代价，以射击的方式阻止逃离。即使其中一人只射中膝盖，然而他们同时接到相同的命令，相信同伴也会继续执行命令，因此他们处于一个共同行为当中，构成共同犯罪，共同对后果负责。民主德国法律对共同犯罪没有规定更为轻微的处罚。

法院接下来讨论本案中一个重要问题，士兵是否可以因为"不知道命令与刑法相冲突"而不负刑事责任？两德的刑法对此都有规定。

民主德国刑法典第 258 条第 1 款规定军事人员对执行命令的行为不负刑事责任，除非该命令明显违反国际法承认的规范或触犯刑法。

联邦德国军事刑法第 5 条第 1 款规定：下级奉命而为的行为如果符合刑法的客观要件，只有在他知道或依具体情形明显表明该命令违法时，才负有罪责。

接下来问题变成，在当时的情况下士兵是否知道该命令违法，或该命令的违法性是否对他们而言显而易见？

法院首先同情士兵所处的具体环境，但是坚持认为在当时的环境下使用连发射击直接射杀一个手无寸铁的逃亡者是极端恐怖的行为，这明显违反了基本的原则。而且民主德国的大多数人处于相同的情况之中也并不认为开火的命令是正确的。

即使如此，两名士兵依然可以凭借联邦德国刑法典第 17 条第 2 款关于法律认识错误的规定得到刑法减免。法律认识错误，即未能认识到自己的行为是违法的。如果该错误认识是不能避免的，那么行为人没有罪责。

最后法院认同了初审法院对于其他量刑因素的考虑，诸如被告的出身、教育等因素，而且他们位于军事层级的最底层，从某种程度上说也是当时制度的受害者。这些都可以作为减轻处罚的情节。

最终，法院认为被告人的上诉理由不充分，维持了初审判决，被告人有罪，分别判处一年六个月和一年九个月的有期徒刑，两人皆获缓刑[①]。

学习与练习

1. 请阅读以下案例，谈谈你对阿里巴巴企业文化影响企业战略、组织结构、人力资源管理的看法。

创业之初，马云曾经站在长城上豪言，阿里巴巴要做中国、世界最好的电子商务网站。不同于其他早期的互联网公司，正因为阿里巴巴方向的明确，所以阿里巴巴在电子商务上坚持至今。即便在 2000 年互联网进入最黑暗的时期，在接受 BBC 记者追问时，马云仍然坚守改变世界的理念。在其他互联网公司纷纷转型的情形下，除了文化上的坚守，阿里巴巴在战略上坚持与核心价值观互为呼应。在这一愿景和战略的坚持下，阿里巴巴终于创下了 3 万亿的市值。

---

① 一份德国联邦法院关于柏林墙守卫的真实判决. [2019-08-01]. http://www.baotoulawyer.com/info/1869.jspx.

作为国内最大、全球领先的电子商务服务企业，从1999年创立至2009年就做到了各项业务均排名行业第一。2014年，公司在美国上市，阿里巴巴旗下的“中国零售平台”（淘宝、天猫、聚划算），在2014年第二季度的单季度交易额就达到5 010亿元人民币，其中来自移动电子商务平台的交易额超过1 640亿元，占比达到32.7%。这一系列令人瞩目的业绩的取得源于文化导向之下，阿里巴巴集团对企业战略、组织结构、人力资源管理的高度重视。以下我们逐一介绍。

第一，阿里巴巴集团的企业战略。

拿破仑曾经说，战略是时间和空间的艺术。在21世纪初互联网遭遇“冬天”，阿里巴巴没有像其他互联网公司一样做短信或者网络游戏，仍然深耕于B2B的阵地上，坚持自己的模式。在时间上，尽管外界环境波诡云谲，阿里巴巴集团在战略上坚持“三不变”：一是B2B，二是中小企业，三是进出口业务。

在空间上，为了超越对手，阿里巴巴集团潜心全面改写技术平台，将本钱全部压在技术创新上，孤注一掷，最终建立了很好的技术平台，也建立了信心。阿里巴巴在这一过程中构造了以下生态系统：

（1）B2B：商家与商家建立的商业关系。

（2）B2C：供应商直接将商品卖给用户。

（3）C2C：客户之间自己把东西放在网上供买卖。

（4）C2B：较为新颖的概念，即先有消费者提出需求，后有生产企业按需求组织生产。如天猫购物节预售模式助商家精准锁定消费者。

（5）C2B2B2S：即“Customer-Business-Business-Service”，阿里巴巴的超级商业生态系统的构思。

马云作为太极高手，在阿里巴巴集团的战略问题上巧妙地运用时空转换、虚实结合的战略艺术，具体包括：

其一，聚焦战略。阿里巴巴所做的事情都围绕着电子商务，对于不相关的机会的态度永远是拒绝。阿里巴巴集团构建的是一个围绕着电子商务的同心圆。阿里巴巴和淘宝为企业和个人提供交易信息平台，雅虎搜索为企业和用户提供网络营销推广，支付宝提供一个网上支付体系。阿里巴巴旨在解决企业管理和生意管理的问题。马云还深谙并购谋略，2005年收购雅虎中国后，立马将占其收入70%的3721“网络实名”这一核心业务砍掉，为阿里巴巴集团聚焦战略让开通道。

2008年，由于国际金融危机，电子商务格局发生了巨大变化。经过长久的沉淀，客户需求更高了，阿里巴巴审时度势，从平台供应商的角色向服务商的角色转化。马云具有长远的战略眼光，他预想到十年后绝大部分企业都将是电子商务公司，因此阿里巴巴集团应该提供各种各样的服务，去帮助更多的企业成为电子商务公司。

阿里巴巴的核心竞争力在于服务于某一特定产品细分需要，所以瞄准的就是年轻人这个群体，同时它还实行集中成本领先战略，即免费为顾客提供服务（无论是网店老板还是消费者），这对于实体店来说具有很大的成本优势。

其二，别具一格战略。阿里巴巴拥有市场、支付、信用和搜索这四大电子商务的基础之后，提出了Work at Alibaba的全新战略。Work at Alibaba有两层含义：第一是完成整个贸易过程，除了信息流之外，将资金流和物流更多地引入阿里巴巴平台，为中小企业提供更多的融资和物流方面的帮助。第二是“大”贸易观，就是使中小企业在完成贸易的同时还可获得更多的其生存发展过程中所需的内外部服务和需求，比如满足企业内部管理、人力资源培训、法律咨询以及营销等方面的需求。

其三，成本领先战略。20 世纪末到 21 世纪初的互联网市场风起云涌，美国作为互联网创新和应用的先行者，挟资本冲击中国市场，最后，无论是 AOL、雅虎，还是谷歌，都铩羽而归。中国市场的复杂性和中国消费者的多样性使得本土企业拥有更大优势。马云凭借对中国人才和复杂市场的理解，凭借低成本的优势，最后取得成功。

其四，国际多元化战略。阿里巴巴在海外的深度扩张，不仅带来了市场平台和销售网络的扩大，而且实现了自身电子商务平台的综合化发展，有利于规避单一外贸渠道风险，推动阿里巴巴进入持续稳步增长的成熟期，并创造更大的利润空间。阿里巴巴不将投资领域全部放在一个篮子里，而是更加关注欧洲、日本、印度等增长率高达 60%～80%的市场，积极开拓供应渠道上的蓝海领域，而非受限于美国市场。

第二，阿里巴巴集团的组织结构。

在 2014 年之前，阿里巴巴采取了事业部制的组织结构，集团分为不同的运营部门，每个部门都代表了一个独立的业务或者利润中心，这种结构下企业高层管理者将日常运营和业务单元战略的责任和权力授予部门经理，每一个部门代表了独立的业务，而且业务内部都拥有自己的职能层级。

2012 年，马云宣布集团内部进行 22 位中高管岗位大轮换，此次的大面积人事调整的目的是整合阿里巴巴内部资源。阿里巴巴发展到 2012 年，已经发展为拥有 25 大事业部、超过 20 000 名员工的大型企业。内部的管理结构趋于冗余，且由于电子商务和马云的胃口不断加大，人力资源部门更多地忙于招聘、培训新员工等事务，对内部的关注度相对下降。集团内部的小圈子、办公室政治文化萌芽。在这个时候对中高管进行大轮换，不仅是对个人能力的一个提升，也是打破内部圈子的必然选择。通过人事的轮换实现内部资源的整合，实现各个部门的整体协同发展。例如阿里巴巴在将重点从 B2B 转到 B2C 和 C2C 时，节约了大量成本。而优势很明显，当顾客在网上购物时，天猫店铺会和淘宝店铺一起出现；而当顾客搜索一个物品时，既有可能看到网店老板提供的商品，也有可能看到直接来自厂家或者大型商店的商品，其效益远好于天猫和淘宝单打独斗，二者互为竞争，又产生协同效应，堪称竞合的典范。

阿里巴巴的 B2B 和 B2C 之间还存在着共享活动，举例来说，阿里巴巴在和厂商合作时，既可以谈关于 B2B 的 1688 阿里巴巴采购批发网合作，也可以谈天猫直销到个体消费者手中的合作，大大节省了市场拓展的费用。

2014 年，公司在纳斯达克上市之后，阿里巴巴变阵为一个矩阵式组织，矩阵式组织的双重结构，结合了职能专业化和业务专业化，强化了经营层战略和公司层战略之间的联系，使得阿里巴巴的组织结构更具有弹性和灵活性。

马云在告别阿里巴巴的演讲中还透露，2019 年元月，阿里集团提出了阿里巴巴经济体、阿里巴巴商业操作系统的命题，希望全力推进阿里巴巴商业操作系统的建设，能够帮助企业客户在完成数字化新零售的基础上，从零售走向营销、走向渠道管理、走向生产制造、走向商品设计、走向品牌建设、走向客户服务、走向金融服务、走向物流服务、走向数字化的组织运营和云化的 IT 基础设施。

第三，阿里巴巴集团的人力资源管理。

阿里巴巴的企业文化是围绕着人才培养发展出来的，阿里巴巴最重要的产品其实是人，马云平日常思考两个问题："怎么样帮助别人成长？怎么样让自己成长?"常思、常想、常实践，围绕"让天下没有难做的生意"，除了成就了一大批所向披靡、身价不菲的阿里巴巴人，阿里巴巴也长成了市值三万亿的庞然大物。

在这个过程中，你能想到"政委制"起了重要作用吗?

HRBP又被称为人力资源业务合作伙伴，是企业派驻在各业务部门或事业部的人力资源管理者，其主要任务是协助各业务单元的高层和经理在员工发展、人才发掘和能力培养方面的工作，通常情况下担任各业务部门或事业部的二把手，懂业务的同时又精通人力资源的管理。

建立于2005年的阿里巴巴HRBP体系与传统意义上设置的HRBP有所不同，其首要任务是保证价值观的传承，其次才是业务上的支持，这也正是阿里巴巴的HRBP体系被称为"政委制"的原因，政委在军队中的第一任务就是负责传达党中央的精神，负责搞思想作风建设。阿里巴巴的这一构想受到了2005年两部军事题材电视剧《历史的天空》和《亮剑》的影响。

至于阿里巴巴集团有关人力资源管理的内容，那就是你作业的一部分了。

2. 通过阿里巴巴集团官网，或者参考郑作时的著作《阿里巴巴：天下没有难做的生意（精华版）》（浙江人民出版社，2007年），从人才的甄选、培养、绩效考核和薪酬设计四个方面撰写阿里巴巴的人力资源管理模式（3 000字）。

第 5 章

企业文化的理解和解释

学习目标

◎ 认识皮尔斯的符号学与索绪尔的符号学的差异
◎ 了解罗兰·巴特的文本理论
◎ 掌握言文本调查的三种主要方式
◎ 熟悉姆贝关于组织文化、意识形态、批判理论的论点
◎ 了解企业文化文本的层次和逻辑，书写的准则
◎ 了解企业文化文本的理解和解释方法

章首案例

中国移动企业文化的文本①

中国移动战略发展部的王建宙总经理是个高个子的北京小伙儿，在我们庆贺第 16 稿获得首肯的时分，他在金融街——离中国移动大楼的很近的一家北京菜馆请咨询组成员吃饭。

室外已经是 40 摄氏度高温，餐厅内中午就餐的人少，空调开得很合适，菜品也很精致，但是大家食欲不振。中国移动不断"移动"我们的躯体和脑细胞，这个为期三个月的咨询延期了三个月，前 15 稿都被公司否定，直到第 16 稿"正德厚生，臻于至善"的核心价值观出世，在王建宙总经理那里刚刚获得认可，我们又领受到新的任务，先要在员工中征询意见，然后在广泛讨论的基础上最后定稿。

我们最后在餐厅里完成了《关于中国移动价值观意见征询的通知》。囿于篇幅，摘录如下。

> 本文件包括两个部分。第一部分是中国移动价值观的陈述。经过反复讨论和研究，发展战略部初步确定以下两个方案，每个方案从出处、现代释义和引申含义三个方面进行企业文化的再解释（cultural representation）。

---

① 本案例是笔者基于 2005 年对中国移动企业文化进行咨询的经历改写而成。

第二部分围绕价值观传导的责任和卓越部分开始文化聚焦，扩展其文化寓意。

请大家仔细阅读，并提出自己的意见，不迟于××年×月×日将建议或意见反馈回我部。

…………

第一部分　价值观推荐方案

方案一："正德厚生，臻于至善"

此价值观出处有二，其现代释义和引申含义见以下说明：

第一：出处、现代释义和引申含义。

(1) 出处为《尚书·大禹谟》："德惟善政，政在养民。水、火、金、木、土、谷，惟修，言养民之本在先修六府。正德、利用、厚生惟和，九功惟叙，九叙惟歌。"

(2) 现代释义为"端正人们的德行，方便人们的物用，充裕人们的生活，这三件事要同时办好，才能使社会和谐发展"，其重点在"德、用、生、和"的内容上。

"德"是指伦理关系。伦理关系的本质是社会中人与人相互之间的责任诠释，只有端正了每个人对自己所承担责任的认识，使每个人真正承担起自己的责任，整个社会才会秩序井然。"厚"是指重视。"生"指的是生活或生命。"厚生"表明了关爱民众的理念。

(3) 就其引申含义而言，"正德"可以表达为中国移动要不断正视自身地位和责任，处理好企业与社会各利益相关者的关系，积极地承担起对社会的责任。"厚生"可以表达为中国移动要不断丰富人们生活、造福社会、为人类生存发展谋求福祉，共创和谐社会（惟和），表现了"忧以忧国、乐以乐民"的拳拳之心。

综上所述，"正德厚生"言简意赅，寓意深远而旷达，比较传神地显示出中国移动积极承担社会责任的宽阔胸襟，表达出了"先天下之忧而忧，后天下之乐而乐"的报国情怀。

第二：出处、现代释义和引申含义。

(1) 出处为《大学》："大学之道，在明明德，在亲民，在止于至善。"

(2) "臻"的现代释义为"不断趋向、不断接近"。"至善"则指最完善的境界。"臻于至善"指"不断追求，追求永无止境，直至达到最完善的境界"。

(3) 就其引申含义而言，它表明一种永不满足、不断进取、持续改善、精益求精的境界，和中国移动不断超越、追求卓越的精神相吻合。

方案二："正心诚意，臻于至善"

此方案价值观的后半句与方案一相同，前半句的出处、现代释义和引申含义见以下说明：

(1) 出处为《大学》："所谓修身在正其心者：身有所忿懥，则不得其正；有所恐惧，则不得其正；有所好乐，则不得其正；有所忧患，则不得其正。心不在焉，视而不见，听而不闻，食而不知其味。此谓修身在正其心。"

(2) "正心"说的是要想使意诚，首先必须正心，也就是说知道何为该做和不该做的事情，要明确自己所承担的责任。"诚意"用朱熹的话说就是"实其心之所发，欲其一于善而无自欺也"。

（3）就其引申含义而言，“正心诚意”表达了中国移动真心明确自身的责任，积极承担自身对用户、股东、员工和社会所应有的责任，做卓然于世的企业公民的愿望。

中国文化推崇的成功路径是：格物—致知—正心—诚意—修身—齐家—治国—平天下。也即：意诚而后心正，心正而后身修，身修而后家齐，家齐而后国治，国治而后天下平。

“修、齐、治、平”是中国文人士大夫承担社会责任的四种境界，“正心诚意”是承担各类社会责任的基础，“正心诚意”字面上虽然没有提到责任，但后世的朱熹注解：“诚者，实也。意者，心之所发也。”不仅弘扬了儒学诚信、敬业的处事态度，而且可以引申出格物致知的基本意识，以及“修、齐、治、平”，以天下为己任的胸襟。因为“格物、致知”是强调对外部世界的积极认知，不断学习，“诚意、正心”是“格物”“致知”后的结果，是一种自觉的责任意识，从这个角度讲，“正心诚意”还隐含着“不断学习、自强不息”的内涵。而“修、齐、治、平”以人的精神生命为责任主体，思考人应如何通过自身的精神修养达到对社会责任的理解，并由这种理解带来对国家和社会的义务，使人的意识、胸襟和处事之道等内在的精神世界达到理想的境地。

思考：

如果你是中国移动的员工，你赞同哪个方案？理由是什么？

在第1章我们介绍了企业文化的言文本和行文本，在第3章和第4章我们分别看到，企业文化置于民族文化的背景下，同时，企业内外部环境、制度化等因素对企业文化的功能发挥影响。因此，企业文化文本的生成、理解和解释，也正是言文本发挥作用的过程。

第1节　文本的理解和解释理论

语言介乎人和世界之间，人是通过语言来表达世界的，世界也是通过语言展现给人的。人的存在和语言是不可分割的，因此语言的问题是伽达默尔解释学的首要问题。语言在伽达默尔看来是能够被理解的存在，它指的是所发生的事物是能够被理解的[①]。

瑞士语言学家斐迪南·德·索绪尔（Ferdinand de Saussure）不仅是现代语言学的开山鼻祖，而且随着对语言研究的深入，他也成了现代符号学的创始人。而同一时期的美国人皮尔斯（Charles Sanders Peirce）也在大洋彼岸提出了自己的符号学基础系统，但是符号学本身一直处于学界边缘，直到20世纪60年代，索绪尔的符号学以结构主义的名义“起飞”，在那时，符号学与结构主义几乎是一物二名[②]。

① 伽达默尔．哲学解释学．夏镇平，译．上海：上海译文出版社，2005：7.

② 为了分别纪念索绪尔和皮尔斯，在欧洲，通常称索绪尔的符号学为Semiology，而在美国，通常称皮尔斯的符号学为Semiotic。

一　索绪尔和皮尔斯的符号学

(一) 人类学的语言学转向

本书第 2 章简要介绍了哲学在近代从本体论到认识论的转向，而从认识论转向语言学带有浓厚的科学主义的色彩。作为 20 世纪主要思潮的科学主义的特点是要求排除不可实证的形而上学，如 20 世纪 20—30 年代，分析哲学中最大支派逻辑实证主义，包括以石里克（M. Schlick）、卡尔纳普（R. Carnap）、弗朗克（P. Frank）等人为代表的维也纳学派，吸取和发展了罗素（B. Russel）和维特根斯坦（L. Wittgenstein）的部分观点，把哲学的任务归结为科学语言的逻辑分析，力图否定传统哲学的主—客体问题，追求研究的客观性、精确性和可靠性，尤其强调以数学和逻辑作为研究的基础与规范。但是这种转向真正的完成，还是在索绪尔的语言学理论出现之后[①]。

1. 索绪尔的语言学研究

索绪尔是现代语言学和符号学的创始人[②]，他的理论在西方已经超出语言学的范围而影响到人类学、社会学等邻近学科，直接导致这些学科中结构主义的盛行。

1916 年，索绪尔的学生们根据他的讲述而整理的《普通语言学教程》问世，索绪尔的语言学结构主义理论主要包括四对二元对立的要素，之后的结构主义者对其进行了较大程度的借鉴与发展，并完善了结构主义的方法。

这四对二元对立要素分别是：

(1) 能指（signifier）和所指（signified）。能指是指表现具体事物的某一符号，如语言中的具体词语、音乐中的谱号等等；所指则是符号所指事物在人脑中形成的具体概念，如说出企业文化这一具体的词语（能指），你的脑海里会闪现出企业文化的概念（如价值观等）。索绪尔把它们比作一张纸，思想（概念）是纸的正面，声音是纸的反面，它们永远处在不可分离的统一体中。索绪尔还建议保留“符号”这个词表示整体，用所指和能指分别代替“概念”和“音响形象”，因此，他也被视作符号学的创始人。

在此基础上，索绪尔提出语言符号有两个特性：1）符号的任意性；2）符号构成的线性序列，话只能一词一句地说，不能几句话同时说[③]。同时，索绪尔又有两点补充：第一，语言始终是社会成员每人每时都在使用的系统，说话者只是现成地接受，因此具有很大的持续性。第二，语言符号所代表的事物和符号本身的形式，可以随时间的推移而有所改变，因此语言是不断变化和发展的。

(2) 语言（langue）和言语（parole）。语言泛指语言学领域的结构和语法，它后来被进一步意指结构人类学的“文化语法”、音乐领域的各种理论法则等等。言语则是人们在具体交谈时所表达的每一具体语句。以企业文化为例，企业文化通常指企业的愿景、使命和核心价值观，这个结构就像我们下象棋的规则一样，但是如何言说，我们在书面和工作中的言语在每个企业是完全不同的。在索绪尔之前，语言学家都是研究作为

---

① 罗素．人类的知识：其范围与限度．张金，译．北京：商务印书馆，1983：199.

② 戚雨村．现代语言学的特点和发展趋势．外国语（上海外国语大学学报），1989（5）：1－11.

③ 索绪尔．普通语言学教程．刘丽，译．北京：商务印书馆，2009：93－100.

规则的前者——语义学，在索绪尔之后，语言学家开始注重言语的作用——语用学，这是个巨大的逆转[①]。

(3) 历时 (diachronic) 与共时 (synchronic)。索绪尔首次明确地运用结构主义的方法来研究语言学。历时的方法强调依照时间顺序而产生的关系的研究，共时的观念则注重事物同一时间内的相互关系。索绪尔特别强调共时研究，因为语言单位的价值取决于它所在系统中的地位而不是它的历史。语言学家必须排除历史，才能把语言的系统描写清楚。在他的启发下，一些语言学家开始由历时性的研究转向共时性的研究，由研究一个词的语义变化转向研究词与词的语义关系。人类学家列维-斯特劳斯在此基础上发展出了结构主义人类学派。例如，本书第1章中论述过企业文化在中国的翻译过程，这样的历时性研究只能使我们明了企业文化研究的横向上的语义变迁，如果考察每个时段不同的企业文化在管理学中的意义，我们就能发现每个时段它们的关系是变化的，从而听到企业文化的“和声”。

(4) 横组合 (syntagmatic) 与纵聚合 (paradigmatic)。以上三组关系随着符号学的出现受到冷落，但是横组合和纵聚合经受了检验，迄今仍然是符号学的研究内容。语言的横组合是指具体语句中字词之间的横向关系，如一个简单的句子通常由主语、谓语、宾语组成，如企业文化是企业的价值观。而纵聚合则是指结构功能相同的字词之间的纵向关系，如不同话语中同处于宾语位置的字词就是一种纵聚合关系。如我们也可以说企业文化是一棵树，企业文化是企业的灵魂或者 DNA。

这四对二元对立的要素是事物结构分析的重要思维模式与立场，在这个过程中，包括语言在内的“符号”起到了重要的媒介作用，尤其是横组合和纵聚合，由此发展出一条“符号学”的进路。因为语言只是符号中的一种，由语言符号所表达的各种概念、范畴是对事物共性的概括和抽象，它是人们进行逻辑思维的基本单元，就像人们运用数学上的科学符号抽象和推演出现实世界的数量关系一样，人们运用语言符号进行逻辑推演，就会使思维从感性认识上升到理性认识，从抽象规定上升到思维具体，从理论理性上升到实践理性从而揭示出人与世界的关系。

由于此部分包括的内容甚广，以下我们以胜利海洋石油开发公司的标识为例予以补充说明（如图5-1所示）。

胜利海洋石油开发公司的企业文化的标志造型取自“胜利海油”汉语拼音的第一个字母“S、L、H、Y”，突出“S”，这是图5-1的能指，而所指既表明了公司隶属——胜利油田，又有公司不断从胜利走向新的胜利之意。无论是上部的标识还是下面的中文标准字，都显得大方得体、寓意深刻、易于制作、色彩简洁、冲击力强、便于记忆，较好地体现了公司的特点。

2. 皮尔斯的符号学

美国哲学家皮尔斯的符号学与索绪尔的不同，皮尔斯把符号解释为符号形体、符号

① 语义学 (Semantics) 是数理逻辑符号学分支之一，是关于符号或语言符号（语词、句子等表达式）与其所指对象关系的学科。语用学 (pragmatics) 是语言学各分支中一个以语言意义为研究对象的新兴学科领域，是专门研究语言的理解和使用的学问，它研究在特定情景中的特定话语，研究如何通过语境来理解和使用语言。语用学因其本身的目的性和价值性而不同于语法研究，它是关于人类语言本身的研究。在语言的使用中，说话人往往并不是单纯地要表达语言成分和符号单位的静态意义，听话人通常要通过一系列心理推断，去理解说话人的实际意图，仅仅懂得构成这门语言的发音、词汇和语法等语义学是不够的。从这个意义上讲，语用学是语义研究发展和延伸的结果。

标识

中文标准字

胜利海油

胜利海洋石油开发公司

图5-1　胜利海洋石油开发公司的标识

对象和符号解释的三元关系（如图5-2所示）。

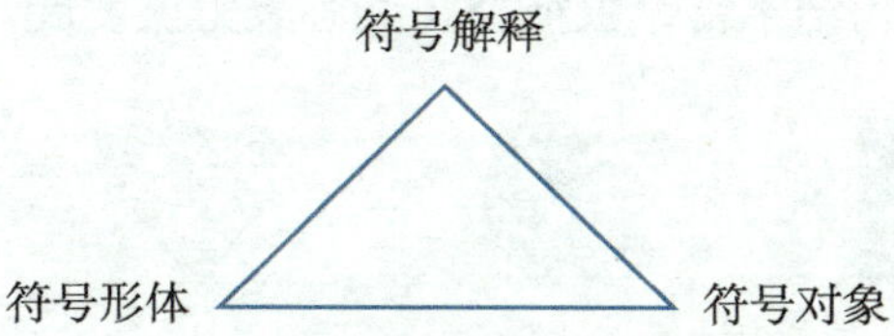

图5-2　皮尔斯的符号的三元关系

（1）符号形体（representamen）是“某种对某人来说在某一方面或以某种能力代表某一事物的东西”。这一点和索绪尔的“能指”含义相同。

（2）符号对象（object）是符号形体所代表的那个“某一事物”。如果只看图5-1中的标识，则只有胜利海洋石油开发公司的企业成员知晓这个符号指代的是本公司，索绪尔的“所指”中没有专门提及这个部分，大体也可以把它归为“所指”。

（3）符号解释（interpretant）也称为解释项，即符号使用者对符号形体所传达的关于符号对象的讯息，亦即意义。这个意义和索绪尔的“能指”含义相同。

在皮尔斯看来，正是这种三元关系决定了符号过程（semiosis）的本质①。

应用皮尔斯三元关系的符号理论，我们也同样能解释所有的符号现象。例如胜利海洋石油开发公司的标识，文字或图案都是符号形体（能指），它所指代的胜利海洋石油开发公司是符号的对象（所指），皮尔斯的解释项明确传达了符号形体中的文字和图案和海洋石油公司是符号的对象的意义。

（二）两种符号学的异同

1. 相同之处

索绪尔和皮尔斯的符号学是在不同的背景下“背靠背”地分别提出来的，他们各自的理论体系没有互相借鉴，只是“英雄所见略同”，研究都指向了符号和作为符号的语言。索绪尔的“能指”就是皮尔斯所说的“符号形体”，索绪尔的“所指”，大体上就是皮尔斯的符号对象和解释项。在索绪尔看来，语言学所要考察的只是语言符号能指和所指的关系，而不是符号对象。符号学的解释项就是人们通常所说的“意义”。由于“意

① 赵毅衡．符号学与人的生存意义．华南师范大学学报（社会科学版），2016（2）：30.

义”是一个非常复杂的概念，在符号学中，符号的意义就是符号通过符号形体所传递的关于符号对象的信息①。

2. 不同之处

由此来看，相比之下，皮尔斯的“解释项”的含义比索绪尔的“所指”更为宽泛一些。

（1）语言和符号。索绪尔的“所指”是就语言学提出的，我们可以引申为一般符号的概念或思想，而皮尔斯的“解释项”则要丰富得多。因为符号的解释项可以是各种话语，也可以是图片、设计的企业标识等符号。还是以图 5－1 为例，胜利海洋石油开发公司的标识从造型上融入了太极图案和双联图形，上下两部分组成开放式的椭圆，既传承传统文化，又代表公司与外界真诚的互动、交流和合作，象征以开放性的思维发展企业；同时引入传统玉器龙耳的造型，象征公司如碧玉一般；而两人握手的造型则表现了公司的干部和职工之间的团结亲密，象征公司凝心聚力谋发展（如图 5－3 所示）②。

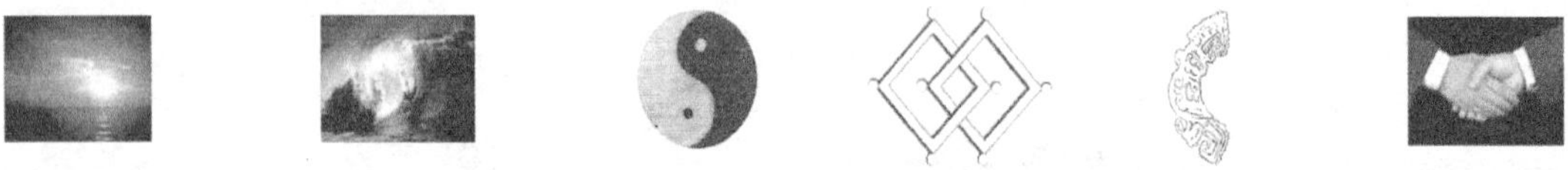

图 5－3　胜利海洋石油公司的标识的 6 个解释项图示

“符号对象”是指符号形体所表征的那个事物。这些事物，可以是有形的实体，例如语言文字、徽章标识、礼节仪式等等，也可以是极其抽象的东西，甚至是一些客观上并不存在的虚拟的事物，如狐仙鬼怪等，这就拓展了符号学的研究。由此可见，皮尔斯的“解释项”凸显了文化研究中“意义”的问题③。

（2）二元论和三元论。索绪尔没有明确说到能指和所指之间究竟是什么关系，它们是怎样结合成为符号的。在语言学中，能指和所指是任意的，但在符号学中，并不是任何能指和任何所指都能结合成为符号。这就是说，一个能指之所以能够同一个所指结合成为符号，还存在有第三个要素，这个要素就是“意指”（signification）。符号能指和所指之间的关系就是意指关系，能指和所指就是通过意指方式结合成为符号的④。皮尔斯则直接将“意指”作为符号对象（object）引入符号学，确定了符号和符号对象之间的关系，以及符号对象和解释项的关系，这无疑是对结构主义二元符号模式的一大改进。此处牵涉到符号、表征、意义这三个对于任何文化都极为重要的概念，以下继续解释。

（3）符号、表征、意义。如果说符号能指（代表项、符形）和所指（解释项、符释）之间的关系为意指关系，那么就三元关系而言，还存在另一组二元关系——符号的代表项（能指）和符号对象之间的关系，它们之间主要呈现为“表征”关系。

“表征”有“代表”、“表示”和“象征”等含义。在皮尔斯的符号学中，一个符号的能指总是表征某一事物，这个被表征的事物就是符号对象；而表征总是以一定的方式

① 郭鸿．索绪尔语言符号学与皮尔斯符号学两大理论系统的要点：兼论对语言符号任意性的置疑和对索绪尔的挑战．外语研究，2004（4）：1－5.

② 该案例为作者 2004—2005 年在中石化胜利油田系列课题成果之一。

③ 翟丽霞，刘文菊．皮尔斯符号学理论思想的语言学阐释．济南大学学报（社会科学版），2005（6）：39－42.

④ 赵佳琦，栗圆圆．论索绪尔和皮尔斯符号学的关系．青年文学家，2017（5）：184.

进行的，即表征方式。如图 5－3 中的"冲浪"图片是符号，画中人和大海为符形，迎风破浪、敢于搏击的意义为对象，这是象征的表征方式。

符号与对象的表征关系在宽泛的意义上讲是任意的，例如用面包和黄油象征和平，用枪炮象征战争，都具有任意性。但是皮尔斯的理论更高一筹，他指出一种符号与对象可能是任何相似性或直接联系的符号，它可以自由地表征对象。然而，符号与对象之间的联系也可以是建立在约定俗成的基础之上的。例如玫瑰是爱情的象征，而玫瑰作为象征符号只是一种任意性的选择，它同爱情既没有直接的联系，也没有任何相似之处。

皮尔斯符号学理论更重要的意义还在于它关心产生意义的生活背景，而不仅仅停留于符号本身。索绪尔指出，符号是一种二元关系，包括能指和所指两个要素，它们的结合便成了符号。然而这里并没有明确地说到能指和所指之间究竟是什么关系，它们是怎样结合成为符号的。皮尔斯的观点也与此相近，他直言符号理论的重点不是符号与对象之间的关系问题，而是符号与解释项之间的关系问题。而在现实中，并不是任何能指和任何所指都能结合成为符号，比如太极图的能指与"月晕午时风"的月晕的所指，无论如何不能结合成为符号。正是由于皮尔斯的理论中包括了符号和对象的关系，哪怕没有解释项，二者也能表现出符号的特性。

最重要的是，皮尔斯的符号学代表世界上任何事物的各种命题，它是人类思维和认知的媒介。随着人类对世界的认识的发展，符号在不断地发展变化中和产生中，从感情符号到逻辑符号，从现有符号到新符号。也就是说，索绪尔语言符号的意指过程是：符号的能指和所指结合产生意义（对某一事物的命名，这是任意性的），然后根据语言使用者的意图，按符号的纵向选择关系和横向结合关系对符号进行编码，构成不同层次的语言结构，以表达世界上的一切意义。而皮尔斯符号学的符号本身是一个整体，是一个命题。它的意指过程就是符号活动过程：符号不断发展变化，不断产生新符号，永无止境，符号活动过程代表人类的认知过程，也是一个源源不断涌现和生成的过程（如图 5－4 所示）。

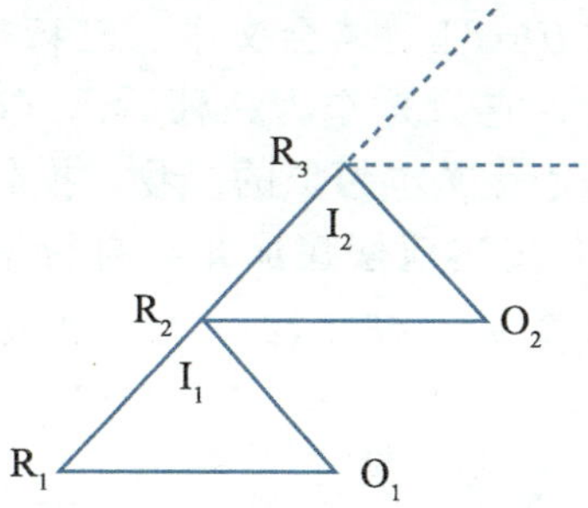

图 5－4　皮尔斯符号的延展图

解释会成为一种符号，所以可能需要一种补充性解释，它和已经扩充过的符号一起，构成更大的符号。按照这个方式进行下去，我们将会，或者说应当会最终触及符号本身。

总体而言，皮尔斯的符号学和索绪尔的符号学都应该从属于更具有包容性的——传播学（communication）①。文化传播是一种"主体—主体"之间交流和交换信息的精神

① 霍克斯．结构主义与符号学．翟晶，译．北京：知识产权出版社，2018：114.

交往行为，是一种符号化和意义化的过程。符号是文化传播的基因和代码，也是理解和解释文化的基础。对此我们必须给予必要的关注[①]。

二 罗兰·巴特的文本理论

罗兰·巴特（Roland Barthes），法国后期的结构主义和解构主义的代表人物。我们将其学说归纳为如下三点。

（一）作品和文本

通常，在文学创作中，作品与作者、生活世界紧密相连。正所谓，文学即人学，文学与人、社会之间的关系毫无疑问非常密切。外在客观世界反映于作者头脑中，作者创造了作品，读者接受作品。作者是主动的，作品是作者的产物，读者只能被动地接受。然而，巴特认为此种理论存在严重缺陷。对于作者地位的过分强调无疑导致作品自足性严重被忽视，导致对作品的曲解。由此，巴特提出了“文本”概念，并在《从作品到文本》中站在一个全新的角度对“文本”做了详尽的分析。

首先，巴特认为，文学作品并不是作者的个人产物，从其现象上看应归结于语言。正如巴特所说：“由于文本是对符号的接近和体验，作品则接近所指（signified）。”虽然这里论述的是作品与文本的不同，但是从中能看出巴特讨论作品、文本是对语言符号的关注。巴特对作品的关注不是将注意力集中于情节、体裁、逻辑等方面，也不遵循传统的一整套批评术语。在巴特看来，文本就是语言游戏、能指的无限增殖。语言不是传统意义上的传达交流思想的工具，它不是人的工具而是先于人存在的。也就是说，语言先于作者而存在，作者所能做的就是接受语言。

其次，巴特区分了“作品”与“文本”。巴特指出，尝试从材料上对作品与文本加以区分是徒劳之事。它们的区别在于作品是感性的，是具有固定意义的完整的客体。人们无法通过把握作品的方式理解体会文本。巴特指出：“作品处在技巧的掌握之中，而文本则由语言来决定：它只是作为一种话语（discourse）存在。文本不是作品的分解成份；而恰恰是作品才是文本想象的产物。换句话说，文本只是活动和创造中所体验到的。”文本不是老老实实地摆在那儿会自行呈现的单纯客体，它是得经过实践才能产生的动态体验。文本是一种活动，是一个过程。文本是对符号的接近和体验[②]。

（二）文本即编织

巴特将文本比作编织加以形象说明，正如他所说的，“文本”（texte）的意思是织物（tissue），如果将织物视作产品，在不停地编织之中，文被织就，被加工出来，文本即是织物。从词源上讲，textus，意谓“织成”，强调织的过程。巴特用“编织”比作文本，强调了两层意思：其一，编织的无规律，即文本不再走向“确定性结构”和“规则”，而是不确定的、多元化的，这就是一种能动性；其二，编织不是一种单一的活动，

---

① 孙丹丹．皮尔斯的符号学理论的真谛．校园英语，2016（8）：199.

② 巴特．从作品到文本．杨扬，译．文艺理论研究，1988（5）：86－89.

是多元的活动，即文本是复数的。

传统的作品是意指的结果（意指的作用），而文本则是意指活动，而这种意指作用就好像被封存在作为产品的作品之中。然而，一旦文本被视为生成过程则更加适用于文本。作为意指活动的文本摆脱规范逻辑，与意义搏斗，自行解构。在整体语言中产生无尽的运作过程，文本就是这样一个意指活动。巴特通过讨论作者、作品和读者这三个环节，把文本看作一个不断编织的过程。文本向读者开放，使人积极参与，文本是织物，在读者的不停编织之中，被加工成文本。所有的文本都是一种再生产，而这种再生产则取决于读者对文本的解释①。

（三）读者的解读和互文性

在传统的作品观里，作者和作品是父子关系。比如水果，其意义是果核，根源自然是意义的创造者作者。而巴特的文本犹如洋葱头，没有果核，也就否认了作者。在《从作品到文本》中，巴特做了一次大胆的实践，否认了作者的权威。由于文本是由能指编织而成的，它源自成千上万的文本群，因而，作者不再是文本的编织主体，对文本而言，作者被编进了文本之中。正如贝克特所说：谁在说话又有什么关系呢？不过巴特最后还是将文本的焦点统一在了一个地方——读者那里，他赋予了阅读巨大的权威。早在1968年发表的《作者之死》中，巴特就扬言：上帝已死，作者岂可苟活？读者的诞生，须以作者死亡为代价。作者死了，作者对意义的垄断就被打破，意义变成众多读者积极参与的编织过程。读者不再是文本意义的消费者，而是成为生产者。从消费的角度看，对作品的阅读是一种简单的文化消费，它要求理解文本的内核；而文本阅读是一种游戏、劳动和生产，意味着书写和阅读距离的取消②。

巴特反复强调单个主体在（重）写文本活动中的重要作用。他认为，主体——作者、读者、分析家——必须进行互文性（intertextuality）的联系，而这种联系就构成了开放性的文本。于是，文本的阐释取决于主体汇集各种互文本，并将它们同给定文本相联系的能力。对于巴特来讲，互文性本是指文本本身和在所有文本之间的空间，而读者一直在这空间中不停地运动。巴特还认为，任何一个文本都是一个互文本，其他文本程度不等地以多少可以辨认的形式——先前的和环绕（文本）的文化的文本形式——存在于文本之中③。

第2节 言文本的书写

理解的过程首先是筹谋——让文化呈现出来的过程。按照管理学的方式，企业文化

---

① 李里．论罗兰·巴特在《从作品到文本》中的文本观．广州大学学报（社会科学版），2010，9（3）：94-96.

② 王瑾．互文性．桂林：广西师范大学出版社，2005：57.

③ 互文性最早由法国的朱莉娅·克里斯蒂娃（J. Kristeva）在1969年出版的《符号学》一书中提出，互文性指任何文本的构成都宛如一些引文的拼接，任何文本都是对另一文本的吸收与转换。这一理论指出，任何文本都处于若干文本的交汇处，都是对这些文本的重读、更新、浓缩、移位与深化。作为现当代西方主要文化理论的结晶之一，互文性影响甚广。

建构是一个借助传播学，如本章第1节介绍的索绪尔和皮尔斯的符号学理论形成企业文化文本，并有效进行传播的过程。按照人类学的方式，企业文化将企业作为田野展开调查，然后形成企业文化的言文本，首先就要进入当地人——企业成员的世界，通过深描去理解他们心中的企业文化，其次把企业文化用言文本的方式呈现出来，并且加以解释。综合这两派的观点，本书将企业文化的言文本分成调查、写文化、理解和解释等步骤。以下我们分别加以介绍。

一 企业文化调查方法

管理学站在实证主义的旗帜下，选择量化是必然的结果。但也有一些管理学家强调人类学的视角。罗素（D. M. Rousseau）提出企业文化研究应该是在阐释学的哲学基础上沿用的解释主义人类学方法，理由如下：（1）文化的基本内容是意识不到的，同时也是一种具有高度主观性的社会建构；（2）文化需要互动性的探索，如果研究者只是按照以往的研究架构，将会曲解研究对象的经验，而产生无效的结果；（3）各个文化都具有其独特性，如果采用研究者的分类，会对研究对象的观点造成扭曲。所以需要非标准化的方式才能评价了解组织文化①。以下我们能看出，在企业文化研究中，人类学、管理学两种方式都是适用的。

（一）参与观察法

我们以不同的标准可以将观察分成不同的种类，例如：按照观察程序形式化的程度，分为非结构化观察和结构化观察；按照观察的地点和组织条件，分为实地观察和实验观察；按照观察的进行是否有规律，分为系统观察和随机观察；按照观察者的立场，分为参与观察和局外观察；等等②。

参与观察法是常用的方式，即观察者进入被观察者的社会环境或社会关系之中进行观察、收集资料的一种研究方法。在这种观察状态下，由于研究者或是作为被观察群体的一员，或是作为被观察群体可以信赖的“外人”出现，减少了对所要观察对象的干扰，可以使被观察者做出比较自然的反应③。

参与观察法与其他方法相比较，最大的特点是直观，往往能获得第一手资料。参与观察法最大的优点是对于所研究的对象不施加任何外在影响，而且能够掌握详细可靠的实际材料，具有极大的现实意义。同时，现代的录音、摄像、电脑分析等技术的进步也使观察法更趋于客观。但这种方法也有缺点，由于任何群体都有其特殊性，研究者不能轻易地将研究结论应用于其他群体中。而且研究者对于观察对象的参与程度越深，越容易在观察结果中掺杂主观成分，导致某种程度上的结论失真。不容易深入事物内部、把握事物内在本质。但是对于从事企业文化工作实务的企业内部人员而言，他们自身就属于企业，参与观察法需要他们熟悉人类学的知识。正因为此，田广教授呼吁领导干部要

---

① Rousseau D M. Normative beliefs in fund-raising organizations: linking cultureto to organizational performance and individual responses. Group & Organization Studies, 1990, 15 (4): 448-460.

② 风笑天．社会学研究方法．北京：中国人民大学出版社，2001：248.

③ 宋光宇．蛮荒的访客：马凌诺斯基．台北：台湾允晨文化实业股份有限公司，1982：116.

具备工商人类学知识①。

参与观察法对于企业内部人员是合适的，但是如果企业文化的研究者和咨询师花费半年甚至更长的时间做研究，会很难被公司接受。因此，在企业文化调查过程中，实地考察是作为局外人的外部研究人员和咨询师调查企业文化的工具。他们通过深入企业各个层面，现场感受企业氛围，加深对企业产品、员工、生产和生活环境的直观认识，建立感性直觉认识；通过对企业当地人文景观的参观了解，体味当地深厚的地域文化，为企业文化建设提供有力支撑。

参与观察法最大的特点就是直观，往往能获得意想不到的第一手资料。但是时间过于仓促，获取的信息只是表层文化，因此，研究人员经常使用的是问卷调查和访谈的方法。

（二）问卷调查法

针对企业文化的各个方面，使用详细周密设计的一套问卷，要求调查对象进行回答的调查方法是问卷调查。这种方法通常由问卷设计、问卷发放和回收两方面组成。问卷设计主要有选择法、计分法和等级排列法等形式，问卷发放和回收则包括电话访问和人员访问等。

无论采取何种调查法，都必须遵循调查法的一般程序，包括明确具体的调查目的、制定调查方案和调查计划、搜集资料、整理分析资料和提出调查报告等。

（三）访谈法

访谈法是企业文化文本生成中应用最广的方法，它具备以下优点：

(1) 应用面广。访谈法是适应范围最广泛的一种调查方法。针对不同性别、不同年龄、不同职业、不同文化水平的人，只要具备一定的访谈技巧，就可以用访谈的方法进行调查。

(2) 情境性强。访谈是双方直接的交流与沟通，是互动的社会交往过程。因此，在访谈过程中，调查者可以随时了解访谈对象的反应，并根据当时的情境状况提出一些更合适的问题或转换话题。且由于访谈是面对面进行，访谈人可以适当地控制访谈环境，避免其他因素的干扰，掌握访谈过程的主动权。因此，除个别情况外，一般都能得到访谈对象的回应，而且也能防止访谈对象草率从事或应付了事。

(3) 开放性高。对接受访谈的对象而言，不会像问卷调查那样有过多的限制或顾虑，他可以生动具体地描述事件或现象的经过，真实、自然地陈述自己的观点和看法，同时，由于访谈具有适当解说、引导和追问的机会，因此可探讨较为复杂的问题，可获取新的、深层次的信息。另外，还可以观察被访者的动作、表情等非言语行为，以此鉴别回答内容的真伪。

当然，与其他调查方法相比，访谈要付出更多的时间、人力和物力。最重要的是，在中国的企业中，接受访谈的人员由于担心“祸从口出”，通常不能畅所欲言，从而影

---

① 田广，禹虹．领导干部应当学点人类学：管理潜质与能力提高的学术修养．人民论坛·学术前沿，2017(23)：74-84.

响回答内容的真实性。尤其是与陌生人进行交谈，被访者容易产生种种猜测，产生不信任感，容易导致访谈的回答产生偏差。因此，在企业文化调查中，可以根据接受访谈人员的职位，分别拟定不同的访谈大纲，在实际访谈时灵活运用。

二　调查内容

调查方法确定之后，确定调查内容就要筹谋，让企业文化呈现于企业文化的言文本中。企业文化通常包括以下三个层次，逐渐由外在可视水平向内隐不可视水平过渡（如图 5－5 所示）。

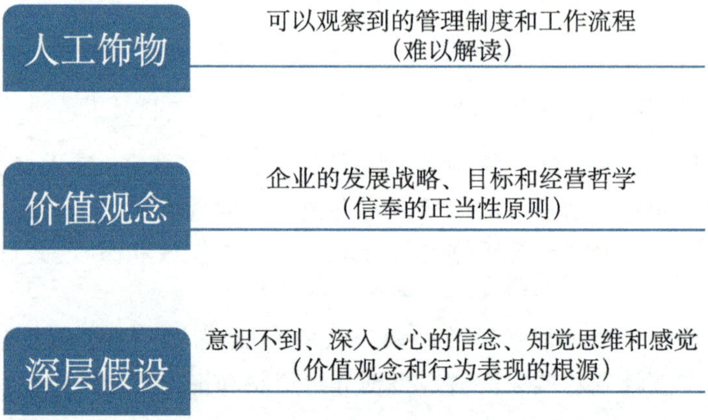

图 5－5　企业文化的三个层次

第一层为人工饰物，文化最可见的层次就是它的人造产品和创造物，即人们可以看见的物理空间、小组的技术输出、书面语和演讲语言、艺术成果和其他成员的外部行为。

第二层为价值观念，从某种意义上说，所有的文化学习都完全反映着某个人的基本价值，反映着他们认为“应当是什么”和“事实是什么”的区别。

第三层为深层假设，是指当解决问题的方法被反复运用后，就会变成理所当然的。在某种意义上变成理所当然的基本假设，在一个文化单位中是不变动的。

在此意义上，企业文化宛如洋葱一样，层层相因，互为关联而又成为一体。调查内容主要围绕在表层文化、行为文化和理念文化三个方面，三个方面所包括的内容简要介绍如下：

（一）表层文化

表层文化是指社会公众和企业成员对企业、企业行为与企业各种活动成果的总体印象和总体评价，反映的是社会公众对企业的承认程度，体现了企业的知名度和美誉度。包括人员素质、企业风格、人文环境、发展战略、文化氛围、服务设施、工作场所和企业外貌等内容，主要包括五个方面：

1. 服务（产品）形象

社会公众主要是通过企业所提供的产品和服务来了解企业的，是在使用产品和享受服务的过程中不断形成对企业的感性化和形象化认识的。因此，那些能够提供品质优良、造型美观的产品和优质服务的企业，总是能够赢得良好的社会形象。

2. 环境形象

环境形象主要指企业的工作场所、办公环境、企业外貌和社区环境等，它反映了整个企业的管理水平、经济实力和精神风貌。整洁、舒适的环境条件不仅能够保证企业工作效率的有效提高，而且还有助于强化企业的知名度和信赖度。

3. 成员形象

成员形象指企业成员在职业道德、价值观念、文化修养、精神风貌、举止言谈、装束仪表和服务态度等方面的综合表现，它是企业人格化的体现。企业成员整洁美观的仪容、优雅的气质、热情服务的态度，再加上统一鲜明的服装，既反映了个人的不俗风貌，也反映了企业的高雅素质，有利于在社会公众之中树立良好的企业形象。

4. 企业领导者形象

企业领导者形象是指体现在领导者的领导行为、待人接物、决策规划、指导监督、人际交往乃至言谈举止之中的文化素质、敬业精神、战略眼光、指挥能力的综合体现。

5. 社会形象

社会形象是指企业对公众负责和对社会贡献的表现。企业要树立良好的社会形象，一方面有赖于与社会广泛的交往和沟通，实事求是地宣传自己的社会形象；另一方面在力所能及的条件下，积极参与社会公益活动，如支持教育事业，开展社区文明共建活动等。这样，就会使企业在社会公众的心目中更加完美，使之增加对企业的认同和理解。

（二）行为文化

企业的行为文化是指员工在生产经营、服务和学习娱乐中产生的文化。企业规章制度虽然以文字的形式表达出来，但实际上是企业行为文化的载体和外显。制度文化包括规章制度、组织结构、管理文化、管理机制、生活文化、教育培训、娱乐生活等。

员工是企业的主体，其思维和行为方式都是基于企业文化形成的，这种文化的基础决定了员工对于一件事情会如何判断以及采取何种行动。成员个体行为具有个性化的特点，当个体的行为与群体的行为不一致时，会形成群体压力，并将这种压力传递到个体身上，个体迫于群体的压力会使自己的行为向群体行为趋同，最后达到一致。

（三）理念文化

理念文化是企业在生产经营过程中，受一定的社会文化背景、意识形态影响而形成的一种精神成果和文化观念。在整个企业文化系统中，它处于核心的地位。具体包括如下内容：

1. 企业精神

企业精神是反映企业目标和企业运营哲学，并由全体成员认同的一种群体意识。它反映的是员工为达到企业目标而表现出来的群体精神状态。每个企业都具有各具特色的企业精神。企业精神往往以简洁而富有哲理的语言形式加以概括，通过标语、口号、规章、标志等形式形象地表现出来。

2. 企业目标

企业目标是指企业在一定时期内以一定的质量指标和数量指标形式表现出来的最佳

物质成果和精神成果。企业目标是引领企业发展的根本动力。企业目标既有功利性的也有社会性的。本书中的企业不仅包括追求利润最大化的企业，还包括学校、医院、军队、公务员等社会实体。企业追求的目标无疑是利润最大化，但在追求这种功利性目标的同时也为社会的发展和进步做出积极贡献。因此，企业也具有一定的社会性。

3. 企业哲学

企业哲学是企业在一定社会历史条件下，在生产、经营、管理的活动中所表现出来的世界观和方法论，是企业进行各种活动、处理各种关系和信息选择的总体观点和方法，是企业中成员全部行为的根本指导思想，也是指导企业运行、决策及活动的工具。例如，“顾客至上”、“质量第一”和“开拓创新”等等，都分别是许多企业的经营哲学。企业哲学一旦确定，它将成为企业决策和各项活动的有力指导，即一切决策及活动将按其要求进行。

4. 企业道德

企业道德，有时加上企业伦理，是指调整企业与企业之间、企业各成员之间、员工与外部客户之间关系的行为规范的总和。企业道德和企业规章制度一样，都是规范性文化，反映的是一定企业环境和企业目标对人们道德行为提出的客观要求。它从总体上规范人们能够做什么，不能够做什么。但是，企业道德和具体的规章制度又有所不同。规章制度是成文的规定，而企业道德往往是由企业倡导但并没有具体的成文规定。

5. 企业的愿景、使命和价值观

企业文化的愿景、使命和核心价值观，是理念层的一种可读的文本，这三项通常要保持内在的逻辑性和一致性，文本在生成的过程中要注重文本的意义和呈现。

（1）愿景是企业对未来的设想和展望，是企业在整体发展方向上要达到的一个理想状态，即愿望中的景象，回答企业将成为什么的问题。它为企业提供了一个清晰的发展目标和未来图景，告诉企业的每个成员企业将要走向哪里。

（2）使命是企业存在的理由，是企业承担并努力实现的责任，回答企业为什么而存在，即企业要实现什么的问题。使命确定了企业的发展方向，并定义了企业的性质。它告诉企业的每个成员，他们在一起工作是为了什么，他们准备为这个世界做出怎样的贡献。

（3）价值观则是企业及其员工共同认可和崇尚的价值评判标准，文化的核心是由价值观构成的。价值观是指人们喜欢某种事态而不喜欢其他的普遍的倾向性[①]。同样，企业文化的核心是企业价值观。企业价值观是指企业在运行过程中所推崇的基本信念和奉行的目标[②]。从哲学上说，价值观是关于对象对主体有用性的一种观念。而企业价值观是企业全体或多数成员一致赞同的关于企业意义的终极判断。价值观是企业所有成员共同持有的，是支配成员精神的主要价值观念。价值观是有意识培育的结果，长期积淀的产物。

以上三项是企业文化声称文化的必要条件，这三项解决了“我们是谁”、“我们走向何方”和“我们的信仰”这几个具有哲学意味的题目，看一看本章结尾处的中国移动案

① 霍夫斯坦德．跨越合作的障碍：多元文化与管理．尹毅夫，译．北京：科学出版社，1996：8.

② 刘光明．企业文化．北京：经济管理出版社，2001：212.

例分析就知道，这些是“声称文化”——言文本的应有之义。

三 言文本的书写

企业文化文本，是企业内部或者外聘咨询师和专家总结出来的，他们在言文本的生成中，首先需要把握企业文化的现状，了解问题，进而提升企业文化建构的精准性。这正是企业文化整体框架对言文本的要求。

（一）“写文化”与企业文化的言文本

民族志的发展分为三个时代：第一个时代的民族志是自发性的、随意性的和业余性的；从 19 世纪末期到二战之前民族志的发展就进入了一个新的时代，也就是通过学科规范支撑起“科学性”的时代；民族志发展的第三个时代是从反思以“科学”自我期许的人类学家的知识生产过程开始萌发的。知识创新的批判精神在现象学、解释学、后现代主义思潮渗入实地调查的经验研究方法之后，在 20 世纪 60 年代末和 20 世纪 70 年代催生了人类学的反思意识①。

在反思的背景下，文化人类学的民族志出现了五个转向：反思转向、主题转向、民族志转向、叙事转向及修辞转向②。

1. 反思转向

在现代人类学看来，人类学家以“客观”视角出发，他们遵循的是科学化逻辑，反思仅仅限定于研究问题和研究程序，并未将怀疑主义应用到自身。而后现代人类学则是一种“全面的怀疑主义”，即将怀疑主义延伸到人类学研究的内部基础和外部后果。

2. 主题转向

20 世纪 70 年代以来，人类学研究主题逐渐从静态的共时性结构功能系统转向动态的历时性的个人实践及意义。在转向过程中，关注权力和利益的倾向始终夹杂其中，比如殖民地与宗主国之间的权力和利益关系，少数族群之于主体民族的权力和利益关系等。

3. 民族志转向③

对于作为人类学成果的民族志，后现代人类学认为，民族志写作与田野工作的边界变得模糊，已经没有实质区别。民族志写作不再被看成对“客观现实”或“研究结果”的表述或再现，其本身就是一种对现实的建构。

4. 叙事转向

叙事（narrative）本来是文学、史学和语言学研究的内容，但是自从格尔茨的解释人类学之后，对于叙事的关注也就逐渐蔓延开来了。现代人类学家将自身定位于“立法者”，提倡“宏大叙事”以探究普遍真理和通则。而后现代人类学家认为自己的身份是“阐释者、参与者”，提倡“小型叙事以发掘被边缘化的事件、人群和现象”。

---

① 冯学红．民族志书写的创变走向与图景．宁夏大学学报（人文社会科学版），2008（4）：162－166.
② 张海连．从现代人类学到后现代人类学：演进、转向与对垒．民族研究，2013（6）：50－62.
③ 庄孔韶．人类学概论．北京：中国人民大学出版社，2006：89－90.

5. 修辞转向

现代人类学“从确立自己的学科地位开始，就基本上依据科学主义和客观主义，竭力排斥文学和修辞的成分，但同时又在使用着自己特定的所谓‘科学’的修辞手法，追求‘一种没有风格的风格’所谓的科学”的修辞手法就是使用专业术语。而新修辞学认为：一是修辞不仅具有说服的作用，更有认知的功能；二是修辞是无处不在的；三是理解生活经验只能运用修辞。这样，在后现代主义思潮带动下，修辞学理论得到很大发展，从而避免文化表述的过于一般化（请参见本章章末案例分析中的修辞方法）。

（二）言文本书写的准则

既然连人类学的民族志都变成一种“书写”，在进行企业文化的言文本书写时，需要遵循以下准则：

1. 坚定政治立场

基于我国国情，企业文化文本，尤其是国企的企业文化文本通常要表明政治立场，包括与政府和管理机构的关系，这就需要企业对内外部环境有政治上的敏感。对党的政策、路线和方针必须给予支持性说明，对政治学习和干部、员工的政治立场等的态度也要在企业文化文本中给予明示。

2. 明确结果导向

企业并不是遵从单一的利润最大化目标取向，但是企业的经济目标是企业经营决策中的重要制约因素。在以结果为导向的同时还要兼顾企业的以下诉求：

（1）制度文本。企业文化活动要求通过制度体现这种结果取向。而在推行制度的过程中，企业文化可以使员工认可这种价值取向，引导企业成员按照价值取向发展，支持制度存在的合理性。文化本身具有的激励作用和约束力将对企业成员的行为进行规范。

（2）企业道德。一切制度设计都是围绕人和有序经营而展开。在这种情况下，企业的运行或选择利润中心，或选择成本中心。利润中心谋求利润最大化，成本中心力争成本不断降低。利润动机成为企业发展的重要驱动力。

3. 强调社会责任

企业社会责任是企业响应的结果，正视企业并确定其在社会责任中的诉求和所负有的责任，既是满足社会需要的必然选择，也为企业自身发展奠定了基础。

企业的社会价值意味着企业在社会责任方面有义不容辞的职责，企业文化文本中必须就社会责任的态度、范围方面给出说明。

4. 注重企业伦理

与企业的社会责任相似，企业伦理涉及员工与企业、企业与社会等重大关系的维持和确立，在企业伦理这一具体领域，它主要涉及所有者（国家、企业家、股东、员工）。如何将基本的权利与义务道德原则应用于企业伦理道德领域，伦理学家通常认为企业一般权利大体包括以下内容：

（1）保障安全。不论企业主、员工，还是消费者都有使自己的生命受到保护的权利；有机会不受阻碍地寻求职业、使自己适于雇用的权利；建立企业、拥有资产、自由雇工和赚取利润的权利；在企业主与雇员、企业与企业、企业与政府、企业与消费者之间，都应当倡导一种安全文化。

（2）注重公平。企业经营活动的参与者有义务做到诚实和说实话，公平待人；诚实守信地履行协议和合同；创造安全的工作环境；努力完成与所得报酬相应的工作量。

（3）讲求公正。交易公正、分配公正和社会公正是对企业的基本要求。交易公正涉及对所提供的劳务或生产、销售的产品做出的补偿，分配公正与企业总利润在企业主、管理人员和股东、员工之间的分配有关，社会公正指企业及员工对待消费者和顾客保持公正和公开。

5. 遵循文本的内在逻辑

任何一个文本都是另一个文本的参照，根据我们介绍的互文性理论，企业文化文本需要保持内在的逻辑性。

（1）保持鲜明的个性特征。企业文化文本必须是对企业成功的经营管理实践的提炼与总结，而不是外在的借鉴与引进，对于一个企业来讲，其企业文化一定要具有原创性。

（2）体现规范的管理思想。企业文化文本必须体现在企业的机制、组织结构、流程和制度之中，并能够得到后者的强力支撑，否则企业文化会永远停留在假设层面。其中关键的地方是企业文化在外部必须与客户相连接，内部必须与企业的价值评价体系和价值分配体系形成有机的联系，企业价值评价体系的关注点和薪酬体系的激励点必须转移到高绩效结果以及关键的高绩效行为上。

（3）动态发展思想。任何一种言文本都是特定历史的产物，当企业的内外条件发生变化时，不失时机地调整、更新、丰富和发展企业文化的内容和形式是非常必要的。这既是一个不断淘汰旧文化、不断生成新文化的过程，也是一个认识和实践不断深化的过程，企业文化由此经过循环往复达到更高的层次。

6. 讲求修辞性的文学风格

修辞的方法对于企业文化文本有着很强的文学上的意义，比兴、比喻、对照、互文、借代、移情、暗喻、象征等等，这些会增加作为阅读者的员工对企业文化文本的兴趣，并方便他们理解，这就是缘何很多企业建构企业文化的小组中会有一些以文笔优美而见长的“高手”的原因。

第 3 节　言文本的理解和解释

言文本作为符号无论是文字的还是图像的——就此形成，按照管理学的理论，企业文化就要在此基础上达成广泛的一致性，形成共享的价值观；而对于人类学而言，这是个理解和解释的过程，要达成完全的一致是难以想象的。要融合这两种观点，就要在言文本的传播过程中尽可能达成一致，同时也要允许求同存异，这本身就是理解和解释的应有之义。

一 理解言文本的两种视角

（一）企业文化传播与强文化

1. 强文化与弱文化

企业文化内部传播不只是文化理念从抽象变为具体，它是企业的价值观、理念等企业文化精神层内涵融入企业文化的各种媒介并被企业成员了解和接受的过程[①]。迪尔和肯尼迪指出，每个企业都有自己的文化，但在有些企业中，文化表现得支离破碎，成员缺乏凝聚力，各自有不同的动机和目的，这便是一种弱文化。相反，在另一些企业中，企业文化有很强的凝聚力，企业成员都清楚企业的目标，并愿意为这些目标而努力，这便是一种强文化[②]。

强文化有两个要求：其一，强文化要求员工对企业重视什么的认识高度一致；其二，强文化要求员工对这些价值观高度认同，即员工了解企业的价值观又认同企业的价值观。这两个要求也是企业需要通过企业文化内部传播在员工个体上表现出来的目标。第一，要使员工了解企业文化的理念和内容，即提高员工对企业文化的认知度。第二，要使员工认同企业文化，即要使他们同意企业对企业文化内涵的表述，愿意用企业文化的核心理念指导自己的行为，用与企业文化一致的制度规范自己的行为，这个层次的目标可以概括为提高员工对企业文化的认同度。以上两个目标缺一不可。如果员工有认同度很高的价值观，但不同员工的价值观的一致性低，那么很可能意味着企业中存在明显的亚文化，后果严重时，会出现不同文化群体之间的冲突。反之，如果员工都知道企业的价值观是什么，但认同度低，那么这种价值观就只不过是空洞的口号。

2. 传播的四个阶段

企业文化内部传播的过程分为总结提炼文化理念和企业文化内部传播两个阶段。其中，企业文化内部传播又包括具象化、沟通、强化和评估四个阶段，如图 5 - 6 所示：

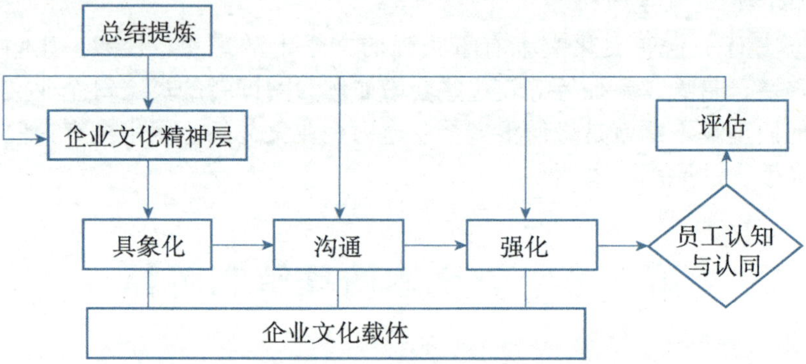

图 5 - 6 企业文化内部传播的一般过程

资料来源：曲庆．企业文化落地理论与实践．北京：清华大学出版社，2015：233.

---

① 曲庆．企业文化落地理论与实践．北京：清华大学出版社，2015：27 - 29.

② 迪尔，肯尼迪．企业文化：现代企业的精神支柱．唐铁军，叶永青，徐旭，译．上海：上海科技文献出版社，1989：5 - 8.

（1）具象化阶段：用行为规范、制度、组织结构、仪式活动、故事、象征物等各种载体把抽象的文化理念变得可以观察、操作，甚至触摸的阶段。

（2）沟通阶段：把企业文化精神层的内涵及其在企业文化载体上的表现传达到企业成员的阶段。

（3）强化阶段：企业通过各种方法不断加深员工对企业文化的理解和认同，从而从整体上提高员工对企业文化的认知度和认同度。

（4）评估阶段：对企业文化内部传播的效果进行评价，体现在员工对企业文化的认知度和认同感，以及对企业的认同感上。

具象化、沟通和强化这三个阶段有逻辑上的先后关系，但在实际中并不是一个单向的过程，它们经常交错在一起。并且，这三个阶段都要借助企业文化的各种载体，如人员、规章制度、活动、器物和语言等。具象化、沟通、强化三个阶段的对象都是企业文化理念以及体现理念的企业文化载体，对载体的正确运用对企业文化内部传播非常重要。

通过不断重复四个阶段，在这样的循环中，企业文化载体得以完善，员工对企业文化的认知度和认同度也将不断提高。

3. 选择合适的传播媒介

具象化、沟通和强化三个阶段都要借助企业文化的各种载体。企业内所有的人、事、物都可以是企业文化的载体，都是企业文化的组成部分，或多或少都会对企业文化产生影响，所有载体构成了一个以企业文化理念为核心的整体，每种载体都是为了企业的使命、愿景而存在的，都要符合企业的价值观。只有这样，这些载体才能成为一个彼此协调、相互匹配的有机系统，每种载体的存在才能充分体现其价值。

（二）言文本解释中的权力

在企业文化建构中，企业制定的文化手册、制度等，决策层和企业层有可能达成一致，但是由于企业权力分配的差异，员工层对意义的理解，尤其是对企业的目标、愿景、价值观、理念等有可能缺乏一致。

1. 权力与意识形态

姆贝（D. Mumby）的《组织中的传播和权力：话语、意识形态和统治》通过对哈贝马斯等学者的理论的介绍、评述和批评，深刻阐述传播理论在现代的组织研究中的巨大实践意义和理论意义，提示了我们在理解和解释企业文化时的方向。

在企业中，每个人扮演的角色不同，他们的分工也不同，但人和人、人和群体、群体和群体之间都会相互影响、相互作用。这种影响或多或少都会作用在每个人身上，但谁的影响越大，往往他的权力也越大[①]。

根据传统的观点，权力被认为是组织形成中的合法产物，而不是被视为压抑和统治手段的重复。而在姆贝看来，权力在组织文化传播过程中的一种特别形式——组织中的叙事，变成了树立意识形态的重要方法。例如组织中的故事讲述方式本身并不具有内在的意识形态属性，但是叙述的结构本身大大有助于某些意义形成、维持和再现，结果使

① 于显洋．组织社会学．北京：中国人民大学出版社，2015：203.

某些群体的利益出现同时却排除了其他群体的利益。

阐释学的大师伽达默尔曾经指出，真理在语言和现实之间是一致的。姆贝则把真理视为不同的话语，每位员工都在争取自己的话语权①。

我们在理解和解释企业文化的过程中，要注重基层员工对于企业文化的看法，正视在企业文化建构中高层、中层和基层的观念、行为上的不同。尤为重要的是，在这一过程中，不能将文化作为一种自上而下的宣贯和说教，而要增加基层员工、专业人员的话语权。

2. “言”行一致

“言”行一致指的是言文本和员工行为的书写、理解过程保持一致。在企业文化文本的形成过程中，在组织、群体和团队、个体层面，包括决策层、管理层和操作层对企业文化的理解会出现不一致的地方，而人类学正是研究文化差异（不一致）的学科，另外，理解和解释这两个环节也绝非泾渭分明，对企业文化的解释需要尽可能达成一致。

通常，基层员工会认为企业文化应该是领导层关心的事情，他们只需要完成任务保证产量就行。企业文化要考虑他们理解上的差异，对处于企业文化核心的理念和使命等要用通俗易懂、喜闻乐见的形式呈现，鼓励他们参与其间。如果企业文化不能被基层员工接受，文本就会成为无本之木、无源之水，无论怎样装饰也发挥不出应有的作用。最终是管理层花费不菲，却把一个很有用的管理武器变成华丽的花瓶而束之高阁。

更为重要的是，我们在本章介绍了罗兰·巴特对符号意义的建构，在符号意义的建构过程中意识形态如何参与其中，人们如何反抗意识形态建构的符号意义等问题②。巴特的符号学理论核心是两个层次的符号表意系统。第一层为“所指意义”，第二层为“内涵意义”，当第一层表意系统整体作为能指时，所出现的新的所指就是内涵意义，也就是“隐喻”③。

在企业文化理解的过程中，也往往是通过不同的表现形式，深刻揭示所指意义的深层隐喻，让企业成员在实践中理解企业的表层文化、行为规范和深层文化，起码能在表层文化上理解各种符号和文字，而在行为上与企业文化保持一致。

行为文本，是社会群体或个人在参与社会活动中所遵循的规则、准则的总称，是社会认可和人们普遍接受的具有一般约束力的行为标准，包括行为规则、道德规范、行政规章、法律规定、团体章程等。行为规范是在现实生活中根据人们的需求、好恶、价值判断而逐步形成和确立的，是社会成员在社会活动中所应遵循的标准或原则，由于行为规范是建立在维护社会秩序理念基础之上的，因此对全体成员具有引导、规范和约束的作用。引导和规范全体成员可以做什么、不可以做什么和怎样做，是企业核心价值观的具体体现和延伸。

企业文化是一套共享的理想、价值和行为准则。按照建构主义理论，正是这个行为准则，使得个人的行为能为社会其他成员所理解，而且赋予他们的生活以意义。因为人

---

① 姆贝．组织中的传播和权力：话语、意识形态和统治．陈德民，陶庆，薛梅，译．北京：中国社会科学出版社，2000：232.

② 李彬．传播与符号：罗兰·巴尔特思想述略．国际新闻界，2000（3）：59－64.

③ 梅园．“神话”与“书写”：罗兰·巴特后结构主义思想探源．解放军外国语学院学报，2005，28（4）：88－92.

们分享共同的文化，他们能够预见其他人在特定环境里最倾向于如何行为，以及如何做出相应的反应。文化与社会是两个密切相关的概念。一方面，不可能存在没有社会的文化，反之，已知的社会无不显示文化；另一方面，对同一件事情，任何人都不具备完全一致的文化。尤其是在企业这种有复杂劳动分工的地方。不同的职业群体，在分层社会重视各种社会阶级，在某些其他社会重视各种族群。但社会内部存在这些群体，每一个群体都形成自己独特的行为准则，而同时又分享某些共同的准则。

作为企业行为文化最丰富、最集中、最重要内容的行为规范，在企业的发展中起着越来越重要的作用，它可以使公司内部的沟通和协调更容易实现，可以增强企业内部的凝聚力，可以提高整个企业的工作效率及工作质量。企业的发展壮大与成功都离不开一套系统、科学、严密、规范的行为规范体系，其重要性已被越来越多的企业所认识。一个健全完善、符合时宜的规范体系，能规范员工行为，使各项工作有章可循，提高管理效率与水平，形成一种积极、良好的企业文化。正确的规范体系建设，可以大大提高企业的管理效率、决策与实施的速度，从而提高企业的竞争能力与生存能力。

二　关于言文本的解释

有了企业文化的言文本，只是解释的基础，此后还需要精心进行文本的解释，解释的过程是一个将观念从分散到相对统一，让企业成员将文化内化于心、外显于行的过程。

（一）注重对符号意义的解释

在皮尔斯的符号学中，符号代替的是符号对象，解释项是符号引发的思想。符号指向两个不同的东西，一个是对象，另一个是解释项；解释项指涉的是同一对象的另一个表现形式，意义就蕴含于其间（如图 5－7 所示）。

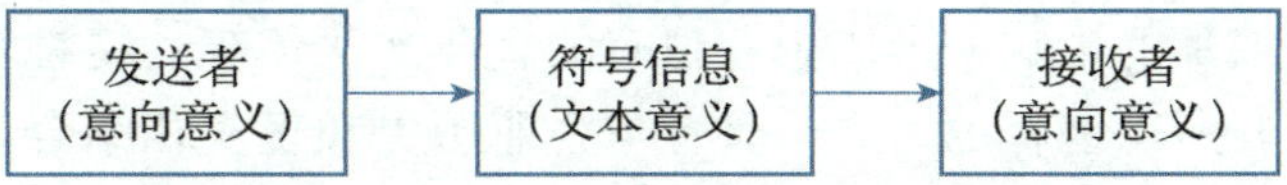

图 5－7　符号过程中的三种意义

有学者发现，这三种意义经常是不一致的，欲使它们之间保持一致，需要注重以下三点：

1. 发掘真实的意向意义

特殊的文化安排，例如现代的“科学”文化，即我们在本章第 2 节中讨论过的参与观察法、访谈法等方法，注重意向意义的发掘。

2. 表述方式可以多种多样

不管采用什么表述，都要求做到概念清晰、准确和生动、形象，不容许有任何含糊其词、模棱两可、随意解释的余地。概念不明、含混不清，缺乏稳定性、规定性，便不会成为人们思想和行为的规范。同时，还要做到语句简明、扼要、明快、通俗易懂，并力求生动、形象，以便于员工口诵心记、铭刻不忘。语句冗长、复杂，语词生涩、难懂，不仅妨碍员工认同，而且不利于广泛传播和向下传递。

3. 注重解释的过程

符号发出后，只有文本携带意义，解释意义尚不在场。如果文本没有意义，符号也就没有理由被接受，不接受就没有解释出意义的可能。这三种意义互相排斥、互相替代，三者不可能同时在场：后一个否定前一个，后一个替代前一个。符号过程只能暂驻于某一个意义：不在场的解释意义的最后要落实为在场，而起始的意图意义，被携带的文本意义轮流在场，最后（如果符号过程进行到解释环节的话）被取消在场[①]。

（二）由表入里，通俗易懂

1. 准确性和条理性并重

这是理念解释的第一步，现在由于企业文化理论发展的本身原因，对同一个理念有不同的观点与看法，所以只有确认公司企业文化的定义才能进行下一步的解释工作。在此基础上再准确无误地掌握其基本字、词之义，才能适当地运用其引申义表达理念在一个企业具体语境中的意思。比如某公司的企业哲学“驭势而为，道法自然”，在解释的时候，首先解释什么是“驭势”，是指能够驾驭和控制事物在发展过程中表现出来的趋向、时机和重要环节；“为”是指积极主动地做。“道法自然”的“道”的基本含义为道路，“自然”指事物存在的根据和自身活动的内部根源。在解释清楚基本词义后，就可明确其引申义了，如“道”，又可表达规律、法则的概念，指事物发生、发展的内在根源，在此基础上再进一步解释，当然具体情境具体分析，对一些比较好理解的理念就不用生搬硬套，可以灵活把握。解释的最高境界是融于一体，进行整体性解释。

2. 历史和现状相统一

企业文化除了是现实的反映外，还具有传承性。一个企业的文化烙印，总是在企业文化的演进中积淀而成，企业背景、发展历史、重大事件、创始人等等，都会对企业文化的形成产生或这或那的影响，形成企业独有的企业文化传统、精神和作风，形成有别于其他企业的风格，所以解释的时候，只有与企业历史和现实相结合，才能撰写出独具企业特色的企业文化理念解释。比如某公司的企业宗旨“崇人兴企，惠益社会”的解释，“崇人兴企”，即以人为本，强企兴企。几十年来某企业一直把人放在首位，一切依靠人，一切为了人。关心、理解、尊重人，达人立人，扬人所长；上下同心，团结一致，艰苦奋斗，锐意进取，终铸今日之企业。鼎立中原，鼎新开拓，市场为本，谋略为先，充分、广泛、深入了解顾客的需求，至微至善，想顾客之未想，察顾客之未察，领先半步，科技先导，引领市场，创造商机，文化制胜，崇人兴企。

3. 与行业和企业发展方向一致

理念不仅是对过去与现在的总结和表现，而且能指明未来努力的方向，从根本上为员工的发展提供依据。不同的行业、不同的主业盈利模式、不同的竞争对手、不同的产品和服务、不同的发展趋势，直接决定企业的发展方向，所以在理念解释时，必须反映这方面的内容，而具体涵盖面要全，理念解释才会有现实和长久的生命力。

---

① 赵毅衡．符号学原理与推演（修订本）．南京：南京大学出版社，2016：49.

（三）广泛参与，动态发展

如何让企业文化走进基层、融入员工呢？对于企业文化言文本的理解，需要做到以下四点：

1. 让员工参与企业文化建构

建构企业文化的方法不必拘泥于形式，可以组织员工就目前的具体事情展开讨论——通过面谈、企业刊物或网络都行。也可以由高层制造危机感，让大家产生树立新文化或变革旧文化的需求和动机，然后在各个层面征求意见，取得对原有文化优、劣的认知，最后采取扬弃的办法，保留原有企业文化的精华部分，并广泛进行宣扬，让全体员工都知道公司的企业文化是怎么产生的。

总之，管理者应该创造各种机会让全体员工参与进来，共同探讨企业文化，从中提出自己的看法、贡献自己的才智，这也应该是一个始终不断的贯穿整个公司成长的永久持续过程。

2. 普及企业文化基本知识

要让员工熟悉企业文化文本，除了灵活组织全部员工统一学习，在保证生产的前提下，通过网络、报纸的学习方式来了解企业文化不失为一种简便且花费很小的方式。在职工平常路过或休息的地方制作宣传栏，而且最好由管理者定好方向范围后由员工自己组织动手，既加深印象感觉自己融入其中，又锻炼其组织编排能力，并且在细节上可以及时进行推敲反馈，提出基层的想法。

还可以组织放松的活动形式寓教于乐，比如目前流行的户外拓展活动、员工自发安排的趣味游戏等等，都能既让基层员工从紧张的工作中放松，又从中对文化有所领悟。

也可以用系统学习或听演讲报告、谈心得体会的方式进行，只是基层的工作本就枯燥乏味，所以在此建议尽量选用活泼互动的方式效果会更好。当然方法多种多样没有具体标准，实践中还是应该根据企业具体情况，适合的才是最好的。

3. 重视上下级之间的沟通

文本的书写和理解应该是一个外部专家会同企业的管理者和员工一起构建的过程。但是在这个过程中，由于权力、意识形态的作用，加上中国特有的崇尚权威的文化背景，企业文化的文本普遍缺少员工的话语权，企业文化也就成了老板文化和某种程度上的管理者文化。对此，许多企业在拟定文化文本时缺乏人类学整体性思想，在企业文化言文本的理解过程中缺乏参与，结果导致企业文化文本脱离实际，实施过程中出现两张皮的现象。

如果刚刚说的普及是企业文化对基层员工的输入，那么反馈就是员工的输出。现在很多企业文化做得好也很重视普及，可仍然收不到预期效益，其中一个非常重要的原因就是忽视了上下层之间的互动。在企业文化的建设和意义追寻过程中，对员工进行填鸭式的教育，根本不注意接收者是否能够吸收。企业文化要考虑员工感受，在培养企业精神、工作态度的同时，必须充分考虑员工的学习进度、接受能力，做好反馈工作，根据结果随时调整文本。

4. 树立动态性思想

动态性思想要求企业文本联系企业的历史、现状和未来，即既要了解系统是在发展变化的，又要具体地分析系统的变化趋势，这样才能确定工作中需要采取的措施；我们还可以通过加强动态性预测，减少或杜绝因思考不周而带来的损失。此外，重视搜集信息，经常注意反馈，随时进行调节，保持企业的弹性，及时适应客观事物各种可能的变化，才能有效地实现动态管理①。

在我国，企业文化要成功地渗入基层每个角落，方能提高企业成员的精神面貌和工作热情，进而搞好企业。企业员工的积极性被充分调动起来之后，更有利于企业的生产组织安排和分工合作，企业的效率和效益就会大幅度提高。

本章小结

本章从索绪尔和皮尔斯的符号学理论、罗兰·巴特的文本理论切入，基于企业文化文本的价值取向和逻辑，讨论了企业文化形成过程中的文本与话语、权力、意识形态的关系。如果将企业文化的言文本视为一种写文化，在这一过程后汇总需要采用参与观察、问卷调查和访谈法，使得意图意义和文本意义保持一致。而在企业文化文本的理解、解释、诠释过程中，需要增进企业成员的参与，保持一致而又能和而不同。

关键词

符号　能指　所指　对象　解释项　文本理论　参与观察法　访谈法　问卷调查法　权力与意识形态　理解和解释

复习思考题

1. 皮尔斯和索绪尔的符号学有什么不同？
2. 简述罗兰·巴特的文本理论。
3. 较之传统的民族志，现代人类学的民族志有哪些变化或者转向？谈谈你对这种转向对企业文化言文本书写的启示。
4. 企业文化言文本书写的准则有哪些？
5. 试论述如何了解和理解企业文化。

案例

中国移动企业文化文本

中国移动企业文化正式版选定了章首案例提到的第16个方案，经过半年多时间的讨论和修改，中国移动企业文化文本终于正式出炉，下发到各个公司。2006年，中国移动在全系统开展了“爱心”和“平安”工程，如果说本章案例分析是第一个人类学中现代主义的写照，“爱心”和“平安”工程两个文本则灵活运用了修辞、叙事等“写文化”中的手法，囿于篇幅，此处摘录主要部分如下。详细的文本可参见笔者编著的《组织文化》一书②。

---

① Hatch M J，Cunliffe A L. Organization theory，modern，symbolic，and postmodern perspectives. Oxford：Oxford University Press，2013：352.

② 石伟．组织文化．2版．上海：复旦大学出版社．2010：229－238.

大象跳舞——中国移动企业文化变革与创新（节选）

中国移动企业文化的内核

（一）中国移动核心价值观——一种情怀：正德厚生，臻于至善

一沙一世界，一花一天国。一粒种子一棵树，一滴汗水一分收获。

中国移动的核心价值观是“正德厚生，臻于至善”，也是中国移动企业文化擎天大树的内核和文化基因。

“正德厚生”语出《尚书·大禹谟》，禹曰：“德惟善政，政在养民。水、火、金、木、土、谷惟修，言养民之本在先修六府。正德、利用、厚生惟和，九功惟叙，九叙惟歌。”

这颗古老种子的现代基因图谱显示，大禹认为要办好三件事，即“端正人们的德行，方便人们的物用，充裕人们的生活”，才能使社会和谐发展。

“德、用、生、和”，博大而深邃，体现了古人的睿智。

“德”是指伦理关系。伦理关系的本质是社会中人与人相互之间的责任，只有端正了每个人对自己所承担责任的认识，使每个人真正承担起自己的责任，整个社会才会秩序井然。

“用”是指经世爱民、博施济众。它体现出儒家思想中强烈的“入世”的思想，“利用”，即有利于民众的使用和物用。

“生”是生活或生命。厚生表明了关爱和尊重民众以及民众生活的理念。

“和”则是中国文化的显著特征，“惟和”是以上三个方面作用的结果，也可以看作是行动的目标。

“正德”的内核决定了中国移动要不断正视自身地位和责任，平等对待、处理好企业与社会各利益相关者的关系，尊重并且关爱社会中的所有个体，积极地承担起对社会的责任。

“厚生”的内核则衍生出中国移动志在不断丰富人们生活、改善人们的生活品质，为人类生存发展谋求福祉的愿望，表现了移动人“忧以忧国、乐以乐民”的拳拳之心。抒发出我们“先天下之忧而忧，后天下之乐而乐”的志向和情怀。

“臻于至善”源自《大学》篇：“大学之道，在明明德，在亲民，在止于至善。”

“臻”是不断趋向、不断接近的意思；而“至善”指最完善、最完美的境界。现代的基因测序显示“不断追求，直至达到最完善的境界”。

“臻于至善”表明我们永不满足、不断进取、开拓创新、精益求精的境界；“臻”也表现了中国移动在不断调整，以趋于“完美”的终极目标。传导出中国移动专业专注、勇于超越、追求持续领先的企业精神。

“正德厚生”与“臻于至善”的内核成于千年，相辅相生，正如DNA结构中的双螺旋。两千年前的两句箴言，犹如一颗种子，经受不断的复制和淘洗，在中国移动的沃土中生根、崛起，最终催生了中国移动企业文化的谱系。

“正德厚生”体现我们神圣的责任感，“臻于至善”传述了我们追求卓越的精神，这是中国移动企业文化之根，表达了中国移动特有的情怀。

1. 中国移动企业文化DNA之一：“责任”

大道无存，小道无依。责任感如果不能融入企业文化，则如同没有生命的树木，纵

中国移动通信 CHINA MOBILE

基因谱：颜色双解

蓝——秩序和责任

冷峻、庄严。寓意中国移动在个体、组织和社会层面对世界的理性探索，个体的理性使得思考转向职责，组织的理性使得组织能够按照既定的步骤有序发展，进而达成以天下为己任的信念。

白——至洁至纯尽善尽美

圣洁、纯净。寓意中国移动对客户满意服务的追求也将永无止境，时刻保持卓然之心，全胜之情，而卓尔不群。

使花团锦簇，决不会硕果累累。

不凡于心，不常于行，各守其位，各司其责是中国移动的天条。企业的成功源于每个员工崇高的责任感和献身精神，成于中国移动对员工、客户、股东及社会的责任。

“诚信”与“敬业”是“责任”的深层要求。“诚者自成也”，用“诚”来修身养性，用“信”来相互交往；敬业乐群，是中国移动实践自身责任的支点。诚信和敬业意味着中国移动要兢兢业业、追求合理利润、以诚立业、以信树人，从而赢取市场、再创辉煌。

胸怀天下还在更广泛的社会层面表现出了中国移动的责任感。中国移动出色完成了历次大型重点活动的移动通信保障和服务任务。中国移动情系国家，吸纳和带动创造了大量就业岗位；中国移动关心公益，通过环保、资助及援助受灾地区等慈善行为，回报社会的理念进一步深入我们的骨髓中，中国移动体现了企业公民的良好形象，赢得了社会各界的广泛赞誉。

2. 中国移动企业文化 DNA 之二：“卓越”

“如有所立、卓尔”，卓越是永不满足、追求完美的心态，中国移动不断进取、不断创新、不断超越，实现并持续保持行业领先地位的特质和追求。持续改善、精益求精是卓越的必然表现，专业的素质、持续领先的地位，又是卓越的必然结果，而完美更是卓越的终极目标。因此，在中国移动卓越的内容涵盖进取、创新、超越、专业、领先和完美。

…………

学习与练习

1. 分组讨论你所在的机构的愿景、使命和核心价值观等言文本，在你看来，这些言文本能被大部分人认可吗？如果不能，请阐明理由。

2. 如何理解马云说的客户第一、员工第二、股东第三？你赞同这样的排序吗？

3. 在本章我们结合索绪尔和皮尔斯的符号学理论介绍了胜利海洋石油开发公司的标识，既然符号学的理论在前，后面的言文本就需要你运用文本的理论加以分析了。胜利海洋石油开发公司的文本如下，请你阅读之后分析：

（1）这份言文本还有改进的空间吗？

（2）如果你是企业文化负责人，如何向员工深入浅出地解释这份言文本？

胜利海油文化就是胜利海洋石油开发公司的企业文化。适应改革发展新形势的要求，对公司原有的企业文化进行整合、创新和提升，完善和大力实施企业文化体系，使先进统一的理念和行为规范成为全体职工的共识和自觉行动。内强素质，外树形象，是增强公司综合竞争力、推动公司持续发展的需要。胜利海油文化包括观念形态文化、制度行为文化和物质形态文化。观念形态文化是胜利海油文化的核心，主要包括公司愿景、公司精神、公司宗旨、公司作风。其标志性语言及阐释如下：

1. 公司愿景：建设胜利特色一流海上大油田

公司愿景是公司全体职工发自内心的共同奋斗目标，是公司凝聚力和向心力之源。

建设胜利特色一流海上大油田，是胜利海油人对公司使命和美好未来的浓缩的“发展蓝图”。作为胜利油田唯一一家海上石油开发单位，胜利海油在胜利油田新时期“二次创业”中担负着重要的增储上产任务。胜利海油人在建成200万吨级浅海油田的基础上，要放眼长远，不断加大油田勘探和开发力度，努力寻找新阵地、迈出新台阶、实现新发展，建设胜利特色的一流海上大油田，开创胜利油田海上石油开发新天地。

2. 公司精神：为海油拼搏，为胜利超越

公司精神是胜利海油人一致的信念和行为准则，是海油人共同的思想境界和理想追求。

为海油拼搏。搞好胜利海上油田的开发建设，是公司全体职工的基本任务。为海油拼搏，反映了胜利海油人把全部力量投入海洋石油开发事业中，为油田多产油、为国家多奉献的强烈使命感和高度责任意识；展示了海油人面对海上艰苦恶劣的生产环境和残酷激烈的市场竞争顽强不屈、艰苦奋斗、干事创业、敢于胜利的勇气。

为胜利超越。“胜利”既是胜利油田的名称，又具有事业达到预定目标、取得成就之意。“超越”是不断实现目标和追求更高目标、不断自我增强的过程。超越的意义在于创造。为胜利超越，寓含着海油人为胜利油田新时期的更大发展，实现从陆地到海洋的跨越，不断开拓新领域、攀登新高峰，把海上油田做大做强，为胜利油田做出更大贡献的雄心壮志；寓含着胜利海油人为创造辉煌的事业和美好的人生全身心投入，不断学习、创造和超越的源于内心的远大理想和崇高追求。

“为海油拼搏，为胜利超越”，反映了公司海洋石油开发的基本职责和作为胜利油田二级单位的基本定位。集中展现了胜利海油人在改革发展的新形势下朝气蓬勃、昂扬向上、开拓创新、超越自我的时代精神风貌。

3. 公司宗旨：价值最大，发展最优

企业宗旨即企业的主要目的和意图。

企业是存在于社会中的以盈利为主要目的的人的组织，经济效益是企业追求的最直接目的，也是企业生存发展的生命线。价值最大化最根本的是经济效益最大化。追求价值最大，要求全体职工牢固树立效益中心观念，增强创造最大效益、实现更大发展的紧迫感和责任感。在追求企业价值最大化的过程中，一要坚持企业经济效益最大化与企业社会效益最大化的统一。既要大力发展先进的社会生产力，努力实现经济效益的最大化，又要大力加强文明建设，提高职工的思想道德素质、科学文化素质和健康素质，积极追求社会价值的最大化。二要坚持职工人生价值最大化与员工劳动报酬最大化的统一。大力倡导职工的敬业奉献精神，让职工在发展企业、报效国家中实现人生价值的最大化。企业要对职工为企业、为社会做出的贡献给予尽可能高的报酬，让奉献者得到合理的回报。三要坚持企业价值最大化与职工价值最大化的统一。我们不但要为国家、为社会负责，还要为职工的福祉和成长负责。在实现企业发展壮大的同时，努力为职工提供更好的福利待遇和充分的职业发展空间，使职工在实现企业发展目标中实现自己的人生价值，共享公司发展的成果。

“发展是硬道理”，发展是企业的“第一要务”。发展最优，反映了公司全体职工解放思想、与时俱进，实现更大发展，为全面建设小康社会做出重要贡献的价值追求；体现了公司坚持以人为本，社会、企业、职工三者全面的、协调的、可持续的发展观。发展最优，一是追求油田开发的良性的可持续发展。立足海上油田实际，正确处理好当前与长远、资源与环境、规模与效益的关系，努力实现油田开发良性可持续发展，确保基业长青。二是追求物质文明、精神文明和政治文明的协调发展。在大力发展物质文明的同时，大力加强精神文明和政治文明建设，使三者相互促进，相得益彰。三是追求职工的全面发展。人是企业的根本，没有职工的发展就没有企业的发展。我们不但要建设一个好的企业，还要致力于职工的全面发展，重视并实施对职工全面的培育，为职工的发展尽可能地提供良好的环境和条件，培养和造就一批优秀的人才。

4. 公司作风：团结务实，安全高效

企业作风是企业风气在企业经营管理工作中的体现，是企业全体职工在生产经营全过程中遵循的原则。

团结务实。团结出凝聚力，团结出战斗力。胜利海油人要善于在相互合作中欣赏他人的长处，在团结奋斗中体现自身的价值，把个人融入集体中去，相互信任、相互协作、同舟共济、协力同心。务实是我们的工作准则。要坚持实践第一的观点，尊重科学、注重实践，生产经营行为要严格遵循海上自然规律和市场经济规律。要养成求真务实的风气，肯于抓基层，打基础，在带根本、管长远的工作上下功夫，工作脚踏实地，力求实效。

安全高效。安全是我们各项工作乃至生活中必须遵循的第一原则。对待工作要有严肃的态度、严密的组织、严细的规范、严格的要求、严明的纪律，科学理性、规范认真、全面周到，保证生产过程的健康、安全和环保。高效包括运行的高效率、组织的高效能、实施的高效果、经济的高效益。高效是市场竞争的必然要求。我们要求个人思想反应迅速，组织联动响应灵敏，信息传达畅通快捷，工作执行雷厉风行。坚持反对抱残守缺、拖沓迟缓、敷衍塞责的不良作风和习惯。

第 6 章 企业文化的反思与行动

学习目标

- ◎ 了解后现代人类学和后现代管理学的主要观点
- ◎ 知悉认知人类学和行动学习的理论
- ◎ 掌握团队企业文化的特点和构建方法
- ◎ 掌握组织发展的概念和六种方法
- ◎ 通晓打造学习型组织、有道德的文化、积极的企业文化的方法

章首案例

行动学习——中国移动的企业文化实施

确山县位于河南省南部，淮河北岸，西依桐柏、伏牛两山余脉，东眺黄淮平原，素有“中原腹地，豫鄂咽喉”之称，属河南省驻马店市。如果不是中国移动企业文化的宣讲，我肯定不会到确山，毕竟那是没有高铁的时代，得坐飞机到郑州，然后再到确山县。但是中国移动河南分公司南区的经理培训的任务落在了作为参与者的我身上。

中国移动对于在公司发展实践中凝聚并凸显出来的文化品质和文化内涵进行了深入挖掘、分析讨论和总结提炼，形成了中国移动的核心价值观。经过慎重研究，中国移动决定把“责任”与“卓越”提炼为核心价值观的核心内涵，公司上下实施企业文化工程。考虑到河南的地域特点和三级公司经理的工作时间等问题，河南分公司把培训划成南区和北区，北区在郑州，南区在驻马店，每次三天。考虑到这也是了解基层如何看待企业文化的“田野”，2006 年前后，我前往河南 5 次。

中国移动核心价值观确定为：“正德厚生，臻于至善”。看起来言简意赅，其寓意则深远旷达。既传承了中华文化的深厚底蕴，又彰显了现代社会时代精神；既体现了中国移动的独有特质，反映了文化体系的特色核心内涵，又阐释了中国移动的远大信仰，表达了中国移动人的理想和胸襟。

我们咨询组和公司领导都对这个核心价值观很满意，直到有一天课后，一位公司客户服务中心的经理突然问我说：“石老师，臻于至善的‘臻’字我下面一半以上的员工

都不会念，怎么宣贯啊?"

是啊，中国移动营业厅里的很多员工只读到高中，如何宣贯正德厚生，让他们的工作臻于至善呢?

思考:

如何提升中国移动基层员工对于企业文化的认识，并体现在行动之中?

企业文化文本不仅仅是一个书写、理解和解释的过程，更是一种行动和实践。本章我们结合后现代人类学和后现代管理学的理论，介绍企业文化建构的理论与实践。

第1节 人类学反思：认知人类学与行动学习

人类学反思在20世纪80年代中期以后影响了很多的文本学派，理论的交替使批判和反思成为人类学的主题。20世纪90年代以来，人类学步入一个新的发展时期，开始了普遍反思的阶段[①]。

一 人类学反思的特点

(一) 人类学

所有学科都存在着在批判和反思的基础上创建新的理论模式的情况。但现代人类学所进行的反思却是超乎寻常的全面和深刻，研究方法、方法论、研究者的身份、学科理论、思想范式等，无一不在被批判和反思之列。正是由于在此之前共通范式的缺失，多元理论的兴起以及学科的全面反思现象成为后现代的时代特征。后现代主义人类学是当代人类学理论思潮有别于现代人类学的学术流派，在人类学理论学说中，这一凸显的反思倾向和对传统民族志方法论的质疑，是其本身之所以成为后现代主义人类学的重要标志。和传统的人类学相比，后现代人类学的特征主要表现为以下三个方面：

1. 主观性和客观性的统一

人类学者的主观性和民族志的客观性应该分离，由此保证民族志所描述的文化图景与研究对象的吻合性。而后现代人类学则试图融入观察对象之中，将田野民族志与建构的理论、观察者与被观察者混在一起，强调观察者与被观察者乃至读者之间在话语和认识上的沟通交流。因此，传统人类学的工作思路就是“观察、简化、抽样、推理”，总体性、理性、客观性是它的基本特征。后现代人类学的工作思路则倾向在参与当地人社会生活的基础上，与当地人进行交流；并就当地人的某一文化现象特别是有关个人、自我以及情感方面的论题与当地人进行沟通对话，通过双方互动以期达成二者理解上的共识；最后通过写作方式多样化的实验民族志来描绘研究者与被研究者的内心世界及二者互动过程。总而言之，后现代人类学的工作思路就是“参与、交流、理解、共识”。它从差异与细节出发，去解除被现代人类学的宏大叙事（grand narrative）所边缘化、过

① 庄孔韶．人类学概论．北京：中国人民大学出版社，2006：85－87.

滤掉的东西。

2. 实验的人类学民族志

在民族志文本上，现代人类学的文本是简单的、封闭的、边界明显的文本，体现的是研究者的权威性。在后现代人类学看来，文化研究不是“科学的”探究，而是与被研究的文化一样，是一种人与人得以相互沟通、社会得以绵延传续、人生的知识以及对生命的态度得以表述的话语途径。民族志文本也不是一种实在的社会事实，而是观察者与“当地人”共同协商、共同创造、共同阐释的“意义”。因此，后现代人类学倡导的是开放的、杂乱的文本，试图打破科学与文学二元论的文本，并且将研究对象——当地人纳入文本之中，试图揭示人类经验的矛盾与真相的文本，以及那些通过打破规则来展示（或部分展示）人类怎样应对关于人类存在的永久、真实的文本，那些应对现实生活所必须面对的日常侵扰和悲剧的文本。

3. 倡导行动

在行动上，现代人类学认为无论行动是采用一种积极和乐观的形式，还是消极的形式，都会减少研究结果的科学性。在语言学、符号学理论概念不断推陈出新，令人目不暇接之际，带给人类学的影响是注重理解和解释，结果，研究者把精力集中在解释文化的具体意义之上，主要探讨了文本、事件对人们的意义等，人类学一度成为以高度抽象的术语和概念来满足人类学者自身的职业好奇心的学问，远离有关公共事业的问题，未能满足政府、企业的实际需要，逐渐失去了利用价值和公共部门的承认。

后现代人类学将行动看成不可避免的有意义的产生，积极倡导不同程度的行动。近来，人类学者开始反省后现代人类学的局限性和缺陷，反省的目的就是明确人类学服务的对象。人类学应积极参与，为公共部门解决公共事业的难题做出贡献。2000 年美国人类学会学术总会的主题是“公共人类学”（public anthropology），有不同学科的五百多人参加了大会的讨论。涉及普及医疗体系、预防治疗疾病、解决贫困问题、促进经济发展或解决歧视问题等社会服务和应用科学领域中的问题，通过参与，人类学及时或事先防止了损失的发生，帮助人们正确地制定政策并推动执行。

（二）认知人类学

在人类学进行反思和批判时，与人类学一直在“文化”与“自然”二元主义保持文化特殊性不同，认知人类学的出现，使得文化的普遍性再度引起关注，对现代人类学形成了挑战。

1. 认知人类学简介

认知人类学（cognitive anthropology）又称民族语义学（ethnosemantics ethnoscience）或民族语言学（ethnolinguistics）。这一学派最初是由美国人类学家沃德·古迪纳夫（Ward Goodenough）等人于 20 世纪 50 年代提出的，到 20 世纪 60 年代开始引人瞩目，并在 21 世纪不断发展①。

古迪纳夫的认知人类学融汇了民族学和文化人类学的研究方法，从语言学出发，在研究各民族认知差异的基础上研究认知的通则，这也是他将自己的研究冠以民族学前缀

① 庄孔韶．人类学概论．北京：中国人民大学出版社，2006：84.

的原因。

认知人类学主要关注两点内容：第一，对于一个民族或者族群而言，哪些物质现象是最重要的？第二，他们是如何组织这些物质现象从而形成他们所感知的那个世界的？注意，此处新的东西和新的事物在认知人类学中包括事物、事件、行为、人、情感等现象，统称为物质现象①。

2. 从语言到文化

在不同的文化中，不仅人们组织物质现象的方式不同，各自组织的物质现象的种类也不尽相同。即使是完全相同的物质，如亲属称谓方面，西方文化指涉得少，自认很多亲友与自己无关。如中国人有兄弟、姐妹、姑姨、叔舅、堂表之别，英美人的语言中只有 brother，sister，aunt，uncle，cousin。由此，认知人类学认为，理想的民族志应该包括当地人为处理日常生活中遇到的各种社会文化情况所必须理解与运用的一切规则、原则和类别。只有这样，才能杜绝人类学家的先入之见和文化偏见，反映出真正的文化现实，由于认知人类学对民族志的新见解，这一学派往往又被人们称为新民族志（new ethnography）。

3. 文化地图

新民族志之"新"还表现在共享的文化地图上。早期人类学家是用自己的语言来研究和描写当地人的概念类别，而认知人类学家则强调用当地人的语言来研究和描写当地人的概念类别，他们自然而然地舍弃了客位方法，以避免研究者本身的概念范畴和文化偏见的干扰。主位的研究提出了与文化特殊性相反的问题，也是人类学一直纠结的问题：各种文化的背后是否有一致性的集体文化和集体动机？

以中国人为例，两千年前的中国人与今天的中国人是有所不同的，比较两千年前的《诗经》和海子的诗歌是最好的方式，因为两千年来的历史和文化已经重新塑造了中国人。并且，语言和思维上一直存在着萨丕尔-伍尔夫假设（Sapir-Whorf hypothesis）②。不同的语言形式形成不同的言语社团的认知系统和意识背景，不同的系统和背景使各言语社团的世界观呈现出相对性。每种语言都有自己独特的世界观，使用不同语言的人，实际上生活在不同的世界中。

4. 从文化到心智

古迪纳夫认为，文化是社会成员所学习到的概念设计（conceptual design）或意义系统（system of signification），这种知识能指引人们行为时心理上的认知、行为模式、应对技巧等等。

认知人类学除了把当地人的认知系统比喻成一个文化地图和一种特殊的符号，还可以直观地把它看成一个最完备的规则体系。仍然以中国文化为例，除了上例中亲属关系的命名能体现中西差异外，还有其他一些伦理纲常也能够体现，如天人合一、遵从权威、敬天法祖等。中国人天人合一的文化特征就是中国人典型的认识方式。

有了观察和组织物质现象的体系的概念，就要在互动、相互结构、相互联结、相互拷贝、相互印记、作用、刻录的意义上，把握这个体系和它面对的物质现象之间的全部

---

① 张小军．认知人类学浅谈．光明日报，2006－11－17（12）．

② 曾玉函．浅析"萨丕尔-沃尔夫假说"．南北桥，2017（9）：46．

关系。每个民族都存在着观察和组织物质现象的特殊体系，这个体系存在于个人的头脑之中。最典型的如中国人的天地君亲师的序列，还有中国人的格物致知、修齐治平的情怀，这些相互的印记和刻录只有走进中国人的内心才能理解其意义①。

古迪纳夫的文化定义还使得我们可以清晰地辨析“文化”与“社会”的差异。文化既然是一种认知结构，正如语言和言语的差异一样，语言部分显现的是规则的一面，也就是共享的文化的意义。如红灯停、绿灯行，中国人重视春节和中秋的团聚，这些认知从语言、心理上都具有一致性。与之相对，社会这一概念偏重于行为的一面，也就是实际行动时的应对方式。如看见红灯不熄火，只是一边观察，一边等待前行的时机。中国人的春节和中秋送多少礼、见哪些亲戚，这些都是社会性的和行为方式上的认知。

如果说结构功能人类学把文化看成制度，象征人类学把文化看成符号，而认知人类学则把文化看成心智结构。20 世纪 80 年代初，新一代的认知人类学家认为，语言并不是揭示认知结构的唯一通道。认知人类学是研究隐藏在文字、故事、文化遗物等中的文化知识的学科。认知人类学家积极利用人工智能与认知心理学的研究成果，对不同文化进行比较，希望发现不同民族人们的认知模式中的共有特征和主题。

图式是有关某一概念或刺激的一组有组织、有结构的认知。它包括对某一概念或刺激的认知、相关的各种认知的关系及具体的例子、图式理论（schema theory）等。图式理论来源于心理学连接主义学派的神经网络学说，图式是一些经验事件的心理模型，在潜意识中发挥作用，并为群体中每一个成员所共享，如嫦娥、兔爷和西方传说中的女巫，这是理解文化心理的主要手段。认知人类学的意义在于创造了一种新的心理实体，人类学家就此开始把文化视作部件（a parts）而不是完整的结构。不过，这个部件不是功能主义中作为构成整体的要素，而是离散性的、动态的认知单位，这些单位除了图式之外还包括符号、命题（如中国人的太极图中的符号和《三字经》中“人之初，性本善”的命题）等。通过对这些不同单元的分析，可以对文化做出新的解释。

（三）行动学习

1. 行动学习的起源

“行动学习”的创始人是雷格·瑞文斯（Reg Revans）。瑞文斯在协助导师组织工作的过程中发现：即使是世界顶级的学者也会存在认知局限。而打破该局限最有效的方式竟然不是自己闭门研究，也不是依赖于别人给出的建议，而是听到其他学者对研究提出的质疑。质疑一旦产生，就会引发自身或其他学者的反思和再研究，不少新的思路就会产生。而某位学者新的观点又会产生裂变效应，让其他人豁然开朗，或成为其他学者的借鉴或再次迸发出新的火花。瑞文斯开始思考，学习究竟是如何发生和向前推动的？

由于瑞文斯感到自己从事的核物理学研究正在被应用到毁灭人类的武器领域，这与他的信仰相背离，所以他选择离开核物理学领域，转行去英国的煤炭委员会担任教育培训主任。正是这次重大的跨界，让他把科学研究领域的洞见带入了传统的教育领域，并冲击到传统教育领域的认知。20 世纪 40 年代，瑞文斯开始思考将自己对学习的新认知应用于解决威尔士和英格兰煤矿的生产力和士气问题。他把煤矿经理组织起来，分成

① 王丽慧，张君．从语言到心智：认知人类学的理论进展．自然辩证法通讯，2008（4）：94－98.

4～5人的小组，每个人陈述自己面临的疑难，其他人从自己的视角提出质疑，当事人由此受到启发，最终找到解决方案。这种全新的模式很快取得了重大成效，与相邻煤矿相比，瑞文斯指导过的煤矿在生产力方面高出30%，而且士气高涨。20世纪60年代，瑞文斯担任伦敦急救服务机构负责人时，开始应用这套方法解决伦敦医院所面临的问题，在那里瑞文斯引导护士们解决复杂问题，建立了一系列有效的问题解决方法，行动学习法雏形开始呈现。1968年，瑞文斯来到比利时，用行动学习法帮助改善比利时的经济状况，5所比利时大学和23家比利时规模最大的组织参与了瑞文斯主持的项目。短短几年，比利时年度经济增长排名就大幅度提升，甚至超过了德国和日本，其中瑞文斯主导的行动学习项目发挥了至关重要的作用。

1971年，瑞文斯出版了《发展高效管理者》一书，首次以“行动学习”（action learning）命名了这套方法。瑞文斯在其组织工作参与中反复观察和验证，最终认为学习是结构化知识P（programmed knowledge）与洞见性提问Q（questioning insight）的结合。结构化知识可以解决常规性问题，而一旦遇到没有准确答案的难点问题，结构化知识就不够了，这时洞见性提问成为问题解决的关键，通过质疑和提问可以激发出新的思考，从而带来全新的认知。于是瑞文斯确立了“学习＝结构化知识＋洞见性提问”的理论框架，也就是后来学术界所熟知的行动学习的基本公式L＝P＋Q。后来任何关于行动学习理论的推动和发展，无一不是在此研究上的继承和发展。

2. 行动学习的功能

行动学习的功能基本都落在以下几点上：

（1）行动学习实施环境是在实际工作场景，而不是虚拟的环境中进行的，尤其特指在真实的教育环境下进行。行动学习是对社会情境（包括教育情境）的研究，是从改善社会情境中行动质量的角度来进行研究的一种研究取向；行动学习的环境就是真实的工作环境，是走出图书馆或实验室的一种研究方法，研究工作就在问题发生的真实环境中进行。

（2）行动学习问题发现途径是从实践中而不是从理论中，然后采用一定的方法解决该问题，并继续运用到实践当中，强调的是“从实践中来，到实践中去”；行动学习是由社会情境的参加者为提高对所在的社会情境的理性认识，为加深对实践活动及其依赖的背景的理解而进行的反思研究。行动学习，一般来说是从实际行动中寻找课题，在实际工作中进行研究，研究结果为实际工作者理解、掌握和实施，从而达到解决实际问题的目的。

（3）行动学习的实验参与对象会与研究者共同参与到方法当中，推进解决实际中出现的问题。行动学习需要研究者参与研究结果的执行或行动学习者直接参与研究活动，是研究者和行动者相互结合甚至合而为一的研究行动①。

二 管理学的反思理论

20世纪50年代中期到20世纪末的现代管理阶段，其特点是随着科学技术进步，出现了许多科学技术的新成果，运筹学、数理统计等方法的出现，特别是计算机的出现和

① 秦旭芳．行动学习法与行动研究之比较．师资培训研究，2004（2）：36-41.

生产过程的自动化以及生产社会化程度越来越高、大型复杂的重大工程的出现和跨国公司的发展等等，使企业管理走上现代化阶段。进入 21 世纪，企业赖以生存和发展的外界环境正在发生巨大而激烈的变化，如经济全球化，互联网技术迅猛发展，客户需求呈现多样化、个性化、弹性化等。这些本质性的变化引发出许多新的重大矛盾关系，从而使企业管理走向后现代管理的新阶段。

（一）后现代管理概述

后现代管理（postmodern management），是指适应 21 世纪经济、社会环境巨大变化的企业管理。后现代管理思潮源于 20 世纪 80 年代的美国。后现代管理理论也同后现代人类学理论一样，和现代管理理论并存。总体上表现为以下特征：

1. 互联网经济

互联网技术导致互联网经济出现，促使企业经营由实体一体化走向虚拟一体化，从而使得企业与市场之间的界限趋于模糊化。它要求企业供、产、销、服务等业务流程必须实行再造，组织结构必须实行扁平化，以增进企业的适应力。因此，针对企业各种外部因素的改变，如科技、经济、劳动市场、社会和法律变化等，企业都必须进行相应的变革来适应新形势，企业变革的主要目的是提高企业的能力、增强企业的柔性（flexibility），以应付环境变化所造成的冲击。适应企业经营环境的快速变化，要求企业具有更大的灵活性，并大大提高企业整体的综合效能。为此，必须突破部门分工的严格界限，为实现某一特定目标和任务，实现职能的重新组合，在企业层面和个体层面之间，日益注重团队的组成和管理，进而增强企业的活力、效能与系统整体实力。

2. 环境保护

长期以来，随着科学技术的飞速发展和社会生产力水平的极大提高，人类创造了大量财富，加速推进了人们生活水平的提高和社会文明进程。但与此同时，资源过度消耗，环境污染和生态破坏也日益严重，又大大影响着经济社会的发展和人类生活质量的提高，威胁着人类的生存与发展。因而，企业管理必须实施绿色化管理和生态经营，强化社会义务。

3. 资本与知识

在后现代管理时代，知识超越传统的土地、劳动力和资本而成为更加重要的资源。知识正被系统地、有目的地用来生产、传递和运用知识。知识实现了从应用于工具、应用于工作到应用于知识的转变。进入知识经济时代，企业生产要素的主体逐渐由资本向知识转移，因而也引起了管理的重大变革。企业产权结构中除货币资本外，知识型员工备受青睐，人力资本同货币资本一样，也有权参与剩余价值分配。这样，就使两权分离的委托——代理关系的治理模式逐渐模糊化；同时，必须强调以人为本和员工自主管理，创建学习型组织，实施知识管理等。

4. 还原与整体

泰罗学说以后的管理学在思想方法上一直受还原论影响，认为企业整体的性质可以还原为部分或低层次的性质，认识了部分和低层次，通过累加即可以认识企业整体或高层次；认为分工越细，效率越高。而实践证明，随着企业经营环境的变化，企业的优势和效果越来越取决于企业整体对环境的敏捷性和适应能力，因而，必须把企业作为一个生命体来看待，从还原论转向整体论，强调企业内部整合以及同外部耦合互动，实行在全球范围整合资源，把企业作为一个适应系统来研究。

5. 均衡与非均衡

在当今时代，管理哲学正从重视“均衡”转向更重视“非均衡”。例如华为公司的“灰度”管理理论（见本章“学习与练习”）。管理实践是充满矛盾的动态过程，矛盾是企业发展的动力。因而，实施管理应当有意识地对某些资源、环节、能力实行重点突破，要十分关注企业生命周期各个阶段的矛盾关节点，使企业运行经常处于不均衡状态，激发企业在解决不均衡中不断挖掘潜力，使企业能力与素质不断跃升到更高层次，不断持续成长。由此，必须强调创新是管理的灵魂和动力，同时要不断培育和变革企业的核心能力。

（二）组织结构的变化

正是互联网的出现，带给企业传统的组织结构和人力资源管理、企业文化层面极大的冲击。由于人力资源管理将在第 10 章详细讨论，在此我们介绍互联网背景下的组织结构新形式。

1. 组织结构从金字塔到扁平化

传统的组织设计通常强调层级，企业从上到下根据管理跨度（span of management，即每个管理者管理下属的数目）和管理层级（level of management，即企业从最高层到最基层的数目）来进行组织设计，组织结构设计的通病就是跨度小、层级多。而互联网的出现对组织结构变化的最重要影响来自增加管理跨度而减少层级。例如小米公司，管理层级基本上是三层：7 名创始人、部门经理和员工。每个创始人负责管理一个大部门，部门下是多个团队，每个团队设组长 1 名。团队员工保持一定人数（5～10 人），团队员工数量是流动的，如果团队太大就拆分。此外，产品生产、物流服务和售后支持的工作都开始外包，让企业运转集中在产品和客户体验上，2014 年的统计数据显示，在总数达 7 000 人的员工队伍中，研发、客服和销售占总体员工数量的 95%，行政管理人员尚不足 5%。尽管业务不断扩大，但是团队数量增加，专业分工也进一步细化，整个组织呈横向扁平发展。

2. 从领导中心到去中心化

互联网时代的外部环境需要企业有更快的“变阵”的速度，企业组织结构除了扁平之外，更加具有柔性。企业中的团队和员工被授予更多的权利责任。同时，团队负责人也被赋予更大的管理跨度。在这一反传统的组织结构中，企业获取的市场信息先由在市场的基层反馈给企业高层，由高层决策再将命令下达给中间管理层的部门相关负责人，然后再由具体负责人进行风险决策，以使研发和销售更贴近用户需求。

3. 从纵向指令到横向合作

在互联网时代，企业以用户体验为中心，企业必须灵活调动更多的横向资源，即需要来自不同职能、不同专业领域的员工组成团队为用户提供更好的用户体验，这时组织的水平边界被打破，更多的信息和资源在不同部门间流通，这些跨职能部门的团队的建立可能是临时的、虚拟的，也可能是长远的，完全取决于用户的个性化需求。团队为满足用户需求将具备更多的自主决策权利，甚至形成能够自主经营的团队，企业将从集权向分权过渡。

4. 从决策者、管理者到平台和创客

创客（maker）是指出于兴趣与爱好，努力把各种创意转变为现实的有能力的个体。在互联网的冲击下，创客对于小众满足个性化定制需求的作用日益重要。海尔集团董事局主席张瑞敏就此提出了“企业平台化、员工创客化、用户个性化”的创新理念，将创客引申到企业创业过程中。张瑞敏认为，传统企业是封闭的、有边界的，互联网企业是没有边界的、平台化的，各种信息、资源既可以在企业平台上的各个社群单元中流动，也可以在企业与外部市场间流动。依照互联网思维，当企业转变成平台后，企业就成为互联网中的一个节点，平台上的组织单元网络化，与外部互联互通并入互联网。当企业和外界互联后，企业中的员工成为互联网中的节点，员工必须转型成为创客才能并入网络，企业的内外边界被打破，企业和员工由原本的雇佣关系转变成“平台＋创客”的新型关系，整个企业平台形成一个平等开放、共创共赢的生态圈。

但是，问题也开始出现，随着这些结构的广泛应用，一些缺点也开始暴露，由于企业一直处于不断变化和重构中，目标和责任含混不清，很难建立相应的企业文化。

（三）三种组织文化观和文化管理的变化

企业文化要围绕价值观展开建构，当原有的金字塔变成扁平，企业文化的建构方式、理念、制度文化等都要随需而变，对于企业文化的建构在反思中形成了以下观点：

1. 三种组织文化观

面对后现代管理带给组织文化建构的冲击，美国斯坦福大学的马丁（J. Martin）教授区分了两种基本的企业文化研究模式，它们分别是“功能主义”和“象征主义”。前者主要关注的是企业文化如何有益于企业绩效这一核心论题，而后者十分看重与文化形态（如仪式和物理安排）相关的象征意义。在马丁看来，“功能主义通常把文化看作是一种变量，并且习惯对结果进行预测，而象征主义往往把文化看作是研究企业生活的透视镜”，这种观点与斯默西奇几乎同出一辙①。

马丁的组织文化的“三观”在我国很有影响，即如下的融合观、差异观和碎片观：

（1）融合观。融合观强调整个组织的共识性，认为文化是一种明晰的东西，模糊性应该被排除在外。融合观为支持存在“强势”文化观念的学者普遍采纳（如约翰·科特和赫斯特的研究），组织文化的实践者也大多认同这样的观点。倡导强文化的学者认为协调性、积极性、组织性及统一领导会有助于企业经营业绩的增长。但是，实证研究显示企业文化力量与企业长期经营业绩之间的比例关系十分脆弱。所以强文化会产生优异的企业经营业绩这一论点似乎有些牵强，融合观可以被视为功能主义的体现。

（2）差异观。差异观关注组织文化不一致的表现，研究者认为组织内部存在共识，不过只存在于所谓“亚文化”的较低分析层次。各种亚文化（如工程师文化）可以独立和谐地存在，也可能和主文化相互发生冲突。持这种观点的学者认为：观念和文化安排像一系列行为规则一样使群体成员互相对抗。而行为规则虽然互相矛盾，但能够以不同的方式加以规定、遵守或抵制。而没有这种基本的共识，文化也就无从说起，因此研究

① 马丁．组织文化．沈国华，译．上海：上海财经大学出版社，2005：85－137.

者需要对此加以观察和解释，发现其中的文化含义。

（3）碎片观。碎片观强调模糊性，持这一派观点的学者认为：文化的模糊性，而不是明晰性是研究企业文化的核心。这种模糊性出现在相对具有一致性、共识性和明晰性的这些“亚文化孤岛”的空隙之间。例如斯默西奇自己就持“群体是自身特质或与众不同的特点而表现为信仰范式（意识形态）、活动（规范和仪式）、语言和其他符号形态”的观点。企业中的群体繁多，文化各自不同，总体上呈支离破碎状，我们可以将其视作后现代企业文化理论。

在马丁看来，这三种观点同处于一张具有内在张力的网中，对企业文化的研究取决于研究者和实践者（领导者）的具体目的。

按照企业文化的整体性分析框架，人类学和管理学的后现代转向，肇始于对于企业个体的假设发生根本性变化和企业内部权力的分化。企业目标不止于对效率和效能的追求，还要考虑企业的社会义务。对于企业成员的人性假设，已经从经济人向文化人发生变化。对应企业文化的建构，主要表现在个体和企业两个层面的行动上。对于企业成员而言，需要主动改变心智，提升个体的学习能力，从被动变为主动。对企业而言，需要从团队层面展开文化建构，在企业层面打造学习型组织，营造创新型文化、道德型文化。

2. 从组织到平台

后现代企业变革与发展理论对西方传统管理学批判的目的，仍然是希望西方现代管理学和管理实践能够适应新的历史时代。从总体上看，它们都在探索当代西方企业和管理进化的新特征、新矛盾及其理论走向，并以不同态度、方式寻求解决管理理论发展矛盾的途径。

然而，正如后现代人类学拆解了整体主义观念一样，后现代管理理论拆解了企业管理的效能（effectiveness）和效率（efficiency），而发现了人的价值。现代企业和管理的实践表明，在企业中的确存在着利用管理技术、管理方法，根本不顾人的本性，过度控制的倾向。企业不能一味地追逐利润，还要注重企业成员①。对人性的假设沿着经济人—社会人—组织人—自我实现人—复杂人—文化人不断转变（参见第1章第2节），而美国管理者在此基础上发展出学习型个人和学习型组织。因此，人类学和管理学的视域融合产生了三个结果：其一是在个体层面凸显人的价值，不仅注重员工的行为和心理，而且关注企业成员的心智，因此在文化建构出现多文化和多组织结构并存；其二是在团队层面，团队的组织结构和团队文化的建设开始引起人们的注意；其三是在企业层面，开始注重打造学习型组织，建立有道德的企业文化、积极的企业文化。

第2节　企业文化的认知和行动

企业文化的行动表现为企业及其成员在企业存续过程中价值观的实现方式，如企业实际执行的招聘标准、员工晋升的真实依据、管理者与普通员工之间的沟通状况等。

---

① 罗珉．后现代管理理论辩析．管理科学，2005，18（2）：8－13．

一 转变成员的个体心智

认知人类学视野探讨文化知识如何在人脑中协调运转、如何在各个主体间互动以及在这一过程中如何生成各自不同的策略并且付诸行动。尤其是，认知人类学注重从内部角度而非外部角度了解当事人。

（一）构建个体认知的文化地图

1. 企业变革的心智基础

后现代管理学研究也开始侧重于变革的认知过程，一方面是由于企业更新的普及，另一方面是由于“认知科学”（cognitive science）在管理学中也开始扮演重要的角色。当人们面对变革时，会利用脑海中的分析架构来分析变革，这个分析架构存有关于变革的各种信息，可以称为变革的思维图式（mental schema）。这个思维图式包括若干个层面，如对变革的重视程度、变革的原因、变革的后果、对自己的影响，以及能否控制变革等。这一研究指出了这种思维图式是一个信息处理中心，当遇到某种变革时，这种思维图式便自动开启，处理所得到的信息，然后对变革形成结论。因此，企业成员对变革的态度可以由这种思维图式引申而来。如果能更改人的思维图式，那么就能较容易地改变人们对变革的态度，更有效地管理对变革的抵触情绪。

任何变革都需要企业成员来执行和支持，如果有计划的变革未能被接受，则肯定不能顺利推行。同时，企业的成效不能单靠改变企业结构和工艺流程，还需要企业成员改变工作态度和习惯。因此，企业变革只有在改变了员工的行为以后才可能获得成功。在传统的管理理论中，知识往往集中在介于最高管理层和操作层之间的决策者和管理人员手中。知识是从上层灌输给下层的，而上层难以从下层获取知识。在以知识型员工为主的企业中，知识主要存在于基层，存在于知识型员工的头脑里。这些知识型员工在基层从事不同的工作，自主管理与自主决策。由于知识重新实现了从管理层到员工的回归，企业的权力也相应地实现了分散化。新型企业结构出现后现代企业更希望创造新的企业共同愿景（shared vision），需要针对各成员的认知（cognition）而改变。其中一个主要的方法就是打造学习型组织。

显而易见，认知人类学、认知科学对于变革中的企业成员极具意义。在“写文化”的广泛讨论中，员工的心理和行为是否产生变化，这些变化体现在员工的行为中，尤其是现代企业在互联网的冲击下，随着权力分化、组织结构团队化、小微化和平台化等新的组合出现，企业文化要真正达到转变行为的目标，就需要对处于“文化孤岛”的成员的心智产生影响。企业文化建构要提升实效，就需要改变企业成员的心智。

2. 提升个体的能力

美国著名学者迈克尔·茨威尔（Michael Zwell）认为能力是决定个人绩效的品质和特征，而公司的企业文化则决定着能力在整个公司的表现程度。企业文化通过以下方式影响个人能力：

（1）聘用和选任实践决定着哪些人员将加入企业之中。如何聘用人员是事关企业标准、价值观、奖励体制、决策机制等方面的重要的文化过程。较之以能力评估为基础聘用人员的公司，单凭经理的喜好进行人员聘用的公司经常会录用能力较差的人员。

（2）奖励机制向员工传达着企业对能力的重视程度。如果团队精神差的员工与团队精神强的员工得到同样的报酬和重视，员工就不太可能注重相互间的合作及帮助他人成功。

（3）决策实践影响着授权他人、主动性和激励他人的能力①。如果所有的决定都应该由管理者做出，员工只需听从命令，那么员工往往不愿承担责任，并且缺乏主动性和积极性。

（4）企业理念——使命、远景规划和价值体系——与所有能力息息相关。企业的价值体系每天以各种潜移默化的方式传达给员工，每一种方式都对员工的行为产生影响。如果生产经理走过大厅时对地上一张揉皱的纸视而不见，那么他传递给员工的信息就是质量并不那么重要。如果质量在企业文化中的确非常重要，而且管理者通过其言行表达出这一重要性，员工也会更多地表现出与这一能力相关的关键行为方式。

（5）工作惯例和管理程序使员工认识到他们应该具备多少能力。人们希望对企业有归属感，希望感受到自己是企业的一员。新员工自加入企业起就开始学习那里的行事方式，而且往往调整自己的行为去适应周围的人。例如，如果公司的惯例是员工应该自己确立挑战性的目标，比起一个不需设定目标或目标不需富有挑战性的公司，新员工更有可能做到这一点。

（6）对员工培训和培养的重视向员工传达着不断发展自我这一能力的重要性。如果企业不支持员工提高他们的技能和能力，员工就不太可能在这类能力方面占优势。

（7）培养领导者的企业程序直接影响着领导能力。包括领导艺术培训、导师指导等内容的培训计划，不仅有助于培养出更优秀的领导者，同时还传递了有关领导者应如何行事、如何进行管理、如何对待员工等一整套价值观和信念。

3. “以文化行”

了解员工的认知结构，还需要把企业文化倡导逐步转移成所有人的行为和习惯。这才是一项专业、艰难而耗时的过程，是一次真正的管理变革，但也是进行企业文化建设最有价值的过程。

企业文化以文化引导，潜移默化地影响企业成员的意识、行为和心理，从而激发企业成员的自觉性和主动性。遵循认知人类学和行动学习理论，认知过程是一个社会化的过程②。而企业文化对个体产生作用，主要是通过社会化完成的。

社会化就是人的社会行为的塑造过程。通过这一过程，人们形成了被其生存环境所认可的社会行为模式，对其生存的社会文化环境中的各种刺激能够给予合适、稳定的反应。文化人类学家认为，社会是一个接受社会文化，形成文化适应的过程③。

由于文化是习得的，这一特征就需要企业管理者和员工注重个体和企业学习。公司的内刊、杂志、书籍、网络等媒介能向员工提供企业的各种规范和要求，让成员很快学到各种知识与规范。无形的影响指在企业内，人们通过一系列频繁的相互作用形成的价

---

① 茨威尔．创造基于能力的企业文化．王申英，唐伟，何卫，译．北京：华夏出版社，2002：10－11.
② 黄淑娉，龚佩华．文化人类学理论方法研究．广东：广东高等教育出版社，2004：31－35.
③ 沙莲香．社会心理学．北京：中国人民大学出版社，1988：153.

值观念、习惯、心理①。

因此，后现代企业变革是从改变成员的信念和原则、工作理念和公司使命等出发，其他的传统活动，如工作和技术变革，以及企业设计等也会同时进行，但必须与认知方面的变革相配合，并且依靠这两方面的活动，诱发行为变革，从而提高企业的业绩和加快成员个人的发展。

（二）多种文化的共生共存

1. 和而不同

企业成员和人类学家眼中的当地人一样，他们大脑中的图示，作为一种社会认知，包括包含感知、判断、推测和评价在内的社会心理活动，而不仅仅局限或等同于其中的某一过程。正如对企业文化的认识一样，员工的知觉、印象、判断以及对企业文化的意义的推测和评价，是认知活动发生和进行时所经历的几个主要过程，它们互相联系组成了完整的社会认知活动。

一方面，需要管理者在建构企业文化时采用各种方式，在人们心目中产生一种内在的说服力，从而把企业意识变为人们自觉的行动。另一方面，企业文化的建设，要以人的需求为出发点，因为需求是人行动的动力源泉。只有这样才能使企业文化被广大企业成员真正地了解和接受，并内化为自己的价值观、道德准则和行为准绳。

企业文化能够在“润物细无声”中达到对员工认知结构的影响，可以使个体潜移默化地接受一种观念。卓越的企业文化在无形中规定企业成员应有崇高的理想和追求，并引导其主动适应健康的、先进的、有发展前途的社会需求，使个人和企业的目标得以共同实现。要充分发挥企业文化对企业成员柔性管理的作用，实现个人和企业的“双赢”。

2. 整合新旧文化

企业面临的文化冲突或文化危机，往往有来自企业内部或外部的创新力量与企业的文化传统之间的冲突。任何一种企业文化，不论其形成之时先进与否，由于文化本身的自我延续性特征，必将在相当长的一段时间内保持某种惯性或者刚性。但是，社会处在不断的发展和变化之中，即使一个企业的文化在其初建时是非常先进的，也有可能随着社会的发展而成为落后的文化。这时需要企业建立新的企业文化。然而企业文化具有一定的惯性，固有的企业文化不会主动退出历史舞台。因此，新旧文化之间的冲突在所难免。这时就需要正确处理这两种文化之间的关系。对新旧文化的整合不能操之过急，要让企业员工对新文化有一个逐步接受和适应的过程。

新旧文化之间的冲突往往成为企业中文化冲突的主题，而相应的企业文化的创新便成了企业文化变革的重要方面。企业文化是一个动态变化的过程，它会随着企业内外部环境等因素的变化而变化。因此，当企业中传统文化不适应企业发展需要时，就应该对其进行相应的调整。在企业内部，就需要营造出一个良好的组织氛围，让企业成员之间能够彼此尊重、勤于沟通，采取积极主动性的策略树立起关心、关爱的团队文化、部门文化。同时还要注重礼仪，使企业中呈现人文气息。

---

① 多伦，加西亚．价值观管理：21世纪企业生存之道．李超平，译．北京：中国人民大学出版社，2009：27.

3. 融合本土文化与外来文化

经济全球化的一个重要特征是各国经济互相渗透、互相依存，企业经营无国界。由于管理活动受社会文化以及人们的价值观、风俗习惯等的影响，员工心智模式的转换必然存在着文化的摩擦与冲突，影响管理效率。因此，企业不仅要资本相融、智力相融，还要文化相融（包括理想信念、价值取向、行为准则、思维惯性等相融），走兼收并蓄、博采众长，不断融合创新之路。

企业文化建设是理论在企业中的实际运用，因此，必须围绕企业目标，将文化管理的理念体现在企业的各个领域，让企业文化和企业成员的工作结合起来。对企业成员而言，工作是生活的重要内容，在工作场所中度过的时间很多，不同的工作场所以无形的方式影响着员工对企业文化的内化。

二 建构团队文化，推动组织发展

在后现代管理时期，团队已成为企业活动的流行方式。当管理人员动用团队作为协调企业活动的主要方式时，其企业形态即为团队结构（team structure）。这种结构方式的主要特点是打破部门界限，并把决策权下放到工作团队。团队结构同矩阵结构一样，也是为执行某个企业任务由来自各个部门的不同成员组成，其中还可以包括中级或高级管理者。团队负责人从团队成员中选拔产生，职能部门的管理者只起到提供建议和帮助该团队达成目标的作用，团队对于职能部门没有明显的隶属关系，避免了矩阵结构双重领导的缺点。此外，团队中的成员实行自我管理，因此这种结构具有反应灵敏、快速决策的特征，这对于帮助企业提高运行效率、获取竞争优势具有重要作用。

既然现在企业的运营以团队结构展开，在个体心智和企业文化之间，就存在着群体、团队的文化即主文化和亚文化的重叠，和而不同。

（一）建构团队文化

团队文化不同于企业文化，它有自己的形成过程。而团队成员个性、心智、行为模式不尽相同。高效团队需要建立统一的团队文化，团队文化一旦形成，便会强烈地支配着团队成员的思想和行为。那么如何构建团队文化？如何让团队文化与企业文化更加契合呢？企业文化建构需要从以下几方面着手：

1. 培养共同的价值观

每一位团队成员都有不同的行为模式、思考方式等个性特点，这就是团队成员的异质性。当这些个性不同的人组合成为一个团队时，冲突矛盾就极易显现出来。因此，培养共同的价值观是将个性不同的团队成员凝结起来的第一步。所谓共同的价值观就是指团队全体成员对做人、做事的基本态度，是团队成员关于目标或信仰的共同观念和看法，共同的价值观是解决团队中矛盾、争论和冲突的关键。共同价值观的培养并不是压制个性，而是要在具有共同价值观的基础上彰显个性。

2. 相互尊重

团队成员的人格、态度、价值观、团队角色的不同使得团队可以互补，使团队能够更加全面地看待问题。然而，正是由于差异的存在，使成员之间的相互合作变得更加困难。因此，构建和谐的人际关系就要求同存异，相互尊重。

3. 彼此信任

建立和谐的人际关系的又一途径是在团队中建立起信任背景。对个人而言，信守所有约定；对伙伴及整个团队而言，建立起相互之间的信任。高信任度的团队存在着七种信任红利：提高团队价值、促进团结协作、加速成长进步、巩固伙伴关系、改进执行能力、培养创新精神、增强忠实互信。高信任度的团队不仅能提高工作效率，而且还会节约时间、资金等成本，从而带来信任红利。

4. 培育个性化的团队文化

并非所有团队都只有一种文化，个性化文化是更契合团队工作的文化，也可称之为适合的团队文化。在中国很多团队都在学习国外先进的团队文化，但简单的复制粘贴并不能成功，还可能会出现“水土不服”的情况，也就是说别人的文化与你的团队不能契合。这就需要培育个性化的、适合自己团队的文化。

5. 和而不同

企业的主文化，指企业在一定时期内所形成的占主导地位的企业文化。主文化是一个企业的核心价值观的体现，受到大多数企业员工的认可，构成了企业文化的主流，但并不能包括企业中所有的文化。

亚文化是某一社会主流文化中一个较小的组成部分，可能是企业文化的有益补充，也可能与企业文化相悖，或者是与主文化有差别但对企业无害的文化。团队文化作为亚文化，应具备以下特点：

(1) 亚文化必须与主流文化在某些方面有差异，但至少服从企业的基本制度和规范。

(2) 必须有亚文化群意识，即亚文化群成员们把自己看作一个相对独立的工作单元。

(3) 亚文化都具有独特的、为其成员欣然接受的行为规范。过于遵循亚文化群体的规范有可能导致违反主文化规范的越轨行为①。

企业面临的环境瞬息万变，企业的战略和企业结构也会随着环境的变化而改变，适于企业生存和发展的企业文化也要发生相应的改变。主文化和亚文化在企业中的地位并不是一成不变的，主流与非主流的地位变化是以企业发展需要为基础的，一旦环境发生变化，出现了文化危机和冲突，随之而来的往往都是企业文化的革命和转型，某些符合时代要求的积极健康的亚文化也可能成为新的主文化。主文化与亚文化的地位处于一个动态平衡的状态，它们之间是可以相互转化的。这种主文化与亚文化相互转换的过程也是企业文化融合的一个过程。

(二) 推动组织发展

企业组织结构的变化和企业成员的变化使得企业必须推行有计划的变革(planed change)，即从零散的变革活动转向系统的、战略性的有计划变革，重视变革的理论指导和方法途径。它意味着组织从一个时点到另一个时点的变化，这就是

---

① 斯道雷．文化理论与通俗文化导论．2版．杨竹山，郭发勇，周辉，译．南京：南京大学出版社，2006：19.

组织发展（organizational development，OD），指以人员优化和组织气氛协调为思路，通过组织层面的长期努力，改进更新企业组织的过程，实现系统的组织变革。

组织发展是一项干预技术，是有计划的变革和干预措施的总和，目的在于重视人员与组织的成长，促使组织内全体成员和整个组织发生变革。组织变革除了改变个人心智之外，使用的途径和方式大都以团队方式完成，主要包括如下六点：

1. 敏感性训练

敏感性训练（sensitive training）就是受训者通过在群体学习环境中的自由讨论、意见交流和相互影响，提高对自己的感情和情绪、自己在组织中所扮演的角色、自己同他人相互关系的敏感性，以及学习和认知的能力，进而改变个体和团体的行为，达到提高工作效率和满足个人需要的目标。

这种训练方法适用于一般职工，尤其适用于中上层管理人员，对具有不同社会文化和知识背景的人也同样有效。

2. 调查反馈

调查反馈（survey feedback）法通常是在外来咨询专家和企业领导者合作下，通过访谈、问卷、观察等方法进行测量调查，把收集和分析的数据结果绘制成一定的图表，反馈给被调查的群体或组织成员，以此诊断所存在的问题，并征寻和制订出解决问题的方案。

调查的内容一般包括三个方面：

（1）领导管理过程中的问题。

（2）企业在沟通、决策、协调和激励等方面的情况。

（3）成员对企业中各方面情况的满意度。

3. 过程咨询

过程咨询（process consultation）指组织成员借助于掌握专业技术的咨询顾问的力量，通过一系列的咨询活动来提高企业了解、认识、分析和处理沟通、角色扮演、群体功能、群体规范、领导、群体间关系等问题的能力，更好地完成组织的任务。

过程咨询是依靠外部顾问帮助管理者对企业必须处理的事件形成认识、理解和行动的能力。在过程咨询过程中，外部顾问和管理者共同工作，让管理者了解到他们的周围正在发生什么事情。但外部顾问不解决组织中的具体问题，而是作为向导和教练提出建议，帮助管理者诊断哪些过程需要改进。

由于其主要涉及群体内部或者群体与顾问之间所发生的过程情况，并以过程方面的顾问能够有效地帮助诊断和解决现代组织所面临的重要问题为假设前提，因此从实践来看，过程咨询还可以解决现代组织群体间面临的重要的人际问题和帮助组织自己解决存在的问题。

4. 团队建设

团队建设（team building）利用高度互动的群体活动来增强团队队员之间的信任和坦诚，改进协作努力和提高团队绩效。团队建设中的文化建设上文已有介绍。

5. 群体间关系的开发

群体间关系的开发（intergroup development）又称为组际合作或者群体互动，是一种关注不同群体之间的恶性冲突，致力于改变不同群体对彼此的态度、观念和刻板印象的组织发展措施。关注组织内的职位、部门或分工的差异，都会形成对其他各个群体和团队的刻板印象。群体间互动，就要以某种群体关系为基础，连接两个不同群体的相互影响和相互作用。由于群体间互动的效果和质量会显著影响到一方甚至双方的群体工作绩效以及成员的工作满意度，群体互动需要遵循提出合作问题、收集信息（角色互换）、沟通、诊断问题（组建亚群体或更深入的诊断）、制定行动方案、用行动推进相互之间的理解等流程。

6. 欣赏式问询

欣赏式问询（appreciative inquiry）就是搜寻组织内以及其他相关群体世界中最好、最美的一面，由此实现个人与群体、成员与组织的共同发展。欣赏式问询强调的是积极方面，它关注的焦点是组织的成功而不是组织的问题，它不是寻找问题来加以改正，而是发现一个组织的独特品质和特殊优势，这些因素可以成为员工改进工作绩效的基础。在运用和发展中，欣赏式问询发展出4D循环，简单实用、可操作。这4D分别是：

（1）新知探索（discovery）。调动整个系统，进入积极探询的变革核心。

（2）梦想构筑（dream）。基于业已发现的潜能，围绕更高的追求，构筑清晰的梦境。例如，问一问自己："今天的世界要求我们如何应对明天的挑战?""通过今天的不懈努力，明天的我们又将会变成怎样?"

（3）组织设计（design）。就如何构建理想化组织提出各种建议。在这样的组织内，每一名成员要既能自由释放推动组织变革的积极潜能，又能自由实现自己构筑的梦想。

（4）把握命运（destiny）。进一步强化整个系统积极肯定的特征，满怀希望和动力，去实现更为远大的组织目标。在此过程中，组织成员学习、调整和提高此时已经成为自觉的行为习惯。

这四个步骤看似简单，实则不然，遵循这套方法会给企业带来巨大变化。

第3节 企业文化建构中的行动

企业文化与外界是一个双向影响的过程。在这个过程中，企业的精神文化、行为文化和物质文化（包括产品、服务、企业成员行为、经营作风、标志、信条、广告等）对社会、股东、公众会产生影响，还要求企业在文化管理、企业创新活动中发挥对社会和利益相关者的"正能量"。

一 创建学习型组织

（一）学习型组织的概念和特征

学习型组织是指通过培养弥漫于整个企业的学习气氛，充分发挥员工的创造性思维能力而建立起来的一种有机的、高度柔性的、扁平的、符合人性的、能持续发展的企业。这种企业具有持续学习的能力，具有高于个人绩效总和的综合绩效。它是美国人总结了日本的企业文化的优点与不足之后所创造的全新的文化管理模式，突破了传统人性假设框架。这种模式的最大特点，就是在知识经济条件下依靠劳动者的高度主体性和自觉精神，不断学习、持续进步、自我超越，从而使企业保持蓬勃发展的生命力。

彼得·圣吉在《第五项修炼》一书中说："一开始，人们就教我们分析问题，把世界分成若干部分。这种方法看来可以帮助我们更好地处理复杂的工作和问题，然而，我们必须付出很多看不见的代价。我们不能看见我们行动的结果，而且，在一个更大更全的总体中失去了联系的固有方向。"因此，他概述了建立学习型组织的五个步骤①：

（1）建立共同愿景（building shared vision）：愿景可以凝聚公司上下的意志力，透过企业共识，大家努力的方向一致，为同一个目标，个人也乐于奉献，为企业目标奋斗。

（2）团队学习（team learning）：团队智慧应大于个人智慧的平均值，以做出正确的企业决策，透过集体思考和分析，找出个人弱点，强化团队向心力。

（3）改变心智模式（improve mental models）：企业的障碍，多来自个人的旧思维，例如固执己见、本位主义，唯有透过团队学习以及标杆学习，才能改变心智模式，有所创新。

（4）自我超越（personal mastery）：个人有意愿投入工作，钻研工作技巧，个人与愿景之间有种"创造性的张力"，正是自我超越的来源。

（5）系统思考（system thinking）：应透过资讯搜集掌握事件的全貌，以避免见树不见林，培养纵观全局的思考能力，看清楚问题的本质，有助于清楚了解因果关系。

学习是心灵的正向转换，企业如果能够顺利导入学习型组织，不只能够达致更高的企业绩效，更能够带动企业的生命力。

（二）学习型组织的特征

1. 企业成员拥有一个共同的愿景

企业的共同愿景，来源于员工个人的愿景而又高于个人的愿景。它是企业中所有员工愿景的景象，是他们的共同理想。它能使不同个性的人凝聚在一起，朝着企业共同的目标前进。

2. 企业由多个创造性个体组成

在学习型组织中，团体是最基本的学习单位，团体本身应理解为彼此需要他人配合的一群人。企业的所有目标都是直接或间接地通过团体的努力来达到的。

3. 善于不断学习

这是学习型组织的本质特征。所谓"善于不断学习"，主要有四点含义：

（1）强调"终身学习"。即企业中的成员均应养成终身学习的习惯，这样才能形成企业良好的学习气氛，促使其成员在工作中不断学习。

（2）强调"全员学习"。即企业的决策层、管理层、操作层都要全心投入学习，尤其是经营管理决策层，他们是决定企业发展方向和命运的重要阶层，因而更需要学习。

（3）强调"全过程学习"。即学习必须贯彻于企业系统运行的整个过程之中。约翰·瑞定提出了一种被称为"第四种模型"的学习型企业理论。他认为，任何企业的运

---

① 圣吉．第五项修炼：学习型组织的艺术与实务．郭进隆，译．上海：上海三联书店，1994：23-45.

行都包括准备、计划、推行三个阶段，而学习型企业不应该是先学习然后进行准备、计划、推行，不要把学习和工作分割开，应强调边学习边准备，边学习边计划，边学习边推行。

（4）是强调“团体学习”。即不但重视个人学习和个人智力的开发，而且强调企业成员的合作学习和群体智力（企业智力）的开发①。

（三）打造学习型组织的条件

打造学习型组织，需要员工保持学习的能力，及时铲除发展道路上的障碍，不断突破企业成长的极限，从而保持持续发展的态度，这就需要企业提供相应的保障措施。

1.“地方为主”的扁平式结构

传统的企业通常是金字塔式的，学习型组织结构是扁平的，即从最上面的决策层到最下面的操作层，中间相隔层次极少。它尽最大可能将决策权向企业结构的下层移动，让最下层单位拥有充分的自主权，并对产生的结果负责，从而形成以“地方为主”的扁平式企业结构。

2. 自主管理

学习型组织理论认为，“自主管理”是使企业成员能边工作边学习，将工作和学习紧密结合的方法。通过自主管理，可由企业成员自己发现工作中的问题，自己选择伙伴组成团队，自己选定改革进取的目标，自己进行现状调查，自己分析原因，自己制定对策，自己组织实施，自己检查效果，自己评定总结。团队成员在“自主管理”的过程中，能形成共同愿景，能以开放求实的心态互相切磋，不断学习新知识，不断进行创新，从而增加企业快速应变、创造未来的能量。

3. 模糊组织边界

学习型组织边界的界定，建立在组织要素与外部环境互动关系的基础上，超越了传统的根据职能或部门划分的“法定”边界。例如无边界组织（boundaryless organization），最大限度地减少公司内部的垂直和水平边界，以及公司内部和外部边界。如把销售商的反馈信息作为市场营销决策的固定组成部分，而不是像以前那样只是作为参考。无边界组织打破了各个层级之间的界限，使得企业垂直边界不再僵化，企业看上去更像一个粮仓筒而不是金字塔。通用电气公司用来取消企业垂直边界的做法有：引入跨层级团队（由高级主管、中级主管、基层主管和员工组成），让员工参与决策。

4. 领导者的新角色

在学习型企业中，领导者是设计师、仆人和教师。领导者的设计工作是一个对企业要素进行整合的过程，它不只是设计企业的结构和企业政策、策略，而且更重要的是设计企业发展的基本理念，使得成员自觉地接受愿景。领导者作为教师的首要任务是界定真实情况，协助人们对真实情况进行正确、深刻的把握，提高他们对企业系统的了解能力，促进每个人的学习。

---

① 圣吉．第五项修炼：学习型组织的艺术与实务．2 版．郭进隆，译．上海：上海三联书店，1998：201，236－246.

学习型组织有着它不同凡响的作用和意义。它的真谛在于：学习一方面是为了保证企业的生存，使企业具备不断改进的能力，提高企业的竞争力；另一方面学习更是为了实现个人与工作的真正融合，使人们在工作中活出生命的意义。

学习型组织的基本理念，不仅有助于企业的改革和发展，而且对其他企业的创新与发展也有启示。人们可以运用学习型组织的基本理念，去开发各自所置身的企业创造未来的潜能，反省当前存在于整个社会的种种学习障碍，实现个体、企业和整个社会的良性互动，这才是学习型组织的真谛。

二 创建道德的企业文化

企业作为成员的集合，道德观反映了整个企业经营和管理中的倾向和侧重，以及内隐的规则。这些内隐的规则通常体现在社会责任、社会响应、社会义务之中。

（一）相关概念

1. 企业社会责任

在 20 世纪 70 年代以前，学术界的声音并没有产生足够的影响力，人们普遍认为，在自由市场经济条件下，企业的责任就是追求利润最大化。而在卡罗尔（A. B. Carroll）[①] 提出金字塔理论之后，社会责任这一概念受到学术界的广泛认同。按照最初的定义，企业社会责任是指社会期望企业在经济、法律、伦理和自愿决定（慈善）方面履行的义务。企业社会责任包括经济责任、法律责任、道德责任和自愿决定（慈善）责任，而且这四种责任的重要性是不同的，权数依次为 4、3、2、1。

2. 企业社会响应

企业社会响应指将企业社会责任的表面语言转化为富有意义的行动过程，是有别于企业社会责任的一个概念。社会响应是指一个企业对社会压力做出反应，并用社会准则作为指导的能力。一个具有社会响应能力的组织之所以采取某种行为方式是因为它希望满足某种普遍的社会需要。

3. 社会义务

社会义务是指企业仅仅实现其经济和法律的责任。这是法律所要求的最低限度。这种做法是以社会责任的古典观点为基础的，亦即企业认为自己唯一的社会责任就是对股东的责任。

社会责任定义为企业追求有利于社会的长远目标的一种义务，它超越了法律和经济所要求的义务。这一定义主张一个组织要遵守法律并追求经济利益；同时将企业看作一种道德的行为者。一个具有社会责任感的组织从事有助于改善社会的事情，绝不只限于法律要求必须做的或经济上有利的事情，它之所以如此做是因为这些事情是应做的、正确的或是合乎道德的。与社会义务相对照，社会责任和社会响应均超越了只是符合基本的经济和法律标准的限度。

---

① Carroll A B. The pyramid of corporate social responsibility: toward the moral management of organizational stakeholders. Business Horizons, 1991, 34 (4): 39-48.

（二）社会责任与企业绩效

迪尔和肯尼迪在《公司文化》中非常重视价值观对社会责任的影响。他们强调，价值观是企业的基本观念及信念，并构成企业文化的核心和基石，企业哲学的本质就是追求成功，而价值观提供企业成员一致的方向及日常行为的方针[①]。因此，企业价值观不是单个价值观的简单加总，而是企业全体（或大多数）成员持有的、判定某种行为或事物的好坏、对错以及是否有价值或价值大小的看法和根本观点，是企业一种共同的稳定的心理定式或文化积淀。

1. 企业绩效

履行社会责任、形成社会影响是企业的应有之义。20 世纪 70 年代之后，学者们开始将关注点从企业社会责任的内涵界定转移到对企业社会责任与企业绩效关系的研究中来。企业社会绩效（corporate social performance）是企业社会责任研究领域出现的另一个概念，反映了企业社会责任准则、社会响应过程和用于解决社会问题的政策之间的相互根本作用。企业社会绩效是指企业行为的结果，该理论更加注重对企业社会责任的实践过程进行理论研究和分析，对企业而言具有更大的实用性。这个概念于 20 世纪 80 年代形成之后迅速主导了企业社会责任的主流研究[②]。

企业社会责任与经济绩效关系的研究尽管至今未能取得一致的结论，但西方学者在企业社会责任与经济绩效关系研究方面做出的巨大贡献和取得的丰硕成果仍然是值得肯定的。由于二者的关系非常复杂，简单地研究两者之间的直接关系只得到一个描述性的结果。但是，从企业的角度来看，这些研究直接导向了现代企业的社会责任感，对树立企业的外部形象作用显著。

2. 管理的绿色化

管理的绿色化是对组织决策和活动与组织对自然环境影响之间存在的紧密联系的意识。大量触目惊心的生态问题和环境危害掀起了个人、团体和组织环境保护主义的浪潮，世界上许多组织已经欣然承担了尊重并保护自然环境的责任。管理者开始逐步面临更多有关组织对自然环境的冲击的问题。

（1）企业在环境问题上可能采用的四种方式如下：

1）第一种方式仅仅是实现法律的要求：法律方式（也称作“浅绿色”）。在这种方式中，企业表现出极少的环境敏感性，仅仅遵循它们在污染防治和环境保护方面的法律义务。

2）随着组织更多地认识到环境问题并对此更为敏感，就可以采用市场方式了。这种方式中，组织对顾客的环境偏好做出响应。顾客无论需要何种善待环境的产品，组织都会提供。

3）在利益相关者方式中，组织选择对利益相关者的多种需求做出反应。绿色组织的工作将会满足诸如员工、供应商或社区等群体在环境方面的需求。

---

① 肯尼迪，迪尔．公司文化．印国有，葛鹏，译．北京：生活·读书·新知三联书店，1989：136.

② Wartick S L，Cochran P L. The evolution of the corporate social performance model. Academy of Management Review，1985，10（4）：758－769.

4）如果一个企业追求的是活动家方式（也称作“深绿色”），那么该企业就是在寻求尊重和保护地球及其自然资源的途径。活动家方式表现出最高的环境敏感度，也恰如其分地描述了社会责任。

（2）利益相关者在社会责任的四个阶段分别扮演的角色。企业社会责任扩展的四阶段模型如下：

1）在阶段一，管理者将努力通过成本最小化和利润最大化来提高股东的利益。虽然必须遵守所有的法律法规，但是阶段一的管理者并未感到有义务满足其他的社会需要。这与弗里德曼的社会责任古典观是一致的。

2）在阶段二，管理者将承认他们对雇员的责任，并集中注意力于人力资源管理，因为他们希望招聘、保留和激励优秀的员工。阶段二的管理者将改善工作条件、扩大雇员权力、增加工作保障等。

3）在阶段三，管理者将社会责任扩展到具体环境中的其他利益相关者，即顾客和供应商。阶段三的管理者的社会责任目标包括公平的价格、高质量的产品和服务、良好的供应商关系以及类似的举措。他们的哲学就是，只有通过满足具体环境中其他各种构成的需要，才能实现他们对股东的责任。

4）在阶段四，管理者感到他们对社会整体都负有责任，承担这样的责任意味着管理者积极促进社会公正、保护环境、支持社会活动和文化活动。即使这样的活动对利润产生消极的影响，他们的态度也不改变。

此处没有简单的非此即彼的对错之分来帮助管理者进行社会责任决策。显然，管理者有遵守他们所在国家和地区的法律和创造利润的基本责任，不能实现这两个目标将威胁组织的生存。但是，除此之外，管理者要识别他们认为对其负有责任的人。通过关注利益相关者及其对组织的期望，管理者能够减少他们忽视关键问题的可能性，也能够做出更有责任的选择。

3. 危机管理

在全球化快速发展的背景下，企业不仅要重视自己的经济绩效，而且要关注其社会绩效，树立良好的社会形象。在我国文化背景下企业印象管理的过程中，要结合我国企业中文化建设等方面的实践开展有效的企业印象管理策略，其中有一个领域是企业的危机管理。

在企业的运营过程中，肯定会面临着多种危机，对于企业而言，危机管理的重要性不言而喻。在危机发生时，企业要根据不同情境选择合适的印象管理策略，就不能仅仅局限于处理危机事件，而是要注重挖掘企业管理的深层次原因，将其变为企业管理中必不可少的组成部分。这就需要企业构建危机管理体系。“未雨绸缪”是危机管理的核心，出色的危机预防管理不仅能够帮助企业预测可能发生的危机情境，积极采取预控措施，而且能为可能发生的危机做好准备，拟好计划，从而自如应付危机。

从企业印象管理的策略来看，企业应针对具体问题，维护企业的文化形象，赢取公众的信任，这是危机管理的核心。

三 创建积极的企业文化

积极的企业文化（positive organizational culture）来自积极心理学的基本理念，即对员工不抱成见，有积极推动变革的进取心，精神状态主动而非被动，充满工作激情，情绪比较稳定，不因一时的挫败而泄气，同时具备对自身和对他人的协调能力①。

（一）积极企业文化的特征

积极的企业文化应当具有以下特征：

1. 合作

合作是现代人的一项基本素质与品格。如果一个人不能与人真诚合作，就不可能成功。刘邦曾说过："夫运筹帷幄之中，决胜千里之外，吾不如子房；镇国家，抚百姓，给饷馈，不绝粮道，吾不如萧何；连百万之众，战必胜，攻必取，吾不如韩信。三者皆人杰，吾能用之，此吾所以取天下者。"可见，只有合作才能发挥个体不具有的力量，才能拥有大于个体的力量。

2. 创新

随着现代社会科学技术与经济的快速发展，开发人的创造力，培养大批出类拔萃、思维敏捷、勇于创造的人，已经成为一个国家社会经济发展的战略性问题。创新型企业成员之间因为共同的愿景紧密地联系在一起，为实现企业的目标而共同努力；领导力是领导者把握组织的使命并动员企业所有员工围绕这个使命奋斗的能力，领导力要求领导者在管理创新的过程中应根据具体情况来选择最好的领导行为，领导者必须时刻关注任务、关注人、关注变革，这样才能够实现企业的共同愿景；创新的意愿建立在共同的愿景之上，最终目的也是为了实现创新。

3. 勤于沟通

沟通在管理中的重要性已经越来越受到重视，改善沟通状况，消除沟通障碍，已成为团队管理中人们最为关切的问题。不但人与人之间需要有效的沟通，企业与商业环境之间也需要沟通。

4. 彼此尊重

需求层次理论告诉我们：尊重是人类较高层次的需要。尊重是加速员工自信力爆发的催化剂，上下级之间、员工与员工之间的相互尊重是一种强大的精神力量，有助于员工之间的和谐关系、企业团队精神和凝聚力的形成。

（二）创建积极的企业文化的途径

1. 公平对待员工

对员工而言，公平、公正的态度会增强员工对企业的认同感，增加员工工作的积极性，使员工拥有安全感，也能够使员工对公司给予自己的评价及期待有正确的认识。对管理者而言，公平公正的态度有利于形成一个好的团体，管理工作顺畅，容易得到员工的支持与协助。因此，管理者对待员工不能被个人感情和其他关系所左右，在分配任务和利益时不能有远近亲疏之分，要使员工感受到公平与公正。

---

① 罗宾斯，贾奇．组织行为学：第16版．孙健敏，王震，李原，译．北京：中国人民大学出版社，2016：426－428.

2. 发挥员工的优势

在企业文化中，无论是制度建设还是环境建设，都是被动的手段，不能真正激发员工的主观能动性。而激励是激发员工积极进取、奋发向上、开拓创新、发挥主观能动性的重要源泉。人的需求多样性、多层次性决定了调动人的积极性也应有多种方法，如通过物质激励、精神激励、情感激励、目标激励、任务激励、尊重激励等方法，能够使员工在工作中产生持久的工作动力，保持持久的工作热情，收到良好的效果。

3. 强调活力与成长

企业促进员工奋发努力的一个关键因素在于能否为员工创造环境和条件，使员工在获得物质回报的同时，得到获取成就感和自我实现感的职业机会，促进其职业生涯的发展。为此，一方面需要由组织系统考虑现有的企业战略、人力资源情况、执行企业战略所需人力资源的技能结构、人员组合等，明确组织的职业发展机会，以作为员工职业发展和职业规划的参考；另一方面需要组织引入科学的评价体系，对员工个人进行性格测试、素质测评，在技能等方面进行评估，帮助员工理性地认识和评价自己，促成职业与员工个性的匹配。此外，在组织内部设立职业发展通道，为员工提供展示才能的机会，挖掘员工的潜能，促进员工自身职业技能提升。

4. 培育团队精神

团队合作对企业的最终成功起着举足轻重的作用。为培育团队精神，管理者要首先注重营造相互信任的组织氛围。因为相互信任会增加员工对组织的情感认可。其次要建立有效的沟通机制。畅通的沟通渠道、有效的信息交流，使团队的每个成员不会感到压抑，工作容易取得成果，目标也能顺利实现。再次，要逐渐形成团队自身的行为习惯及做事规范。管理者要通过自身的言行起表率作用，从而保证管理中组织、指挥的有效性，使员工能够自觉地按照企业的行为规范要求自己，形成团队良好的风气和氛围。最后，对员工个人能力和品质的培养也非常重要。要注重员工的表达与沟通、主动做事、敬业、宽容与合作、全局意识、大局观念等方面能力与素质的培养。

本章小结

本章首先介绍了人类学反思的内容以及作为最新的认知人类学的基本理论，进而阐释了行动学习的内容。在第 2 节介绍了既往的研究和团队文化建设实践，提出了将组织发展中的方法纳入团队学习的内容。最后总结了企业打造学习型组织、有道德的企业文化、积极的企业文化的方式，使读者能够在反思和行动的基础上深入理解人类学视角中的企业文化。

关键词

人类学反思　认知人类学　图示　团队文化　学习型组织　积极的企业文化　有道德的企业文化

复习思考题

1. 认知人类学的主要内容有哪些？如何应用于企业文化建构？
2. 如何打造团队文化？

3. 组织发展的概念和主要的方法是什么？

4. 学习型组织的概念和条件有哪些？

5. 如何营造积极的企业文化？

案例

中国移动河南公司的企业文化建设

一、中国移动的建构重点工作安排

建构总目标可以分解为理念认知与认同的目标、制度与文化匹配的目标、行为与文化匹配的目标和标识与文化匹配的目标4个方面的子目标。

1. 理念认知与认同的目标

目标内涵：全体员工对中国移动核心理念的高度认知，并能够从内心真正认同。

衡量指标：认知度、认同度。

2. 制度与文化匹配的目标

目标内涵：基本形成配套制度保障体系，使文化能够化虚为实，固化于制，渗透到企业经营管理各个方面。

衡量指标：制度与文化匹配度。

3. 行为与文化匹配的目标

目标内涵：中国移动企业理念成为全体员工思想的源泉和行动的指引，员工能够以核心理念作为内在的价值判断标准，富有激情、勇于超越、甘当重任。

衡量指标：员工行为与企业文化行为要求的相符度。

4. 标识与文化匹配的目标

目标内涵：建立起以充分体现企业核心理念体系的内外环境、品牌、企业形象等企业标识文化。

衡量指标：企业标识显性度。

二、保持工作的持续性和渐进性

选定实施的工作重点内容之后，要根据企业文化建构的基本规律和企业自身的情况，对所选定的基本工作在时间上做出阶段性合理性安排，确保建构工作有序展开、循序渐进。

1. 20×6年目标

目标内涵：全面宣贯，通过强大的文化传播网络系统地宣贯企业核心理念体系，使全体员工普遍认知、基本认同中国移动企业核心理念。

主要指标：出台中国移动文化传播总体解决方案，文化传播计划完成率×%，认知度×%，认同度×%；出台《领导行为规范》和《员工行为规范》，完成总部《领导行为规范》和《员工行为规范》的考核；完成“文化适应性”测评工具的开发，形成首次中国移动企业文化评估报告；出台省公司企业文化建设考核办法，完成×个省公司文化系统的构建。

2. 20×7年目标

目标内涵：深化落实，将企业核心理念固化于制，用制度激励和约束全体员工，使员工把企业核心理念内化于心，高度认同企业理念。

主要指标：文化传播计划完成率×%，认知度×%，认同度×%；省公司《领导行为规范》和《员工行为规范》的考核普及率达到×%，建立×个试点应用“文化适应性”测评工具，形成当年文化评估报告，完成×个省公司文化系统的构建。

3.20×8 年目标

目标内涵：巩固提升，进一步完善企业文化体系，全体员工把企业核心理念内化于行，自觉履行企业理念的实践要求。

主要指标：文化传播计划完成率×%，认知度×%，认同度×%；省公司《领导行为规范》和《员工行为规范》的考核普及率达到×%，全面推广应用“文化适应性”测评工具，推广普及率达到×%；形成当年文化评估报告，完成×个省公司文化系统的构建。

因为是集团要求的任务，中国移动河南公司采取各种形式，展开了轰轰烈烈的企业文化建设运动，力图在集团和公司文化的框架内建设具有中国移动特色的文化。在企业文化建设过程中，河南公司采用了讨论会、茶话会、头脑风暴等与客服营业厅工作特点和人员现状相匹配的推广形式，同时辅之以内部刊物、专业刊物宣传，在一定程度上实现了企业文化“润物细无声”的特性。愿景、使命、价值观和应用理念等，使得所有人员都能够迅速适应、理解、支持营业厅的新战略……

中国移动各级公司在工作性质、人员结构等方面客观存在差异性，在文化实践和宣贯等环节上就要提升针对性。因此，进行现有文化评估、提炼新文化并使其显性化以及建立相应的规章制度、开展文化培训等都会使得新营业厅的运营更加顺畅、过渡更加平稳、发展更加长久。

通信行业是一个技术含量高、发展变化快的行业，20×6 年中国移动运营收入达到了×亿元，税前盈利×亿元，在国内各大电信运营商中遥遥领先，但是和世界级的电信运营商相比还存在很大的差距。中国移动员工在企业文化实施过程中采取了以下行动学习方法：

(1) 在所有的员工中间开展企业文化理念大讨论。企业文化是企业所有员工共有的价值观、行为习惯、思维方式，大范围地进行企业文化理念讨论主要是想考察员工心中的文化理念以及标准。客户服务营业厅为了建立适应自己特色的企业文化体系，发动了所有营业厅工作人员开展文化理念大讨论，各营业厅先是进行独立的文化理念探讨，再选出企业文化建设负责人员进行营业厅之间的理念文化探讨，最后进行手机投票。

(2) 开展各营业厅企业文化培训。在培训中，中国移动使用了讲故事的方式寓教于乐，效果很好，以下截取河南分公司的几个实例：

1) 模拟测试：你是几星级秘书？

现在，你是中国移动某公司总经理的秘书。刚上班，总经理打电话给你，让你明天上午九点安排开一次中层以上管理人员的周末会议。

你该如何安排这次会议？

● 一星秘书用电子邮件或在黑板上发个会议通知，然后准备相关会议用品，并参加会议。

● 二星秘书发通知之后，再打一通电话与参会的人确认，确保每个人被及时通知到。第二天在会前 30 分钟提醒与会者参会，确定有没有变动，如有，立即汇报给总经理，也给总经理确定缺席的人是否必须参加会议留下时间。

● 三星秘书发完通知，落实到人，会前通知后，还会去测试可能用到的投影、电脑等工具是否工作正常，并在会议室门上贴上小条：此会议室明天几点到几点有会议。

● 四星秘书发完通知，落实到人，会前通知后也测试了设备，还先了解这个会议的性质是什么，总裁的议题是什么，然后给与会者发去与这个议题相关的资料，供他们参考。

● 五星秘书会在四星秘书的基础上，在会议过程中详细做好会议记录；并且于会后整理好会议记录给总经理，然后请示总经理是否发给参加会议的人员或者其他人员。

2）别问我是谁，但我会负责到底——真实的故事。

2003年10月的黄金周，安徽省凤阳县的一位移动客户和朋友一起去新加坡旅游，但是手机不能漫游也不能通话。客户非常着急，立即用同伴的手机向凤阳移动公司求救。

凤阳移动的代办管理人员卢江得到这一消息后，先核查了该客户的营业开户资料和交换机资料，并且请求市计费中心复查BOSS系统数据。一切都很正常，没有任何影响通话的原因存在。

这时的卢江已经在自己的工作范围内对该客户负责了，可是手机不能正常工作的原因到底在哪里，还要继续查下去吗？卢江想，服务做到这份儿上，自己已经尽力了，可以说没有什么可被指责的了。但是，客户的问题又现实地摆在那里，可见一定是公司的责任，既然是公司的责任，作为员工的自己就应该理所当然地继续为客户负责下去！

于是，卢江直接打电话到市公司交换机房，将这一情况进行了反映，并请求他们赶快处理。最后，故障排除了，卢江也终于安心了。

客户永远不知道是谁帮助了自己，但他能体会到移动公司负责的态度，这才是最重要的，这也是卢江想要的，是中国移动需要的！

（3）管理人员与一线员工的关系。企业文化建设有自上而下和自下而上两种做法，但是不管采用何种途径，如果没有很好的机制将管理人员和基层员工联系起来，这种文化是不可能得到企业员工认同的，在推广阶段会遇到很多问题。

从客户服务营业厅这一阶段的工作来看，营业厅上至总经理，下至普通员工都积极参与。全员参与的讨论方式使得众多的一线工作人员表示："感受到了管理人员对于企业文化的重视、对一线员工的重视。"而高层管理人员也通过在内刊发表文章等渠道表明了自己的态度，"上下同欲者胜"。营业厅所有员工的齐心协力在初期的文化建设中已经初见成效，文化理念提炼结果得到了广泛的认同，这为后来的文化宣贯奠定了良好基础。

（4）省营业厅与分营业厅的关系。省营业厅作为各分营业厅的直接管理部门，不仅仅要作为一分子参与到这次企业文化建设中来，积极发表自己的意见和建议，同时还需要指导和督促各分营业厅的企业文化进程，把控整个营业厅的文化建设项目态势。

在这一过程中，省营业厅积极组织本营业厅人员进行文化现状调研和理念探讨，同时深入到现场，听取员工的讨论。分营业厅也在省营业厅的统一领导下按部就班地开展相应活动，同时通过分营业厅文化代表之间探讨文化理念实现了分营业厅之间的交流和沟通，真正体现了企业文化的"共同性"。这一过程已经不再是简单的企业文化建设，同时也是营业厅之间的经验分享，为整体工作效率和效果的提升起到了非常重要的作用。

企业文化建设是“实践、认识、再实践、再认识”的不断提升过程。集团公司根据企业内外环境的发展变化，对中国移动已有企业文化理念体系进行了继承和创新，经过整合、提炼确定了“正德厚生，臻于至善”的核心价值观，“创无限通信世界，做信息社会栋梁”的公司使命，“成为卓越品质的创造者”的公司愿景。核心价值观、使命和愿景，三者相辅相成，共同构成了中国移动追求卓越的企业文化理念体系，在实施过程中，根据员工理解和诠释上的差异，让企业文化内化于心，外化于行，这才是企业文化的真谛。

企业文化建设行动学习的效果明显，有效降低了后期文化宣贯的难度，提升了新客户服务营业厅文化体系的针对性。

学习与练习

阅读以下案例，运用本章所学习的知识讨论以下问题：

1. 什么是企业哲学？为什么说华为的企业哲学是华为成功的基石？

2. 华为给外界的印象是有名的“狼性”文化，缘何华为要提出“妥协”的哲思？

3. 收集华为公司的相关资讯，写出一份《行动学习与华为企业文化建构》的报告。

“开放”“妥协”“灰度”三者各包含了不同的哲学意义，但是它们有着内在的紧密联系，有机地构成了华为企业经营的哲学体系。如任正非所说：“没有宽容，就没有妥协；没有妥协，就没有灰度；……开放、妥协的关键是如何掌握好灰度。”只有做到了开放，才会有宽容的态度，从而才会做出妥协，有了妥协才会避免走极端的情形发生，从而就有了灰度，在适度掌握灰度的情况下就可以取得好的结果。然而，开放和妥协也不能走极端，须要把握适度。

2009 年，任正非在全球市场工作会议上发表了题为《开放、妥协与灰度》的讲话，文中分别对“开放”“妥协”“灰度”做出了阐述，同时也分析了它们之间的关系，任正非从宏观上和哲学的高度对华为的经营管理做出了阐述。

在这之前的讲话中，任正非有过对“开放”“妥协”“灰度”的表述，他 2007 年在《在行政采购及信息安全问题座谈会上的讲话》中曾说“公司在管理哲学上，一再强调‘灰色’”，这里的“灰色”大概等同于后来的“灰度”；2008 年，任正非在题为《逐步加深理解“以客户为中心，以奋斗者为本”的企业文化》的讲话中，首次把“开放、妥协、灰度”并列起来作为讲话的一个要点来进行讲述，他说，“开放、妥协、灰度”是一个领导者的风范，也是华为文化的精髓。

《开放、妥协与灰度》是任正非在其讲话中将三者并列作为主题的较早的论述，因此，可以认为这是华为企业哲学形成的标志。限于篇幅，我们仅仅介绍华为的“妥协哲学”。

任正非在题为《开放、妥协与灰度》的讲话中说，明智的妥协是种适当的交换，为了实现主要目标，可以在次要目标上做出让步。妥协是以退为进，而不是放弃原则，只有通过妥协才能实现双赢甚至是多赢。因此，妥协哲学指导着华为经营管理的方方面面。

1. 管理上的妥协

任正非一直强调，企业的生命不能等同于企业家的生命。因此，华为做出了各种开创性的变革。华为实行轮值制度（2004年起实行轮值主席制度，于2011年演变为轮值CEO制度，2018年3月23日起实行轮值董事长制度），轮值高管每半年一次轮换，而任正非自己除了“思想权”和“文化权”之外，没有调动资源的权力。任正非还强调“要不断加强权力下放，让听得见炮火的人发挥指挥作用”，在华为，各个层级都十分注重权力下放，这便是在管理和权力上的一种妥协。

在华为进行国外咨询公司指导下的变革时，华为的做法是“削足适履”，“先僵化，后优化，再固化”。任正非要求，理解和支持变革的人就上岗，否则要求直接下岗，华为摒弃了以自我为中心的做法，主动妥协配合。

2. 市场上的妥协

任正非自称是“拉宾的学生”，面对强大的西方对手（华为称之为“友商”），华为实行“以土地换和平”的政策，华为严格守法，从友商那里购买专利技术，并在多领域长期共存、共同发展。如今的华为虽然已成为行业巨头，但提醒自己不能有独霸的思想，“不能做‘黑寡妇’（黑寡妇是一种蜘蛛，母蜘蛛在与公蜘蛛交配后将其吃掉以作为繁育下一代的营养）”。除了善待竞争对手，任正非还强调华为应该节制贪欲，多让利给客户、善待上游供应商，在华为看来，以后的竞争是产业链之间的竞争，华为需要谋求整条产业链的强壮。这既是一种商业智慧，也是一种主动的妥协。

第 3 篇

功能篇：企业有文化

第 7 章　企业文化的形成与传承

第 8 章　企业文化的变革与整合

第 9 章　跨文化管理与沟通

第 10 章　企业文化与人力资源管理

功能篇将企业文化作为影响企业经营业绩的变量，从企业文化产生与传播、企业文化的冲突与整合、跨文化管理角度、人力资源管理方面探讨企业文化，具体包括第 7 章至第 10 章。

第 7 章列举了企业文化发展阶段的主要方法及测量工具，分别从理论和实践的角度，论述了企业文化的形成阶段与测量方法，并就企业领导人的文化觉知对企业文化形成的影响从理念、制度和行为三个层次做了介绍。最后介绍了企业文化传承的四种方式，为读者提供了建立企业文化的途径、方法。

第 8 章从文化变迁入手，详细描述了企业文化变革与创新的基本内容、动因、阻力，以及企业文化变革的具体步骤。通过对文化冲突的产生原因、表现形式及对企业影响的论述，阐明了企业文化整合的重要性；对文化整合的内容、方式、必要性进行了说明；结合实际详细介绍了企业并购中的文化整合内容。

第 9 章从文化整合的角度出发，介绍了跨文化管理的理论背景和应用实例，分析了不同地区企业文化的差异。

第 10 章从组织与人这个典型的二元分析角度出发，运用企业文化的情景作用，介绍了文化导向的人力资源管理的理论模型和应用实例。

第 7 章

企业文化的形成与传承

学习目标

◎ 了解文化和企业文化形成的人类学和管理学的基本理论
◎ 掌握企业文化发展四阶段的测量方法
◎ 理解企业文化形成的一般模型
◎ 掌握企业文化对内和对外传承的理论、途径和方法

章首案例

我们有文化吗?

A 公司坐落在市郊，长江北岸的小镇上，厂区各车间厂房沿江边沥青马路一字排开，依次是铸造、打磨和精加工车间，厂区还包括一间餐厅和一栋三层的写字楼。自从 2009 年以来，在董事会正确领导下，全司上下以市场为导向，以生产经营为主线，紧紧围绕年初制定的目标任务，紧紧抓住市场转机，不断调整产品结构，大力开拓新市场，迅速开发新产品，全面满足客户需求，创造了建司以来各项目标任务全面超额完成的骄人业绩。

于董事长是个高个子、面目清俊的湖北人。作为公司创业者，他在公司 2008 年成立伊始就提出以人为本、肩负责任的企业文化理念。于董事长在和我长达三个小时的访谈中，自豪地介绍了 A 公司的基本情况。

在不到两年的时间里，员工收入大幅提高，福利待遇进一步改善，2009 年员工人均收入较 2008 年增长了 15.3%，首次实行多发一个月工资的政策。同时，公司及时调高压铸和清理岗位等环境较恶劣、劳动强度大的工人收入水平，稳定了员工队伍、留住了熟练工人、吸引了外面人才，凝聚了人心。在中国传统节日端午节、中秋节、春节发放现金和礼品以改善员工福利。

公司还按《劳动法》规定足额支付了员工各项保险、住房公积金和加班费用，并且花费三万多元给全体员工做了身体常规检查及职业病专项检查。

公司投入资金改善工作环境和生活娱乐环境，新建篮球场，配置台球桌、乒乓球

桌、电视活动室等文体设施，寝室配置空调、柜子等设施，员工生日送蛋糕，让员工充分感受到公司的温暖和人文关怀。一年一度的春节团拜会简约热闹，会上表彰先进，全员参与，自导自演了丰富多彩的节目，A 公司企业文化得到发扬，员工体验到以企业为家的温暖。由于员工凝聚力增强，2009 年下半年订单猛增时，员工牺牲宝贵的休息时间，自发加班以报效企业。

在管理和用人上始终坚持诚实公正、任人唯贤、量才使用原则，把合适的人用在合适的岗位上，坚持“严格制度管理，奖优罚过”的管理风格，制定了干部动态化管理优胜劣汰机制，无功为过，无为则劣，形成“人人肩上有指标，个个岗位有压力”的竞争激励机制。

公司认真建设体系，科学规范流程。按照现代企业制度不断完善企业管理，在公司推行了“环境友好、生生不息”的持续发展理念，致力于高品质、清洁化、绿色化生产。2009 年公司重新进行了流程再造和优化工作，识别规范了核心流程，修订了岗位职能职责，完善优化了公司管理体系。

公司通过了 ISO 9001：2000 国际质量管理体系认证、ISO/TS 16949 质量管理体系认证、ISO 14001 环境管理体系认证、OHSAS 18001 职业健康安全管理体系认证，以上体系均有效运行，使公司管理科学化，符合国家产业、环境保护和节能减排政策。

有了于董事长的要求，公司积极开展创先争优活动，工会关心职工利益，围绕公司文化建设和生产经营开展劳动竞赛和丰富多彩的文体活动，丰富员工文化生活，慰问困难职工，积极发动员工参与合理化建议献计献策活动，取得了前所未有的效果。

2010 年是公司的“企业文化年”。公司通过学习日产等先进企业管理经验，引进外部专家营造文化，全面提升公司基础管理能力、精益生产能力、质量控制能力、技术开发能力等四大能力，以打造公司的竞争优势和可持续发展优势，从而实现公司跨越式发展目标。

这个企业文化的课题看似非常简单，项目初期进展也很顺利。不料在一次由副总经理蒋总主持的例行的经理办公会上（于董事长和马总经理在美国考察未参会），我看到了一幅火爆的场景。

铸造部李部长五十开外，衣着简朴。他说：“压铸车间之所以完不成任务，关键是工人懒散，不爱干活。尤其是炉前工，上班半小时了不开炉，只顾聊天喝茶，离下班还有一两个小时就早早地外出，人也不知道哪里去了。有几次后面交接班的操作失误，险些酿成事故。”

“这还算轻的呢！”机加工孙段长火上浇油地说，“就我所知，压铸车间还有工人把半成品直接扔进坩锅再回炉的。”

“你们机加工的也好不到哪里去！”李部长揶揄道，“有些铸造的半成品用锉刀去掉或者打磨一下就可以进入精加工，你的人太没有责任心！忘了以人为本，肩负责任的企业文化”！

“肩负责任？那是墙头上写的！工人是计件工资，奖金就那么点儿，谁还有劲儿干活？”孙段长扭头对蒋总说。

李部长苦笑道：“企业文化，我们真的有文化吗？”

蒋总一脸铁青，沉吟不语。

"这里真有文化吗?"我也开始考虑这个问题……

思考:

如何判定一个企业是否有文化?

企业有文化的第一个问题就是企业文化是如何形成的呢?沙因认为,企业文化的历史可以追溯到企业建立之时,是一个又一个的文化符号被确认、传播、遵守的过程。企业文化就是一系列的设想,一个特定的群体在综合内外部问题时所进行的发明、发现或者开发,因为这些在工作中曾经是有效的,因此,就被传输给新的成员作为察觉、思考、感知其他问题的正确途径。换言之,企业文化的形成是一个持续的过程。

第1节　企业文化形成的理论

本书第2章介绍了实证主义和建构主义的区别,另有一位和索绪尔齐名的,同被视为结构主义的代表人物的瑞士人皮亚杰(Jean Piage)值得一提。研究事物的形成或者追根溯源,就需要发生学认识论,因为随后的管理学也深受启发而不断探究企业文化的源头。

一　皮亚杰的发生学结构主义

皮亚杰是将发生学引入人文科学的第一人。他在抚养孩子的过程中通过其不同阶段的心理和行为观察(也算是人类学中局内人的参与观察),建立了全新的发展心理学理论。他重要的贡献是将发生学提升到了认识论的高度,影响了历史学、人类学、语言学等诸多社会科学。以下我们详细加以介绍。

(一)图式—同化—顺应—平衡

1. 图式

我们在第6章介绍过认知人类学中图式(schema)的概念,在皮亚杰看来,图式就是人们为了应付某一特定情境而产生的认知结构。例如,儿童最初的图式来源于先天的遗传,表现为一些简单的反射,如吸吮、咿呀学语等,而发展就是个体在与环境的不断的相互作用中的一种建构过程,其内部的心理结构是不断变化的。

2. 同化

这种内部的心理结构是如何变化的呢,皮亚杰在图式的基础上证明,图式是通过同化和顺应两个过程完成的。同化(assimilation)就是把外界元素整合到一个正在形成或已经形成的结构中,也就是说,当有机体面对一个新的刺激情境时,如果主体能够利用已有的图式或认知结构把刺激整合到自己的认知结构中,这就是同化。例如儿童从吸吮母乳改成喝牛奶,这个时段婴儿能够逐步适应新的喂养方式。同化可以形象地比喻为知识的吸收,是把环境因素纳入儿童已有的图式或结构之中,从而丰富和加强主体的认知结构体系。

3. 顺应

顺应（accommodation）是指人们通过调节自己的内部结构以适应特定环境刺激的过程，包括反思、整合以达到对自身与客体的双重建构，即当有机体不能利用原有图式接受和解释新的刺激情境时，有机体就会对自身图式做出相应的改变，以适应新的情境。还是以儿童为例，要让儿童顺利完成从喝牛奶到吃饭的过渡，在进行同化时，儿童的认知结构需要发生质的变化，顺应可以形象地比喻为知识的消化，由此，人们的认知水平达到新的平衡，然后进入下个更高阶段。

4. 平衡

皮亚杰认为心理发展就是儿童通过同化和顺应日益复杂的环境，进而达到平衡（equilibrium）的过程，个体也正是在平衡与不平衡的交替中不断建构和完善认知结构，实现认知的发展。从儿童心理的发展重要的表征——认知结构来看，它是通过同化、顺应和平衡这三个阶段来适应外界环境的变化的①。

皮亚杰归纳，知识也是在发展过程中构成的。其前提是，在每一次理解中，总有一定程度的新元素被包含在内；知识从一个阶段向另一个阶段过渡，总是以一些新元素、结构的形成为标志，而发生认识论的中心问题就是关于新结构的构造机制问题。因此，发生学探究与认识相关的结构生成不仅研究认识如何发生，也研究认识为何发生。

皮亚杰将儿童认知的发展划分为四个大的年龄阶段。这四个阶段分别是：

(1) 感知运动阶段（从出生到两岁左右）。这一阶段是思维的萌芽期，是以后发展的基础。皮亚杰认为这一阶段的心理发展决定着未来心理演进的整个过程。

(2) 前运演阶段（从两岁左右到六七岁）。这一阶段又称前逻辑阶段，这时儿童开始以符号作为中介来描述外部世界，表现在儿童的延缓模仿、想象或游戏之中。

(3) 具体运演阶段（从六七岁到十一二岁）。在这个阶段，儿童已有了一般的逻辑结构。

(4) 形式运演阶段（从十一二岁到十四五岁）。此时儿童的智慧发展趋于成熟，思维能力已超出事物的具体内容或感知的事物，思维具有更大灵活性②。

（二）发生学认识论

要理解皮亚杰的贡献，还要理解发生学（genetic）和在此基础上的发生学认识论（genetic epistemology）。传统的认识论只注意认识的高级水平及最后结果，近现代的认识论则专注于认识的逻辑分析或语言分析，这就需要研究认识的心理发生加以补充。

1. 发生学和起源学的异同

发生学强调的是对主客体共同作用，和只是侧重历史发展的源头——起源学（originology）有所不同。发生学研究人类知识结构的生成，而起源学研究事件在历史中的出

---

① 李其维，弗内歇．皮亚杰发生认识论若干问题再思考．华东师范大学学报（哲学社会科学版），2000，32(5)：3-10.

② 朱姝．基于梅洛·庞蒂具身现象学的儿童心理发生研究．吉林：吉林大学出版社，2016：64.

现。例如儿童的语言的形成是一个幼儿与环境的主客体互动的过程，而起源是历史时间概念。因此，发生学研究人类知识结构的生成，起源学研究事件在历史中的出现。发生是逻辑推理概念，而起源是历史时间概念。由于起源研究的是事件在历史中出现的源头，因此，起源研究在方法论上具有实证主义倾向（如大多数父母记得住小孩第一声叫妈妈的准确时间）。而皮亚杰把一直是哲学思辨式的认识论问题实证化了，并且从儿童的主体加之于客体的中介物——“活动”中寻找到了它们最初的源头①。

和同化—顺应—平衡一样，皮亚杰认为，发生学认识论还是一种建构过程，是个体在与环境的不断的相互作用中实现的，所有有机体都有适应和建构的倾向，同时，适应和建构也是认知发展的两种机能。心理发生就是从一个较低级的结构过渡到一个较复杂的结构。人类的知识不管多么高深、复杂，都可以追溯到人的童年时期，甚至胚胎时期。

类型学运用于社会科学与人文学科范畴，强调流变同一性，即着力于研究某种事物的可变性与过渡性，呈现出交叉与跨学科的“模糊性”等特点。分类意识和行为是人类得以认识世界、分析世界的一种本能的思维方式。

2. 结构主义和建构主义

推而广之，在皮亚杰看来，认识的发展也是一个不断建构的过程，任何一门科学都还是不完善的，经常处于建构的过程之中。除了发展之外，建构过程的途径之一是依靠历史进行追溯，然而由于史前人类认识功能资料的缺失，他指出，只有结合建构主义（constructivism）和结构主义（structuralism）才能说明认识是怎样获得的。也就是说，每一个结构都是心理发生的结果，而心理发生就是从一个较初级的结构过渡到一个较复杂的结构，“已经产生的意义”是一种“结构”，而“意义的产生过程”则是一种“建构”。文化的发生就是由“建构”到“结构”。

在这个意义上，皮亚杰和我们在第 5 章介绍的索绪尔都被视为结构主义创始人。他们都将个体的认识看作一种功能性结构。但是，在皮亚杰看来，这种结构是由人自身建构起来的，它不是客体的简单复写，也不是主体预先构成的或天赋的，思维的结构是主客体的相互作用的结果，是主体不断自行建构而成的②。

正是有了“发生”的认识论，尽管当今结构主义作为一种人类学的思潮已经被广泛使用，但作为一种科学认识方法，却日益广泛地渗透到许多研究领域，在研究中运用建模的方式深入事物的内部结构，成为许多研究者的研究目标，这正是皮亚杰影响广泛的缘故。

二 管理学对企业文化形成的研究

（一）罗宾斯的企业文化的形成模型

作为方法论，结构主义发生学的方法也可以沿用到企业文化的分析之中。例如，企业文化有社会、组织、群体和个体的不同层面。企业文化并不是个体层面的累加，企业

① 汪晓云．人文科学发生学：意义、方法与问题．光明日报（理论周刊学术版），2005-01-11.

② 杜森．皮亚杰从结构主义到建构主义的新发展．承德民族师专学报，2006，26（3）：94-96.

文化不同于“群体文化”“个体文化”的结构性质。就每一个个体而言，文化价值观可能大相径庭，但是企业文化有整体上的一致性。

罗宾斯的企业文化形成的一般模型被大量地应用，它验证了中国企业家常说的“企业文化就是一把手文化（老板文化）”。而在企业文化的形成过程中，除了企业创建者首先要具有文化意识之外，还有三个因素起了举足轻重的作用：甄选标准、领导者和社会化（如图 7－1 所示）①。

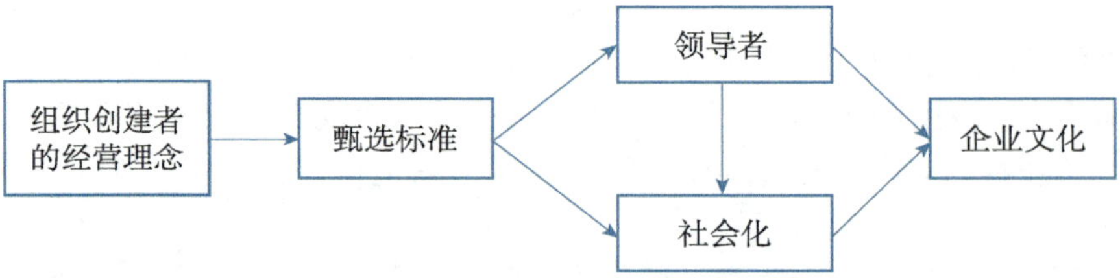

图 7－1　企业文化形成图

在企业文化的形成过程中，以下的三个环节需要高度重视：

1. 甄选标准

企业的甄选过程有着明确的目标：识别并录用那些有知识、技能和能力的人，从而成功完成企业中的工作。这一点和企业文化生成过程中注重成员的素质和构成相一致。

迈克尔·茨威尔提出了创造基于能力的企业文化这一观点，他认为在理想的招聘过程中采用基于能力的选任机制对于企业文化的形成和传承都有着十分重要意义，实践结果表明基于能力的甄选机制能降低员工的流动性，有助于企业文化的固化和传递，在甄选过程中的公正性还能提高员工士气，获得外部人的认可，有利于企业雇主品牌建设和企业文化的对外传播②。更重要的是，企业在甄选成员阶段要确保成员与企业相匹配，而不仅仅是和岗位匹配，因为成员个体的价值观与企业价值观一致时，成员的态度会更加积极，并且有着更高的个人效能。不少企业管理者发现随着不同背景的员工加入，企业文化似乎越来越“淡”，这种现象产生的原因主要是企业招聘的员工与原来的企业文化不匹配，要保证企业文化建设的成功，必须要让原有优秀的企业文化得到强化，保证不同文化间的优势不因为对立而产生抵消效应。而成年人的人格特质、价值观一旦形成就很难改变，所以要让员工更容易认同企业文化并被之同化，必须要在甄选环节把关，选择与企业文化相匹配的员工③。这一思想直接催生了现代人力资源管理中的人与企业匹配的理念和实践，在本书的第 10 章我们还会详尽介绍。

2. 领导者

领导者在此主要指除了创始人之外的公司的高层管理者，他们的言行举止也对企业文化有着重要影响。领导者通过自己的言行建立起规范，并将其渗透到企业当中。例如：是否鼓励冒险，领导者应该给自己的下属多大自由度，什么样的着装是得体的，什

① 罗宾斯，贾奇．组织行为学：第 16 版．孙健敏，王震，李原，译．北京：中国人民大学出版社，2016：421.

② 迈克尔·茨威尔．创造基于能力的企业文化．王申英，唐伟，何卫，译．北京：华夏出版社，2002.

③ 韦华伟．文化驱动企业．北京：人民邮电出版社，2009：174.

么样的活动可以得到加薪、晋升或其他奖励，等等。作为企业的领导者，传输企业文化的最方便而又最有效的方法就是将自己塑造为企业文化的“化身”，从而使得成员也能感同身受。

3. 社会化

在第 5 章我们论及企业成员在解读企业文化文本过程中，社会化通过企业培训、开发和个体内化起作用。在企业文化形成过程中，培养员工的职业能力、教导文化规范，个体内化包括员工形成文化认同并感受到企业内部影响。这些内化途径对成员在企业中的成长、心理的成熟与变化以及行为方式的选择，往往起着潜移默化的影响。尽管企业文化是共享意义上的概念，但是特定的企业成员，尤其是新进入的员工，对企业文化仍然存在一个认知、了解、学习的过程，研究者们将这个过程定义为社会化过程，社会化过程是员工习得企业文化的过程，是文化影响员工行为的基础和前提，也是企业文化传承必须经历的过程。在个体内化过程中，各种社会化的形式既不是单独地，也不是平行地起作用的。它们相互关联，共同实现着个体的社会化，进而影响到企业文化的传承①。

然而，企业如果有文化，它是如何形成的？如何测量？这就涉及发生学和起源学，包括心理测量的内容了。

（二）企业文化的形成研究

在皮亚杰的发生论中，儿童心理发展分为四个阶段，尽管有争议，但是任何一种发展学说都会提出阶段问题（评判其优劣的关键是看划分阶段的标准是否有特色）②。管理学家也运用发生学的原理进行了开创性的研究，并且考察了这些发展阶段和企业文化的关系。

1. 企业生命周期理论

有学者发现企业同生物一样，遵从“生命周期”规律，也会经历一个从出生、成长、老化直至死亡的生命历程。其中，得到广泛认可的是美国的伊查克·爱迪思博士（Ichak Adizes）的企业生命周期理论，他于 1989 年将企业生命周期划分为三个阶段：孕育阶段、成长阶段和老化阶段。同时，又将这三个阶段划分为孕育期、婴儿期、学步期、青春期、盛年期、稳定期、贵族期、官僚化早期、官僚化晚期、死亡期等十个时期（如图 7－2 所示）。爱迪思画了一条类似山峰轮廓的企业生命周期曲线（如图 7－3 所示）。

如果把孕育期、婴儿期归为初创期，学步期和青春期归为成长期，盛年期、稳定期和贵族期归为成熟期，官僚化早期、官僚化晚期、死亡期归为衰退期，可以简化为四个时期（如图 7－3 所示）③。

企业生命周期理论是企业管理领域的核心管理理论之一，从理论的创立至今，企业生命周期理论却一直处于定性研究状态。为了克服定性研究方法对企业生命周期理论应用的阻碍，有中国学者尝试使用经济学中的指标体系法对企业生命周期理论进行了初步

---

① 苏雪梅，葛建华．员工社会化视角下的组织文化作用机制研究．科学学与科学技术管理，2009，30（12）：178－183.

② 李其维，弗内歇．皮亚杰发生认识论若干问题再思考．华东师范大学学报（哲学社会科学版），2000，32（5）：3－10.

③ 周伟．对“企业生命周期理论”的回顾和思考．当代经济管理，2008（9）：36－39.

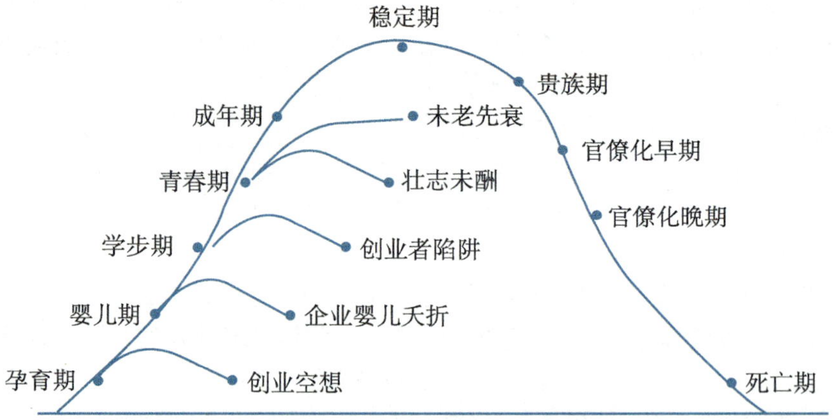

图 7-2　企业生命周期的十时期模型

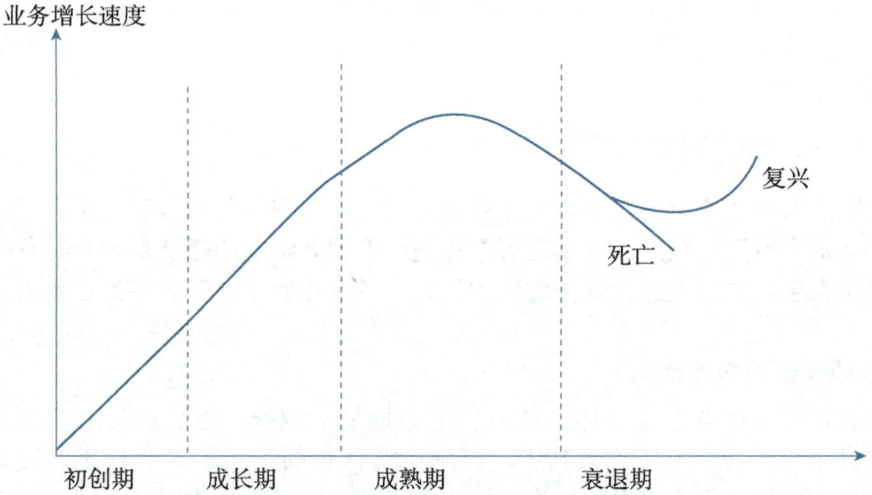

图 7-3　企业生命周期四时期图示

的量化研究①。

2. 中国学者的发生学研究

(1) 企业文化的形成。程学义首次以发生学做指导，基于观察实践和理论分析，提出了企业源头文化的存在，并通过多种方式和途径对它的客观存在进行了有力证明。并且根据企业是否以企业文化作为根本手段进行管理来判断，企业在创业期存在源头无文化、源头自发文化、源头虚假文化、源头自觉文化四种情形，而源头自觉文化恰好证明了企业源头文化的客观存在②。

(2) 企业文化的发展阶段。有了源头，自然少不了企业文化形成的阶段。企业是一个开放系统。它不能脱离社会环境而存在。自然，企业文化也不能脱离社会环境而构造。

(3) 企业文化的演进。国内外有不少学者还提出了关于企业文化演化路径的观点，如表 7-1 所示。

---

① 康铁祥．对企业生命周期阶段的测度．统计与决策（理论版），2007（9）：162-165.

② 程学义．基于发生学的企业源头文化研究．成都：四川大学，2008：73-75.

表 7-1　企业文化演化路径

企业文化演化路径	代表学者	主要观点	缺陷
周期演化路径	Sackmann (1997)，Cheng (2007)	企业文化在组织不同生命周期具有不同特征，企业文化与企业生命周期相关。	把企业文化和企业生命周期相联系，不符合企业文化的形成规律，企业可以快速成长，但企业文化不行。
文化改造演化路径	Ouchi (1981)	提出 Z 理论，通过改造思路，在美国和日本的企业文化间寻求第三种企业文化。	企业文化的民族性、个性特征决定了企业很难通过简单的文化改造把先进的企业文化移植到本企业中。
竞争性演化路径	Kim & Quinn (1988)	提出竞争性文化价值模型，按照内部与外部维度，灵活自由与稳定控制维度，形成团体文化、发展文化、理性文化、层次文化。	很少有企业文化单独属于其中的某一种特定文化。
梯度演化路径	Martin (2004)	把企业分为七个等级，不同等级的企业有自身独特的企业文化特征，如保证生存，渡过难关；家长制；技术统治与刚性管理；创造与革新；热情与信任；有远见卓识；全球意识等。	泛化的列举式分析，对企业文化建设的实践指导意义极其有限。
洋葱结构型路径	Hofstede (1990)	影响企业文化演化的因素：仪式、英雄、符号和价值观，前面的外三层是可见的企业文化“实践活动”范畴，最里层不可见的“价值观”是核心。	该理论所指向的四个层次在我国企业文化建设实践中体现较为形式化。
整体演化路径	John (2006)	企业文化由制度、理念、个性、背景四个层面构成，它们既有交叉，又有各自独立空间的有机整体，它们相互作用，从而引起了企业文化的发展。	未能揭示四个层面之间的具体影响路径
文化点—文化线—文化面路径	王少杰，刘善仕 (2013)	不同阶段企业文化的践行者不同。文化点阶段：老板文化、标语口号文化突出。文化线阶段：企业管理层文化意识强化，管理者以身作则用企业文化来引导员工行为。文化面阶段：所有员工都是企业文化践行者，企业文化自然融入企业日常经营管理活动。	该理论涵盖了梯度理论、周期演化理论、竞争性演化理论以及文化改造理论，具有较好的普适性和可实施性。

在对企业文化演化的基本路径进行了探索之后，王少杰等中国学者基于工商人类学的角度，对 50 家代表性企业进行企业文化建设案例研究后提出，企业文化的演化路径是一个由点到线、由线到面的动态发展过程，这一过程主要受到企业文化获取能力、文

化掌控能力和文化应用能力的影响①。

（三）企业文化发展阶段的测量

综合发生认识论和中外管理学者对企业文化形成的研究，加上我们之前介绍的企业文化研究方法的内容可以看到，如何测量企业文化的形成阶段是测量学上的重要问题。

在此基础上，综合访谈的结果，加上爱迪思的企业生命周期理论和制度化建设理论，笔者认为：企业文化的形成过程是一个四阶段的演化过程②。

1. 企业文化发展阶段

在这个过程中，企业文化大体伴随着企业生命周期和制度化类型的表征而演化。文化形成过程是个多阶段的、渐进的过程。笔者把企业文化选择分为初创、成长、成熟和稳定四个时期（如图 7－4 所示）。各个时期的特点如下：

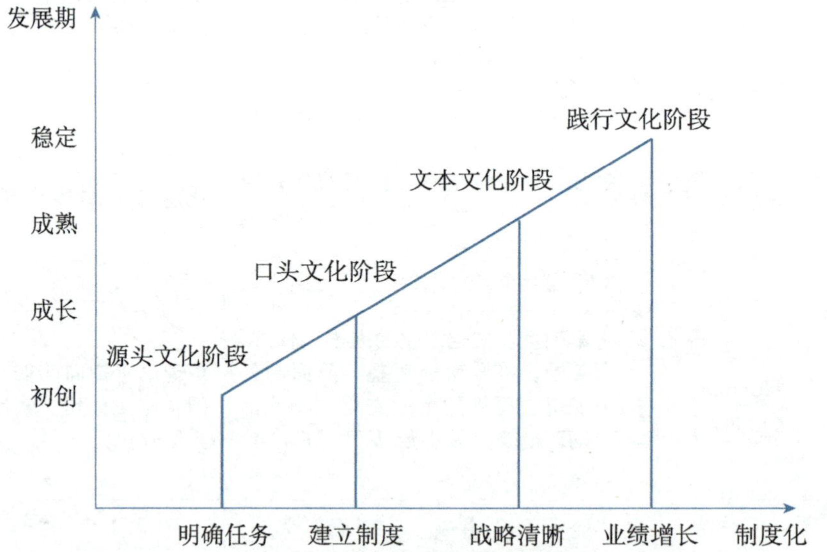

图 7－4　企业文化发展阶段

（1）源头文化阶段。在此阶段，企业根据现实所在生命周期的具体情况，进行主要矛盾分析以确定企业亟待解决的问题，并以此确定制度化建设的方向，以主要矛盾的解决为原则，按企业文化类型匹配策略进行初步筛选。基于主要矛盾解决的潜在企业文化搜索策略是这一阶段的关键。

（2）口头文化阶段。即根据第一阶段所确定的制度进行综合比较，提出企业文化的范围。这一阶段的关键在于根据特定的生命周期主要矛盾，建立符合企业自身特色的评价指标体系及选择评价方价值观。采用有效的方法实施制度化建设，并对企业文化形成呼应。

（3）文本文化阶段。根据生命周期的主要矛盾，进行多目标优化决策分析，对企业

---

① 王少杰．企业文化演化路径及对绩效影响的实地研究：基于工商人类学视角的分析．山西财经大学学报，2015，37（7）：71－84.

② 爱迪思．企业生命周期．赵睿，译．北京：华夏出版社，2014：22－430.

文化进行整合优化，发现适合自身的企业文化，这一时期的主要特点是形成企业的愿景、使命和价值观。

(4) 践行文化阶段。这一阶段主要是建立企业文化的管理机制，根据企业文化在企业经营和管理中的贡献和主要矛盾的变化来动态调整，达到相对稳定的状况，企业文化指导企业经营管理实践，企业文化的知行合一是这一阶段的重点。

2. 文化发展阶段测评

这份文化发展阶段测评是专为评估你所在的组织现阶段的运作状态设计的。下面列出了每个组织在文化建设中都可能出现的六组现象，请你就每组现象衡量一下目前你所在的组织与之符合的程度。并在答案纸中的相应分值处做标记。分值标准如下：

(1) 每组总分6分，按照这些现象与组织实际状况的符合程度分配分数[①]。

(2) 如果第一项描述是你所在的组织非常典型的特征，其余三项描述完全不是你所在的组织的典型特征，请在第一项右边的空格中填写6，其余三项填写0。

(3) 如果这四项描述都部分符合组织的状况，但相对而言，第1、3项描述比第2、4项描述更符合你的特征，请在第1、3项右边的空格中分别填写2，在第2、4项右边的空格中分别填写1。以此类推。

表7-2　企业文化形成阶段的测量表

序号	组织特征	得分
1	组织大多数工作是靠人而不是制度推进	
2	组织有相应的制度并能够有效执行	
3	组织的战略目标清晰	
4	组织的业绩有了稳定的增长	
5	组织的工作多是领导或者上级直接委派或明确指示	
6	员工之间能相互合作，没有破坏性冲突	
7	组织有了成文的愿景、使命和核心价值观	
8	组织的文化适合经营战略、市场环境和企业实力	
9	组织员工对领导的期望还不太了解	
10	组织已经建立了绩效评估的相关标准	
11	组织主要的工作事务都是靠制度化而不是个人加以推进	
12	组织制度较为稳定，适合组织成长和发展的需要	
13	员工不太了解组织未来的发展方向	
14	组织各部门之间没有充分的沟通与交流，信息不能分享	
15	各部门的职责范围和任务界定十分明确	
16	组织鼓励员工在遵循组织的制度的前提下不断创新	

① 卡梅隆的量表（OCAI）中最高分为100分，此处为了便于计算，本测量表中每个维度满分为6分。

续表

序号	组织特征	得分
17	在组织，人情和面子在办事时往往很管用	
18	组织的经营业绩的成长掩盖了管理中存在的许多问题	
19	组织的各项政策和制度具有一贯性和连续性	
20	大部分员工已经完全了解并接受了组织的文化	
21	员工的价值取决于关系或者资历，而不是贡献的大小	
22	组织偶尔会开展一些文体活动培养员工的向心力	
23	员工大部分的工作都有标准的工作程序和方法	
24	组织的内部环境和氛围促使每个员工积极进取，相互信任	

说明：请将每组测评的分数填入下表相应的题号空格内，并把每列的分数汇总填入最后一行。

1	2	3	4	5	6	7	8
9	10	11	12	13	14	15	16
17	18	19	20	21	22	23	24
D1	D2	D3	D4	I1	I2	I3	I4

具体到本章的章首案例，笔者在 A 公司选取了 56 名员工参与测评，汇总后的得分如下：

表 7－3　A 公司企业文化发展阶段评分表

A 公司	发展期				制度化			
	D1	D2	D3	D4	I1	I2	I3	I4
平均分	14	10	3	3	15	12	3	0

对于 A 公司，发展阶段 D1 得分最高（14 分），制度化 I1 得分最高（15 分）。

据此可以看出，该公司在企业文化建设上仍然处于源头文化阶段。如果公司要构建企业文化，需要公司高层进一步明确提出公司的期望，与企业成员一起分享成功的愿景，信心百倍地提供公司明确的方向和目标，同时，公司需要系统的制度化建设以达成经营目标。

第 2 节　领导人与企业文化的形成

企业文化发轫于企业创始人、领导者，在此以领导人统称。在企业文化形成中，领导人有着特殊作用。在介绍了企业文化发展阶段和测量方法之后，我们主要介绍领导人的文化自觉在企业文化形成过程中的具体要求。

“文化自觉”一词由我国著名人类学家费孝通提出，他将其定义为“生活在既定文化中的人对其文化有‘自知自明’，明白它的来历、形成的过程、所具有的特色和它发展的趋向”。自知自明是加强文化转型的自主能力，对文化的形成有着重要的影响①。

常言道，三岁看大。但是据统计，中国中小企业的平均寿命仅2.5年，集团企业的平均寿命仅七八年，与欧美企业平均寿命40年相比相距甚远，这意味大部分中小企业的夭折②。原因有很多，忽视企业文化的力量是一个。这就警示企业的创始人和公司决策者除了注重创业和公司成立初期的资本、土地、人才、市场等生产要素外，必须具备超越经济资本之外的眼界和胸襟，在企业组建时就注重企业文化建设。

改革开放40多年来成就了无数企业，涌现出许多企业家、创业者和领导者。如果说企业是创业者的孩子，如何给这个孩子取个好名字，在成长的阶段细心呵护，这就需要企业家有文化，然后才是“企业有文化”。

一 理念层

（一）布迪厄的文化资本理论

法国社会学家布迪厄（P. Bourdieu）批评古典经济学的资本概念只关注了经济资本，而忽视了文化资本和社会资本。

在布迪厄那里，资本的含义是很宽泛的。他划分了多种资本类型，如政治资本、文化资本、符号资本、社会资本、法律资本等等。而经济资本、文化资本与社会资本是三种最基本的资本类型：

（1）经济资本，这种资本可以立即直接转换成金钱，这一转换过程是以私人产权的形式制度化的。经济资本是最有效的形式，这种资本可以通过普通的、匿名的、适合各种用途的、可转换成金钱的形式，从一代人传递给下一代人。

（2）文化资本，指如科学或艺术作品等物品。这些文化产品可以物理性地作为经济资本被转移（卖出），并且可以成为文化资本的一种象征。

（3）社会资本，即一种通过对“体制化关系网络”的占有而获取的实际的或潜在的资源的集合体。社会资本是实际和潜在资源的总和，这些资源与拥有或多或少制度化的共同熟识和认可的关系网络有关，在一定条件下可以与经济资本进行自由交换③。

社会资本和文化资本也可以合称为象征资本，它们往往不具有物质资本那样的可触摸性，但在社会支配与社会关系的生产与再生产中同样十分重要。在象征资本中，文化资本主要存在于知识与文化生产的领域，它包括主体化的特征，如容貌、气质，加上客

---

① 王玉德．文化学．昆明：云南大学出版社，2006：20.

② 整合中小企业未来发展之道：CHINA HRKEY发布《中国中小企业人力资源管理白皮书》．职业，2012，(28)：98-99.

③ Bourdieu P. The forms of capital. Handbook of theory and research for the sociology of education，1985：241-258.

体化的要素，如享有知识产权的种种精神产品，以及制度化的要素，如文凭、荣誉学衔等①。

其文化理论中的一个核心概念就是“文化资本”。有学者发现，这三种文化资本总体上与人力资本、文化产业和文化制度有一致之处。从布迪厄始创之后的理论文献来看，文化资本理论似乎也是循着这三个方向前进的。

文化是一种资本，领导者对企业文化的形成影响巨大。企业文化的形成，常常与领导者和创始人的经营思想、管理艺术、工作风格，与他们个人的品格、胆识和魅力，与组织对过去成功历史的学习和强化有着直接关系。企业创始人依据其视野、认知、经验、知识与思想境界，靠着他们的洞察力、想象力、创造力和崇高的威望，不断地推进企业文化体系的生成。

（二）领导人的文化修养

在企业文化形成期，领导者的重要文化自觉首先体现在自身的修炼上。提高文化修养并刻意使企业凸显文化色彩，正是企业文化的先行者的表现。正是由于少数领袖人物和先进分子的示范，启发和带动了企业的其他人，形成了企业文化。

一般来说，企业文化的源头为企业的创始人或早期的领导者，他们对企业的早期文化形成影响巨大，在企业创立初期，没有过去的习惯做法和思维束缚，他们能自由地为企业勾画愿景，并把某些特定的理念和价值观清晰地表达出来作为经营哲学或战略加以贯彻，且企业早期发展规模较小，十分有利于创始人把该愿景灌输给所有的员工。在中国，无论是柳传志的联想“根”文化（搭班子、定战略、带队伍），还是华为的“狼性”文化，都反映了创始人的价值观。

正如英国学者戈德史密斯（W. Goldsmith）和克拉特巴克（D. Clutterbuck）在《致胜之道》中指出的：“作为企业文化一部分的领导作风，在我们许多成功的企业中，受到企业创始人和最近几任董事长的性格和声誉的很大影响。”②

再者，品牌意识在企业文化形成中具有重要作用，它是顾客对产品和服务体验的第一步。正是在这个步骤上，企业的创立者或者领导者由于缺乏“文化自觉”，过于注重经济资本或社会资本，而忘记了又一文化资本——品牌文化。

（三）打造品牌和品牌文化

品牌是一个名称、术语、标记、符号、图案，或者是这些符号因素的组合，用来识别产品的制造商和销售商。随着科技的发展、经济的全球化、物质生活水平的提高，人们对个性化产品的追求、对文化产品的消费、对创新精神的肯定日益凸显。近年来，国家陆续提出创新经济、文化力、文化创意产业等概念，即提倡在各个方面对文化的创新使用。企业文化与品牌策略息息相关。由于品牌是文化的载体，品牌文化也开始越来越受到重视③。品牌文化包括四方面的含义。

---

① 布迪厄，华康德．实践与反思：反思社会学导引．李猛，李康，译．北京：中央编译出版社，1998：37－39.

② 戈德史密斯，克拉特巴克．致胜之道．曹景行，潘慕平，连辉，等译．上海：上海翻译出版公司，1987：158.

③ O'Reilly，Daragh. Cultural brands and branding cultures. Journal of Marketing Management，2005，21（5/6）：573－588.

1. 品牌的理解

品牌作为符号，需要方便理解和识记，并方便后期的文化传播和文化运作。例如“M”形的金色拱门标志和卡通人物是麦当劳的一种符号，而“我就喜欢”的品牌口号则道出了现代年轻人的心态与价值观，并能够使消费者将其品牌文化烂熟于心。联想集团 2003 年放弃了有 15 年历史的“LEGEND”标识，改为“Lenovo”标识；2004 年华为公司替换了原来的标识，并加上了光影元素，深化了品牌的文化内涵（如图 7－5 所示）。

图 7－5　华为公司三代标识图

第一代华为 logo 很少有人见过，此处不予讨论。

2004 年的标识在保持原有标识蓬勃向上、积极进取的基础上，更加聚焦、创新、稳健、和谐，充分体现了华为将继续保持积极进取的精神，通过持续的创新，支持客户实现网络转型并不断推出有竞争力的业务；华为将更加国际化、职业化，更加聚焦客户，和客户及合作伙伴一道，创造一种和谐的商业环境实现自身的稳健成长。

2018 年，标识更新后，虽然没有了以前的立体感，但是企业标志形态丰满，字体大方，视觉识别性强，更具直观感的视觉冲击。

2. 品牌的解释

品牌文化的形成还要基于本民族、本地区的文化精髓的解释，方便国际化的交流。

以汽车品牌为例，大众旗下的快腾、捷达、速腾都具有德国的高品质的象征。大名鼎鼎的奔驰车的原有命名来源于人名（见图 7－6），于 1886 年 1 月 29 日获得专利权，这也是人类史上第一个“汽车制造专利权”，而这一天也是公认的汽车的诞生日（如图 7－6所示）。

图 7－6　奔驰公司最早的标识

在戴姆勒（如图 7－7 所示）与奔驰两家公司合并后的 1926 年，奔驰公司的标识变为如图 7－8 所示中左下角的第一幅，并逐渐演变至今。尤其值得一提的是，奔驰车进入中国的二次命名使它具有了“快乐地奔跑”的新内涵，拓展了原来的象征意义。

图 7－7　戴姆勒汽车公司的标识

图 7－8　奔驰公司标识演变图

3. 品牌的特质

在布迪厄看来，文化产品是文化资本和经济资本的统一。文化产品既可以表现出物质性的一面，也可以表现出符号性的一面。在物质性方面，文化产品预先假定了经济资本；而在符号性方面，文化产品则预先假定了文化资本。以此来看，品牌是品牌拥有者的社会地位的显示，是消费者身份、地位的象征，也是一种商业模式，在这个模式中文化的构成要素所占有的比重相当大，而且越是高端品牌，其文化意蕴越大。品牌文化需要领导者把成功的文化元素注入品牌，在实际运作中，领导者需要有更高的文化意识。

4. 品牌的命名

在品牌文化越来越多的情况下，一个好的名字可以传神地表达品牌文化的特征，给人留下深刻的印象，如"奔驰"这两个字无疑比最初的"本茨"要传神得多。一个好的名字是品牌成功的基础。在创建企业文化的初期就树立品牌意识尤为重要。

香港学者黄月圆和陈洁光总结了汉语命名中的特点，高度概述了品牌命名的四项基本原则，这些原则是企业创始人在命名品牌时的依据：

（1）汉语的品名倾向于双音节、双语素，如长虹、金龙。

（2）汉语的品名倾向于"修饰语＋名词中心语"的合成名。在一个双语素的品名词中，两者是修饰和被修饰的关系。后一个语素一般是名词，是中心语，前一个是修饰语。如长虹、金龙中的"长"和"金"是修饰语，"虹"和"龙"是名词，是被修饰的中心语。通过这种修饰关系，增强了品名的意义。

（3）汉语的品名倾向于最后的语素是高声调（即汉语音调中的一、二声）的名字，如长虹中的"虹"、金龙中的"龙"都是阳平高声调。

（4）汉语的品名倾向于褒义名字。

他们还发现，不同性质的产品，品名的命名还会有一些特殊的规则。特殊性由语义场体现出来。语义场是指一组语义上有近似或对比关系而相联系的词，这组词可以使用于某个共同概念范畴。如饮料产品命名选用的语义场是一组表示液体的词：泉、池、湖、露、液、源等。如“农夫山泉”、“五大连池”和“露露”等。汽车品牌名语义场是蕴含坚固、耐用、轻快的词：永、久、飞、金等，我们熟悉的自行车“永久”、“飞鸽”和“金狮”是很好的实例①。

二　制度层

（一）用制度“固化”文化

从企业文化建设的角度看，企业制度和控制系统的类型、程度、结果等发生的变化是衡量企业文化建设的重要指标，所以必须把制度建设纳入企业文化建设的范围之内，使之成为文化管理的一个组成侧面；同时，企业文化建设的过程中会产生一定的文化成果，这些成果也需要以制度的方式巩固下来。因此，企业的制度化建设就成为企业文化建设中的组成部分，而且是精神层面的“天条”，这是企业文化形成的前奏。

（二）用制度“强化”文化

逻辑上，企业价值观与管理制度存在着四种关系，如图 7－9 所示。

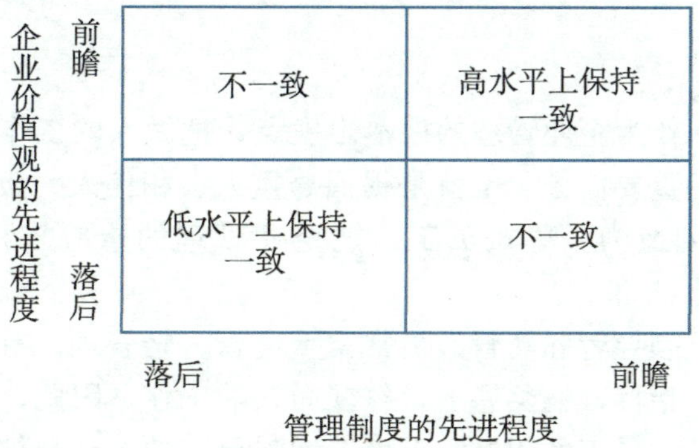

图 7－9　企业价值观与管理制度的关系

由此可见，制度化的目的是要使企业价值观与管理制度保持“均衡”或“一致”，但这并不意味着“均衡”或“一致”就是制度化的全部，只有实现两者在高水平上的“均衡”或“一致”，才能充分调动成员的工作激情。在低水平上的“均衡”或“一致”甚至比“不均衡”或“不一致”的情况更糟。因此，结合企业实际，根据企业的价值观来全面设计、制定企业制度，使两者在高水平上达到“均衡”或“一致”，才能强化企业文化在成员和企业中的影响。

（三）用制度“优化”文化

大道无形，企业文化是个看不见、摸不着的东西，不少人都感觉“虚”，不知道文

① 黄月圆，陈洁光．中国商品品牌命名的规则和特点．南开管理评论，2002（1）：68－71．

化建设从哪里入手。制度化要在企业中建立起一种广大成员能够自我管理的制度机制，借此成员可以进行自我管理，上下之间进行沟通，企业各部门之间可以配合默契、协调生产，保证成员尊严和个人价值得以实现。

优化还意味着将企业领导者的直觉、创新精神和思想转化为文本，让企业文化能明确地、系统地传达到管理层和员工处。领导者在阐述企业管理的基本原则和处理企业内外关系及矛盾的优先次序时，有效建立与企业文化配套的各项制度，保证企业文化建设、业务和管理流程建设具有规范性、一致性和可移植性，企业领导者是确保文化形成过程顺利地朝向更高阶段迈进的关键人物①。

三 行为层

领导者行为对于企业成员有着极大的示范作用，进而对日后的企业文化的形成有着重要的作用。企业文化管理离不开“文化型领导”的支撑，领导者的一个重要功能就是企业文化塑造功能，该功能不仅体现在领导者对文化形成初期的文化维度选择的影响力上，还体现在企业文化的执行上，我们甚至可以将企业领导看作企业文化执行机制的重要组成部分，在企业文化形成发展过程中，领导用自己的语言行为生动诠释适合企业生存和发展的企业文化②。

对于领导者来说，除了理念层和制度层的要求之外，领导的言行举止对企业的言文化和行文化的生成也是关键。主要内容如下：

（一）以人为本，身体力行

以人为本，即把人作为企业管理的根本出发点，把做人的工作，充分调动人的积极性作为企业文化建设的重要任务。也就是提倡尊重人、相信人、激励人、开发人，使人能动地发挥其无限的创造力。尊重员工，把企业管理的重心转移到如何做人的工作上来。

在企业成长初期，领导者和高管人员常常重经营、轻管理。有些管理者，把管理的侧重点放在建制度、定指标、搞奖惩上，忽视做人的工作。因此，领导者要注意把管理的重心适时地转移到调动员工的积极性上来，增强员工的主动精神，使企业形成一种人人关心经营为经营尽职尽责、人人关心文化为文化建设尽心尽力的局面。

（二）激之以心，励之以气

激励是满足员工物质和精神上的各种需求的动态过程。有效地激励员工，使员工的积极性和聪明才智得到最大限度的发挥，这就需要卓越的管理技能，把蕴藏在员工中的聪明才智充分挖掘出来。现代企业中的领导人，必须进一步完善企业的民主管理制度，保障员工的民主权益，使员工能够广泛地参与企业的各种经营管理活动。另外，还要转变管理方式，合理授权，变自上而下的层层监督和控制为员工的自我管理和自我控制。辨识企业的核心竞争力，促进企业文化建设，发挥自身行业、技术或者管理上的优势和

① 白万纲．集团管控之文化管控．北京：中国发展出版社，2008：87－90.
② 帅萍，赵晓敏．企业文化管理实施分析．华东经济管理，2007，21（1）：77－79.

地位，促进企业文化建设。

（三）注重特色，因形制动

企业文化中的员工既是工作的主体，也是家庭的成员，而在工作和家庭中有不同的要求，如果把家庭的文化简单地“移植”到工作场所中必然会造成不一致（如很多企业提出的“家文化”）。这就需要领导者除了注重保持自身的言行如一，也要会根据不同的情景表现出一致性的态度。

实际上，远不止是领导者的行为和理念，整个企业文化都受领导者的明显影响，以至于我们可以认为企业文化简直就是领导者的人格化，在某种意义上就是领导者的映射。

第 3 节　企业文化传承

理解了企业文化生成的理论与实践之后，我们再来看看企业文化传承的理论与实践。

一　文化人类学中文化传承的理论

在第 3 章中，我们介绍了文化和人格学派的“基本人格”概念。这一学派认为一个人在童年早期经历的事情，会对其人格的形成具有决定性的影响。下一代的心理是在与上一代同样的因素下形成的，因而也产生了同样的基本人格，这样一代一代往下传承，文化也就代代相传。

在第 1 章中，我们将文化定义为是一群人通过习得，对所作所为和每件事情的意义共有的认识。另外，文化具有共享的、习得的、符号的和整体的四特征。这就意味着，文化本身的传承对人类的持续生存是至关重要的，因为文化是习得的而不是生物遗传的，它从一个人传到另一个人，从一代传递到下一代，所依靠的必定是比任何其他动物所具有的更为复杂的、有效的传播系统。

（一）文化的习得性和符号性

从人类学角度看，任何文化都具有三个必要条件：

第一，在个体之间提供传播手段。所有文化通过某种形式的语言做到这一点。语言是人类最独特的一种财富。第二，个体学习如何行为的可靠手段的发展，借助这种手段，个体学会其共同体成员所期望他们的行为。第三，因时因地为其成员提供食物、水和保护的能力。

此处的语言还包括符号（一群人中代表意义的声音或手势）、信号（指具有自然和自明意义的声音或手势）、姿势—呼叫系统（如肢体语言），它们都可以被视为一种语言。人类在此基础上代代相传，通过不同的生计模式、经济体制而维持生存，并且形成群体，通过一些重要的生命仪式来塑造群体认同、保持核心价值观、寻求秩序、适应环境，这是所有人类学研究的主题[①]。

符号有狭义和广义之分。狭义的符号有字母、文字、语言、数学符号、物理符号、化学符号、电码、交通标志等。如果广义地说，那么，人的全部动作，从表情、姿态、形体动作到各种各样的仪式、活动、游戏、文学、艺术、创造、神话、宗教中的各种构成要素，都是符号[②]。这种关于象征符号形式与意义的文化"惯习"保存在人们历经濡化的传统之中，如果要解释象征-符号的象征意义，其前提就需要人们掌握仪式象征符号的这种文化"惯习"。人们参与行为的仪式符号的价值，在于通过可以感知的形式表现出抽象社会—文化意义，仪式符号所表现的意义和仪式符号的指涉，都不是自然形成的，而是社会和人所赋予的。通过前文有关皮尔斯符号学观点的理解，我们发现很多可被人所感知的东西，基本上都可以被社会赋予象征的意义而成为象征-符号。

（二）文化的传播性

由于符号理论都归集于传播学，文化是传播的文化，传播是文化的传播。没有文化的传播和没有传播的文化都是不存在的。一方面，文化的形成和发展受到传播的影响。传播促成文化整合、文化积淀、文化变迁。传播对文化的影响不仅是持续而深远的，而且是广泛而普遍的。反过来，文化对传播也有着十分重要的影响，这种影响体现在传播者对受传者的文化意义，同时还体现在传播媒介及传播过程之中。传播与文化的互动表明：文化与传播在很大程度上同质同构、兼容互渗。从这个意义上我们可以说，文化即传播，传播即文化[③]。

语言文字可以说是最重要、最复杂的符号系统。一个民族的语言（包括文字）记录着一个民族的思维，记录着一个民族的风俗习惯，记录着一个民族文化历史的方方面面。语言文字一方面是一个民族心理的外化、符号化，另一方面又是一个民族文化发展史的活化石。一个民族历史的方方面面，都以各种显露的或隐蔽的方式记录在这个民族的语言文字之中。语言文字不仅有着随着文化发展而发展的生动性、流动性、易变性，同时，又有着相对于文化其他方面发展的迟滞现象、滞后现象。

当然，文化也与非语言传播密切相关。非语言传播除了包括肢体语言、面部表情等，也指人们对时间、空间的使用和意识。总之，文化的传承和传播离不开语言和非语言的方式。语言人类学、认知人类学在这一领域成果颇丰。

二 管理学中文化传承的理论

（一）影响企业文化传承的因素

企业文化的传承对企业的生存发展有着重要意义。在企业范围内的传承，可以使组织内所有员工共享组织的共同目标、价值观、行为准则等，并最终将组织精神内化为自己的价值观，通过自身行为表现出来，从而增强组织的凝聚力。在企业的外部传承过程

① 哈维兰．文化人类学：第10版．瞿铁鹏，张钰，译．上海：上海社会科学院出版社，2006：96－97.
② 赵毅衡．符号学：原理和推演．南京：南京大学出版社：2016：2.
③ 马广海．文化人类学．济南：山东大学出版社，2003：400－402.

中，则可以使相关利益群体、个人更好地了解企业。如与相关利益群体、党政机关、客户的沟通，组织举办的各种宣传、公关活动，都更有力地塑造和传播企业形象，能够提高企业的知名度和美誉度。

管理学中关于企业文化的传承和人类学文化传承一样，都可以纳入传播学的框架中，文化的传承或者传递在管理学中，在迪尔和肯尼迪看来，还包括英雄人物、礼仪和仪式①。罗宾斯、贾奇将英雄人物放在故事之中，他们认为企业文化主要包括的手段有故事、仪式、象征和语言。

同样，管理学中的文化传承的方式都可以纳入现代传播学理论中。美国学者拉斯韦尔在《传播在社会中的结构与功能》一文中，最早提出"5W"模式（如图 7-10 所示）：

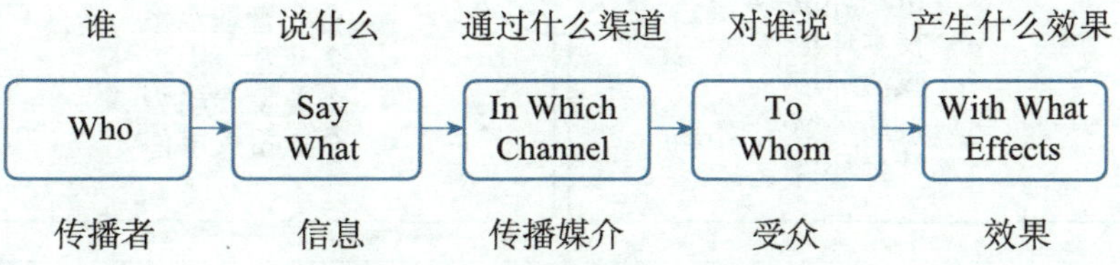

图 7-10　传播的"5W"模式

资料来源：肖欢容．对拉斯韦尔媒介与国际冲突思想的评析．新闻战线（半月刊），2017（18）：37.

结合艾迪思的理论，由于企业文化是从一个阶段转化到另一个阶段，在转化的过程中，会产生蕴含着某种能量的困难，需要通过一系列手段进行正向的引导。企业文化的传承便伴随其中，需要依据企业所处的生命周期不同，使用不同的传播手段和形式，同样需要经历一个宣导、成长、成熟的过程，并在关键节点推动变革。

因此，依据企业所处的生命周期不同，文化故事的接受者和所关心的信息、接收信息的渠道都是有差异的。所以要想时刻抓住组织变革的脉搏，就需要及时地调整传播方式，并不断更新其形式和内涵，在传播和发展文化的过程中，用不同的策略使用"5W"模式，使各个要素能够发挥最大的价值。

（二）影响企业文化传承的因素

在企业文化传承的过程中，首先要认识到影响企业文化的因素有哪些，再重点抓住影响文化传承的关键因素，在企业发展的不同阶段的关键因素可能不同，继而提升企业文化传承的水平。企业文化影响因素主要分为四个层面，如图 7-11 所示。

一是员工层面，包括员工的综合素养和员工对企业的感知。二是管理层面，包括管理者的综合素养、管理者价值观和管理者对企业文化的重视程度。三是企业层面，包括企业自身状况、企业管理水平、企业竞争力、企业发展趋势和企业重大事件，这些是企业文化的重要构件。四是宏观环境层面，包括市场环境、技术环境、政治环境、自然环境、社会环境等。在这四个层面中，企业能够把控的因素主要是管理层面和企业层面的。因此在企业文化传承过程中，企业需要重点考虑这两个层面因素的作用机制②。

企业文化实质上是一个以新的思想观念及行为方式战胜旧的思想观念及行为方式的

① 迪尔，肯尼迪．企业文化．李原，孙健敏，译．北京：中国人民大学出版社，2015：40-114.

② 王永丽．文化力．广州：广东经济出版社，2010：72-73.

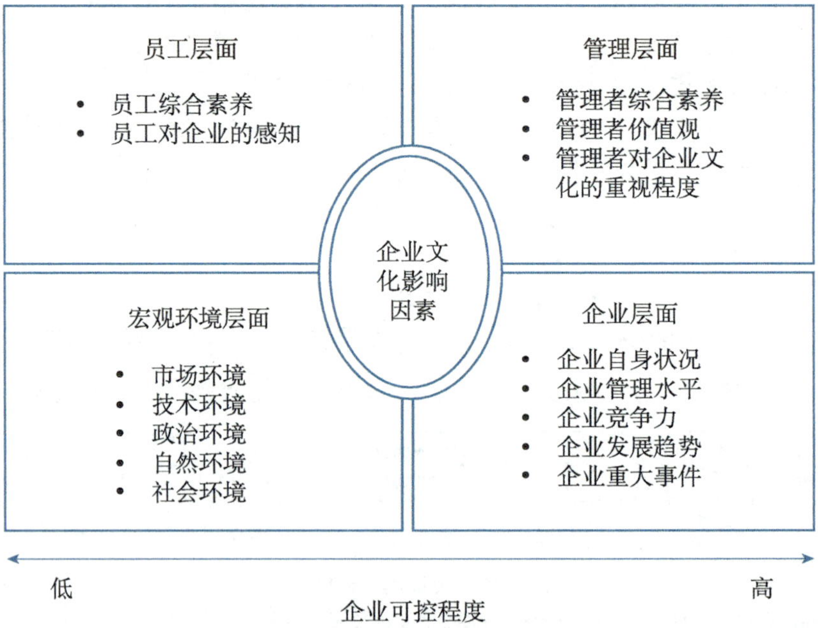

图 7-11　企业文化的影响因素

过程，因此，新的思想观念必须经过广泛宣传、反复灌输才能逐步被成员所接受。例如华为经过几十年的危机意识宣传灌输，终于形成了企业员工拼命竞争的精神。在中美贸易摩擦的背景下，华为反而愈挫愈勇，敢于面对，这正是得益于多年的危机感和不断学习，以及勇于探索的华为的源头文化。

三　企业文化传承的实践

企业文化传承的实践通常是围绕以下四种方式展开的：

（一）故事

企业文化故事的发掘、整理是建构的核心，作为企业内部文化传播的重要载体，事实证明这种形式的传播是非常有效的。企业文化故事撰写的一个基本原则是“让员工用自己的话说身边的事”，这里面有两个要点：首先故事一定要是真实发生在企业里面的，是发生在员工身边的，为员工所熟悉的；其次是故事一定要用员工自己熟悉的语言描述出来。只有做到上述两点，故事才会引发员工的真实感受①。

1. 故事的构成

故事是符号，它使用口头或文本语言来创造意义，根据角色的设置、情节的主线和转折来铺陈，在结构上包含“起因、过程、结局”三个要素。故事既是一种推理模式，也是一种表达模式，人们可以通过故事了解世界，也可以通过故事讲述企业文化②。

如海尔集团“大地瓜”洗衣机的开发故事，就体现了这三个基本要素。面对中国家

① 克拉克．讲故事：美国企业文化的新载体．梁水源，译．中外管理，2008（6）：48-50.

② 彭传新．品牌叙事理论研究．品牌故事的建构和传播，2001（5）：10-11.

电市场的激烈竞争，张瑞敏没有选择死拼硬杀，而是另辟蹊径，谋求智赢。他提出了市场创新理念“创造需求，引导消费”“顾客的难题，就是我们开发的课题”等全新的文化要素。

起因：海尔的一位客户的突发奇想：“洗衣机既然能洗衣服，为什么不能洗地瓜呢?”于是就用洗衣机洗起地瓜来。没想到地瓜还真的洗干净了，但是洗衣机却不转圈了。

过程：海尔的一位维修人员把洗衣机修好后，回到办事处把事情当成笑话讲。办事处主任却因此受到启发：“为什么不开发既能洗衣服，又能洗地瓜的洗衣机呢?”他把这一市场信号和自己的想法尽快向本部汇报。本部经研究决定：“三天之内设计出图纸，半个月内投放市场。”随后，海尔“大地瓜”洗衣机闪亮登场，马上引起了抢购热潮。

结局：“大地瓜”洗衣机的故事流传开来，成为“创造需求，引导消费”等理念的最好注脚。江泽民在一次经济工作会议上，特别提到海尔的“大地瓜”洗衣机的案例，更使这一故事具有了传奇色彩。

2. 故事的传播

解决了传播主体和传播内容，传播渠道和受众的因素会影响传播效果。企业在进行故事传播的时候，应该针对不同受众群体，采用相对有所侧重的故事版本。如，书籍主要下发到职能部门，尤其是管理团队，有利于他们每日翻看学习；然而对一线业务人员，则往往通过图片、软文的形式定期推送，形成阅读习惯。生动的传播形式，有利于基层员工学习和使用。但要强调的是，虽然故事的传播形式略有不同，但是主题和核心思想是统一的，都要依据企业文化的核心理念来进行设计和编辑（如表 7－4 所示）。

表 7－4　案例企业文化故事的不同渠道选择分析

传播形式	渠道特点	主要受众选择
视频讲述	全方位的感官刺激，能够使受众直观地了解故事中的人和事，获取高的阅读量；但由于故事量比较大，全部做成视频不符合实际，成本较高。	全员，尤其针对前端没有固定工位或电脑设备的员工
软文推送	短小精悍，最普遍高效的传播手段，可以通过公众号、官网等多种渠道发送。	全员参与
书籍发布	书籍作为一种整合程度较高的手段，相对成本较高，且对故事的内容质量有一定要求，受众阅读会有一种荣誉感；但也因其整体篇幅较长，内容较多，读者容易感到乏味，阅读效果不好监控。	以职能部门和管理团队为主
文化活动	活动的周期长，可定期策划，只能作为故事传播的一种特定手段，并不能作为常规手段。	全员参与
图片动图	形式新颖，可视化效果好，同时能够给受众想象的空间；同样因为故事量大，并不能全部做成图片形式，成本高，且图片的转化对设计和主题的把握非常高，可搭配软文共同设计制作。	全员，尤其针对前端没有固定工位或电脑设备的员工

综上所述，只有通过多种传播渠道的整合运用，才能实现文化故事的深度传播，从而达到故事塑造文化的效果。企业可以充分运用视频拍摄、软文推送、图片动图、文化活动等多种媒介和形式，对文化故事进行充分研讨和宣传，从而使企业文化建构效果最

大化。

（二）仪式

和故事的三要素理论一样，我们在第 2 章的篇末案例分析中介绍过法国人类学家范热内普的仪式三阶段理论：分离—阈限—融合。此处需要补充的内容是仪式的举办中要注意以下几点：

1. 注重作为核心的阈限阶段

阈限阶段是仪式的核心，设计仪式前经历身份、时空的分离之后，在阈限阶段要体现仪式感，都要对仪式后的程序进行刻意的设计，这是传承的重点。比如东阿阿胶的拜师仪式的设计，该仪式在设计之初就十分明确要表达的主题思想是“传承”，中间的程序设计也围绕这一核心思想来进行，通过签师徒协议、行拜师礼、敬拜师茶等环节突出了“传承”所必需的尊重与虔诚。

以东阿阿胶文化“传承”的拜师仪式为例，仪式的分离阶段有：立药圣像/悬挂公司的旗帜/全员正式着装，佩戴公司徽章—全员拜谒药圣，宣读中医药誓言（孙思邈《大医精诚》）和职业信条—宣布师徒名单—签师徒协议—行/受拜师礼（古礼稽首三鞠躬）—敬/品拜师茶—徒弟代表发言—师父代表发言—公司领导致辞（祝福、鼓励）。

2. 结合受众的特点设计不同的程序

仪式的设计应该从企业自身的业务活动中提炼、抽象出来，既有符号性，又有现实业务的影子。要便于广大员工学习、领会、认同，融入仪式之中。仍然以东阿阿胶新员工入司仪式为例，比较以上的程序能看出传承方式的差异。

（立药圣像/悬挂司旗/全员着司服佩司徽—公布新员工名单）—拜谒药圣（古礼稽首三鞠躬）—入行宣誓—入司宣誓（《东阿阿胶职业信条》）—公司领导致辞（欢迎、鼓励）—入司（佩戴“东阿阿胶”司徽）—新员工代表发言。

3. 紧扣文化传承的目标

企业的集会、仪式等文化活动为管理者向企业成员宣讲企业文化提供了机会和渠道，同时，集会和仪式上独具企业特色的活动将使成员在潜移默化之中切实感受到企业文化，并将其内化于心（文化濡化），因此，仪式要紧扣文化传承的目标，因人而异。如东阿阿胶的老员工退休仪式中就增加了立药圣像、全员拜谒药圣、宣誓中医药誓言和职业信条、介绍退休人员主要工作经历与荣誉、退休员工代表发言、领导领唱感恩歌等环节，充分表达了企业对于老人的尊重和重视，从而非常鲜明地突出了东阿阿胶“传承”的核心价值观。

（三）象征

象征主要是指企业中的物质象征，如独立的办公室、高管额外的津贴和服装。这些物象象征向员工传递了管理者的层级以及行为类型的恰当与否①。

象征作为一种符号，就是用具体的媒介物表现某种特殊的意义。一个象征包括两个

---

① 罗宾斯，贾奇．组织行为学：第 16 版．孙健敏，王震，李原，译．北京：中国人民大学出版社，2016：421－424.

层次，一是某一具体的媒介物，二是该事物所表达的特殊的意义，两者的有机结合便是象征。在企业文化的传承过程中，需要注意媒介物的选择和意义的表达。

1. 媒介物的选择

象征作为一种符号，通常具有多层意义。如企业的办公场所的安排、开会的座次安排、头衔、称谓等等，除了自然的性质之外，还要考虑社会规范、价值或制度。例如办公室的空间和面积的大中小与企业职务的高中低有着明显的对应关系，它象征着企业的等级关系。但是如果高层的办公室过于华丽和宽敞，对于企业文化的传承反而会起到消极的影响，同样，高管额外的津贴和福利，还有年收入过高，对于一线员工反而有反面的象征意义。

一家公司的营销分公司的经理说："看看公司开正式会议的座位安排就知道了，我们在营销一线忙活，但是在公司根本得不到重视，因为每次来总公司开会，都是总部部门的正副经理坐前排，我们都在他们后面!"

2. 意义的表达

企业文化的传承要直指人心，提升组织忠诚，还要考虑意义的表达和传播方式。除了股市和意识之外，象征作为符号遍布企业的各个方面，种类繁杂，系统多样，通常说来，它包括表层象征体系和深层象征体系。

表层象征体系是外显的、可观察的，包括行为象征、物质象征、语言象征等。而深层象征体系是内隐的、不易观察的，是表现在人的意识、思维方面的抽象结构。仍然以上述营销经理的抱怨为例，销售经理的座次排后隐含的内容是：一线的经理没有公司职能部门的领导地位高。尽管表层上大家都说一切为了一线，但是深层的表征仍然是离领导越近越有地位，这也是文化"两张皮"的表现。

由此，企业要做到言文化和行文化的统一，在传播方式上需要"表里如一"。

(1) 表层意义的传播。包括企业文化传统用语录、标语、标记、口号、雕塑、制度和各种形式的文化活动。这些有形通道将有助于强化人们对公司文化传统的继承。企业文化包含着许多内容，诸如各种深层的企业文化理念等，其真正的含义和主旨不是所有人都能一下看透、一下把握准的，也并非总是可以为他们立刻全部接受的。从这个意义上说，企业文化为成员所理解、接受的过程，就是企业文化在企业内部传承的过程，这个过程渗透到企业文化成长过程的自始至终，经常以语录、标语、标记、口号、雕塑等等旨在体现、传播企业文化的形式表示出来。

(2) 深层意义的传播。深层意义传播的内容包括企业中的种种传说、奇闻逸事等，往往成为企业文化深层传播的重要通道。以模范人物为例，模范人物使得成员在理智上明确方向，在行为上有所模仿。模范人物集中体现着企业价值观，在企业文化传统的传承过程中发挥着极为重要的作用。企业文化经常会借助模范人物的感召力和成员对榜样的模仿，见贤思齐，从而达到企业文化对内传承的目的。

由于符号的可转换性、实践性和言文本—行文本一致性的要求，企业文化在不断地传承的过程中新特质也在不断增加，在传承时，在实践中自觉遵守行为规范，借助各种生动活泼的传承手段，使企业文化在员工的日常工作和生活中内化为心中的信念，并且外化为实际的行为。特别是当企业从一种文化向另一种文化转变时，更要为员工提供学习新文化的培训机会。

（四）语言和符号

1. 企业文化语言的内容

就文本性和正规性而言，企业文化主要内容中的愿景、使命、核心价值观等在企业的内外传播中不仅可以塑造员工，还可以为企业发展创造良好的社会环境，使企业的名声和名气得到扩大，以文化的感召力赢得公众[①]。

姬芬芳选取100家中美“最佳雇主”（中方、美方各50家），根据对“企业文化陈述”的界定查询抽取这些标杆企业的文化陈述，通过专家小组对企业文化陈述关键词进行分类整理。中美最佳雇主企业文化陈述的对比研究发现：

首先，统计结果显示中国企业文化条目众多，从“使命”“愿景”“价值观”，到“经营理念”“管理理念”“竞争理念”，无不反映出中国企业对“文化陈述”的重视。相比之下，美国企业文化陈述中简明的“指导原则”和详细的“薪酬福利包”在员工满意和员工行为方面更有优势。

其次，中国企业对员工“工作/生活平衡”关注度较低，样本企业更倾向于强调“拼搏、奋斗、激励”。考虑到“80”后、“90”后员工的自身特点，相信随着物质需求的满足，他们对“工作/生活平衡”的关注将会越来越强烈，这一点是企业文化建设所不能忽略的。至于如何建设具有可操作性的“工作/生活平衡”计划，则是企业实践中应该考虑的内容。

最后，企业文化的核心是价值观，它渗透在企业的日常管理和实践中，渗透在企业管理者以及普通员工的认知中。企业在价值观基础上构建企业经营战略和管理制度，价值观的推行必须由管理者和各部门通力合作，建设具有可操作性的文化，才能开启共赢的未来[②]。

殷志平考察了257家民企企业文化陈述中成语的使用情况，分析了相关企业运用成语构建企业文化的实践，发现用成语构建企业文化可以提高企业文化建设与中国社会文化的情景相关性，较好地把自强不息、和衷共济、抱诚守真、厚德载物等优良民族文化传统和精神应用到当代中国的企业文化构建中[③]。

曲庆通过对比美国43家“最佳雇主”和中国“全国企业文化优秀成果奖”43家获奖企业的企业文化，发现了中美优秀企业文化陈述的共同点和差异：中美企业都重视客户、创新、团队；美国企业既重视人又重视组织，中国企业更重视组织；中国企业绩效导向强于美国企业；美国企业人文导向强于中国企业。这些发现与已有研究不完全相同。中国企业应注意在企业文化陈述中体现员工意愿，用词贴切，表意清楚、准确[④]。

2. 语言表达的规则

曲庆还在实证研究的基础上，总结出企业文化陈述在语言学上的几条规则：

---

① 杨敏，周琦．英国的企业文化与企业语言文化．福建外语，1996（3）：24－29.

② 姬芬芳．中美最佳雇主企业文化陈述的对比．北京：中国人民大学，2006.

③ 殷志平．企业文化陈述中的成语使用及其功能调查．语言战略研究，2017（5）：85－86.

④ 曲庆．中美优秀企业文化陈述的对比研究．中国工业经济，2007（5）：80－87.

(1) 对企业文化的陈述要能反映大多数员工的理念和追求。大部分中国企业文化的现状是层级文化或市场文化，员工和中低层管理者的期望却是团队文化。企业文化是组织特征，一种思想或理念只有得到大多数员工的认同才能成为企业文化的一部分，为此它必须反映大多数员工的理念和追求。对中国企业来说，就是要重视企业文化中与人有关系的内容，更多地关心员工的利益、员工的追求。

(2) 对企业文化的陈述要用词贴切，表意清楚、准确。一些企业的价值观、经营理念、企业精神等甚至没有任何与个人、人际关系有关的词汇，其现有表述与企业管理实践没有匹配。鉴于此，企业需要深入研究对企业文化的陈述，准确、清晰、重点突出地表达出企业文化的主旨。中国企业应注意从各个维度分析企业发展的主要经验和精神支柱，用贴切的语言清楚、准确地描述企业文化。

(3) 注意用语的精简。如前所述，一些企业对企业文化的描述过于烦琐，主题、关键词偏多，这必然造成重点不突出，员工对企业文化的理解不准确。企业文化的核心是企业宗旨、价值观和管理哲学，人才理念、质量理念、经营方针等都是派生出来的。

在企业文化手册、培训等企业文化内部传播的具体操作上，不宜把所有这些理念放在一起做宣传，而应该突出核心理念，其他理念和方针可以作为具体工作的指导思想，与对应的规章制度一起传达。

如华为公司，由于《华为基本法》的广泛影响，其对华为日后的跨国经营起到了确定文化基调、促进经营业绩的作用。华为大学也在社会享有极佳的声誉，“华为大学一年的学习胜似正规大学四年的学习”，这种赞誉自然提升了华为公司的社会知名度和美誉度，加上任正非个人的人格魅力，华为公司几乎成为我国民营企业文化建设的标杆。

本章小结

本章从皮亚杰的发生学、布迪厄的文化资本理论和管理学企业形成的理论出发，结合实例，讨论了企业文化形成的实践，使读者得以了解企业文化形成过程中的综合观念，并且能够测量企业文化形成的四阶段，让企业文化的创始人具备文化自觉，从品牌到制度、行为的源头注重企业文化的形成。在企业文化的传承过程中，笔者整合了人类学和管理学的理论，从传播学的角度总结了企业文化对内和对外传承的具体途径，为企业管理者做好文化传承工作提供了参考。

关键词

发生学　认识论　企业生命周期　文化发展阶段　文化资本　制度化　文化传承　传播学　故事　仪式　象征　语言和符号

复习思考题

1. 简述皮亚杰的结构主义发生论对企业文化形成的意义。
2. 如何理解布迪厄的文化资本理论？其对于企业文化建构有什么意义？
3. 试论述管理学上企业文化形成的一般模型和三个关键内容。
4. 企业领导人在企业文化形成中有哪些作用？
5. 设计一个好的品牌需要注重哪些原则？
6. 文化的传承的主要方式有哪些？

案例

品格、品质、品位、品牌——长安汽车企业文化形成与传承①

长安汽车股份公司有着悠久的历史，其前身最早可追溯至1862年李鸿章在上海创办的上海洋炮局。经过150多年的文化传承，一个半世纪的发展壮大，长安拥有了深厚的历史底蕴，在这种历史底蕴的基础上，长安形成了其独特的企业文化。

一、长安汽车的历史

长安，诞生于洋务运动，扬名于抗日战争，成长于新中国，兴盛于改革开放。在这一个半世纪里，长安孕育出了长安文化，这种长安特有的精神财富影响、塑造了一代代的长安人，引领长安朝着更远大的目标迈进。

（一）长安的诞生

1862年，李鸿章授命英国人马格里和中国官员刘佐禹在上海松江创办了长安的前身——上海洋炮局。1865年，上海洋炮局迁至南京，改名为金陵制造局，后更名为金陵兵工厂。作为中国第一个近代化兵工厂，长安第一个用机器制造兵器，成为中国工业由手工业阶段发展到机器工业阶段的分界线，在中国近代史上具有划时代的意义。

（二）战争的洗礼

1931年，日本发动“九一八”事变，中华民族陷入危机之中。在这危难之际，长安人把救亡图存的热情融入日常的生产中，担负起生产武器、保家卫国的重任。1932年，时任金陵兵工厂厂长的李承干邀请中国文学巨匠郭沫若和著名作曲家贺绿汀创作了厂歌。厂歌体现了长安人在危难之际不为环境所移、不为恶势力所屈、积极向上的气魄。厂歌流传至今，其包含的产业报国精神一直激励着长安人。

1937年，“八一三”事变爆发，金陵兵工厂被轰炸数次。为准备抗战，兵工厂西迁重庆簸箕石和南岸铜元局，并在1938年3月1日恢复生产。长安生产的重炮对日寇造成了严重的杀伤。在抗日战争中，长安为前线的将士提供了3 000余吨弹药，30万余发手榴弹和约50万支各类枪械，是整个抗战期间为前线提供装备最多、贡献最大的兵工企业，为中华民族取得抗日战争的伟大胜利立下了汗马功劳。

（三）在新中国的重生

新中国成立后，长安被整合到新中国的国防工业体系中。1957年，长安开始着手研究吉普车的制造，并于1958年成功制造了长江牌46型吉普车。该车型参加了1959年国庆10周年阅兵大典，并担负各方队领队车重任。1963年，根据上级的要求，长安把产品以及技术资料移交北京吉普厂，著名的“北京吉普”就是以此为基础发展而来。

新中国成立后的大部分时间里，长安是作为全国第一个，也是最为重要的兵工厂而存在的，几十年军事管理、制造的历史让长安形成了高超的技术能力、鲜明的自主风格和严谨的制造工艺。

（四）改革开放后的腾飞

改革开放后，长安秉承其开拓创新的历史精神，开始进入民用领域，成为军工体系中进入民用领域的排头兵。历史的沉淀赋予了长安深厚的技术基础，长安很快地在民用

① 本案例根据笔者2009年4月至2010年3月担任长安汽车股份公司高级管理顾问的经历改写。

领域取得了迅速的发展。

1982年，长安开始微型汽车的研制，并于次年成功研制出长安牌微型汽车并正式投入生产。1984年，原江陵厂开发试制微型汽车发动机，次年被国家确定为微型汽车发动机定点生产厂。1995年，原长安厂与原江陵厂强强合并为长安汽车有限责任公司。1996年，重庆长安汽车股份有限公司成立，并实行军民品剥离，成立三个工厂。同年，"长安汽车"B股在深交所挂牌上市。次年，"长安汽车"A股在深交所上市。

长安的上市为长安引入了现代企业管理机制，并为长安进一步的发展提供了资金。借着中国汽车产业发展的东风，经过多年的滚动发展，长安的产品畅销全国。通过产业布局，长安在国内拥有重庆、河北、江苏、江西4大产业基地，11个整车和2个独立的发动机工厂，具备了年产汽车200万辆、发动机200万台的能力。汽车谱系覆盖乘用车和商用车全部领域，拥有排量从0.8 L到2.5 L的系列发动机平台。时至今日，长安已经进入了中国汽车制造业的第一阵营，扛起了民族汽车工业的大旗。

二、长安汽车的企业文化

随着长安的不断壮大，公司的管理层认识到企业文化对于长安发展的重要性。徐总经理提出了一个有名的"文化四品"结构，即"品格、品质、品位、品牌"，换言之，长安汽车的企业文化应该以长安汽车的历史为基础，以未来发展为出发点，立足于长安面对的经济、社会现实，反映时代特点，进而与经营管理一道发挥作用。

因此，长安以"致力于用科技驱动产业和谐发展，为全球消费者提供安全、环保、经济、高品质的产品和服务，为顾客能够持续畅享品质汽车生活提供完美解决之道"为使命，把"给客户最佳的选择，给股东丰厚的回报，给员工更多的利益"内化为核心价值观，通过为消费者提供满足"科技·品质·畅享生活"理念的产品，实现"以微为本，以轿为主，发展商用，进军服务，开拓海外"的战略方针。

为实现新的企业文化对长安提出的新要求，长安汽车从文化入手，树立"自我批判、敢于创新、科学理性、自觉贡献"的长安精神。以此为基础，长安总结出"把握规律性、富有创造性、具有操作性"的三个原则，提炼出"目标导向，问题导向，趋势导向"的三个导向，归纳出"基于战略、客户、竞争标杆"的三个基于。这些被统称为长安"三三三"战略方法论。"三三三"战略方法论对所有员工的日常工作都具有一定的指导意义。

新的企业文化把长安整体的文化理念细化到长安经营的各个方面，形成了13个具体的理念，分别是：精益高效的经营理念；持续创新、精益管理的管理理念；以我为主、自主创新的科技创新理念；廉洁诚信、高效创新、合作共赢的采购理念；生命只有一次，让平安伴你一生的安全理念；细算每一笔账，用活每一分钱的成本理念；重视顾客价值，以顾客需求为核心驱动因素的市场理念；让用户满意，让商家赚钱的营销理念；亲情、诚信、规范、快捷的服务理念；人才就在你我中，天才就在员工中的人才理念；"相马"与"赛马"并重的用人理念；敢为人先，争创一流，拒绝借口，立即行动的执行理念；以内为本、以外为主，立足制造行业、拓展服务领域的IT经营理念。这13个理念涵盖长安经营发展的方方面面，把企业文化渗透到企业运行的每一个过程中。

企业文化的落实有赖于与每一个员工，尤其是领导的身体力行。长安对普通员工提出了"职业着装，精神饱满；言谈举止，文明礼貌；整洁现场，安全规范；质量精益，客户导向；挤压成本，注重细节；追求效率，日清日毕；学习创新，提升素养；遵章守纪，诚信待人；助人为乐，自觉奉献；忠诚企业，维护形象”的员工行为规范。在此基础上，长安对领导干部提出了更加严格的要求，要求领导干部做到“要率先垂范，不搞特殊化；要着眼大局，不本位主义；要脚踏实地，不欺上瞒下；要科学民主，不独断专行；要靠前指挥，不高高在上；要关心员工，不熟视无睹；要清正廉洁，不以权谋私”。

结合长安的历史和国企的定位，长安特别注重党群工作，对党员提出了“抓创新的表率、重管理的表率、促进步的表率和建保障的表率”的要求，力争“把共产党员培养成科研生产经营骨干，把科研生产经营骨干培养成共产党员”，充分发挥共产党员的先锋作用。

经过这次对企业文化的梳理，长安重新塑造了自己的企业文化，并把企业文化落实作为公司工作的重点。为了充分发挥企业文化的作用，长安制定了配套的企业文化建设实施方案。

三、长安“十二五”企业文化建设实施方案

（一）总体思路

提升企业的管理水平和员工的综合素质，弘扬企业精神，塑造企业形象，培育核心价值观和重要理念，逐步探索一条符合上市公司企业文化建设的道路。结合具体实际，公司企业文化建设的总体思路确定为：以精神文化为灵魂，以制度文化为依托，以行为文化为保证，全力提升物质文化，以推动长安汽车平稳较快发展。

（二）现状分析

(1) 企业文化有待整合。尤其是随着长安规模越做越大，这种问题就表现得越来越突出，相应的文化未能真正地整合起来，文化各自为政的现象存在，难以形成合力，影响长安的发展。

(2) 企业文化有待创新，必须与时俱进。在集团和股份公司实现彻底分开之后，企业文化创新力度不够，没有及时地摒弃传统国企不适应新形势发展的东西，制约了长安的发展。

(3) 企业文化有待提高认同度。在进行企业文化建设时，公司一定程度上忽视了全面的概念，员工、用户及股东的利益未能真正地引起高度重视，从而造成长安的企业文化不能被广泛地采纳和认同。

(4) 管理政策与企业文化不相符。企业文化一旦形成，全员就应该严格执行和遵守，但长安股份公司的一些管理政策在执行中，往往与企业文化的基调不相符，造成企业员工对企业文化心存疑虑，甚至持不信任的态度。

(5) 企业文化有待落到实处。企业文化的形式是为内容服务的，但长安的企业文化建设有时只注重形式，有的管理者以为文化就是提几句口号、刷几幅标语，未能真正地触及企业文化的核心，因而，企业文化的作用也就会衰减。

（三）长安汽车股份公司企业文化建设原则

(1) 坚持以人为本的思想。在进行企业文化建设时，必须坚持以人为本的思想，充分反映人的思想文化意识，积极倡导首创的精神。企业文化是一个庞大的系统工程，作为一种管理文化，一方面需要全员的参与，聚全员之智，培育出全体员工都认同的文化，从而更好地管理企业；另一方面，企业文化的作用又必须通过尊重人、理解人来凝

聚人心、激发热情、挖掘潜能，使企业的管理更加科学、更加有凝聚力。

（2）坚持大胆创新的思想。长安汽车作为一家上市公司，脱胎于国有大型企业，先天带有国企DNA。因而，我们在构建长安汽车的企业文化时，就必须进行大胆的创新，在考虑员工利益的同时，兼顾股东、用户的利益，让长安汽车的企业文化，真正成为员工、股东、用户都认可的文化。

（3）坚持构建大文化的原则。长安旗下包括中中、中外企业，因此，在构建企业文化时，必须坚持以我为主与博采众长相结合，大量汲取外来文化的养分，如长安福特、长安铃木等，丰富长安的企业文化。同时，必须将生产、质量、销售等各个环节都纳入企业文化建设的范畴，逐步构建起支撑企业发展的大文化平台。

（4）坚持注重实效的原则。企业文化建设，一定要从实际出发，不搞形式主义，要以建立规范的内部管控体系和相应的激励约束机制为目的，使物质、行为、制度、精神四大要素协调发展、务求实效，让企业文化在企业的生产经营活动中发挥积极的促进作用，为企业的科学管理和企业发展目标的实现而服务。

（5）坚持由易到难的原则。企业文化是一个庞大的系统工程，只有坚持由易到难、由近及远的原则，长期坚持不懈，才能真正构建起适应上市公司要求的企业文化，走出一条具有长安特色的企业文化建设之路。

（四）文化定位

（1）精干。它象征着公司是一个年轻的、有朝气的全新企业。长安公司从1996年诞生至今不断地发展壮大，并且跻身国家第一梯队，成为行业翘楚，它预示着长安汽车还将一步一个脚印地迈向新辉煌。

（2）高效。它展现的是一种作风，一种雷厉风行的执行作风。长安汽车要发展，我们的企业文化就必须着力培育执行文化，让广大员工真正懂得，在拒绝借口、立即行动的执行文化推动下，长安汽车才可能取得更大发展。

（3）改善。它体现的是一种精神，长安需要自我批判的精神，不断否定自己，实现真正的、长足的进步。

（五）目标要求

（1）远期目标。用十年左右的时间，逐步搭建起文化的管理平台，实现“文化治企”的目的。长安要做世界一流先进企业，企业文化的远期目标就必须紧紧围绕这个发展方向，制定相应的企业文化建设战略规划。按照有计划、有步骤、由浅入深、由表及里的建设程序，逐步建立起长安的企业文化管理平台，从物质文化、行为文化、制度文化、精神文化四个方面整体推进，构建起长安“大文化”的体系，将科研、制造、质量、销售等全部纳入文化管理的范畴。经过五至十年的时间，逐步摸索总结出一条符合上市公司要求的、有效的、促进各项工作协调发展的运行模式。企业真正实现用文化进行管理，从而实现“文化治企”的最高目标。

（2）中期目标。用三至五年的时间，逐步培育出长安的强势文化：1）提炼具有长安特色的企业哲学、企业精神、企业价值观、道德规范等，并且在广大员工中传播，使之达到熟知、熟记的程度；2）分解细化企业文化所涉及的各项指标，系统地整合和完善核心理念指导下的企业文化支撑体系，为“文化治企”提供科学的依据；3）进一步规范企业形象标准、管理者形象标准、员工形象标准等，能够做到熟知，自觉行动；4）

进一步规范企业的视觉识别系统、理念识别系统、行为识别系统，真正使长安的企业文化成为规范的文化、程序化的文化和具有个性的文化；5）逐步将长安建成全国企业文化建设示范基地，将长安文化传播到全国乃至世界各国。

（3）近期目标。用一至两年时间，逐步提升长安文化的认同度。近期的工作主要有：1）尽快启动“企业文化推进年”活动，让广大员工积极参与，并以此为突破口，加快企业文化建设工作；2）尽快确定长安的核心理念，及时进行宣传推广；3）尽快清理、规范各单位的现场文化，及早着手，扎实推进；4）尽快推出一批文化产品，如《公司企业文化手册》、《公司形象画册》、公司形象宣传片，积极筹备公司展厅，通过这些载体将公司的文化进行广泛传播；5）全力打造文化品牌，以多种方式进一步锻造长安的文化品牌，以此为阵地，凝心聚力，促进企业持续发展。

学习与练习

请你阅读以上案例后回答以下问题：

1. 长安汽车的源头文化体现在哪些方面？
2. 长安汽车传承企业文化的措施有哪些？

第 8 章

企业文化的变革与整合

学习目标

◎ 理解文化变迁、文化涵化、文化创新的含义、机制和作用

◎ 概述企业文化变革的动因、阻力、步骤及时机

◎ 理解文化冲突产生的原因、表现形式以及对组织的影响

章首案例

神州数码——神马文化?[①]

2004 年的冬天异常寒冷，走进上地东街的神州数码大厦之后顿觉暖和了许多。公司在 12 层朝南的位置给我们课题组专门留出了一间办公室，从办公室可以看到员工们冒着风雪、从大门步履匆匆地赶向自己的工作岗位，不少人手里端着早餐，又一个忙碌的早晨开始了……

课题组的四个成员（包括我）却连吃早饭的心情都没有。整整四个月，我们甚至为这个课题在外租了一间房子，每天早出晚归，但是收效甚微，因为这个企业文化的软课题击中的是公司的硬伤，并预示着一场企业文化建构的硬仗……

1997 年，郭为整合了原联想科技公司（LTL），到 2000 年，公司分拆，成立了联想神州数码分销公司（LTL）、集成公司（LAS）和网络公司（LNL 与 D-Link 合资）。作为柳传志爱将之一的郭为，在经营上不断捕捉战机，管理上沿袭老联想“搭班子、定战略、带队伍”的策略，文化上倡导负责任和创新的主调，神州数码一路高歌。作为联想控股一员，神州数码的文化使命定位为：“集合全球资源，立足中国市场，以负责任和持续创新的精神，全方位提供第一流的电子商务基础建设产品、解决方案及服务，推动中国电子商务进程，以实现数字化中国之理想。”

神州数码从联想控股分拆之后，“与供应商、代理商、用户共同成长，做中国最负责任的信息技术产品、应用方案及服务供应商”就成了神州数码的愿景，并在此之上根

① 本案例根据笔者在神州数码的企业文化咨询项目编写。

据业务发展和管理的需要不断提出了新的文化理念：

（1）公司宗旨：以负责任和持续创新的精神，通过为广大用户提供信息技术产品、应用方案和服务，推动中国电子商务建设的进程，以实现数字化中国之理想！

（2）公司愿景：致力于把员工的理想融入企业的发展，把员工对企业的最负责任转化成对社会、对股东、对合作伙伴以及对员工个人的最负责任，从而成为一个在推进中国电子商务进程里永远充满活力和创造力并具有领导地位的优秀组织。

（3）价值观：继承和发扬联想的管理理念，尊重并相信员工，以负责任的态度对待我们的客户和合作伙伴，追求奉献，提倡团队精神，鼓励创新和企业家精神。

2001年企业文化形成两个基本点：

第一是数字化中国的理想，神州数码的核心价值观是联想一贯倡导的求实进取。

第二是创业创新精神。神州数码从2000年开始进行二次创业，必须有一种艰苦奋斗的精神。

2002年，公司愿景变成："IT服务中国"（软件放飞理想，服务把握未来）。中期目标变成：成为中国电子商务企业的典范。2003年在此基础上再度提出"IT服务中国"，到2004年为"IT服务，随需而动"。公司面对着从以经销商为主的战略向IT服务的战略转型。

然而，文化变革牵一发而动全身，2003年是神州数码遭遇危机的一年，除了手机分销巨亏，实际上这一年发生的另一件事在内部引发的震动丝毫不亚于手机亏损事件，那就是IT服务集团电信事业部辽宁移动项目整个研发团队的出走。公司内部的其他矛盾也在前两年的高速发展后显露出来。

神州数码的业务布局虽已完成，却仍然保持着与联想一脉相承的传统文化。当时IT服务集团连续亏损，但软件开发人员的收入又远高于通用事业本部和系统事业本部的同事，这当然会在公司内引发矛盾。而且，软件开发人员的管理方法也与销售人员不同，无法用坏账、库存周转、利润、投资回报率等指标进行考核。神州数码的企业文化，已经不能服务于企业发展的需要，具体表现为：

（1）分拆以来，联想根文化（搭班子、定战略、带队伍）不断受到侵蚀，继承强调不足，而呈现弱化甚至消失之势。

（2）分拆后两年，不断遭遇业务挫折，忙于股市目标和业务经营，无力深化文化。

存在一定的全面否定联想、证明自己的情结，忽视求实、以人为本、班子建设、民族性等优秀根文化继承，片面强调神州数码之先进，和原联想业务不同，文化自然不一样。

（3）分拆以来，相关文化理念虚化现象严重，文化理念没有落地生根。

二次创业的豪情没有和实际精神相结合，而是追随先进理念，群众难以理解，神州数码文化更多的是要求而不是认同。

（4）理念更多是被动提出的，而非主动创造性地提出系列面向未来发展并得到不断夯实的文化。

（5）所提理念没有与企业愿景使命相适应或与业务战略核心竞争力相匹配。

（6）只讲理念，不强调落实执行，理念停留在口号，缺乏具体支撑，没有配套措施和可操作行动，难以影响工作行为和激励。

最根本的冲突在于神州数码当时（2003 年）文化基于分销分化，分销强调的是同质化，而软件和 IT 服务强调的是差异化，分销型文化与自有、软件、集成业务模式存在矛盾，这种文化冲突必然是深刻的。神州数码文化源于联想却没有自己的主题，不同层次的文化理念缺乏内在联系，没有形成神州数码完整的企业文化理念体系。战略的转型和文化变迁意味着资源的流向变化，通用事业本部的干部不满这种变化，因为他们和员工不乏创业激情，凝聚力很强，对公司以系统事业为主的转换在心理上缺乏认同，致使关键人才流失严重。

一波未平，一波又起。2005 年，神州数码与新加坡 System Access 公司成立合资公司，并在合资公司中占 55%股份，从而拥有了 Smart Symbols 核心业务系统的源代码和核心技术。但是神州数码原来等级鲜明的大家庭式上下级关系，根本不能被合资公司的另一方所接受。神州数码各个业务单元差异极大，不同业务单元内部已经开始形成自己的亚文化，但是亚文化是企业的活力之源，合资公司内部的文化差异、冲突是正常的。文化转型中要有所为，也要有所不为，如以产品开发为主的 IT 公司是自主负责的机制，上下级关系和管理所必需的威信，不是来自权力、职位，而是基于能力。而面对合资方的员工，“他没大没小，和你拍桌子，你也得忍着，”副总裁杨一兵说，“因为我们也想看看别人的风格，而不是强求融合。”

给传统文化带来最大冲击的，恐怕是近年引进的鼎新、SA、思特奇等合作伙伴，这些公司有着与神州数码不同的文化，这首先表现在对合作的看法上。“神码讲的是我们要结婚，一起搭班子、过日子，但人家只是想和你同居。”一位神州数码管理人员说。

尽管到 2004 年，神州数码已经在供应链管理、高端增值服务方面在国内都取得了持续领先的地位，在 IT 服务中排在了整个中国市场的前三名，公司整个的业务流程基本上完成了电子化进程，但是，面对成绩，郭为却清楚地看到，随着 IT 产业格局的变化，IT 分销业正在发生着重大的变化，整个软件业、IT 服务业都在向着以客户为中心发展，必须紧密结合自身实际，培养以客户为中心的能力，朝着“随需而动”（IT service on demand）的趋势发展。

然而，神州数码的分销型文化与集成业务文化模式构成了企业文化的冲突，如何加以整合，这是公司面临的文化问题。

思考：

如何在既有的企业文化基础上推进文化变革？如何看待企业的文化冲突？如何解决并购企业的文化整合？

工作环境中发生的任何变化都对整个企业产生影响。企业文化研究越来越侧重于企业变革的成功实施，而变革策略以及巩固变革的能力则是企业成功变革的决定性因素。随着企业文化的作用日益凸显，企业若想顺应环境变化的趋势，就必须适时进行企业文化的变革。而在企业文化变革过程中，不同形态的文化或者文化要素之间相互对立、相互排斥，就会产生文化冲突，文化整合也就成为企业文化学的研究范畴。

本章首先介绍企业文化变革的动因和阻力，然后概述企业文化冲突的相关概念，最后详细阐释企业文化的内部整合和外部整合。企业中不同民族文化冲突而产生的跨文化管理，我们将在第 9 章中介绍。

第1节 文化变迁、企业文化变革与创新

文化变迁（culture change）是指一种文化在任何一方面发生的变迁。它包括物质的变迁和非物质的变迁，包括文化特质或文化丛的增减或修改。作为人类文化所固有的特征之一，文化变迁是有规律可循的，其机制有创新、传播、文化遗失和涵化[①]。当今世界影响最大的方式是现代化（modernization），即文化与社会经济的变迁过程[②]。

文化人类学中，文化变化被称为文化变迁，而在企业中则被称为变革。企业文化变革是指由企业文化特质改变所引起的企业文化整体结构的变化。因此，对于企业文化，人类学的分析方法对管理学有着重要影响。

一 企业文化变革

（一）企业文化变革的意义

企业文化变革是企业变革的一部分。很多文化变革的根源在于企业生存、发展的客观条件发生了根本性的变化。一方面，它是社会文化变革在企业内的反映；另一方面，它又是企业生存发展的必然要求。当企业原有文化体系难以适应企业经营发展的需要而陷入困境时，就必然通过文化变革创建新的企业文化。

因此，企业文化变革的意义表现为：

（1）变革是企业文化产生飞跃的重要契机。在一般情况下，企业文化变革对企业文化发展有着促进作用，而在某些特定条件下，企业文化变革也有可能引起企业文化的负功能的出现。因此，正确认识企业文化变革的本质特征，对于促进企业文化的进步具有重要意义。

（2）企业可以通过对其文化现状进行深刻剖析，广泛地吸取其他文化的精华，积极推动企业文化的发展。因此，企业需要及时根据环境的变化，把握时机，进行有计划的变革。

（3）企业文化对于形成和维系企业的竞争力有着重要的作用。因为变革是一个持续的过程，它不仅仅表现为企业面临战略转型、资源重整，或是面临并购重组时所必需的文化的内驱力，而且体现在企业的整个发展变化中。因此，企业需要有计划、持续性地对企业文化进行评估与改进。

（二）企业文化变革的特征

企业文化变革是客观的，存在一定的规律性。

（1）变革在开始总会遭遇普遍的阻挠。一旦处理不好，企业员工很容易产生抵触情绪。所以需要及时就企业文化变革与企业员工沟通，使其对变革做好充分的思想准备，

① 哈维兰．文化人类学．瞿铁鹏，张钰，译．上海：上海社会科学院出版社，2006：461－469.

② 孙秋云．文化人类学教程．2版．北京：北京大学出版社，2018：218－236.

从而确保企业文化变革的顺利实施。

(2) 企业文化变革总是由无序状态过渡到有序状态。在旧的文化体系被企业文化变革破坏后，新的文化体系建立前，企业员工会对其产生不适应，这时会呈现一种分散、无序状态，但是经过一段时间后，人们对变革开始能够接受。

(3) 企业文化变革总是由量变到质变的。由一种文化到另一种文化的转变往往需要较长的时间，即使是企业外部环境发生巨大变化，使企业文化出现突发性变革，也是建立在量变积累基础之上的。

(三) 企业文化变革管理

企业文化是可以管理的，这种观点在企业经理与咨询师中有着较高的接受程度。这些人经常会用类似“有计划地、系统地改变公司的文化”的语句来表述他们的观点。如基尔曼（R. Kilmann）于 1982 年指出，通过标准的评估，文化是具体而又可以改变的。文化是企业的一个战略性的变量，经理人可以根据各种手段（人力资源制度、塑造组织中的模范人物、宣传）来塑造企业文化[①]。李广从企业战略实施和转向的视角出发，在把握企业文化的类型和现状基础上实施企业文化变革或重塑[②]。

与此相反，有些学者认为企业文化是不可以管理的。因为文化的变革是一个困难和长期的过程。人们认为，大多数企业中存在的文化都与企业是相适应的，这种文化一般是由企业的创业者设立，并在许多情况下都是经过长时期的发展并不断得到强化的。企业文化的变化的确存在，但是经常是在非管理手段控制之下。戴尔（W. Dyer）在 1984 年指出，企业文化的变化是不可预期的危机发生导致的领导的变化或公司内部重大变化。他同时指出很多企业文化的变化因素似乎超出了管理的控制。因此，文化的变革并不如经理人想象得那么顺利[③]。此外，杨建功认为，由于企业文化的不可管理性才使得它成为企业竞争优势的重要来源之一，同时也是企业管理者管理水平的试金石[④]。

本书作者认为，“企业文化是可以管理的”这种观点更为可取，由于文化具有内在的规律，企业文化的变革和文化变迁一样，都会出现一定的呈现方式，企业中的管理者可以计划、组织、领导并加以控制，换言之，企业文化变革是可以控制的。另外，企业还要增强在原有基础上的文化创新。

二　企业文化创新

在文化人类学中，文化变迁是和创新密不可分的[⑤]。同样，在企业文化变革中，企业文化创新也尤为关键。企业文化的本质之一就是创新与冒险，即员工在多大程度上受到鼓励进行创新和冒险[⑥]。

---

① 徐二明，赫晓峰．论组织文化变革的管理．现代管理科学，2005（4）：3－4.

② 李广．浅谈基于战略的企业文化变革．长江论坛，2018，152（5）：62－65.

③ Ashkanasy N M，Jackson C R A. Organizational culture and climate// Anderson N，Ones D S，Sinangil H K，et al. Handbook of industrial work and organizational psychology. London：Sage，2001：398－415.

④ 杨建功．论企业文化的不可管理性．商场现代化，2007（6）：331－332.

⑤ 马广海．文化人类学．济南：山东大学出版社，2003：399－400.

⑥ 罗宾斯，贾奇．组织行为学：第 12 版．李原，孙健敏，译．北京：中国人民大学出版社，2008：490.

(一) 企业文化创新

企业文化创新是指在一个企业内部文化各要素、类型和结构的变化而导致的企业文化形貌(culture configuration)的改观。具体来说，企业文化的创新是对企业的价值观体系、管理理念、职业伦理以及团队意识等要素不同组合上的创新。其中，最关键的是企业管理理念的创新。因为管理理念的创新可以将企业中原有的不适合环境的文化观念转变为现代企业的新理念，从而引发一系列文化上的创新。

(二) 企业文化创新的作用

企业文化创新是现代企业创新的动力源泉，其作用主要体现在以下方面：

1. 形成企业的约束力，促进企业变革

一旦一个企业的群体意识、价值观念、内部舆论、道德规范和精神风貌等被加入创新的元素，就会引发强大的团队精神效应。由于企业文化创新带来的软约束，企业员工会产生文化共鸣，自觉调整、规范并约束自己的言行举止，会对企业文化的变革乃至整个企业变革产生强大的内推力。

2. 助力企业间的合作，触发企业发展

知识经济时代，企业之间应该就文化背景、语言以及企业文化理念等展开交流、合作与创新，将对方企业中存在的、对自己企业有利的文化元素吸收进来，摒弃企业内部旧的、阻碍企业发展的文化糟粕，从而使得企业之间的合作更广泛、深入，形成双赢的局面。正是在一次次的创新中，正面的文化不断得到提炼和升华，从而使企业得以发展。

3. 形成社会整合功能，推动文化进步

从文化人类学角度讲，在企业文化创新的过程中，不同企业之间进行有益的文化交流及文化传播，使得整个社会的规范(包括风俗习惯、伦理道德和法律法规)深入地渗透到社会每一个成员的行为之中。整个社会就会由于企业文化创新而产生较强的文化凝聚力，从而得以规范和控制，达到文化整合的目的，进而不断充实自己的文化机体，使得整个社会文化能够健康地向前发展。

(三) 企业文化创新的基本原则

企业文化创新应该在了解企业创新机制的基础上，在一些基本原则的指导下进行。立足于国情，借鉴国外的先进经验，此处提出如下五点原则：

(1) 立足民族文化原则。中华民族的传统文化博大精深，不仅可以适用于市场经济，还为现代企业文化提供源源不断的营养补充。

(2) 体现自身特色原则。特色鲜明的企业文化能使人有效地识记，不仅能使企业员工获得组织认同及自豪感，也能使他人感受到企业的独特价值，增加对企业的信任度。

(3) 洋为中用原则。积极借鉴欧美、日本的企业文化理论，可以让我们博采众长，少走弯路。

(4) 重点突出原则。企业文化建设要有重点、有聚焦，集中企业资源并付诸行动。

(5) 广泛参与原则。管理实践是管理创新的唯一源泉。因此，作为管理实践主体的广大企业员工的参与也十分重要。

第 2 节　企业文化变革的动因及阻力

在了解了企业文化变革与创新的内涵之后，需要分析清楚企业文化变革可能遭遇的障碍。在管理学中，勒温曾经指出，在组织内部存在两种力量，一种是推动力（driving forces），一种是抑制力（restraining forces）。前者的存在有助于组织对现状进行改变，而后者的存在则会阻碍组织中任何变革的发生①。

企业文化的变革和创新实际上就是一个增强文化动力，克服阻力的连续的文化过程。以下我们分别对此加以介绍。

一　变革的模式

勒温认为，一个成功的企业变革，应遵循三个步骤：解冻（unfreezing）现状，移动（movement）到新状态，重新冻结（refreezing）新变革以使之持久。如图 8－1 所示：

图 8－1　勒温的三步骤变革模型

现状是一种均衡状态。要打破这种均衡——克服个体阻力和群体从众压力——必须先解冻。解冻可以通过以下三种方式中的一种来实现：第一，增加推动力——引导行为脱离现状的力量；第二，减少抑制力——阻止脱离现有均衡的力量；第三，将上述两种方法结合使用。如图 8－2 所示：

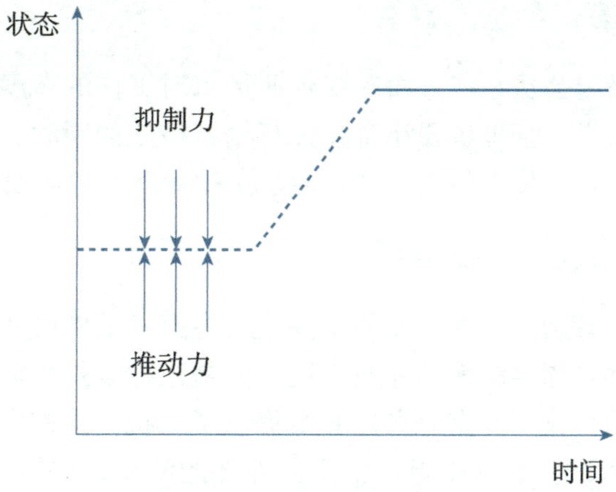

图 8－2　解冻理想状态图

① Lewin K. Field theory in social science：selected theoretical papers. New York：Harper & Row，1951：169.

对企业变革的研究表明，变革要有效，速度就要快[①]。逐步实施变革的企业不如那些立即行动并快速通过移动阶段的企业变革效果好。

一旦变革付诸实施，要想获得成功，还需要重新冻结新形势，以使它长久保持下来。如果不采取最后这个步骤，变革就可能是短命的，而员工也会设法回到以前的均衡状态。重新冻结的目标就是通过对推动力和抑制力两者进行平衡，使新状况更为稳定[②]。

三 增强企业文化变革的动力

增强文化变革的推动力非常关键，可以为企业节省资源，避免很多不必要的浪费，同时可以使企业少走很多弯路。具体到企业文化变革的动因，归结起来表现在以下方面：

（一）企业管理模式转换的需要

企业的各方面建设是相辅相成的。企业的结构改革、战略改革、人力资源改革、文化变革是一个有机的整体，任何一部分变化都需要其他部分的支持。如果企业因为进一步发展需要引入新的管理模式，模式的推广需要企业内外部的支持和推动，通过企业文化的建设便可以使二者得以兼顾。这样，企业文化变革便会出现。

（二）企业实施差别化战略的需要

企业文化的独特性将越来越表现为企业差别化战略和核心竞争力。企业文化、企业形象等都属于企业的差别化战略。企业文化作为企业核心竞争力的组成部分具有不可模仿性，这也正是企业文化的魅力所在。通过企业文化的变革，可以形成一种企业发展的文化支持，通过思想价值观念的导入使企业能够保持发展的态势，使不断创新的企业文化成为企业持续发展的源泉。

（三）维护成员的安全感的需要

企业变革的具体措施会从某些方面改变企业员工对工作的态度，从而引发某些与工作相关的或好或坏的后果。管理者要注意在推行变革措施的同时，保护员工的既得利益以及分享的回报，维护企业员工的安全感，通过文化管理使企业朝着变革的方向发展。

（四）巧妙利用突发事件的需要

很多企业文化变革肇始于一些突发的事件。这些突发事件可能由于压力或者危机而出现，随着事件的推移可能会缓解，并被忽视。但是这种紧张可能会由于某些事件的刺激导致一种企业能量的释放，为企业文化变革提供了契机。这些突发事件主要包括：环境的巨变，如自然灾害、技术革命等；企业内外部的演变，如收购、企业机构的增加、

① Amis T S, Hinings C R. The pace sequence and linearity of radical change. Academy of Management Journal, 2004 (2): 15-39.

② 罗宾斯，贾奇．组织行为学：第12版．孙健敏，王震，李原，译．北京：中国人民大学出版社，2008：557-559.

企业领导的变更等。

三 克服企业文化变革的阻力

企业文化构成因素具有相对稳定性和持久性，因而其一旦形成，很难改变。正是这种惯性导致了变革阻力的产生。关于企业文化变革的阻力，特里（D. J. Terry）明确提出，“企业中的变革会受到它内部的两种阻力的影响：首先，企业阻力——企业并不愿意变化，它们被设计得比较稳定，期望有连续性；其次，个体阻力——个别成员本身也可能意识不到企业的其他部分正在发生的变化，因而也就意识不到对他们自身变化的需求”①。

（一）个体层面的阻力

企业文化变革中个体的阻力来源于人的特性。在变革中，个体阻力来源于个体特征知觉、个性和需要，具体表现在五个方面：习惯、安全、经济因素、对未知的恐惧以及对信息的选择性加工。

罗特利斯伯格（F. J. Roethlisberger）认为企业变革的一个阻力来源于企业员工对变革的感情，根源在于个人历史，包括生命发展进程、背景、社会经验，以及工作环境本身，受群体宗旨、特征和规则的影响②。

由此，我们将个体抵制文化变革的原因归结为四个方面：

（1）沟通上的障碍。管理者没有将有关变革的全部信息及时清晰地传达到每个企业员工。

（2）接受上的障碍。一般而言，对变革的高接受性可以使企业员工对企业变革做好准备，从而更好地适应变革的环境③。但在变革初期，员工面临极大的不确定性，产生不安全感，从而导致接受障碍。

（3）能力上的障碍。企业的变革常常伴随着技术变革或人员变革。每一次变革都对企业内的员工提出了更高的要求。企业员工能力包括影响工作绩效的专业能力和影响企业效能的核心能力。如果变革的企业需要一些员工本身不具备的能力，变革就不能彻底进行，最终企业只能维持现状。

（4）执行上的障碍。这种障碍主要来自企业中原有的治理机制，一旦实行变革，就意味着改变企业员工业已形成的工作关系和工作方式，必然会引起企业内员工的强烈不满。

（二）企业层面的阻力

企业并不是个体的简单合集，而更多地表现为一种有机体。因此当变革发生时，其面临的障碍也更多地以一种整体性、系统性的方式体现出来，主要包括以下七个方面：

---

① Terry，D J. Determinants of coping：the role of stable and situational factors. Journal of Personality & Social Psychology，1994（66）：5.

② Roethlisberger F J. Understanding organizational change：a schematic perspective. Academy of Management Journal，1995，38（2）：537-554.

③ Armenakis A A. Creating readiness for organizational change. Human Relations，1993（46）：6.

(1) 企业的结构惯性。企业有其固有的机制保持其稳定性，当企业变革时，结构惯性就很可能充当维持稳定的反作用。

(2) 企业变革的有限性。企业文化由一系列相互依赖的子系统组成。当我们对其中一部分变革时，可能被子系统之上的更大的系统限制而导致变革失败。

(3) 对企业既存利益的威胁。企业变革往往伴随着企业内部权力的重新分配以及职能的调整，会破坏既定利益和打破原有权力，因此企业中控制一定数量资源的群体常常视变革为威胁。

(4) 企业对新事物的抗拒。就企业的静态意义而言，企业的性质是抗拒变革的，为了保证效率和效果，企业也可能强烈地反对文化变革。

(5) 企业中的急于求成的心理。一个企业要真正实现从旧文化向新文化的转变至少需要 3 至 5 年的时间，很多企业都因为浮躁和急于求成，导致企业文化变革半途而废。

(6) 企业领导的言行不一。在企业文化变革中，企业的领导人必须言行一致，以身作则，率先垂范，这样，新的企业文化才能在组织中渐渐执行开来。

(7) 企业资源的有限性。企业文化变革需要耗费很多资源，需要方方面面的支撑，比如人力、物力、财务资源等。一旦企业缺乏相应的资源，企业文化变革就很难开展。

(三) 文化层面的阻力

从文化人类学的角度来讲，企业文化自身存在的一些特性也阻碍着企业文化变革。归结起来，有以下两个来源：

(1) 文化惰性。企业文化一旦形成，就表现出一种抑制自身变化的惰性。这种惰性是伴随着企业的年龄增长和成功而来的。一个企业的过去越是成功，它的这种认识越会习惯化，越会根深蒂固。一旦环境突变，这种文化马上就会变成阻碍企业变革的主要障碍。

(2) 文化维模。在人类学中，文化维模功能是指某种文化圈对外来文化的选择作用和自我保护作用。当外来文化或异己文化有利于原有企业文化时候，便容易被接受，并作为一种新的文化营养为原有企业文化吸收；当外来文化或异己文化对原有企业文化有破坏作用时，维模功能就会起到“守门人”的作用，拒绝外来文化的侵入。企业文化变革从某种意义上说是一种破坏性的文化建设，因此，企业中原有的文化不可能坐以待毙，必然通过各种可能的途径进行自我保护，抵制企业文化变革。

(四) 企业文化变革的时机与步骤

除了上面介绍的内容外，企业变革关键还在于把握好时机和遵循一定的步骤。

1. 把握好企业文化变革的时机

不断改变的环境可能迫使一种文化无法很好地适应环境。为了生存，变化往往是必需的。变革的思想时时要有，但是变革的行动并不是时时所需。因此，时机就是变革的秘密武器。根据肯尼迪和迪尔的研究[①]，至少在五种情况下企业中的最高管理层应该考虑把重新塑造文化当作与自己最主要的使命息息相关的工作。

---

① 肯尼迪，迪尔．公司文化．印国有，葛鹏，译．北京：生活·读书·新知三联书店，1989：98－112.

（1）企业传统价值观丧失推动力时。当企业周围环境发生巨变时，传统的价值观将遭受严重破坏，即使这种情况暂时没有出现，也必将使企业日薄西山、每况愈下并最终走向衰败。所以，这些价值观必须改变，这也正是对企业文化进行变革或重塑的有利时机。

（2）企业处在竞争激烈的环境中时。在激烈的市场竞争中，成功企业的秘诀是服务于迅速增长和高度获利的市场。企业面对的环境瞬息万变，需要一种专门应对环境变化的文化。对发展变化持开放观点已经成为成功企业价值系统中的一种信念。要想增强适应能力，唯一的办法可能就是建立一种反应迅速和应变灵活的文化。行业竞争过于激烈时，反倒可以抓紧时机，进行企业文化变革，确保在应对环境变化时处于行业领先地位。

（3）企业处于生命周期转折点时。企业的发展历程从成立开始，通过一次次扩大企业规模，经过高速发展到达成熟期，最后以衰退而告终。为了避免企业的衰败，在生命周期中阶段交迭的每一个转折点，企业都应该深入检视一下它们的文化，注意把握时机重塑企业文化。

（4）企业成绩平平或境遇每况愈下时。若企业成绩平平或境遇每况愈下，就说明企业即将进入文化衰退。为了扭转乾坤，企业必须立即着手进行全面的变革。在这种全面变革之中，企业文化的重塑应当成为重中之重。处于类似困境的其他企业应该深入盘点一下自身的文化，借机重整旗鼓，走向成功。

（5）企业高层领导发生变动时。企业领导的更换往往会给企业带来不安的情绪，企业员工会感受到企业的动荡而产生心理上的恐惧。而新的企业领导者势必与旧的领导者在领导风格上有所不同，如果这时新的企业领导者能够把握时机，安抚企业员工的情绪，鼓舞士气，将目前企业所需的文化元素及时补充进来，必然可以重塑一个强大而持久的企业文化，对企业后期的发展产生积极作用。

2. 企业文化变革的步骤

企业文化变革是一项系统工程。如果在企业文化的变革过程中不注意流程的系统化，那么变革的效果往往会不尽如人意，甚至会功亏一篑。因此，理想的企业文化变革流程是一个有机的整体，其中各个环节相互联系、环环相扣、缺一不可。企业文化变革主要包括以下八个步骤：

（1）构建适于进行文化变革的组织结构。企业文化的变革并不是孤立存在的，它的顺利推行需要企业的其他方面与之配套。组织结构应该适应新的企业文化，并且应该成为新文化推行的保证。

（2）营造部门文化。部门化（团队化）是现代组织的一个主要特征。根据不同的工作任务，将组织内有特殊专长的组织成员集合起来，归在一个部门或是团队，由一个管理者统一领导，这就是部门化。但是，通过考察发现，很多工作部门或团队、群体经常只是因为任务而存在，如散沙一般丧失凝聚力，而这正是由于没有构建起部门内部文化①。

因此，在群体层面上，作为企业重要组成部分的工作部门也需要有自己与众不同的

① 罗宾斯，库尔特．管理学：第11版．李原，孙健敏，黄小勇，译．北京：中国人民大学出版社，2012：55-66.

文化。部门的领导者必须认识到部门文化的重要性，并要带领部门成员积极营造属于自己的部门文化，对部门的未来做出更加鼓舞人心的规划，不断带领企业员工向更高的目标努力，帮助企业在未来获取更大的成功。在具体操作上，由于企业文化与组织绩效存在紧密关系，部门文化建设必须基于绩效而做，围绕绩效展开、发展和完善。

此外，从人类学的角度来看，学习被理解为“现实世界中的创造性社会实践活动中完整的一部分”，是“对不变化的实践的理解与参与”。后来，在对手工业学徒的实地调研中，莱夫（J. Lave）和温格（E. Wenger）发现了在学习过程中“默会知识”对新手的重要性，并提出了情境学习的观点，认为“学习是情境性活动，是整体的、不可分割的社会实践，是实践共同体中合法的边缘性参与”①。在学习型组织中开展文化变革，组织成员会很容易接受新的文化，并迅速使之融入企业文化，指导整个组织的实践。

（3）建立变革委员会。企业文化变革需要一个推进主体，因此需要成立变革委员会。变革委员会主要负责企业文化变革的目标、方案的制订、具体实施与控制等工作。一个好的领导团队可以直接推动整个企业文化变革走向成功。霍夫斯泰德曾在 1986 年对如何进行成功的文化变革提出看法，他认为，“成功的文化变革必须由一个掌权者和一位专家这两个人的联合作用，强权的促进者应该是董事长或者高级管理者群体，专家促进者是一位来自企业外的一位专家”②。

可见，企业文化变革委员会的人员组成是否科学合理，直接关系到企业文化变革工程的实施效果。变革委员会的人数通常视组织规模而定。一般而言，变革委员会的组成应遵循权威性、代表性、创新性、丰富性的原则。

（4）企业内外环境调查。在成立了变革委员会后，第一步就是调查企业的内部环境和外部环境，选择适合的条件。

合适的外部环境有利于文化的转变，如容错的环境。这种环境决定了企业内部的变化是否会受到环境的压力。一般而言，一个环境能够容忍企业发生的变化会有利于企业文化的变革。另外一个外部因素是组织与环境的一致性程度。过高或者过低的一致性程度都不利于文化的转变，中等程度的一致性是有利于文化的转变的。

合适的内部环境对于文化变革也很重要。它包括企业内部存在的过剩的、适于变化的资源，系统的易接受性，较低的企业内部依赖程度，具有开拓创新精神的企业领导。

（5）企业文化审计。如果说企业内外环境的调查为变革实施提供了客观基础，那么企业文化审计则为企业文化变革提供了依据与坐标。不仅需要对现有文化进行盘点，而且需要了解其与期望状态之间的差距。

目前，纳入企业文化审计标准的主要有下列项目：企业创新文化审计、品牌文化审计、安全文化审计、质量文化审计、诚信文化审计、服务文化审计、和谐文化审计、竞争文化审计、整合文化审计等。通过企业文化标准审计，形成《企业文化管理审计报告》，促使企业文化体系管理更加规范，形成良性文化资产。

（6）制定新的企业文化规划。前期的企业文化诊断已经为企业文化变革提供了有用的素材。为了使企业文化变革做到有章可循，应当在进行企业文化需求评估的基础上，

---

① 莱夫，温格．情景学习：合法的边缘性参与．王文静，译．上海：华东师范大学出版社，2004：62-66.

② 徐二明，赫晓峰．论组织文化变革的管理．现代管理科学．2005（4）：3-4.

依据对企业内外条件的把握，从理念文化、制度文化、物质文化三个方面制订出企业文化变革的战略方案。

企业文化变革方案首先要具有可行性和可操作性，需要分析方案的时机是否成熟，必要时还需要考虑应变方案、备选方案，以应对企业文化变革中可能面临的突发事件。至于变革速度的快慢、变革所需的时间更需要事无巨细地考虑到。其次还应通过企业文化诊断明确企业文化变革战略的重点和难点，弄清变革中应该着重注意的或是需要特别加强的环节，抓住战略实施的关键部分。抓住了战略重点，便可以集中力量解决关键问题。最后，通过专家委员会和企业高层领导的集体研讨与评估，选出最佳方案和应变方案，制订出具体行动计划。

最终方案的敲定需要慎重。计划之内的变革和期望价值观的相关宣传活动，需要妥善处理与深思熟虑。

(7) 不失时机地开展文化变革。新的企业文化变革方案的确定为企业指明了文化变革的方向。这就需要找准时机，适时变革，以使企业文化走上一个良性轨道，指导企业的各项工作步入正轨。

在变革实施过程中，要注意把握时机。因为文化变革涉及价值观等，需要给予充足的时间以保证新的企业文化能够渗入企业的方方面面。另外，企业文化的变革一经确定，应坚持不懈，贯彻到底。朝令夕改只会引起企业员工价值观的混乱和对企业的不信任。

(8) 强化沟通与广泛开展培训。无论什么形式的企业在变革的过程中都要重视员工的意见和感受。在企业文化变革过程中，前期的沟通与后期的培训十分重要。

在前期沟通中，要把企业变革的目的公布于众，动员企业员工参与制定变革，选择合适的与机构沟通方式，同时重视企业员工的心理因素，逐步实施变革，消除其心理顾虑。

在后期培训中，要督促企业员工参与培训、学习，让全体成员接受培训。企业可以通过三种方式开展教育与培训：颁布企业文化手册；开展企业文化学习班；利用各种舆论工具，如广播、闭路电视、标语、板报等大力宣传企业的价值观。只有经过培训等手段的巩固，新的企业文化才能在企业内部扎根并得到长久发展。

第 3 节　文化冲突与文化整合

从本质上讲，文化变迁的过程就是文化冲突与文化整合的过程。文化冲突（cultural conflict）主要是指不同形态的文化或者文化要素之间相互对立、相互排斥的过程。文化整合（cultural integration）是一种文化变为整体（holism）的过程和状态。在企业中，文化冲突与整合值得高度重视。

一　冲突的表现形式

在一个复杂的企业当中，由于其文化系统构成非常复杂，因此必然会造成各种各样的文化冲突。究其原因，企业文化冲突的产生主要是由不同类型、不同模式、不同行业、不同区域、不同历史阶段的企业文化的不同物质所构成的基本价值观之间的悬殊造成的[①]。具体来讲，企业中文化冲突有以下三种表现形式：

（一）个体与企业之间的文化冲突

个体在进入企业之前，会遵照各自的价值观和行为方式进行活动；个体进入企业之后，必须适应企业固有的文化，遵循企业既定的行为方式。当个体与企业之间的文化存在较大差异时，企业员工很难在短时间内认可企业的文化。这时，个体与企业文化之间的冲突就会产生，表现在企业文化的各个层面：

（1）在精神文化层面，这种冲突可能表现在个体与企业之间价值观的冲突、个体意识和群体精神的冲突、个体目标与企业目标的冲突等。例如，企业员工追求的目标是个人发展与成长，企业追求的目标是利益最大化，两种目标之间的不一致可能导致个体与企业之间的冲突。

（2）在行为文化层面，这种冲突可能表现在个体的行为方式与企业制度规范之间的冲突，例如，企业员工的行为与领导者行为或其他员工行为之间的冲突、企业普通员工与模范员工之间的冲突。企业中模范人物的行为往往是组织所倡导的，然而企业中的多数成员会对这种“高要求”产生抵触，从而引发冲突。

（3）在物质文化层面，个体与企业的冲突主要表现在企业员工与企业环境的冲突方面。例如，煤矿工人长期处于危险、恶劣的工作环境之中，这可能会导致矿工的身体健康和生命安全受到严重威胁。由此产生的冲突不可避免。

（二）企业员工之间的文化冲突

企业员工可能会在任务分配、绩效考核、技术职称评定以及培训和发展等方面表现出激烈的竞争，从而导致人际冲突。此外，个体人格特征和思考方式的不同又会导致强烈的冲突，增加了沟通的成本，从而影响企业的工作效率。人际关系紧张会导致企业员工之间的分化，并对企业绩效和成员满意度等方面产生不利影响。因此，企业应该对如何解决这种类型的冲突加以重视。

（三）不同利益群体之间的文化冲突

企业中的文化冲突，所反映的往往是企业中不同利益群体之间的利益冲突。例如，在企业中很可能出现的亚文化，即企业的部门文化与企业整体文化之间的冲突。这种冲突的产生，大多是由于企业中的小群体为了维护其自身的，或者其内部成员相对于企业的其他成员的利益而面临对企业整体利益的挑战。有时，这种利益冲突还可能发生在作为个体的企业员工与强调整体的企业本身之间，或者是企业成了两种更大的群体之间的利益争夺的战场。

二 冲突的管理方式

如何对冲突进行有效管理，一直是学术界关注的热点问题，由此产生的研究成果颇为丰富。早期的女性管理学家福列特（M. Follett）最早发现冲突的处理策略可以分为三

① 曾萍．现代企业文化理论与实务．昆明：云南大学出版社，2014：216－222.

种类型，分别是支配（domination）、妥协（compromise）和整合（integration）[①]。

在此基础上，托马斯（K. Thomas）提出了极具影响力的冲突处理的五因素模型。该模型从关心自身利益和关心他人利益这两个维度，把处理冲突策略分为五种类型：整合方式（integrating）、忍让方式（obliging）、支配方式（dominating）、回避方式（avoiding）、和妥协方式（compromising）。五种冲突的处理策略分别代表了自恃性和合作性的不同组合（如图8-3所示）[②]。

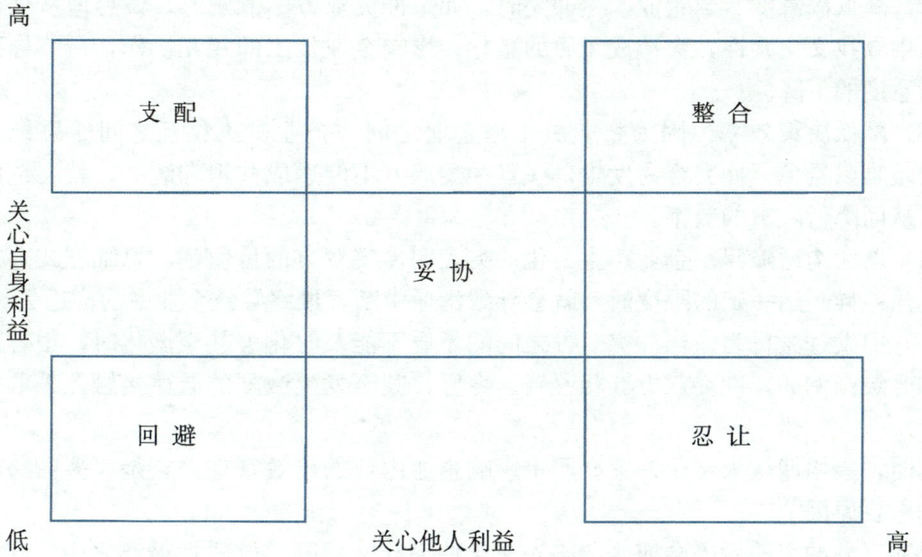

图8-3 托马斯冲突处理的五因素模型

在企业文化整合的过程中，企业可以采用强制的手段消除冲突，也可以对冲突采取放任的态度。这两种消极的冲突处理方式只会加剧冲突和矛盾，给企业造成更大的伤害。因此，企业在处理文化冲突时，倡导双方的利益和双赢，在文化上主要是通过有效的沟通方式消除心理隔阂，化解冲突，这是企业文化整合的应有之义[③]。

三 文化冲突的后果与文化整合

由于文化是企业经营业绩的自变量，企业文化冲突势必会影响企业的经营业绩。有学者在建立中外合资企业的企业文化冲突、关系资本和绩效之间关系理论模型的基础上，通过实证研究发现企业文化各维度上的冲突均与中外合资企业绩效负相关[④]。

---

① Follett M P. Dynamic administration：the collected papers of Mary Parker Follett. New York：Harper & Row，1926：30-49.

② Rahim M A，Bonoma T V. Managing organizational conflict：a model for diagnosis and intervention. Psychological Reports，1979（44）：1323-1344.

③ 威坦，卡梅伦．管理技能开发：第5版．王垒，潘莹欣，等译．北京：清华大学出版社，2004：368-379.

④ 田晖．中外合资企业企业文化冲突与绩效关系实证研究：基于中国合资企业的数据．系统工程，2011，27（1）：90-97.

（一）文化冲突的后果

企业中的文化冲突意味着分歧与对抗，如果不能被妥善地处理，必然会给企业带来严重的后果，影响企业目标的实现。

（1）降低凝聚力。文化冲突引发的企业与员工之间、企业员工相互之间的矛盾，势必会影响企业的正常运行，致使工作散乱，企业员工各行其是，降低企业的凝聚力。

（2）降低满意度。当企业产生冲突时，如果冲突双方不能耐心、诚恳地从彼此的文化背景中寻找文化共性，会造成矛盾的激化，影响企业员工的相互协作，最终导致企业员工满意度的下降。

（3）降低决策效率。因为企业员工与企业之间、企业员工相互之间的思维方式不同，分歧难以避免，冲突容易发生，一旦冲突双方不能达成共识和统一，就会造成僵持局面，从而降低决策的效率。

（4）增大沟通障碍。企业产生文化冲突表明冲突双方的价值观、思维方式存在一定差异，当差异到达一定的限度时，就会导致沟通中断，最终导致企业中的沟通失灵。

（5）引发过激行为。当冲突双方之间的矛盾不能及时化解甚至激化时，很容易造成冲突的升级。例如，冲突双方互相谩骂、侮辱，甚至发生激烈的肢体接触，采取报复行为等。

同时，康旭博认为文化冲突会严重影响企业内部的绩效管理，它是大多数跨国企业失败的重要原因[①]。

上述五种冲突的后果会使企业陷入文化冲突与文化困惑的恶性循环之中。同时，这种冲突对企业的管理而言也是一种挑战。如果企业不能对冲突过程加以控制，那么在激烈的外部环境中，企业的生存必将受到威胁。因此，对于任何一个企业而言，必须正视这些冲突的存在，并积极寻求解决冲突的方法。解决这种文化冲突的最好方式就是对企业中不同文化进行整合。

（二）文化整合

笔者认为，文化整合分为两个领域：国内的企业之间的并购和重组，这牵涉的是企业之间的文化特质的碰撞和适应，如果放大到国家之间，文化整合就牵涉跨文化管理与沟通的内容。

1. 文化整合的定义

在文化人类学中，文化整合是一种文化变为整体（whole）的或完全（entire）的过程和状态。文化整合是先从内部最简单的文化特质到极复杂的各个文化层面，按一定秩序相互结合，并在功能上相互关联的过程。文化整合的过程促使着特定文化模式的形成，文化整合的状态和程度反映了文化模式的完善状态，而文化模式对文化整合具有定向的作用。文化模式是指文化内部保持其连贯性、一致性的一种安排或体系。在这一过程中，文化整合表现出如下特征：

（1）在各种文化的意义中的一种逻辑的、情绪的或美感的协调。

---

① 康旭博．跨国公司绩效管理的文化冲突问题研究．北方经贸，2015（1）：143－144.

（2）文化规范与行为相适合。

（3）不同成分的风俗及制度，彼此之间在功能上互相依赖或加强[①]。

具体到企业文化中，文化整合主要是指不同企业之间的文化整合，它是企业并购中不同文化的调整、融合与创新的过程，文化整合的最终目的是实现企业的和谐统一。企业文化整合的过程比企业中资金、技术、信息和人才等资源的整合更具隐蔽性。文化整合就是企业的价值观、企业精神、企业哲学、员工行为方式等不同层面的文化重新定位和生成的过程。

2. 文化整合的内容

企业并购中的文化整合不是一个抽象概念，而是一个系统工程。文化整合的内容主要包括三个方面：

（1）精神层面的共识。企业中的精神文化在整个文化体系中处于核心地位，是企业文化的灵魂，主要包括组织精神、目标、运营哲学、道德和价值观等内容。精神文化是企业意识形态的综合体。并购中的文化整合，就是在渐进的潜移默化的过程中对不同的企业意识形态进行融合。由于精神层面的文化相对抽象，这可能导致并购者对这一层面文化的整合无从下手，因此我们建议并购者可以从企业目标入手进行文化整合。企业目标是指企业在一定时间内以一定的质量指标和数量指标形式表现出来的最佳物质成果和精神成果，是精神文化层面中相对具体和易被感知的部分。并购者可以通过对被并购的企业目标进行调整或重新确定，以达到对整个企业运营方向的掌控，从而达到影响和改变企业差异文化的目的。

（2）行为层面的协调一致。企业中的行为文化是企业精神文化的折射。企业的行为文化主要包括领导者、企业模范人物和企业员工的行为文化三方面的内容。在企业并购过程中，并购者应从这三个方面对并购企业中全体员工的行为加以约束和引导。对并购后新成立的企业来说，制定新的规章制度和行为准则是企业文化整合的重要内容。企业并购要把管理方法的贯通、管理制度的统一和管理机制的融合作为文化整合的重要方面。

（3）物质层面的整合。企业中的物质文化指企业员工创造的产品和服务，以及各种物质设施等构成的器物文化。在企业的并购过程中，并购者应该根据文化整合的需要对企业的物质文化进行调整和改造。例如，对企业环境、企业外部特征，包括对企业名称、标识、标准字、标语和口号的更改等。在物质文化的整合中，尤其应重视企业形象的重塑。企业形象是其面对外部的标识和品牌，不同企业具有不同的自我形象体系。新企业一定要用统一的标识来显示自身的新形象。这样做不但可以树立企业对外的新形象，更重要的是，可以让企业员工真切地感受到并购给企业带来的新气象。

第 4 节　并购中的文化整合

随着经济和社会的飞速发展，企业并购的热潮席卷了整个世界。然而，并购中产生的文化冲突严重阻碍并购的顺利进行，甚至直接导致并购失败。因此，如何在并购过程

---

① 郑朝阳．全球化背景下的文化整合．西南民族大学学报（人文社科版），2004（2）：454－456．

中进行文化整合显得至关重要。

一 企业并购、重组中的文化冲突

我国的第一起并购发生于1984年。之后，并购在我国便获得了快速发展，不论是规模还是金额都急速扩大。文化冲突随之引发人类学家和管理学家的注意。

（一）企业并购、重组的概念

并购、重组就是并购＋重组，一般指的是企业兼并或者收购后，再对资产进行重新配置。几个概念有部分重合或包含关系。

并购是指企业的合并（merger）与收购（acquisition）。

1. 合并

合并包括吸收合并、新设合并以及控股合并三种形式，控股合并其实就可以看成收购。

（1）吸收合并指通过将一个或一个以上的公司并入另一个公司的方式而进行公司合并的一种经济行为。合并后，被合并方法人资格被取消，融入合并方，成为合并方的一部分。

（2）新设合并则指新注册一间公司，然后将所有合并意向方的资产与负债注入这个新公司当中。

2. 收购

收购通常指股权收购（其他还包括资产收购等方式）。股权收购是指收购目标公司的股权以达到控制的目的，但交易之后目标公司仍然存在。可以看出，收购前后双方法人资格不发生任何更改。只是被收购方的控制权发生了转移，即收购方控股了被收购方。由于收购方可以对被收购方的财务、经营政策进行控制，我们叫它们母公司与子公司。这时，两间公司行动一致，如同“合并”在一起，可以称之为控股合并。

3. 重组

重组（restructuring）主要指并购中发生的资产重组。资产重组就是资源的重新组合，包括写在资产负债表上的资产、负债与未写在表上的其他资源的整合，也包括将其他企业资源整合进自己企业的行为。可以说资产重组是资本运作的结果。并购（资本运作方式之一）会产生资产重组的结果。

上市公司重大资产重组是有定义的。在我国，上市公司及其控股或者控制的公司购买、出售资产，达到50％比例的，即构成重大资产重组。换句话说，上市公司的资产负债表变动达到一定程度的时候，就构成了“重大资产重组”。

综上，并购重组＝并购＋重组。由于形成资产重组的大多数原因是并购，所以将并购和重组放在了一起。不过，能构成资产重组的经济行为还有很多，例如股权转让、资产剥离、所拥有股权出售、资产置换、政府和私人项目（PPP）等，以下我们以企业并购（包括重组的内容）来指代。

（二）企业并购中的文化冲突

1. 并购中文化冲突的原因

企业文化冲突是指不同形态的企业文化导致的企业中不同文化群体间的心理和行为

对抗。在企业并购过程中，不同文化背景下的企业员工通常会对并购中的外来文化产生排斥心理，这种排斥心理往往会导致文化冲突[①]。根据前人的研究和总结可以将文化冲突产生的原因归结为以下三个方面：

（1）背景文化的差异以及文化距离，是产生文化冲突的本质因素。文化冲突的本质因素是文化进入时存在时滞。相比于西方，我国在文化距离上还是比较大的，以至于在很多情况下，许多先进的企业文化我们未能消化吸收。

（2）文化刚性是导致文化冲突的重要原因。企业文化刚性主要包括三个方面：首先，长时间综合作用形成的企业文化具有一定的稳定性，在短时间内很难改变，这就表现出一定的文化刚性；其次，不同的企业文化会存在一定的排他性以及独立性；最后，缺乏与时俱进的思想也是产生文化冲突的重要原因。

（3）企业员工的抵制导致文化冲突。各个企业都有着自己独特的经营理念以及经营方式，若突然予以改变，员工会感到不舒服以及会不知道该怎么办，因此，在改革目前存在的文化制度方面，企业的员工一般情况下会对新的管理理念、经营特点和企业文化采取抵触的心理和态度[②]。

2. 企业并购中文化冲突对企业的影响

文化冲突会给并购后的企业带来一些消极影响。这些影响主要体现在以下两个方面：

（1）文化冲突对企业管理方式的冲击。并购后两个企业之间的文化冲突会给企业原有的管理方式带来冲击。来自不同文化的管理者在决策方式、管理态度和管理风格上存在差异。由于并购企业双方文化传统和价值观各不相同，这就决定了管理者在管理方式上有一定的差别。例如，国有企业管理者在管理决策中乐于听取下属的意见，注重下属参与管理，而民营企业管理者则认为，让下属参与管理对自己的地位是一种威胁，在并购时更多采取压制的方式，从而引发冲突[③]。

（2）文化冲突对企业运营理念的冲击。并购过程中的不同民族、地区及企业之间的文化排斥，必然要反映到企业的运营理念中。由于并购双方的企业文化不同，并购过程中的运营理念相互排斥的现象普遍存在。企业运营理念是企业文化在企业运营方面的体现，是企业战略贯彻成功与否的关键因素。企业的运营理念背后都有一组隐含文化理念，企业成员通常不会察觉这些文化理念，但当企业出现变革时，这些根深蒂固的意识就会显现出来。

二 企业并购中的文化整合

（一）文化整合在并购中的重要性

企业文化与并购绩效密切相关。有学者从企业组织行为特征的角度量化收购方企业文化强度，通过对中国A股上市公司并购事件的实证检验，研究发现收购方企业文化强

---

① 唐炎钊，张丽明，陈志斌．中国企业跨国并购文化整合解决方案探究．北京：中国经济出版社，2012.

② 姚晴．企业并购中的文化整合．市场研究，2017（2）：53－54.

③ 刘玉萍．并购重组中的企业文化创新与发展．企业文化，2009（4）：64－65.

度越强，并购的长期绩效表现越差①。

然而，许多企业在并购过程中只注重资产因素的整合，往往忽视企业文化的有效整合。并购不仅仅是一种经济行为，而且还包含着许多非经济因素，文化整合就是并购中不容忽视的一个重要方面。吉尔基（Gilkey）指出，并购的高失败率主要是由于这些并购仍然将业务和财务整合作为首要目标，而将精神层次和文化方面的整合作为次要因素考虑。

企业并购过程中，如果被并购的企业员工不认可新的管理方式和文化风格，将会严重影响企业员工的工作积极性，降低其对企业的忠诚度，甚至还可能造成企业核心员工的外流，给企业带来不可挽回的损失。因此，在企业并购中如何进行文化整合显得尤为重要。如果文化整合工作不到位，势必会影响并购后组织的正常运转，严重的还可能导致并购失败。

此外，忽视并购双方企业文化的差异、未能进行有效的文化整合是并购失败的重要原因之一②。

（二）企业文化审计

借鉴文化人类学的做法，对企业并购管理的文化问题予以充分关注，是并购活动的核心任务。安盛咨询公司专家托马斯·布博设计了企业并购过程里企业文化审计的五个步骤：

（1）收购前筛选。在收购的财务和法律活动进行之时，同时成立一个文化小组，收集目标企业各个方面的信息如公开文件、年度报告、媒体介绍、相关者信息甚至前人员的评价等等。通过这些资料来分析目标企业如何做事、如何做成决策、倡导怎样的行为等等。在评价目标企业时，这些方面的结论要和财务及法律等方面的分析报告一起，成为决策者决定是否收购的重要依据。

（2）宣布收购后的综合性文化测评。由收购和被收购企业双方人员组成联合工作的两个小组，在进行文化概念、调研和访谈等技术培训后，分别考察收购方和目标企业的企业文化状况并进行总体的测评。这里需要注意的是双方由于地位和实力的不同而产生的心理差异，如果是跨国收购，还应该充分考虑跨文化差异。

（3）认知冲突、风险、机会和成本。在上述调研和基本测评基础上，文化工作小组需要对双方文化中可能存在的冲突及其带来的风险进行研究评价，并考察这些冲突和风险所带来的成本及对并购活动的影响。

（4）设计并实施合并后的行动计划。其中的关键是决定并购后企业的文化形态，是完全消灭，还是继续保留，还是整合成新文化？

（5）合并后对所发现事实的监控和证实。此项的关键是要保留项目小组，并继续监控并购后企业运行过程中存在的问题，从文化角度观察和研究，之后做出相应管理政策建议③。

---

① 王艳，阚铄．企业文化与并购绩效．管理世界，2014（11）：146－157，163.

② 李亚楠．跨国并购企业文化整合可行性研究．商业研究，2012（12）：27－32.

③ 王学秀．寻找金椅子：文化人类学对企业并购管理的启示．企业管理，2005（12）：76－77.

三　企业文化整合的模式及适用条件

（一）贝瑞（John W. Berry）的文化整合理论

1. 跨文化适应模型（cross-cultural model of acculturation）

加拿大心理学家贝瑞将文化适应的态度分为四种不同的类型①（如表8-1所示）：整合、分离、同化和边缘化。对文化适应类型的确定取决于文化适应者对以下两个问题的回答：第一，文化适应者是否希望保持自己原来的文化身份和文化特征？第二，文化适应者是否希望和客居国的其他社会成员建立和保持积极良好的关系？

表8-1　文化适应的类型

		是否希望保持自己原来的文化身份和文化特征？	
		是	否
是否希望和客居国的其他社会成员建立和保持积极良好的关系？	是	整合	同化
	否	分离	边缘化

如果文化适应者既想保持自己原来的文化身份和文化特征，又想和主流社会成员建立并保持积极良好的关系，属于整合（integration）的模式；如果文化适应者只想保持自己原来的文化身份和文化特征，而不想和主流社会成员建立任何联系，属于分离（separation）的模式；如果文化适应者不想保持自己原来的文化身份，而一心想和主流社会成员建立良好的关系，取得主流社会的文化身份，属于同化（assimilation）的模式；如果文化适应者既不想或不能保持自己原来的文化身份和文化特征，同时也不想或不能和主流社会成员建立联系，属于边缘化（marginalization）的模式。

2. 并购中的四种文化整合模式

贝瑞除了研究个体层面的文化整合，在群体以至更大的范围内，他也沿用了这四种类型学说。

具体到企业并购，他提出了四种文化整合模式：文化涵化（cultural acculturation，又称“文化适应”）、文化同化（cultural assimilation）、文化分隔（cultural separation）、文化混沌化（cultural deculturation）②。这一基于文化人类学和管理学的四种文化整合模式，在跨文化管理和沟通中也被广泛应用。

（1）文化涵化模式。文化涵化模式是指经过双向的渗透、妥协，形成包容双方文化要素的混合文化。文化混合的前景有时难以预测，比如强烈的冲突、彼此的敌意。这种模式汲取了两种文化的优点，为并购双方创造出一种新的共享文化体系，适用于并购双方实力相当，并且都具有适合本企业发展的优秀文化；或者用于被并购一方想要保持自己的文化和企业标识以及企业独立性的情况。

（2）文化同化模式。文化同化模式是指并购方的企业文化取代被并购企业的文化，

---

① 孙进．文化适应问题研究：西方的理论与模型．北京师范大学学报（社会科学版），2010（5）：47-48.

② Berry J W，Anis R C. Acculturative stress：the role of ecology，culture and organizational culture. Journal of Cross-Cultural Psychology，1974，5（4）：382-406.

被并购企业被完全吸收进另一方。同化模式下，被并购方通常完全放弃原有的企业文化，接受并购方的企业文化。但是企业的精神文化一旦形成就难以改变，如果并购一方想让被并购方完全放弃原有企业文化，接受并购方的文化，需要双方投入大量的时间和精力，否则极易导致并购行为的失败。这种模式只适用于并购方的文化相对强势，而并购方的原文化相对弱势或零散，且并购方的文化具有顽强的生命力和适应性，能赢得被并购企业成员的一致认可的情况；或者在并购发生前被并购企业的运营状况不佳，而原有企业文化正是阻碍企业向前发展的原因之一，被并购方亟须对现有文化进行调整时，采用这种模式较为可行。

（3）文化分隔模式。文化分隔模式是指限制双方接触，保持两种文化的独立性。在这种文化整合的模式中，并购双方都希望保持原有的企业文化，在此基础上虽然两个企业合二为一，但是新企业中的两种文化却是独立的，它们共存于新企业之中。这种模式适用于并购双方各自有强势的优质文化，企业员工对外来文化存在抵触心理，但对自身文化非常认可，而且现有文化能够对企业的发展起到积极作用，与此同时，并购后双方运营相对独立，这种情况下比较适合采用分隔模式进行文化整合①。

（4）文化混沌化模式。文化混沌化模式是指当被并购企业中的成员既不珍惜原来的价值观，将其抛弃，同时又不认同并购一方的文化时，成员之间的文化和心理纽带就会断裂，价值观和行为也变得混乱无序。文化混沌的状态意味着企业并购不但没有给双方带来先进的管理方式，而且还将企业原有的平衡状态破坏殆尽，对新企业的运营发展产生不利影响。这种模式多适用于并购一方或双方没有强势的企业文化，被并购方由于并购产生的震荡而对原有文化和新文化都不信任的情况。混沌化的文化整合模式对并购双方而言都是消极的。它可能会导致文化退化，即文化从一种较先进和分化的水平退到一种较不先进及不分化的水平的现象或过程。

（二）文化整合模式的适用条件

通过对四种文化整合模式的介绍不难看出，每种整合模式都有特定的适用范围，在进行文化整合的模式选择时，并购双方不仅要考虑双方原有的企业文化，同时还应该结合被并购方所处的发展阶段和企业并购战略类型进行综合考虑。

1. 企业并购的战略类型

企业并购的战略类型可以分为横向并购、纵向并购和混合并购②。这三种战略类型可以做如下定义③：

（1）横向并购。横向并购是指生产同类或相似产品的两家或多家企业合并为一家企业，由于处于同一行业，并购双方在并购前处于竞争状态，而通过并购改变了原有的市场竞争结构。

（2）纵向并购。纵向并购发生在处于不同运营阶段的企业之间，通过并购使不同环

① 孙华平，黄茗玉．企业跨国并购中的文化整合模式研究．求索，2012（11）：236－238.

② 杨洁．企业并购整合研究．北京：经济管理出版社，2015：16－18.

③ 刘可新，赵昱锋，赵春彦．企业并购后的整合战略．东华大学学报（自然科学版），2014，40（3）：357－361.

节连接起来。

(3) 混合并购。混合并购是发生于不同行业企业之间的并购。其目的是为达到优势互补或规模经济。

在企业选择文化整合的模型时，应结合上述两项因素和企业现有文化进行综合考虑。下面将以企业并购战略的不同类型为切入点，对四种文化整合模式的适用条件进行详细说明。

2. 四种文化整合模式的不同选择

(1) 企业采用横向并购战略时，可以使企业迅速扩大自身规模。此时的选择包括：

1) 如果被并购一方处于发展的初创时期，被并购方的企业文化尚未形成，其自身实力也相对较弱，并购双方可以采用文化同化模式进行文化整合。因为并购方的文化体系已经形成，并购双方又处于同一行业，这种情况下被并购方可以完全接受并购方的文化体系，以对方的成功经验促进自身的发展。

2) 如果被并购一方处于企业的成长期，一方面，由于自身企业文化初步成形，企业开始形成核心竞争力，这时进行并购活动，并购方的企业文化中形成了适合企业发展的优秀"基因"，并购双方可以采用文化涵化模式进行文化整合。另一方面，企业文化体系还不健全，这时如果采用文化涵化模式进行文化整合，并购双方会汲取对方的文化精髓，这样不但可以保留被并购方原有文化的可取之处，而且又以新文化为补充，使企业的文化体系趋于完善。

3) 如果被并购一方处于企业的成熟期，由于自身的企业文化体系已经形成，企业在发展中有了较为明确的定位，这时被并购方选择并购行为多是为了开辟新的发展领域，提升企业竞争优势。因此并购中双方应采用文化分隔模式或文化涵化模式进行文化整合。当并购双方的文化都比较强势时，可以采取分隔模式进行文化整合，而一方文化较弱时，可以采取文化涵化的模式进行文化整合。

4) 如果被并购方处于发展的衰退期，由于自身文化面临变革与创新的挑战，企业发展也进入瓶颈期。这时被并购方选择并购行为可能是为了突破瓶颈，为企业发展注入新的活力，这时并购双方就应该选择文化涵化的模式进行文化整合。如果被并购方是为了化解生存危机而进行"免死"的并购行为，并购双方可以采用文化同化模式进行文化整合，这样可以让被并购方汲取并购一方的文化精髓，借助并购方文化的力量化解企业的生存危机①。

(2) 企业采用纵向并购战略时，可以使企业减低价值链的运营成本。此时的选择包括：

1) 被并购方处于企业初创阶段时，为了降低自身的风险，可以考虑采取并购行为来化解生存压力，但是由于纵向并购中并购双方处于不同的企业运营阶段，因此双方在一定程度上可以保持自身文化的独特性，所以并购后的企业可以采用文化分隔模式进行文化整合。此外，由于处于发展初创期的被并购方的企业文化尚未形成，所以也可以采取文化吸收模式进行文化整合。

2) 被并购方处于组织发展的成长或成熟期时，为了降低自身运营成本，提高运

---

① 包轩毓．企业并购的文化整合模式．现代商业，2015 (21)：204－205.

营效率，可以采取文化并购方式。这种情况下的文化整合，可以采取文化分隔模式或文化涵化模式。当并购双方的文化都比较强势，并且能适应自身发展时，企业多采取分隔模式；如果一方文化较弱或双方都较弱时，可以采取文化涵化的方式，然而这种情况下，企业很少采取文化同化的整合模式，这是由于双方处于不同的运营阶段，并且双方的发展都处于上升阶段，因此，采取文化涵化的方式更利于新企业中二者优势互补、共同发展。

3）当被并购方处于企业发展衰退期时，与横向并购战略的情况相类似，企业为化解生存危机时可以采用文化同化模式进行文化整合；而被并购方要想获得新的发展时就应该采用文化涵化的模式。

（3）企业采用混合并购战略时，可以使企业降低单一领域带来的风险，并且能够帮助企业迅速进入一个新的领域。此时的选择包括：

1）被并购方处于企业发展初创、成长、成熟这三个阶段时，被并购方的发展呈上升势头，其发展过程中形成的企业文化有助于企业的持续发展，因此，可以采取文化分隔模式进行文化整合。

2）被并购方处于企业发展的衰退阶段时，企业发展陷入困境，这时如果被并购方可以通过自身变革来化解危机时，并购中可以采用文化分隔模式进行文化整合；如果被并购方需要很大程度上借助并购方的力量才能取得进一步的发展时，就应采取文化涵化的模式进行文化整合。需要说明的是，由于采取混合并购战略的企业多处于不同行业，因此并购过程中很少采用文化同化模式进行文化整合。

在以上讨论中，我们并没有纳入文化混沌化模式，这是因为采用文化混沌化模式进行文化整合容易使企业陷入无序和混乱之中，因此该种模式适用范围较窄，一般只适用于并购双方或一方文化处于弱势，且并购双方对另一方的文化缺乏认同和信任的情况。

本章小结

本章从文化变迁的概念着手，介绍了企业文化变革和创新的基础概念；对文化冲突的产生原因、表现形式及对企业影响的论述，阐明了企业文化整合的重要性，并对文化整合的内容、方式、必要性进行了说明；最后结合实际，详细介绍了企业并购中的文化整合内容。

关键词

文化变迁　文化创新　文化整合　文化冲突　并购和重组　文化适应　文化整合

复习思考题

1. 什么是文化变迁？文化变迁的机制有哪些？
2. 什么是企业文化创新？它有哪些作用和原则？
3. 如何进行企业文化变革？它有哪些步骤？
4. 企业并购过程中如何规避文化冲突的风险？
5. 企业文化整合有哪几种典型的方式？

案例

随需而动——神州数码公司文化整合[①]

神州数码意识到强化企业文化建设的重要性并开始积极地行动，2003年就启动了企业文化纲要和企业文化手册重点工作，2004年以企业文化咨询项目为开始，全面启动了企业文化建设的转型、整合工作，我也成了这个课题组的一员。

神州数码公司的课题从原定的三个月延长到半年。课题组沿用了深度访谈、参与观察、问卷调查的方法，作为本书的系列案例，此处重点介绍对神州数码企业文化实施过程的冲突解决和文化整合的方式。

2004年底，为了更全面、更深入地了解神州数码的企业文化状况，并为后期的企业文化建构搜集信息和提供依据，课题组实施了大样本的文化诊断（N=1 027），在文化诊断中使用了四个维度的问卷调查。第一部分包括120道5分制评分题目，要求被调查者根据自己的看法做出选择；第二部分包括3道多选题和1道排序题，要求被调查者选出他们最关心的问题、公司的成功关键因素和应该强调的企业核心价值观，并对公司亟待加强的能力进行排序；另外还包括2道开放式题目。咨询小组从文化结构中的战略、价值观、核心能力、组织结构、管理风格、管理系统、员工等方面全面透视神州数码的企业文化，包括员工的行为的表现、关键行为或特征、具体表现、根源等。由于郭为和公司高层的支持，员工积极参与，文化诊断取得了预计的效果。

文化诊断的维度如图8-4所示。

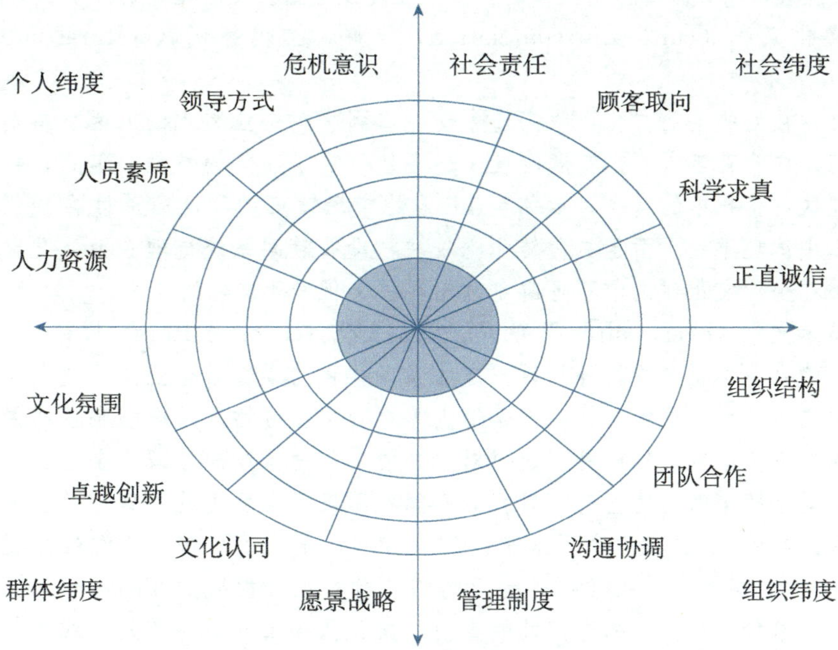

图8-4　企业文化的16个子维度

① 本案例根据笔者2004—2005年在神州数码的咨询经历而改写。

这四大维度16个子维度是企业文化的轮廓图，通过统计分析，不仅可以使企业文化在企业之间进行比较，而且可以对企业内部企业文化建设和运行状况加以准确的测量，找出不足，使企业文化建设更具有针对性和操作性。据此可以清楚地看到：

在社会维度，公司对外善尽社会责任，对内讲求科学求真，正直诚信，但是在关注和体验客户上仍然有短板。

在组织维度，公司倡导团队合作，发挥集体力量，但是在沟通协调和管理制度方面仍有欠缺，组织结构的设置有待改进。

在群体维度，现有的企业文化和愿景战略基本得到认同，但是在卓越创新和文化氛围方面有待于进一步改善。

在个体维度，公司的领导方式总体上得到员工的认同，但是在人力资源管理和人员水平发挥方面应该采取措施予以加强，同时还应该增强员工的危机意识。

而后，咨询小组对这四大维度所包含的16个子维度进行了详细分析。

数据分析还表明，员工在整体上对于现有的文化更多判断为经销商型文化。但公司三个业务板块的问卷填写数据的统计结果却表明：包括供应链板块（经销）的大多数员工也认为，公司未来的企业文化应该以服务型文化为主导，增值服务和IT服务板块的员工中持这种看法的人数更多。这些数据为高层的选择提供了参考。咨询小组建议公司应该根据文化现状和冲突，不失时机地进行文化整合。

在建议部分，咨询小组首次运用文化人类学的分析框架提供建议如下：

结合对神州数码的管理者和员工进行深度访谈、问卷调查所获得的信息，运用成熟的文化学归纳范式，项目组对神州数码的企业文化建设中存在的问题剖析如下（有删节）：

（1）文化累积（cultural accumulation）丰厚，文化替代（cultural substitution）不足。

对于神州数码的企业文化，我们迄今还能看到联想企业文化的基因。搭班子、定战略、建队伍，成为百年老店、制度刚性……多处体现了联想的特征。但是，神州数码的企业文化在这种累积中的突破，如体现IT业的市场敏感度和反应速度在神州数码的企业文化文本中体现不足。由于文化转化比较快，没有时间系统梳理企业文化，进行文化替代，结果在企业文化建设中不可避免地出现主文化和亚文化的冲突。

（2）显示文化（overt culture）明晰，隐示文化（covert culture）模糊。

就现有的企业文化来看，神州数码建立了多样化的渠道对企业文化进行传播，企业内刊、各类文体活动、聚餐会、入模子培训等都是文化传播，是增强企业凝聚力和员工主人翁意识的重要手段。然而神州数码对于企业文化的推演尚停留于企业文化的表层和外显部分，对于随需而动的理念，口头的赞同并不表示态度上的一致，并且不能形成心理上的一致。尽管IT服务是公司未来的发展方向，是大势所趋，资源的配置也在更多向着IT来分割，但员工对战略相持阶段的持久性和艰苦性缺少深刻的认识，公司针对员工态度、共享价值观方面的专门性的宣讲、文化传播工作显得不足，战略转型得不到员工层次的企业文化的支持。

（3）文化漂移（cultural drift），文化滞后（cultural lag）。

神州数码的企业文化在发生变化，但是公司的企业文化尚未体系化，也并未得到有效的贯彻，体现的仍然是分销型文化的色彩。部分员工对“随需而动”的口号不知晓，原因是公司没有给出明确的说法，理解就更谈不上了，更难以结合到各自的业务中去。只看短期结果，很少考虑长期的战略问题和深层的文化问题，文化滞后也就不难理解了。

(4) 两种文化特质 (culture trait)，一种文化模式 (culture pattern)。

公司的三大板块由于各自业务特点不同，对企业文化的要求也是不同的。在神州数码公司，起码有两种差异显著的文化特质：一是分销型文化，二是 IT 文化。但现在公司所有业务模式使用同一套管理方式，没有根据业务特点调整，业务模式使用分销型的管理方式和文化模式。

最后，咨询小组仍旧沿用文化人类学的概念给出如下文化整合的建议（有删改）：

第一，加速企业文化变迁 (culture change)。由于 IT 产业从技术驱动型发展到应用驱动型，神州数码的核心业务领域 IT 分销业正在发生着重大的变化，正在发展成为以客户为中心的模式，包括分销与零售、分销与产品、分销与厂商以及分销本身的价值，都有了新的内涵。神州数码公司已经明确了“随需而动”的战略选择，增值服务业务也在变革。未来的企业文化建设就是要找到和“随需而动”相对应的企业文化基因。一方面，与战略转型相对应，神州数码公司的企业文化必须开展企业文化的转化，以适应战略的需要；另一方面，随着神州数码企业的不断成长与发展，需要对企业文化再进行修订和调整，以解决企业在成长和发展中的各种问题，从理念上为企业的发展铺平道路，使企业文化建设更具有实效。因此我们提出了神州数码的“企业文化 DNA 修复图”(如图 8-5 所示)。

图 8-5 的寓意在于，神州数码公司从整体上既体现出分销型文化的特征，也表现出服务型文化的特征。当前的紧迫任务在于找到一个能够统辖二者的企业核心价值观。例如对服务的诉求，不仅仅是对 ITS 部门有用，而且分销实际上也越来越多地体现服务的色彩，这一文化基因应该被复制到公司不同的业务板块中，和业务匹配起来。并且这样的文化基因要被迅速地复制到各个业务板块。

第二，加大文化整合 (cultural integration)。文化整合是指企业文化中相异的或矛盾的文化特质在相互适应以后形成的一种和谐的文化体系。例如，供应链的文化特质是讲求速度，而 IT 服务的文化特质是讲求服务，这两种有矛盾的文化可以经过核心价值观整合，相互吸收到一些新的文化特质。公司可以通过对不同特质的文化进行修正和协调，使两种或两种以上的文化相得益彰。

就神州数码公司而言，如何凸显 IT 企业文化特征，并且在企业文化方面保持分销文化的特色，就需要公司整合公司文化资源，在提炼、梳理全新的企业文化大纲后，通过各种形式系统地表达神州数码的价值理念，进而通过企业文化建设、文化传播等手段，使企业文化能够真正产生积极影响。

第三，营造文化迫力 (cultural imperative)。文化迫力指企业为保持文化活力而必须采取的各种方法。文化迫力来自企业战略转型和文化转化的需求。战略一经制定，就要围绕企业的核心竞争力进行有效运作，而企业文化则要围绕企业的核心价值观，限制内部冲突，规范员工行为，改进领导方式，以人为本、以客户为尊、以股东为重、以社会为己任，通过软性的文化氛围的营造，完善公司的制度建设和流程再造，使企业内部真正形成一种看不见的“强力磁场”，使员工、群体、团队和企业能够顺应“随需而动”

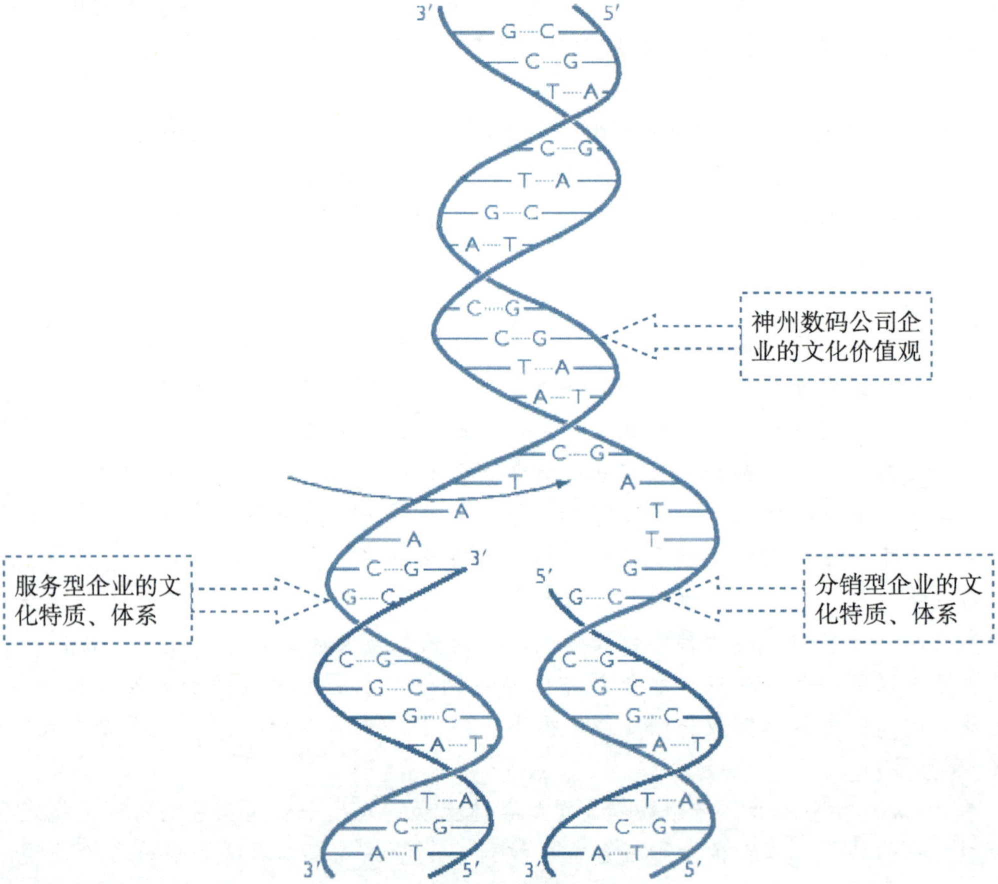

图 8-5 企业文化 DNA 修复图

理念的要求。

通过测评，我们发现了真实文化和神州数码宣称的文化的差异。企业文化测评的结果表明神州数码尽管转型三年，但是企业文化仍然是经销商文化，与神州数码的现实情况大致相符。根据测量和质化研究方法得出的结论，课题组帮助神州数码公司了解企业文化，并且不失时机地推动了神州数码的文化变革变化。

1. 改变观念，统一思想

人的观念转变是首位的。正是由于采用参与观察法和访谈法发现问题，即战略转型缺乏文化体制的支撑，咨询组才在此基础上拿出了整套的企业文化重塑方案。既然神州数码的成功是建立在分销上的，而由分销型向服务型企业转型，企业文化也要从分销文化向服务文化转型，两者间应该是相互驱动的。

2. 围绕企业文化展开讨论

从财务数字上，高调转型这几年，神州数码却更加依赖分销业务的支撑（营业额为86.1 亿元），所提出的向软件、网络产品的转型并不成功，分销业务的绝对份额无法使神州数码与 IT 服务建立必然的联系，反而与此目标相距越来越远。公司的转型使得从高层到基层都难以达成共识，但是郭为坚持，神州数码未来需要什么样的文化，面临什么样的文化问题，首先要在高层统一认识。他为此召开了几次高层研讨会，在会上，郭为先把自己的想法说出来，然后大家围绕不同业务的核心价值观进行讨论，尽管会上有冲突，但是最后达成了一致。

首先是观念变革，就是神州数码说的态度问题；其次是能力建设，就是建立转型所需要的新能力；最后是机制的变革，将新的考核与薪酬制度的改革相连接。

在传统的分销业务中，转型要求员工不能再把自己当成一个销售员，而是一个业务经理，那么就要有业务经理的思维方式和能力，当然也需要对员工业绩考核体系进行调整。和神州数码的战略转型一样，企业文化的变革也是主动和有计划的。2004 年初，神州数码制定了“建立使人才脱颖而出的激励机制”，这次人力资源管理制度的改革旨在明确人才标准，制定相应的人才选拔、培养和激励制度。

3. 员工培训，减少文化震荡

2001 年，神州数码在集成业务软硬分开时把 IT 服务定位为“以应用软件为中心的 IT 服务”，ITS 集团的服务是相对于产品的定制化开发，企业系统事业本部做技术服务，也就是基于产品的售前、售中、售后服务。通用信息产品事业本部则侧重提高供应链服务，也就是快速交付的能力。虽然在战略上高举转型的大旗，但郭为在内部强调的是在成熟的业务上的创新。郭为认为每个业务内部都存在新的商机。课题组拿出一整套方案，包括神州数码企业文化大纲、员工企业文化培训教程、企业文化推进规划、企业文化整合报告、企业文化手册等等。

4. 人力资源管理变革

神州数码能够及时意识到问题，并且已经对激励机制做了调整，因为企业的战略转型最困难的不是组织、流程的改变，而是人的改变，最深层的战略转型是思维方式的转变。彭剑锋教授说，当时所出现的种种矛盾的背后原因也有企业文化问题。在此基础上，人力资源实施以绩效为导向的考核。

人力资源管理制度的改变可以看作整个文化变革的开始。神州数码的人力资源部门每年都会针对公司事业部副总以上的干部做一次访谈，访谈对象包括每名干部的上级、平级和下级，从不同角度了解他们的评价和意见。这种转变意味着对于管理人员的评估不仅限于业绩，而且还包括整体的业务能力、管理能力、组织能力，以及对公司核心价值观的认同。

学习与练习

1. 谈谈你对咨询小组诊断神州数码文化轮廓时使用的各种调查方法的看法。

2. 根据本书各章介绍的文化人类学知识，你认为这些知识在神州数码的应用准确而恰当吗？

3. 根据神州数码的三个业务板块的文化差异，列举你在文化整合中可能采取哪些举措，为什么？

第 9 章 跨文化管理与沟通

学习目标

◎ 了解文化适应和文化距离的关键概念
◎ 熟悉阿德勒（Adler）从跨文化交流学角度提出的五阶段的跨文化适应模型
◎ 掌握跨文化管理的四个发展阶段的内容
◎ 掌握跨文化管理的策略
◎ 熟悉人类学家霍尔（E. Hall）的高情景和低情景理论
◎ 掌握跨文化沟通的技巧

章首案例

影视人类学和《美国工厂》——假如曹德旺聘用了人类学家

最近，纪录片《美国工厂》上映后获得全世界影迷的关注，尤其是中国的影迷，因为影片讲述的是中国福耀集团在美国投资建厂、生产过程中的故事。

对于人类学家和管理学家，这是一部讲述跨文化管理和沟通的最好素材了。

影视人类学（visual anthropology）是以影像和影视手段表现人类学原理，记录、展示和诠释一个族群的文化或尝试建立跨文化比较的学科。“影视人类学”这个术语是第二次世界大战后才出现的。影视这一新手段开始被不自觉地运用到人类学的研究当中，从时间上看，最早出现的影视人类学作品是雷格纳特（Felix-Louis Regnault）等人拍摄的片子。1895 年春，连续摄影机发明后不久，雷格纳特拍摄了塞内加尔妇女制作陶罐的慢动作。另外还拍摄了一个塞内加尔妇女舀米、三个穆斯林行额手礼，以及四个马达加斯加人用轿子抬摄影师经过摄影机的动作过程。这是最早尝试使用影片进行人类行为活动的研究。这些早期的影片以素材片为主，但它们已经作为影视人类学发展孕育阶段载入了史册①。

纪录片既然关注了人，当然就要关注人类的精神产品：文化。纪录片诞生后，西方

---

① 庄孔韶．文化与性灵．武汉：湖北教育出版社，2001：113.

创作人员拍摄了大量有关异域文化或者给异域观众看的本土文化片，为促进人类相互了解和沟通做出了贡献。人类学家借助这一最新技术成果，如玛格丽特·米德和其他一些人开始用电影作为一种科研工具来研究人类社会，探讨人类共同的以及各自相异的文化品质①。

文字人类学通过普遍性概念建构，诸如“文化”“结构”“象征”“亲属制度”等，搭建人与人相互认识与交流的平台，影视人类学可以围绕这些概念制作影片来达到同样的目的，但是影视人类学更具有建设性的方式是：悬搁这些概念工具，直接将镜头对准具体人物的生活世界，以此来搭建人与人相互认识与交流的平台。这充分体现了影视人类学的基础性特征。我国人类学家庄孔韶在其《文化人类学》中的作为配套教材的《虎日》《吾妻吾女》等影视人类学作品对于读者了解文化有了更强的诠释效果，我国人类学家基于人类学的理论，将镜头对准多样性的生活世界，为民族志的“写文化”之后开辟了丰富的作品形态——“拍文化”②。

福耀美国工厂原址，就是代顿市通用汽车的一家装配厂。中国企业家曹德旺 2016 年在这里投资了 10 亿美元，技术还好说，不会可以学，但是牵涉中美不同的文化价值观，冲突就难免发生了。2017 年，福耀的美国工厂别说回本了，光是前 10 个月的亏损，就有 4 000 万美金。更让曹德旺头疼的是，工厂面临 11 名工人的指控，称工作环境不安全等等。甚至，曹德旺的美国公司前副总裁戴维·伯罗斯，也把公司告上法庭，索赔 44.2 万美元，罪名包括欺诈、违约、诽谤和歧视。双方各执一词，吵得焦头烂额……

一边说他们未经培训就被要求做危险工作；化学药品的提示标签是用中文写的；和中国管理者交流不顺畅，不得不使用手机上的翻译软件……

另一边干脆直说：该美国工厂生产力远没有我们在中国的工厂高，有些工人上班就是磨时间；解雇是由于他们不尽职，浪费老板的钱。

看似一场经济冲突，实际也是一场文化冲突。

例如语言沟通，这是致命伤。翻译就那么几个，班组工人却有那么多，跑东跑西地翻译根本忙不过来。翻译软件效率又太低。再加上双方的成长环境不同，中国人习惯低头做事，美国人习惯做好事能得到鼓励。美国工人觉得中国工人的沉默是不尊重他们。

久而久之变成了什么?

变成了我嫌你笨：为什么这么简单的事还要我一点儿点儿地说?

变成了你嫌我冷：明明直接跟我说就可以了，为什么沉默地干完甩我脸子?

《美国工厂》除了带给观众视觉上的享受，更多的是思索。在管理学和人类学视角中，个体的行为模式是人们在后天通过符号习得并加以传播的，它们构成了人类群体的独特性，造就了各个民族自己独特的文化。而当这些各具特色的文化在企业中相遇的时候，一旦它们之间无法达成共识，那么企业作为一种亚文化环境，当然不可避免地受到文化冲突带来的影响和制约。因此，企业中的文化冲突来源于文化差异，更主要的是冲突的双方没有认识到彼此的文化差异。跨文化管理和沟通由文化差异和文化冲突所致，

---

① 任远，邱茹萍．当代西方人类学纪录片研究．世界电影，1999（4）：29－41．

② 鲍江．影视人类学：一个扎根生活世界的基础领域．中国社会科学报，2018－11－14（3）．

世界上存在着众多的文化类型，各种文化千差万别，而不同的文化背景必然产生不同的行为方式、风俗习惯、宗教信仰、道德风尚、伦理意识等。如果能针对不同的文化特征采取相应的管理措施，那么文化差异也就未必导致文化冲突了。

进入21世纪以来，随着我国经济实力的加强、企业升级转型的需要和国际化经营意识的提高，越来越多的企业开始通过并购的方式进行海外投资，海外并购的数量大幅增加。可是，虽然并购的数量在增多，但最终取得成功的企业却寥寥无几①。

面对跨文化管理和文化沟通问题，除了聘请总经理之外，曹德旺在决定买下代顿工厂时，还聘请了当地两个纪录片导演，史蒂文·博格纳尔和朱莉娅·赖克特，俩人在福耀美国工厂3年，累计拍摄了1 200小时的素材制作成了《美国工厂》这部纪录片。俩导演的片子送到圣丹斯电影节，直接拿下最佳纪录片，引发美国各路媒体一致好评，在中国影迷中也引发热议。

笔者受提出文化整合四模式的影响，突然想到这么一个问题：如果曹德旺在聘请总经理和摄影师之前，先聘用了人类学家呢?

思考：

如果你作为人类学家被聘用到福耀的美国代顿工厂，你会事先向曹德旺给出哪些建议呢?

跨文化管理和跨文化沟通是本章的主要内容。当不同文化特质相撞时，企业之间、文化之间的适应就更为重要了，它界定了跨文化管理（硬管理）的内容；而随着国际化和网络时代的开启，不同民族之间的文化沟通（软管理）就更为重要了。本章从更广阔的民族背景下的民族文化适应的角度，阐明了跨文化管理和跨文化沟通的内容。

第1节　跨文化管理的基本理论

由于民族文化的差异，企业的跨国经营需要从文化上加以考虑，这一过程中不同的策略和方法会导致不同的结果，需要我们从理论的源头加以考量。

跨文化管理难是文化差异和文化冲突所致。世界上存在着众多的文化类型，各种文化千差万别，而不同的文化背景必然产生不同的行为方式。如果能针对不同的文化特征采取相应的管理措施，那么文化差异也就未必导致文化冲突了。

在跨国企业中，文化差异是由人们在生活、工作、教育等方面的不同经历造成的。因此，文化是泛指受到物质和环境条件影响的人们的共同价值观念、信仰、态度、行为准则、风俗习惯等的体系，它是由特定的群体成员共同形成的某种社会生活方式的基础。只要有不同的群体就会存在文化上的差异，产生文化差异的一个重要因素便是地理环境的差异，并且由于历史传统、教育方式、法律制度以及宗教等文化要素的循环积聚，从而形成了以地域划分的不同文化形态。正是这种文化在地域上的差异，导致了企业跨国经营时所面临的文化冲突。

---

① 张艳艳，周杏英．吉利收购沃尔沃案例的跨文化管理分析．经济研究导刊，2012（8）：28-29.

一 人类学有关跨文化管理的研究

从20世纪80年代迄今，新自由主义（neoliberalism）在西方国家兴起，人类学家的工作受到企业主与政府的双重限制。“晦暗的人类学”（dark anthropology）开始生成，受马克思主义、韦伯的思想，尤其是福柯的权力话语理论影响，人类学开始重视社会生活的严酷因素（权力、支配、不平等以及压迫）。与此同时，“积极人类学”（anthropologies of the good）作为一种相反的思潮也影响着人类学，一些或隐或显，可被视为回应这一“晦暗”转向的作品开始出现。这种人类学既包括对“善的生活”（the good life）与“幸福”（happiness）的研究，也包括对伦理与道德的研究①。就文化的整合和跨文化领域而言，与此相关的概念和理论包括以下几个领域：

（一）两个关键的概念

1. 文化涵化

文化涵化指文化与文化接触时所引发的文化变迁过程及后果。这个概念之所以于20世纪前半叶在美国出现，是因为涵化不等于同化（assimilation）。同化只是涵化过程中一个可能的阶段，如果有，通常也只是结束时才出现。涵化亦不同于扩散（diffusion）。扩散是某个群体的一些文化元素被传送至另一个群体的过程②。

文化适应是不同文化群体在持续的文化接触中导致一方或双方的文化模式发生变化的现象。文化适应包括群体层面和个体层面。群体层面指两个群体在文化接触中发生的文化模式的变化。个体层面指个体在不同文化接触中发生的心理与行为的变化。与文化适应有关的概念有文化融合、跨文化适应。文化适应的结果包括心理适应与社会文化适应，前者指个体的心理状态达到满足和平和，后者指个体习得了新文化环境所必需的技能③。

2. 文化距离

在文化人类学中，文化的演变是一个漫长的过程，而且两种文化之间的距离也会随着文化的演变而变化。文化距离（culture distance）是指文化上的认同程度。一般来讲，文化距离越大，文化认同度越小，文化差异就越大，反之亦然。因此，对于跨国企业来说，文化差异在短期内不会消灭，而且会在一段时间内保持稳定存在。那么作为一个多文化的复合体，跨国企业不可避免地会面临两种文化体系的摩擦与碰撞问题。

总的来说，目前关注文化多样性且较有影响的欧美跨文化适应理论的基本观点主要有两种：一种是出现较早且在北美地区影响较大的多元文化观（multiculturalism）；另一种是成型于欧洲地区，但在国际上普遍认可和支持的文化互动观（interculturalism）。

（1）多元文化观和文化特殊学派的理论一脉相承，这一学派强调不同文化之间的差异，倡导不同民族、不同文化的人们拥有平等的地位，认为每一种文化都应该受到应有

---

① 奥特娜．晦暗的人类学及其他者：二十世纪八十年代以来的理论．王正宇，译．西南民族大学学报（人文社会科学版），2019（4）：1-14.

② 罗康隆．论文化适应．吉首大学学报（社会科学版），2005，26（2）：67-73.

③ 张积家．浅谈文化适应的中国特色．中国民族教育，2017（9）：17.

的尊重。多元文化观在理论上倾向于将文化视为一种疆界分明、内部连贯、匀质稳定不变的静态实体，对文化多样性持相对主义立场，将不同的文化机械、静态地并置，甚至单向地突出弱势文化，从而在促进互惠性文化对话和社会整合等方面容易导致误解和质疑。由于全球化进程的加剧促成了不同文化间更大规模、更有深度的接触与碰撞，文化与文化间的界限在互动传递中日渐模糊，多元文化观所持有的静态文化观点，显然与这种现实动态形势不相符合。

（2）文化互动观同样承认文化间的差异，提倡文化平等。但同时它坚持动态性的文化观念，认为文化具有流动性，重视在不同文化中存在的普适性，尤其强调不同文化间的相互尊重、互动交流和融合创新。人类学家赫斯科维茨（Herskovits）强调：任何文化都是动力性的（dynamic），不是固定被动的，因而他不认为文化与文化之间接触时，文化元素只是简单地从其中一方传播至另一方。他说，接触过程本身是个互动过程，所以文化元素的传播和接受过程，亦应在如是设想下来考虑①。

可以说，文化互动观给人们提供了一个能够互相了解各自真正的文化差异的机会，促成了世界不同国家或地区的人们进行文化互动、沟通、借鉴和比较，增进在了解过程中寻求不断进步的普遍价值观和共存能力。

文化互动观还意味着对民族中心主义（ethnocentrism）的摒弃。民族中心主义指每个族群都以自己的世界观和价值体系为中心去了解和衡量别的族群文化，所以通常会贬抑甚至拒斥别的族群及其文化，有时候也会盲目崇拜别的族群及其文化。因此，人类学家的任务一方面是减小其危害，另一方面也要将它视为民族文化构成体系的重要成分，在研究时认真加以考虑。对民族中心主义加以批评的代表作莫过于《东方主义》(*Orientalism*)。东方主义是从 18 世纪末叶开始，以英法德美等国为代表的西方人所发展出来的关于近东和中东地区的论述。东方主义所说的东方，根本是西方的反面和附属面，是为构成西方人的世界观而建构出来的，跟实际存在的东方是两回事②。

（二）文化选择原理和再阐释原理

1935 年，美国人类学会在其下属的社会科学研究委员会（The Social Science Research Council，SSRC）中，指派雷德菲尔德（R. Redfield）、林顿（R. Linton）和赫斯科维茨，成立了一个专门从事“文化变迁”研究的委员会。三位学者于 1936 年发表了一份题为《文化变迁研究备忘录》的研究报告。

该报告主要由五个方面的内容构成。虽然还不能构成一个严密而完整的理论，但却在相当程度上为以后的文化变迁学说及跨文化教育研究提供了一种基础的理论框架。例如，指出不同文化集团持续而直接接触所导致的文化变迁，并不一定局限于一个文化集团，可能会导致双方都发生某种变化。也就是说，文化接触的作用和影响往往具有双向性。而且，接触的结果除同化、拒绝同化外，其中所说的“整合”实际上指出了文化融合及创造一种新文化的可能性。另外，正确地指出了对待异文化的态度还会因个人的人格特征和具体情况而产生差异。而在研究报告中出现的许多术语，如传播（diffusion）、

① 谭瑜，常永才．西方跨文化适应理论及其对我国少数民族教育的启示．民族教育研究，2013（1）：10－15.

② “东方主义”一词出自《东方主义》一书，作者是阿拉伯裔的美国文学批评家萨义德（Edward W. Said）。

选择（selection）、适应（adaptation）、接受（acceptance）、调整（adjustment）、整合（integration）等，至今仍被学术界所广泛使用。但是 20 世纪 60 年代左右，文化人类学家才开始意识到，一个新的文化特质整体出现，通常并非全盘原封不动地源自另一个文化集团，而是当地人主动选择过和改装过才接受下来的①。

赫斯科维茨在 1967 年提出了文化适应过程中的“选择原理”（principle of selection）和“再解释原理”（principle of reinterpretation）。依其所言，第一，外来文化元素之被接受或拒绝，决定于原先即存在的文化中的文化模式，以及文化接触的情境是否有强迫性的和关系紧张的情境；第二，新文化元素与旧文化元素相遇时，新的会受到旧的的融合改造，旧的也会受到新的的挑战改变，以至经常形成新的混合文化。

二　管理学家的跨文化管理观

管理学借鉴人类学的分析框架，在文化整合、文化适应领域出现了两种理论——阶段论和类型学，在企业间的并购和跨文化管理中有着重要的影响，分别介绍如下：

（一）五阶段的跨文化适应模型

心理学家阿德勒从跨文化交流学的角度提出了五阶段的跨文化适应模型。具体包括：

（1）接触阶段。当个体首次进入一种相当陌生的文化环境中时，在异文化中的独特体验激发出个体对各种事物的强烈的兴趣和好奇心。

（2）混乱阶段。在经历了最初的好奇和兴奋之后，随之而来的是个体开始意识到文化的差异，以及由文化差异所产生的身体或心理上的不适应。个体可能会感到困惑、慌张、无能或是孤独，也会很容易因为一些小事而变得焦躁不安。

（3）拒绝阶段。这一阶段，个体开始拒绝承认文化差异，开始消极地否定自我，并做出一些消极行为，甚至对异文化产生敌意。换言之，个体对于究竟是保留原文化的社会规范和价值观，还是融入异文化，感到犹豫和困惑。

（4）自律阶段。随着心态越来越开放，个体能够更加自如地在异文化中进行交流。

（5）独立阶段。个体掌握了更多有关异文化的知识，对文化差异也有了更进一步的认识。严格地说，个体已经习惯了在异文化的生活。个体不仅可以在异文化中很好地履行自己的社会责任，而且也能够很自如地生活。很显然，通过重建一套稳定的文化系统来实现对异文化的适应意味着改变在原文化中形成的社会规范和价值观②。

（二）贝瑞的文化适应四种认同模式以及测量表

我们在上一章介绍的心理学家贝瑞不是只强调主流社会对移民的单向影响，而是把文化适应者和客居国社会当作两个互相独立的维度来进行分析。他使用了一个生动的案例，形象地说明了四种文化适应的情况：一个四口之家（父亲、母亲、女儿和儿子）从意大利移民至加拿大。父亲出于工作发展前景的考虑，积极地学习英语和法语，主动参

---

① 王军．世界跨文化教育理论流派综述．民族教育研究，1999（3）：66－73.

② 邱珊，肖书成．跨文化适应研究：国外重要研究理论与模型．大学教育，2018（3）：101－103.

与加拿大当地的政治和经济活动。同时，他也是意大利人在加拿大的社区联合会的负责人，在业余时间积极地与意大利裔加拿大人进行社会交往（整合的模式）。与父亲不同的是，母亲仅仅会说意大利语，她不在当地工作，也不参加当地的文化活动，而且其交往的对象仅限于意大利人。因此，她仍然生活在一个意大利世界之中（分离的模式）。女儿会讲英语，积极地参与所在学校的活动，并且喜欢和加拿大的同龄人在一起。同时，她对家庭中只讲意大利语和母亲仅仅提供意大利饮食感到厌烦，对家里要求她花费大部分空闲时间与家庭在一起度过而感到不满（同化的模式）。儿子的文化适应则表现出边缘化模式的特点。一方面，他不再完全认同和接受意大利的传统（“在这个新的国家里，这些还有什么用呢?”）；而另一方面，他也没有得到当地同学的接受，因为他的英语带有意大利口音，而且他对当地的文化和体育活动（如篮球）不感兴趣。因此，他基本上游离于意大利和加拿大双方的认同群体之外，既不认同双方的团体，也不被双方的团体所接受①。

除了形象的比喻之外，贝瑞的文化适应态度量表以及后来的跨文化管理学者开发的测量工具，题项设计合理且灵活，可根据研究对象的不同与研究目的的实际需要进行修订和调整，并多次被证明具有较高的信效度②。

第 2 节　跨文化管理在跨国企业中的应用

对于跨国企业来说，文化之间的差异乃至文化差异导致的冲突问题，往往是跨国企业经营管理的重点甚至是难点。在本节中，我们将具体介绍跨国企业在管理实践过程中文化冲突的表现形式和相对应的管理模式与解决措施。

一　跨国企业中的文化冲突

在跨国企业管理中，同一个国家的人会用同样的方法解决难题，并形成各种外显的和内隐的行为模式，这些行为模式是通过符号习得和传播的，它们构成了人类群体的独特成就。在文化的发展过程中，一些文化被选择、吸收，逐渐规范化、制度化、合理化，并被强化为人的心理特征和行为特征；而另一些文化则被抑制、排除、摒弃，也正是在这个过程中渐渐形成了具有独特风格的文化行为模式，并被整个社会群体所广泛认同和接受，成为社会群体共同的价值观。这种价值观具有很强的排他性，特别表现在对其他文化的吸收和融合上③。

文化冲突是不同形态的文化或者文化要素之间相互对立、相互排斥的过程。它既指企业在跨国经营时与东道国的文化观念不同而产生的冲突，又包含在一个企业内部由于成员分属不同文化背景而产生的冲突。这种冲突会给企业的管理经营活动带来十分重要的影响。在跨国企业中，文化冲突主要表现在以下五个方面：

---

① 孙进．文化适应问题研究：西方的理论与模型．北京师范大学学报（社会科学版），2010（5）：45－52.

② 谭瑜，常永才．西方跨文化适应理论及其对我国少数民族教育的启示．民族教育研究，2013（1）：10－15.

③ 秦晓蕾．跨国公司的文化冲突与规避策略．企业改革与管理，2002（6）：29－30.

（一）价值观

价值观可被理解为人们所坚持的一种持久性信念或是信念体系，是人们对事物的看法和评价。每一个民族都有自己的基本价值体系，也会形成自己独特的文化认同，自然也就会具有自身的一些行事方式与行事习惯。但是无论这种差异有多大，人们总会认为本民族的文化是最优秀的，在潜意识中也会形成一套区别于其他民族的价值观。

对于企业来说，价值观是企业文化的核心，是企业员工的持久信仰和思想行为准则，它决定着员工的行为方式和处世态度。但是当一个企业中同时出现了多种文化时，其文化差异与冲突便集中反映在个人价值观上。对于管理者来说，价值观念的差异与冲突主要体现在管理方式和风险观念的差异和冲突上。对于普通员工来说，价值观念的差异与冲突主要体现在对工作和成就的态度和生活观念上。而具有民族优越感和自我优越感的人往往认为自己的行为方式优于他人，排斥异己文化，用刻板的眼光去看待其他文化，难以与他人团结协作，进而导致文化冲突层出不穷，以至于影响企业的正常运转。在企业并购中，并购双方的企业价值观也会相互排斥甚至产生冲突，阻碍全新价值观的形成和树立①。

（二）经营理念

不同的文化背景会导致企业对事物的不同看法，比如在处理生产与环保的关系问题上，在重视环境问题的发达国家中，企业开支中有很大一笔款项是用于环保的，而经营者也乐于为之。但是在一些环保意识不强的国家里，经营者往往不重视环保，甚至还会破坏环境来换取经济利益。如果拥有这两种截然不同的观念的企业结合在一起，那么冲突的发生也是必然的。

不同的文化背景会导致企业不同的激励机制。比如，美国人民受当地文化的影响，把工作当作人生的一种体验和享受，因此积极投入工作之中。而在墨西哥，人们只将工作作为一种解决衣食住行的谋生手段。这种工作态度的差异导致了企业在管理理念上的差异。

（三）管理风格

每个企业都有自己独特的管理风格，这种风格是企业在长期生产经营和管理实践中逐渐形成的，因而具有稳固性，很难轻易改变，因此当不同管理风格的企业并购后势必会产生冲突。比如东方的企业强调集体协作，以人治为主、以德为先，重视情感联系，很少有管理者注重制度和程序建设，习惯于按上级管理机构的行政命令行事，或者按照自己的喜好各干一套，延续性很差。而西方的企业则更注重建立规章制度和条例，追求制度效益以及管理的有效化，小到每个工作岗位的职务分析，大到绩效考核的整套方案，都有完整的书面材料。如德国企业更注重法制化、程序化，而美国企业则更强调效率。

---

① 任红．跨国并购的文化管理研究．中国商论，2017（21）：58-59.

（四）沟通方式[①]

沟通和表达方式的差异与冲突通常是由于双方在表达方式，包括语言、神态、手势等方面理解上的差异引起的误解。不同文化背景下的人对相同的文化符号所表示的含义的理解也不完全相同，不同文化背景的人的沟通方式也不尽相同，这种差异容易导致沟通的障碍和误会，甚至升级为冲突。因此，全方位地了解不同的文化，是人类行为以及与其他人交往的基础，是取得更有效沟通的前提。

例如，美国企业家与日本企业家之间关于信用的问题，事实上是两国之间的文化差异所致。在日本的文化体系中，说“不”是件不礼貌的事情，因此他们即使面对内心并不赞同的事物，往往也不会说不，而是表示同意。但是在较为直率的美国人看来，这种同意的表示便应当是真正意义上的同意了，甚至具有一种承诺的性质。因此，当日本企业家并没有遵循这一“承诺”时，被美国企业家视为不守信用也就不足为奇了。

（五）法律与政策意识

近年来，我国企业“走出去”战略过程中遭受了“劳资关系冲突”的困扰，对国外工会的认识不足是造成劳资关系冲突的一个核心因素。由于国内外劳动法律的差异，国外工会组织都比较严密强大，一旦面临劳资纠纷问题，当事工人往往寻求工会与资方协商解决。工会在得到工人授权的前提下，代表工会会员行使与资方协商的权利也得到当地法律支持，所以外国企业和当地雇员的劳资冲突往往会最终转化成企业和当地工会的直接冲突。正是忽视了工会在这些问题上的作用和影响，一些跨国企业才纷纷陷入“工会的泥潭”[②]。

二 跨文化管理的管理模式

既然文化冲突是任何一个组织在其发展过程中都难免要遇到的，那么当冲突发生时，组织应采取怎样的一种措施呢？这就涉及文化整合的问题。于跨国企业而言，文化整合就是企业要适应外部环境、社会文化氛围、企业制度等变化，将构成企业文化的各种差异性文化要素统合为一个有机整体。从另一种角度说，文化冲突与文化整合是统一的，是不可分割的两个方面。文化整合是化解文化冲突的必然措施，是实现人类文明进步的阶梯。进行跨文化管理，是利用跨文化优势，管理文化差异，消除文化冲突，是企业成功进行跨国运营的战略选择。

（一）跨文化管理四阶段理论

20 世纪 60 年代末期，西方管理学者开始关注跨国企业中的母公司及其子公司关系的研究。最初，美国学者霍华德·V. 珀尔马特（Howard V. Perlmutter）提出了 EPG 三模式，后来发展为 EPRG 模式，即民族中心主义（ethnocentrism）、多中心主义

① 杨柏，陈伟，林川，等．“一带一路”战略下中国企业跨国经营的文化冲突策略分析．管理世界，2016（9）：174-175．

② 张敬来，孟宪忠．跨国劳资冲突中的工会制度差异．中国人力资源开发，2009（12）：83-85．

(polycentricism)、区域中心主义(regiocentrism)和全球中心主义(geocentrism)。如图9-1所示[①]:

图9-1 跨国经营的EPRG模式

1. 民族中心主义阶段

民族中心型架构适用于企业国际化经营的初始阶段或暂时遭遇危机时。在此阶段，子公司没有适合的人才，主要采取母公司的管理方式。由来自母公司所在国的人担任海外分支机构的经理或主要职务。母公司进行战略决策，子公司基本没有自主权。

直接套用母公司的管理模式，沿用母公司的管理人员，有利于子公司贯彻执行总公司的战略，但是这种短暂的优势在企业度过国际化初始期或危机期后便不复存在，反而有可能使得分公司忽视当地市场及当地劳动力的需求，最终造成人才的流失。因此，许多跨国企业会转入多中心主义阶段[②]。

2. 多中心主义阶段

在文化人类学中，多中心主义阶段强调对于不同类型的人员，我们应该制定不同的标准，采用不同的管理模式。当跨国企业处于多中心发展阶段时，便更加强调海外子公司在政策的制定、引入和效果方面的独立性，子公司的运作主要由东道国当地招聘的管理人员来进行，子公司的一般员工都来自当地，母公司所在国相当于跨国公司总部。此外，母公司很少派遣人员去子公司任职，子公司的人员也很少在总部任职，这种管理模式在美国和欧洲的集团公司中运用较为广泛[③]。

对于某些特定行业，跨国企业的运作有赖于管理者与当地政府的关系维持，这种管

① Perlmutter H V. The tortuous evolution of the multinational corporation. Columbia Journal of World Business, 1969 (1-2): 9-18.

② 朱晋伟."走出去"企业母公司与子公司关系研究.重庆大学学报(社会科学版),2012,18 (2):82-86.

③ 霍夫斯泰德G,霍夫斯泰德G J. 文化与组织:心理软件的力量:第2版.李原,孙健敏,译.北京:中国人民大学出版社,2010.

理模式便发挥出了自身的优势，领导层本地化有利于保持管理的延续性，使得跨国公司在当地能更好地经营，也便于管理。此外，这种管理模式减少了跨国企业外派人员的成本。但不容忽视的是，很多采用该管理模式的跨国企业的子公司往往最终会偏离母公司的全球战略，而且在该模式下，相比较于非跨国企业，跨国企业的多国经营比较优势并未得到完全发挥。

3. 区域中心主义阶段

处于区域中心主义阶段的跨国企业，通常把全球分成几个区域，比如欧洲、北美洲、亚洲等，这些地区也会设置各自的总部，如欧洲总部、北美总部、亚洲总部等。跨国企业的管理模式也是分区域的，比如每个区域的管理者在各自的区域内可以自由流动，很少跨区域流动，但是区域总部的管理人员与其分部的管理人员可以自由交流、共享信息，公司总部管理人员与各区域总部的管理人员也可以自由交流、共享信息。

此外，每个区域都会设置各自的管理体系，比如人员选聘、考核、薪酬和培训体系，大部分管理人员都由该区域内的劳动者担任。这种区域性管理体系的优势之一，就是区域内部的人力资源市场无国界限制，其主要目的是在各区域寻找最合适的人担任重要的职位，不考虑总经理的国籍，所以在实施的过程中经常会出现第三国人员担任总经理的情况。但其缺点之一在于不能合理地利用全球潜在的各种资源。作为一个经济统一体，这些大区域中也不存在大一统的文化。例如，英国和希腊的文化差异比英国和新西兰的要大，美国和墨西哥的文化差异就比美国和澳大利亚的还大。

4. 全球中心主义阶段

跨国公司在经过一段时间之后，会达到某种程度的相似或相同性，这是一种变迁的过程。从另一角度来看，文化聚合的产生与全球化的诞生是密切相关的，并非传播、涵化之类的因素促成了文化聚合的过程。因此，全球中心主义阶段也应运而生。

此外，从以上四种管理模式来看，很难把每种管理模式的优势结合起来，要么片面地高估不同国家文化的差异（多中心主义阶段），要么夸大地区性文化的共同点（区域中心主义阶段），要么实行“非此即彼战略”（民族中心主义阶段），导致跨国企业的管理优势得不到充分的发挥。正是基于以上思考，跨国企业的跨文化管理进入了第四个阶段——全球中心主义阶段。全球中心主义阶段的组织兼顾了不同国家文化上的共同点和差异，在考虑了实地的经济条件、社会条件和文化条件的基础上，制定和实施全球性管理策略[①]。

（二）跨文化管理的文化适应模式

对于跨文化管理，文化适应模式有着重要的运用价值，此外，由于实践的复杂性，还衍生出第五种模式——混合式。在实践管理活动中，这五种跨文化管理模式对跨国企业的跨文化管理也具有极大的指导作用。不同的跨国企业根据环境特点的不同和发展战略的需要，可以制定跨文化管理的具体措施。

---

① 王朝晖．跨文化管理原理与实务．北京：北京大学出版社，2014：250－262.

1. 本我模式

本我模式，也称为吸收模式，这种形式的文化整合一般是母国的企业文化取代或完全吸收东道国子公司的文化。如果用A代表母国企业的文化，B代表国外子公司的文化，那么这种模式可以形象地表示为“A+B=A”。跨国企业向子公司派遣高级主管和管理人员，把母国的文化习惯全盘移植到东道国的子公司中，让子公司里的当地员工逐渐适应并接受这种外来文化。

这种模式的优点是母公司可以高度集权，能够在较短的时间内建立起子公司的企业文化并纳入正常的经营和管理轨道。但不可否认的是很难化解文化冲突，难以真正实现跨文化管理。虽然能在短期内形成“统一”的企业文化，但被压制的情绪极易使其员工内心抵触。这种模式要求跨国企业有很强的经济实力和世界影响力，其企业文化已被世界各国广泛认识并且能够被其他民族所接受。这种模式与前面介绍的民族中心主义阶段相似。

本我模式的另一种较为缓和的方式是文化渗透，即凭借母国的强大经济实力所形成的文化优势，对子公司的当地员工进行逐步的文化渗透，使母国文化在不知不觉中深入人心。东道国员工逐渐适应了这种母国文化并慢慢地成为该文化的执行者和维护者。

2. 本土化模式

所谓“本土化”，指把当地文化理念融于企业的经营管理之中，通过一体化管理实现多方面的沟通和融合，消除文化障碍，在企业跨国经营的人力管理、品牌创立、市场营销等方面加快本土化进程。用上述字母可以表示为“A+B=B”。

这种模式的具体做法是挑选和培训当地管理人员，依靠当地管理人员经营国外子公司，并且有自己的一套符合当地风土人情的人力资源管理体制。

这种模式适合文化差异较大、海外总部的权力有限、子公司基本上可以独立经营的多文化跨国企业。但是，这种模式往往会过于迁就当地文化传统，反而削弱了母公司的一些管理或技术优势，致使效率低下。

3. 文化嫁接模式

所谓“文化嫁接”，是指基于母国企业的文化，子公司将东道国的文化嫁接到母国企业的文化之上。其具体做法是以母公司制定的政策框架为基础，海外子公司根据当地具体情况分区而治，制定具体的人力资源政策和措施。此外，在人员配置上，母公司的高级管理人员由母国人担任，而子公司的高级管理人员则由母国人和当地人共同担任，其中以母国人为主。

这种模式既有原则性又兼顾了灵活性，既保存了母公司的品牌文化和技术支持等方面的优势，又可以发挥子公司的长处。而且子公司经理与母国公司不存在文化差异，更加便于子公司与母公司之间在管理经营方面的信息沟通。微软、西门子等企业在中国的子公司采取的都是这种模式。

4. 文化融合模式

文化融合（culture fusion）模式，又称“C-F模式”，用上述字母可以表示为“A×B”。根据文化相容的程度，文化融合模式可以分成文化的平行相容策略和隐去文化主体的和平相容策略。在跨国企业中，母国文化和东道国文化之间存在明显的“文化差异”，但两种文化并不互相排斥，反而互相补充，在子公司的日常运营中同时存在，可以充分发挥跨文化优势，这是文化相容的最高形式。这种不以母国公司的文化作为子公司的主体文化的文化融合模式便是文化的平行相容策略，即“文化互补”。美国的肯德基公司在中国的成功运营便是文化的平行相容策略最好的例子。

跨国企业可以根据所处的发展阶段采取相对应的管理模式[①]。

“文化差异”带来的另外一种结果就是“文化摩擦”，但是管理者刻意模糊这种“文化差异”，隐去两种文化中最容易导致冲突的主体文化，保存两种文化中非主导的部分，即隐去文化主体的和平相容策略。这种模式下彼此间文化差异较小，并没有一种主导文化，子公司内的不同文化通过妥协、回避差异，已达成暂时的和谐。没有了主体文化带来的强烈影响力，那么不同文化背景的人可以在同一公司中和睦共处，即使发生意见分歧，也很容易通过双方的努力得到妥协和协调。

5. 借助第三方文化的模式

跨国企业在其他的国家和地区进行跨国经营时，由于母国文化和东道国文化之间存在着巨大差异，而跨国企业又无法在短时间内完全适应由这种巨大的“文化差异”而形成的完全不同于母国的东道国经营环境，这时跨国企业所采用的人力资源管理策略通常是借助第三方文化对设在东道国的子公司进行控制管理。这里的第三方文化是比较中性的，能够与母国的文化达成一定程度的共识。用这种策略可以避免母国文化与东道国文化发生直接的冲突。

三 跨文化管理的策略

国外关于跨文化管理的研究多以日本、欧美企业为出发点，较少有对中国企业的专门研究，因此这类研究对于我国正在进行或准备开展跨国并购的企业来说只能作为参考。我国应由更多学者研究来弥补这方面的空白，这也正是本书的写作目的。在“一带一路”倡议下，国内企业纷纷响应“走出去”号召，积极开展跨国并购。跨文化管理理论的研究对于中国企业发展有着非常重要的意义。结合上一节中介绍的五阶段的跨文化适应模式，跨国企业在进行文化整合的过程中可以采取的策略有以下几方面：

（一）正确识别文化差异

企业文化差异是企业文化冲突的根本原因，要消除文化冲突，先要分析识别其文化差异。

1. 承认文化差异的客观存在性

每一种文化的价值观判断标准在其文化体系范围内都有其存在的合理性，任何一种价值观都是独具特色的，并不存在谁优谁劣之分，只有思维模式、解决问题方式等的不同。因此，要想正确地认识文化差异，就必须尽可能地消除这种民族优越感，以平等客观、尊重对方的态度与对方进行沟通，才能深入了解对方的风俗习惯、价值观念、行为特性，才能有效地协调文化冲突，实现跨文化管理[②]。

---

① Hilb M. Personalpolitik für multinationale Unternehmen. Zürich：Verlag，1985：5.

② 杨柏，陈伟，林川，等．“一带一路”战略下中国企业跨国经营的文化冲突策略分析．管理世界，2016（9）：174－175.

2. 熟悉不同文化之间的差异

企业要有针对地提出切实可行的管理策略来缓解甚至解决文化冲突，无论是在华投资的外国企业，还是我国进行跨国经营的企业，从现象上看，其面临的文化冲突是不同管理模式、不同经营方式上的差异和冲突，而其本质则是东西方两种文化的撞击和冲突。大致说来，东西方企业管理的差异主要表现在以下几个方面：东方宣扬集体主义，西方崇尚个性张扬；东方讲究人际关系，西方推崇科学思想；东方重伦理，西方尚法制；东方管理意在引导，西方管理旨在防范；等等。东西方不同的思维方式和各自的历史传统，应当说是其管理差异形成的主要文化根源。跨国企业在进行文化整合之前要首先识别不同的文化特征，这是前提和保证。只有充分利用文化的差异性，减少文化冲突的摩擦，理性地、科学地进行跨文化的管理，才能够更大程度上确保跨国企业成功经营的可能性。

(二) 组织跨文化培训

为了提高员工对不同文化氛围的反应能力与适应能力，促进不同文化背景的员工之间的沟通和理解，企业必须对员工进行跨文化培训。跨文化培训是防止文化冲突最基本、最有效的手段。在文化适应过程中，不同文化背景的员工，尤其是居住在外国文化环境中的人在心理上和情绪上会逐渐发生变化。这种变化可以用一条文化适应曲线（acculturation curve）来表示，如图 9－2 所示①。

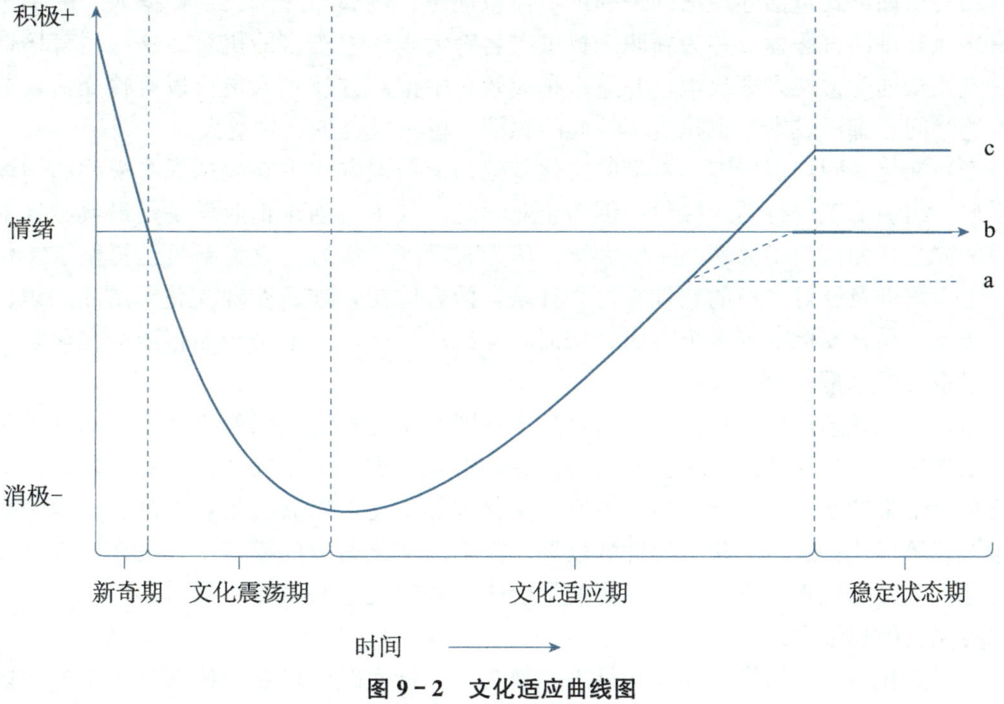

图 9－2　文化适应曲线图

① Lysgaand S. Adjustment in a foreign society: norwegian fulbright grantees visiting the United States. International Social Bulletin，1955 (7)：45－51.

通过文化适应曲线图，我们可以很清晰地看到员工情绪随着时间的转变过程。其中：第一阶段是新奇期（euphoria），又叫蜜月期。在这一时期，员工到了一个全新的环境，倍感新鲜、好奇和兴奋，但是时间很短暂。第二阶段是文化震荡期，即文化冲击期（culture shock），这一时期员工的兴奋感逐渐下降，对于外部的环境产生不满和抵触。同时，企业内部的文化冲突也容易激化，人员之间的沟通受阻。第三阶段是文化适应期，员工逐渐适应并接受了新文化，逐步确立起统一的价值观，企业内的矛盾氛围也逐渐缓和下来。到了第四阶段，双方人员的心态基本上处于稳定状态期（stable state），双方对彼此的文化达成认同。

实际上，跨文化培训就是克服文化冲击的过程。以中外合资企业为例，文化差异问题的解决依赖于一批高素质的跨文化管理人员。因此，双方在选派管理人员时，尤其是高层管理人员，除了要具备良好的敬业精神、技术知识和管理能力外，还必须思想灵活、不守成规，有较强的移情能力和应变能力；尊重下属、平等意识强，能够容忍不同意见，善于同各种不同文化背景的人友好合作。在可能的情况下，尽量选派那些在多文化环境中接受过锻炼的人及懂得对方语言的人。而当前我国的跨国企业更加偏重于员工的纯技术培训，却忽视了员工的跨文化培训。

跨文化培训包括语言培训、文化基础知识培训、文化敏感性培训和文化适应性培训①。

（1）语言培训。提高管理者和员工的语言沟通能力，有利于其更加适应不同的文化。语言培训形式包括办理培训班和组织模拟训练。例如，一汽大众根据人才的引进时间有序地安排语言课程，并为新职工提供在名牌大学学习语言的机会。这种语言培训已被一汽大众列为常规人事政策，并且卓有成效。中德双方技术人员可以直接交流，节省了沟通时间和翻译成本，也拉进了彼此的感情，堪称投资少、收益大。

（2）文化基础知识培训。常见的文化基础知识培训方式主要包括观看视频和阅读文化手册、组织员工进行学术探讨、创建企业学院。其中，创建企业学院是最典型且卓有成效的方式，如西门子大学、平安大学、华为大学等。华为大学为新员工提供了文化培训、上岗培训及针对客户的培训等，并且培训内容广泛，涉及企业文化、产品知识、营销技巧及产品开发标准等多个方面，培训时间机动灵活，这也是华为打造跨文化学习型组织最重要的举措。

（3）文化敏感性培训。其主要内容是将不同文化背景的且仍处于文化认知基础阶段的员工聚集在一起，通过研讨会和演讲讨论的形式，加强文化间的合作意识，以此减轻文化冲突带来的伤害，学会如何正确应对文化差异。还可以通过角色扮演、实地考察和模拟演练等形式，进行文化敏感性的培训，在不同文化情境的模拟中，把在对方文化中可能遇到的障碍展现出来，让员工提前学会应对并解决这些困难，同时也能有意识地适应对方文化的思维方式。

（4）文化适应性培训。这是让员工在现实中进行实践的机会，使其在真正的异国环境中体验文化的差异，在实际问题中积累解决问题的技巧，提升其文化应变能力。比如，华为就通过“以项目带动技术骨干轮流赴海外工作”的制度，促进印度研究所内中

---

① 吕邈，权锡鉴．中国企业跨文化管理的有效模式与策略论析．齐鲁学刊，2017（4）：110－116.

印双方员工的交流并共同研发项目，提升了华为员工的技术水平。

（三）建立共同价值观

价值观是企业文化的核心部分，在企业内部建立起共同的价值观也是文化整合的重要组成部分。为了促进跨国企业的发展，在文化共性认识的基础上，根据环境和企业战略的需求建立起企业的共同价值观和强有力的企业文化是十分必要的。不同的文化具有不同的价值观，人们总是对自己本国的文化充满自豪感，而认为外国人的言行举止是稀奇古怪的。事实上，这些看似古怪的言行举止、价值观念对该国人民来说却是理所当然的。

因此，我们要尊重和理解对方的文化，以平等的态度进行交流。在此基础上，找到两种文化的结合点，发挥两种文化的优势，在企业内部逐步建立起共同的价值观。这样才能真正减少跨国企业中存在的文化冲突和摩擦，使文化与文化更好地融合，使人员与人员更好地相处，使企业与企业更好地兼容在一起，发挥跨国企业的整体效益，使其更具有生命力和竞争力。比如，华为成功创造了以团结协作、集体奋斗为企业之魂的核心价值观，塑造出“狼性”文化。华为格外重视学习型组织的养成，倡导创新的企业家精神。正是在这种整合的共同价值观的引导下，华为爆发出不可思议的战斗力，成为我国本土企业自主创新和全球化运营的典范。

（四）选择合理的人力资源管理模式

针对不同的人力资源管理模式，人才的本地化战略能够很好地避免或缓解组织内部的文化冲突，这是跨国企业的一种理想的人力资源管理策略。本地化战略除了尽可能雇用本地员工、培养他们对公司的忠诚之外，最重要的是聘用能够胜任工作岗位的本地经理，这样可以很好地避免文化冲突，顺利开展业务。

从以上的跨国企业案例中我们可以看出，选择合理的人力资源管理模式也是跨国企业进行文化整合时采用的一项重要措施。

（五）政府层面的“文化整合”

如果说以上的理论是跨文化管理的通则，针对中国企业“走出去”，政府的作用也不能忽视。有学者认为，在中国企业“走出去”时，政府可以发挥的作用有以下方面：

（1）完善企业海外投资管理体制。政府在鼓励企业跨国经营的同时，既要加强管理，又要防止过度干预。

（2）明确跨文化经营的发展思路与目标。中国企业的跨国经营是一个带有前瞻性、全局性和综合性的问题，是国家总体发展战略的重要组成部分。为此，笔者建议成立一个权威性的国家海外投资管理组织。从宏观上统一对跨国经营活动进行指挥、控制与协调。

（3）宽严相济。一方面，政府可以通过优惠政策，根据国家总体发展战略和经济发展的需要制定游戏规则；另一方面，政府可以简化外派人员的出国出境审批手续，对外派劳务仅由公安部门进行犯罪记录审查，免除政审程序。

（4）落实科教兴国战略，提高科技竞争能力。科技竞争是综合国力竞争之关键。长期以来，中国科技研究和开发的投入比较低，因而要增加对科技研究和开发的投入，使其作为中国企业跨国经营的基础动力，为跨国经营的发展提供保障。

第 3 节　跨文化沟通的理论与实务

本章从文化冲突与文化适应角度，阐明跨国企业进行跨文化管理的具体措施。如果企业有文化，在逻辑上就意味着企业在计划、组织，领导和控制方面有普适性的要素，缘何还有如此之多的冲突呢？跨文化沟通上的缺失是其中一个重要原因。以下我们就跨文化的“软管理”——跨文化沟通加以阐释。

一　跨文化沟通的理论

进入 21 世纪后，经济全球化成为常态，我国企业与世界各国的联系日益紧密。然而，不管是国外的企业到中国开展经贸活动，还是我国企业“走出去”进行投资贸易活动，一个不可避免的问题就是不同国家、地区之间的文化差异以及在跨文化背景下如何进行有效跨文化沟通。

（一）霍尔的跨文化沟通理论

中国人常说，到什么山唱什么歌，跨文化沟通绕不开语言学的研究。霍尔认为，语言在人与外界之间撑起一面选择性很强的网筛，并规定我们要关注什么和忽略什么，从而保护人们的神经系统免受“信息超载”之累。正是这个文化网筛的存在导致了不同文化群体之间的沟通障碍，并形成了跨文化资源管理所面临的文化差异问题。在此基础上，他研究了世界各民族语言表达的特征，分离出以下两种语言特征：

（1）高情景文化（high-context culture）语言。这一特征表现的是，沟通过程中只有很少的一些信息是经过编码后被清晰传递出来的。高情景文化语言的社会重视人际交往和沟通过程中的“情景”而不是“内容”，人们注重建立社会关系，沟通常常是含蓄的，但人们对含蓄的信息非常敏感，也能体会它的含义。如中国人常说的弦外之音、话里有话就是高情景文化语言的典型。

（2）低情景文化（low-context culture）语言。在这一文化特征中，沟通过程中大量的信息已经存在于清晰的编码之中。低情景文化的社会，重视的是人际交往和沟通过程中的“内容”而不是“情景”。低情景文化语言的社会不太重视个体之间的关系，沟通常常是直截了当的、明晰的。用中国人的话来说就是说话不兜圈子，直来直去。

在此基础上，霍尔总结了表明不同民族在高低情景上的差异（如图 9－3 所示）。

和研究价值观领域的跨文化差异观不同，霍尔的文化语言分析框架在跨文化管理沟通中有着重要的影响。因为在跨国企业管理中，沟通是理解的最初始阶段，要确保沟通的准确性，必须满足信息发出者输出信息完整、接收者理解正确、信息传递方式恰当这三个条件。当不同国家的人员共处于同一组织之中，采用何种语言最恰当呢？这就必须

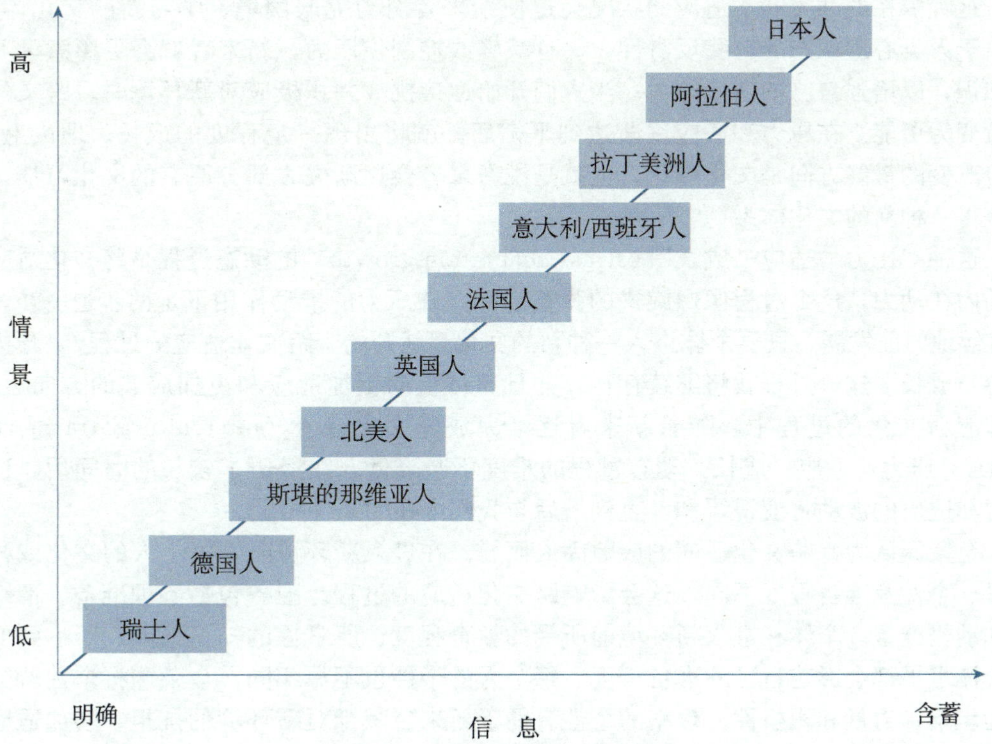

图9-3　高情景与低情景示意图

依照霍尔的高情景文化语言和低情景文化语言分析框架，互相尊重，因情因景采取不同的沟通方式。

（二）金荣渊的跨文化适应理论

在跨文化沟通过程中，语言只是工具，个体如何尽快适应文化是根本。韩国著名传播学家金荣渊（Young Yun Kim）在其著作《跨文化能力——交际与跨文化适应的综合理论》中深入、完整地阐述了她的跨文化适应理论（cross-cultural adaptation），该理论提出后得到学界广泛的运用。金荣渊认为，跨文化适应过程是沟通者面对陌生文化环境带来的压力，不断做出自我调整，逐渐适应新的生活方式，最终形成跨文化认同（intercultural identity）的过程①。

在一种新的文化中，新来者所面临的事物并不符合以前所熟悉的场景，因此他们开始去思考原来并不会竭力思考的事情。于是，他们会发现自己对新文化缺乏必要的理解，并且有必要学习新的符号和行为方式。对于新来者来说，这是一种强制性的从众压力，迫使他们适应现有的文化秩序。因此，这种不适应性的状态不可避免地会给新来者带来心理上的压力，他们既希望保留原有习俗和保持原有身份，也希望采取策略来适应新环境。这种冲突的实质是文化适应的需要与阻力之间的矛盾、新文化与旧文化之间的矛盾，以及新来者自身的现状与外部环境的要求之间的矛盾。

① 邱珊，肖书成．跨文化适应研究：国外重要研究理论与模型．大学教育，2018（3）：101-103.

这种内在的冲突和不适应的状况会迫使新来者努力克服困境、学习新的文化体系。而由于人类心理状态的自我反身性，一旦减轻或控制住压力，新来者就会更愿意学习新的知识，以增强自己的适应能力。当人们开始迎接挑战并积极应对新环境时，跨文化适应就变为可能。在压力和适应逐渐达到平衡后，就将出现一定程度的成长。理论上讲，适应改变的最终方向是文化同化，也就是说新来者会逐渐失去部分原有的文化习惯，逐渐获得一种新的文化体系。

这种“压力—适应—成长”（stress-adaptation-growth）的动态过程是跨文化适应过程的内在动力，这个过程像螺旋式的弹簧那样，在压力的推动作用下走两步退一步，循环连续地向前发展。只要个体进入一种新的文化，就开始了跨文化适应的过程，“压力—适应—成长”这一过程就将继续存在，并且整体上向更加适应和更加成熟的方向迈进。在适应新文化的过程中，随着新来者逐渐完成跨文化转变（intercultural transformation），“压力—适应—成长”动态过程的难度不断降低。在经历了较长的时间后，这种压力和适应的波动将变得缓和，直到最后与我们内在的条件相融。

金荣渊认为，跨文化适应的成败因人而异。在进入新环境时，每个人的文化或种族背景、个性及准备程度不同，这会影响跨文化适应的过程。准备包括心理准备、情绪准备和动机准备。个体在进入新环境前所受的教育程度、所掌握的知识技能、所达到的语言交流水平都会影响自己的准备程度。每个人的个性也不尽相同，金荣渊将个性特征归纳为坦率、力量和积极性。坦率的个性有助于新来者减少对新环境的抗拒、增加适应的意愿。力量可以让新来者在面对困难时保持一种自信、宽容的心态。积极性则展现了新来者的人生观，积极的状态有助于个体在面临困难时迎难而上。三者均能促进个体在新环境中的跨文化适应进程。除此之外，个体跨文化适应的成败一定程度上也会受当地社会的影响，包括当地对新来者的接受程度、迫使新来者遵循当地文化及交际模式的压力。

二 跨文化沟通的策略

文化即沟通，沟通即文化。所谓沟通，一般是指人们通过言语与非言语媒体以传达知、情、意的相互作用的总称。沟通是一个理解对方并被对方理解的过程，是根据情况的总体运动而经常发生变化的一种动态过程。跨文化沟通（intercultural communication）是在某种文化的信息输出者和不同文化的信息接收者之间进行的。从这个意义上来说，跨文化沟通指不同文化背景的人通过信息传达所进行相互作用的一种象征性的过程。这个过程需要个体、企业两方面加以努力，以尽快达到相互理解、彼此尊重的目的。

（一）个体层面——理解与沟通

1. 理解差异

文化差异是在所难免的，保持沟通能够使个体更好地融入文化。在管理学上，可以借助成熟的测量工具，使个体了解自身的文化、个人态度和交际风格。了解自身文化的特点。帮助个体克服民族中心主义中的狭隘倾向，提高跨文化沟通能力。与此同时，了解自己的情感态度，克服先入为主的消极情绪，减少负面情绪对沟通的影响，使个体迅速走出“文化冲击”时期。

2. 尊重习俗

了解一些当地习俗的基本常识能够帮助个体更快地适应陌生环境，一个民族的文化习俗能反映人们的价值观念和行为模式，适应当地文化的习俗和传统是一种跨文化沟通能力。尊重当地的习俗和文化，个体会赢得当地人的喜爱和尊重。

3. 灵活沟通

语言是了解文化的工具，是跨文化沟通能力的重要方面。语言承载文化信息，反映文化传统，人们在沟通时除了使用言语符号外，还伴随大量的非言语符号，如目光、体态、味道等，这些非言语符号在不同文化中意义不同，误用或误解非言语沟通符号的意思会引起误会和矛盾。个体能够熟悉当地的语言，像人类学家一样思考和互动最好。即使达不到，个体也应该掌握目标文化中非言语沟通符号的含义，正确使用和解读非言语符号的意义。

4. 移情知礼

己所不欲，勿施于人。在跨文化沟通过程中，由于个体面对的情景不尽相同，能够据此提升移情能力，是高情商的重要组成部分。由此需要个体摆脱民族中心主义的束缚，不以本民族的价值观念看待和评判其他文化，而能够设身处地为他人着想。

（二）企业层面——跨文化人力资源管理

有研究表明，中国员工在“引进来”的企业内部面临着许多跨文化沟通问题，其跨文化胜任力有所欠缺；而正在“走出去”的企业则缺乏能适应企业国际化的中高层管理人员。如何提升跨文化胜任力正是高等教育需要对课程设置和国际化项目进行补充和改进的重要内容①。

由于本书将在第 10 章讨论企业文化与人力资源管理，此处从企业层面仅论述增进跨文化沟通的人力资源管理解决之道——海外人员的甄选和跨文化沟通的培训。

1. 海外人员的甄选

在海外工作与在本国工作有巨大差异。当一位管理人员被派驻海外时，他要承受独自在异国他乡的孤单。此外，对被派往海外的管理人员来说，文化的敏感性、适应力也很重要。根据对企业外派实践的分析，以下这些事情是值得企业注意的。在传统上，大多数外派员工甄选“仅仅基于员工在母国工作绩效的成功记录”完成。而今，有关国际管理人员甄选的最佳实践则包括：向将被派出的管理人员提供现实性预览；鼓励外派候选人进行自我甄选，帮助他们确定外派任务是否适合自己；利用关注开放性等人格特征的传统甄选程序。很多企业现在还运用更多的甄选标准，这些甄选标准包括技术或职业技能的高低、外派员工去国外工作的意愿、在外派国家的历史经验、人格因素（包括灵活性）、领导能力、团队合作能力以及在甄选过程之前的绩效评价结果等等。

为此，企业可以采取一些措施来改进外派员工的甄选过程，其中测试是一种显而易

① 田志龙，熊琪，蒋倩，等．跨国公司中中国员工面临的跨文化沟通挑战与应对策略．管理学报，2013（7）：1000－1015.

见的工具[①]。西方国家的这些做法，给“走出去”的中国企业在海外人员选拔方面提供了借鉴。较之美欧、日韩这一类的国家，中国企业大规模的海外经营和并购近十年才开始。

2. 跨文化沟通的培训

跨文化敏感性对国际化课程设置提出了更高要求，主要体现在教学内容和教学方法领域。以下我们给出一个“引进来”的实例，以期对于“走出去”的中国企业有所启示。

中国—欧盟经理人交流培训项目是基于中国政府和欧盟委员会的官员及大量专家学者对中国和欧洲经济状况的深入分析，对中欧国际化商贸人才所需具备的各项素质及能力的深入探讨的基础上确立的。他们认为目前中国和欧洲的国际化人才在跨文化管理方面的技能亟待提高，缺乏对不同文化的了解及沟通技巧已经成为中欧经贸关系进一步发展的瓶颈，因此，中欧双方决定对中国—欧盟经理人进行深入的跨文化培训。

整个项目于2006年7月启动，由中国国际贸易促进委员会负责执行，欧盟委员会中国代表团对项目的执行提供建议，并设立技术支持团队对整个项目的运行进行管理。

（1）培训人员。参加培训的人员分别是中国与欧盟的经理人员，他们是企业管理的中高层管理者，也是企业进行跨文化管理的实施者。因此，他们是这次培训项目的主要对象。

参加培训的欧盟经理人来自欧洲的中小企业、非政府组织。他们大多在25～40岁之间，具有5年工作经验，3年管理经验。在参加培训项目之前，他们大多对中国已经有所了解，有些已经开始学习中文。虽然他们各自所在的行业及各自的经历千差万别，但他们都对中国抱有强烈的兴趣，并希望通过参加培训能够更多地了解中国文化、经济及社会的各个方面，将来能够促进中欧经贸关系的发展。

参加培训的中国经理人来自中国的中小企业、非营利组织及媒体。他们大多在25～40岁之间，具有5年工作经验，3年管理经验。他们具有良好的英语沟通能力，能够将英语作为工作语言。在参加该培训项目前，大多已经与欧盟有过经贸往来，并且大多曾有过赴欧盟的出差或学习经历，但由于时间的限制，他们对欧洲的了解只是走马观花、一知半解。他们希望通过此次培训能够加深对欧盟的了解，以便于今后更好地与欧盟客户沟通，更好地开展与欧盟的经贸合作。

（2）培训目标。中国—欧盟经理人交流培训项目是一个跨文化培训项目，是为了中国和欧盟经理人能够更好地融入不同文化，使他们更快地适应异文化的生活。这次培训的具体目标如下：

1）加深相互了解。通过中国—欧盟经理人交流培训项目，使中国和欧盟经理人深入了解对方的文化，使参训者了解文化的复杂性，并将其进一步扩展到文化对管理的巨大影响。

2）学习管理模式。双方经理人学习中国和欧盟不同文化下的管理模式和方法，并揭示最佳管理实践是如何在各自不同的文化背景下产生的。

3）树立正确价值观。通过中国—欧盟经理人交流培训项目，使中国和欧盟经理人对不同文化持有正确的态度和价值观，能够适应不同文化的工作环境，并采取正确的方式与不同文化背景的人进行沟通。

---

① 德斯勒．人力资源管理：第14版．刘昕，译．北京：中国人民大学出版社，2017：462-463.

根据培训目标，中国—欧盟经理人交流培训项目分别设计了中国和欧盟经理人的培训内容。

(3) 培训内容。中国—欧盟经理人交流培训项目聘请了双方的人力资源专家对该项目进行了整体培训计划的制定。针对中国和欧盟的经理人员的实际情况分别制定了合适的培训内容。

1) 针对欧盟经理人。

① 跨文化培训。参加跨文化培训课程，提高欧盟经理人的跨文化沟通能力，为进一步适应跨文化环境做准备。

② 商务中文学习。包括关于中国的 20 种商务环境下的对话，如公司访问、签订合同、市场营销及广告等。除此之外，还包括与商务活动有关的话题，选取了各种行业及服务类型，如销售、客服、物流、询价、付款等。

③ 实习。在 7 个月的商务中文学习期间，欧盟经理人有共 30 次的讲座和公司访问等活动，在这些活动中，他们参观访问了中国的政府机构及不同行业的公司，并与各种机构的负责人进行面对面交流，了解了在中国进行商务活动的各种规则、实践及心得体会。由于中国地域广阔，各地的风俗习惯及做事方式大相径庭，为了使欧盟经理人对中国的各个地区有全面的了解，项目组织的公司访问活动遍及了中国的东部、西部及南部。

2) 针对中国经理人。

① 跨文化培训。参加跨文化培训课程，提高中国经理人的跨文化沟通能力，为进一步适应跨文化环境做准备。

② 技能培训。技能培训包括组织、领导、管理及个人技能方面的培训。具体地说，有招聘、激励、薪酬、绩效及变革管理、组织有效性和相关法规的内容。

③ 会计知识。这方面的培训基于管理及金融视角，包括金融会计、管理会计、战略管理会计等。

④ 战略及项目管理。包括战略管理的核心概念，企业文化、企业战略的分析、形成及实施。

⑤ 金融及投资。主要包括统计学，投资决策、证券投资理论及资金成本，公司估值及私有化。

⑥ 实习。中国经理人在欧盟进行了 1～3 次实习，每次实习最短 7 周，全部实习时间不超过 21 周。中国经理人还参观了欧盟不同国家的不同企业，与企业的管理层代表座谈，以了解不同国家企业的经营理念、管理方式及企业文化等。

(4) 培训方法。在整个培训过程中，运用了破冰游戏、户外拓展训练、管理游戏、文化访谈、实地考察等多种方法，以下分别加以介绍。

1) 破冰游戏。培训第一天，参加培训的经理人参加了“who is who”的破冰游戏，打破了以往自我介绍的刻板模式。这种方式使参加培训的经理人在自然轻松的环境中相互沟通、相互了解，充分发挥受训者的主动性去发现各自的独特经历及闪光点。

2) 户外拓展训练。通过背摔、蜘蛛网、巨人天梯、七巧板、搭建帐篷等拓展训练项目，中国和欧盟经理人增强了相互之间的信心，建立了友谊，并塑造了团队精神。在完成户外拓展培训项目的时候，参训者展示出了本性的一面。各种活动也使文化冲突进一步显现。参训者通过自己的亲身体验及观察身边所发生的各种各样的事情，亲身感受到了文化差异及文化冲突所带来的矛盾，这些给他们留下了深刻的印象，成了他们今后解决跨文化问题的财富，也为下一步的培训做了铺垫。

3）管理游戏。中国和欧盟经理人应用在户外拓展训练中学习到的跨文化技巧，进一步摸索解决自己所遗留下来的问题，并在新的环境中进一步发现问题、解决问题。在商务环境中，采用了名为“Interact”的管理游戏，参训人员代表来自不同国家的公司，他们需要根据自身公司的优势及劣势，权衡利弊，通过谈判找到恰当的合作伙伴组成合资公司，以使公司的利益最大化。

4）文化访谈。经理人走出培训教室，去实际感受在现实生活中的文化差异及文化融合因素。他们不只需要通过仔细观察发现原来没有关注过的跨文化因素，而且需要亲自与这些地方的人去有效地沟通交流，以更深入地了解这些地方。同时，学习应该是随时随地进行的，该项活动鼓励中国和欧盟经理人在完成任务的同时，在去各个任务地点的路上发现一些自己认为值得与大家分享的文化现象。在该项活动结束后，中国和欧盟经理人需要共同展示他们文化探访的成果。

5）实地考察。结束了文化探访活动后，中国和欧盟经理人奔赴不同的城市进行实地考察，中国和欧盟经理人参观了当地各种不同类型的公司，而这些公司的企业文化与当地的政策、当地的经济发展情况及所面临的挑战密切相关，通过对这些公司的考察，呈现了不同组织在不同环境下有效行动及发展的复杂情境。

（5）培训效果评估。通过问卷、访谈等方式对参训的中国和欧盟经理人的培训效果进行调查，从学员反应、学习、行为改变以及结果四个方面来看，中国—欧盟经理人交流培训项目的培训获得了一定的成果，达到了培训项目的预期目标。

（6）培训的意义。中国—欧盟经理人交流培训项目的顺利完成具有重大的意义，具体体现在以下四方面：

1）该培训综合运用了跨文化培训的各种方法（blended-training），如文化体验法、课堂教学法、模拟游戏法、短途旅行法、实习法等，这些不同的培训方法的相互补充，可以使参训者从不同角度学习到跨文化管理的知识及技巧，每种培训方法会对参训者产生不同的作用。

2）在实践中感悟不同文化的真谛，不只是在认知层面。通过实践，他们所学到的跨文化知识将在现实中检验并付诸行动。

3）针对中国和欧盟经理人这一特殊受训群体，注重对他们的现代管理知识、管理技能及管理实践方面的培养，通过管理游戏、课堂学习、公司访问等活动，他们深刻体会到了中国和欧盟在公司管理方面的文化差异。中国和欧盟国家在管理方面各有所长，双方应相互尊重、相互学习。

4）更为重要的是，中国—欧盟经理人交流培训项目为双方的贸易发展提供了很好的便利条件，为双方的经济、文化等方面的沟通架起了一座桥梁。

综上所述，中国—欧盟经理人交流培训项目从个人、企业、国家各个层面上都具有深远的意义。同样，它为跨国文化管理也提供了一定的借鉴作用①。

---

① 罗晓铭．培训与开发理论在跨文化管理中的应用研究：以中国—欧盟经理人交流培训项目为例．北京：中国人民大学，2008.

本章小结

本章首先从跨文化管理理论和跨文化沟通的视角出发，阐述了跨文化管理的经典研究；其次，从文化冲突和文化整合的角度，阐述了企业进行跨文化管理的具体措施，让读者清晰地了解在实际管理过程中企业跨文化管理的方法和手段；最后对实践措施之一——跨文化沟通进行延伸分析，为员工提升跨文化沟通能力提供参考。

关键词

跨文化适应　跨文化转变　多中心主义阶段　民族中心主义阶段　文化距离　文化适应曲线　文化融合模式

复习思考题

1. 如何理解跨文化管理？
2. 如何理解文化冲突和文化差异？
3. 跨国经营模式包括哪四种？主要内容有哪些？
4. 结合金荣渊的跨文化适应理论，试述跨文化沟通的过程？
5. 试述有哪些提升跨文化沟通能力的手段。

案例

人类学的想象力——福耀美国公司的人类学家如是说

有学者预测，在不久的将来，许多公司都将不得不设立一个新的高层管理职位——首席人类学家。正如近年来出现的首席信息分析师一样，首席人类学家将同公司的其他高级主管一道为企业的长期发展出谋划策，特别是要为企业内部员工之间的和睦相处而尽心尽力，从而提高他们的工作效率①。

“社会学的想象力”由美国社会学家、文化批判主义代表人物米尔斯提出，米尔斯运用知识社会学的观点并结合自身在社会阶层的研究经验对美国社会界的成果和传统学科的抽象与僵化界限进行了批判，并以此强调了社会学的想象力的重要性。

与之相似，人类学想象力可以重新阐释与刻画人所熟知的惯常现象，包括仪式、传统、空间等蕴含权力意象的形态。因此，通过人类学的想象力重新审视和观照民族历史与全球化知识生产，正是为了使人们具备深层次的心智品质，塑造更具解放意义的全球观念，从而使所有人一起协商文化的意义，共享文明的成果②。

作为人类学家，在曹德旺决计去美国投资之前，他就会首先研习已有的美国文化的资料，在脑海里产生这样的“文化地图”：

美国是一个“移民之国”，文化熔炉之下的美国人思想开放、鼓励创新，积极对待事物的发展变化，认为工作和生活同等重要，积极竞争，有限度地接受规章制度。在等级制度方面，美国人与人之间依附关系弱化，上级权威受到一定的约束，鼓励和强调每

---

① 田广，周大鸣．中国需要工商人类学．民族论坛，2013 (6)：5-12.

② 许中波．塑造观念：以人类学的想象力重新审视多维历史现象．湖北民族学院学报（哲学社会科学版），2019 (2)：106-112.

个人拥有同等权利，等级差异小。美国文化崇尚强烈的自我意识，个人价值观浓烈，一切以自我为中心，缺乏团队合作精神，对组织无太多忠诚可言。受到工业文明熏陶的美国人往往怀有主宰世界和自然的进取型价值观。美国文化中自由、自主、自立、成功、晋升、掌握权力和理性思维已成为主调。美国人斤斤计较眼前利益而忽视长远考虑，要求立竿见影、快速评价、快速晋升。

毕竟除了这些“文化地图”之外，他还需要量化研究的成果。他会翻开霍夫斯泰德的《跨越文化的障碍》，看看中美两国民族文化差异的数据（如表 9－1 所示）：

表 9－1　中美在霍夫斯泰德文化维度上的得分表

国家	个人主义与集体主义	权力距离	不确定性规避	阳刚气质与阴柔气质
美国	91	40	46	62
中国（不含港澳台）	20	80	30	66

而关于跨文化沟通，因为他本人有在美国求学的经历，他会认识到霍尔的高情景和低情景文化语言的巨大鸿沟，他在思忖如何让中美员工增进理解和相互尊重，让中方的管理者和海外派遣的员工适应美国人的沟通方式，尽快完成“压力—适应—成长”。

最后，他会给出曹德旺董事长两方面的建议。

1. 跨文化管理方面

(1) 选择适应文化的跨国经营模式。

由于福耀集团是处于区域中心主义阶段的跨国企业，美国总部最好还是任命一位中国人做总经理。另外，福耀这样的跨国公司要强调因地制宜、以人为本的原则，重视利用本土人力资源。普通员工招收美国人，解决代顿地区的就业问题。在这一阶段，员工的本土化又是最根本、最深刻的一个环节。这一做法，也适应了跨文化管理的文化适应模式的第三阶段——文化嫁接模式要求，既超乎于本我模式和本土化模式，又为第四阶段的文化融合模式奠定了基础。

(2)“思维全球化和行动当地化”的原则。

福耀集团在美国工厂雇用了大批当地员工，要将生产、营销、管理、人事等全方位地融入东道国经济之中，有利于降低福耀集团海外派遣人员和跨国经营的费用。所有外派人员要加强与当地社会文化融合，减少当地社会对外来资本的负面情绪。

(3) 人力资源管理。

人力资源管理得当，会帮助福耀集团建立起与当地政府和民众的关系，为其实施产品和市场本土化提供智力支持。福耀集团应该因地制宜，强化以人为本的观念，重视利用本土人力资源，尽管美国人的工资高昂，但管理得当就会产生裂变效应。

(4) 规避法律风险。

让福耀集团的法务部出具一份美国和代顿所在的俄亥俄州的法律规定评估，因为曹德旺的底线是工会进门，我就关门。加上我国企业在 20 年前“走出去”战略过程中就遭受了“劳资关系冲突”的困扰，甚至被一些不怀好意的国家污名为“中国殖民非洲”，所以防范被污名化，在美国遵守法律经营就显得尤为重要。

(5) 构建具有福耀美国公司的独特文化。

短时期内中美文化可以并存于一家工厂之中。在公司盈利之后，从长远的目标看，福耀的美国工厂应该弱化中美文化的差异，建构出一种文化既不同于一般的美国公司，又不是福耀集团中国公司的独到的企业文化模式，能让福耀的美国公司和上汽通用五菱在中国一样，在美国也取得巨大的成功。

2. 跨文化沟通对策

(1) 正视文化沟通中的冲突。

由于中国文化和美国文化之间存在着巨大的差异，在生产经营和管理中的“文化摩擦”在所难免。中方管理者在经营活动中要刻意模糊这种文化差异，弱化两者文化中最容易导致冲突的主体文化，为美国员工解决问题、传授经验，帮助对方提升技能，适应企业文化。正视差异，求同存异，保持积极的心态去实现文化认同。

在文化沟通中，各种文化之间的差异是客观存在的，这是我们进行跨文化沟通的前提。为了有效地进行跨文化沟通，避免无谓的价值冲突，正确对待文化差异是一种基本要求。

(2) 文化敏感性训练。

敏感性训练是福耀在国内就推行过的组织发展方法之一。文化的敏感性训练指对双方员工的换位思考，着重提升双方员工文化沟通上的敏感性。这些训练包括派员工到海外工作或者出差，让他们亲身感受、了解美国文化而不至于出现文化冲击，增进美国工厂中的员工对中国的民族文化及中国人的认识和了解。福耀集团应该以年度为单位，详细拟定课程、语言培训、书籍、网站、讨论和模拟演练等方面的培训计划。

跨文化企业应通过培训培养目光长远、能适应多种不同文化并具有积极的首创精神的经理人员。同时我们要避免只站在自己文化的立场对别人的言行进行解释和评价，只有这样才能减少偏见和歧视。

(3) 文化适应和文化认同。

有效的跨文化沟通的目标是实现文化认同。文化认同是指通过跨文化沟通，实现沟通各方对他方的文化予以足够的理解、承认和尊重，从而保证组织事业在不同的文化背景中蓬勃发展。为了实现这一目标，在实际沟通过程中，沟通各方对对方文化要有一种宽容、积极的态度。

学习与练习

1. 请以你自己的亲身经历，谈谈你对跨文化沟通的感受。

2. 收集中国企业海外遭遇的资料，撰写一篇《中国企业海外经营的人类学与管理学对策》(5 000 字左右)。

3. 请阅读图 9－4 和以下资料，然后分成 4～6 人一组讨论：法国的户外广告可以这么设计吗?

图 9－4　中国移动广告词

“中国移动电话卡，一边耕田一边打。”这是句国人家喻户晓，也令人拍案叫绝的广告词，想想中国有多少田间地头的农民就知道中国移动的市场营销的能力。中国移动的广告词还是包括经典的“全球通，我能!”、“神州行，我看行”（到农村变成“山里山外任我行”）、“动感地带，我的地盘我做主”。而在3G时代还有“手机上网，世界时刻围着我转”“中国移动通信，引领3G生活”等经典的广告用语。

与时俱进的中国移动还在手机上不断吸引眼球，中国移动咪咕公司是2018央视世界杯新媒体及电信传输渠道指定官方合作伙伴。世界杯期间咪咕视频软件和不限量套餐成为中国移动通信主要宣传方向。传统户外新版本广告推出“用中国移动，不限量看高清央视世界杯”的口号，充分借用世界杯的热度，增加咪咕视频的曝光率，吸引用户下载注册，同时推广中国移动不限量套餐，从而取得了丰厚的市场回报。

随着越来越多的中国企业实现跨国经营，中国移动也将目光投向海外，2018年3月2日，中国移动国际有限公司法国子公司在巴黎成立。此次中国移动在法国设立子公司，将可为客户提供更好的通信服务。中国移动是中法企业家委员会的首批会员，并且是唯一一家运营商企业。在信息通信技术发展日新月异、社会连接日趋紧密的背景下，中国移动全面实施“大连接”战略，大力拓展全球化业务，满足国际市场不断涌现的信息消费需求。

中国移动国际有限公司（China Mobile International Limited，CMI）是中国移动通信集团有限公司的子公司，于2010年12月正式设立，负责中国移动国际业务运营，依托母公司的强大优势，面向全球开展国际话音、移动漫游、国际互联网、跨国企业客户服务和增值服务等方面的国际电信服务，目前在全球拥有超过40条海陆缆资源和138个境外业务POP点，预计3年内将完成搭建10个全球数据网络中心。在欧洲地区，中国移动国际有限公司已建设48个POP点，提供传输通信、IPVPN及互联网等服务；并参与建设了SMW5亚欧海缆项目，实现亚欧之间大容量连接。中国移动国际有限公司法国子公司成立后，将更好地服务欧亚企业及运营商客户，向欧洲各国提供个性化、高质量的欧亚通信网络综合技术解决方案，加强中法企业交流往来，助力中法经贸发展。

问题来了，对于具有文化自豪感的法兰西民族，他们从笛卡儿时代就讲求法语的优雅、思想的深邃，我们在前面章节介绍过的列维-斯特劳斯、罗兰·巴特到提出互文性的克里斯蒂娃的文字——哪怕是学术性的，都以简洁和准确、优雅而充满才思而著称，而维持法语的优雅几乎成为法国人的民族追求。如果中国移动要在法国做户外广告，你如何根据我们介绍的中国移动的文化文本，做出一个能够保持这种优雅的广告词呢？

在此之前，先看看我的一项户外广告研究。

在德国斯图加特大学留学期间，令人目不暇接的广告和户外广告让我思索有关广告的研究。总体上看，中国专门针对户外广告的研究比较少，而且，中国广告的跨文化研究缺乏规范的研究方法。由此产生的问题是：户外广告能以何种方式对中国消费者产生吸引力呢？不同类型和风格的户外广告会受到民族文化的影响吗？这是有待于进一步研究的。因此，本研究将探讨以下两个问题：

(1) 中德户外广告的类型。

(2) 民族文化是否影响中德户外广告。

我运用内容分析法，证实了中德户外广告在类型学上的差异，并且发现即使在户外广告中，也能够发现中德的国民性差异影响了户外广告的设计和广告用语。

1. 高低权力距离文化下的户外广告

(1) 高权力距离型的户外广告。在高权力距离的文化中，户外广告的特点表现为：首先，广告文字倾向于用权力、荣誉等词语。在广告文案中，年长和位尊等因素被强调。权威和专家解释时常出现。等级、领导力，高层和有影响的名人、要人、贵宾等特点被强调。其次，广告会夸示财富和头衔、高收入等要素，体面的社会地位和职业等受到推崇。社会阶层和阶级同样被强调。权力和财富彼此不分离，快速成功的理念被渲染。最后，专家、名人以及各种专业协会的推荐会受到消费者信任。

(2) 低权力距离型的户外广告。与高权力距离的文化影响下的广告不同，低权力距离的文化中，户外广告的特点为：首先，广告文字倾向于用平等、公平等词语，主要与普通老百姓打交道。其次，不是贵宾，而是统计数据或者普通人出现。因为有许多人属于社会中间阶层，所以广告有时会以中产阶级为背景。平常、普通及简单的语气常出现在广告中。最后，户外广告的语气是简单而易懂的，面对的是普通大众。平等，无差别对待和中等水平的生活出现的广告中，广告用语简洁而平和。

2. 个人主义和集体主义型户外广告

个人主义和集体主义文化价值观的一个显著特点是它与高语境或低语境的沟通相关。研究表明，在高语境文化中，对信息的评价与阐释依赖于具体的语境，如性别、年龄、权力等，而不是单纯地使用文字。在高语境文化语言中，有些事只可意会不可言传。与之相反，在低语境文化语言中，文字必须确凿或者表达明确，并且能够直接使用文字进行交流。人们希望他人表明自己的本意并言行一致。

高低语境和个人主义、集体主义分别对应，并与特定的沟通方式相联系。

(1) 个人主义型户外广告。个人主义型户外广告强调“自我”概念。其内容属于低语境的交流。“我”在这里很突出，个性特征鲜明。个体的身份明确，成为表达自己的特点和标志。重要的字词有：我、原创性、独特性。描绘产品时会出现卓越、不同凡响、超群等词语。集体在此不会被强调，每个人被形容为卓绝，富有个性、创造力的主体，体现出强烈的自我的感受。独占鳌头、品质超群和卓尔不群等词语常常出现在文案中。

(2) 集体主义型户外广告。与之相反，集体主义型户外广告的内容属于高语境文化语言。“我们”在这里是普通的、中立的和不带感情色彩的。个人的身份是在广告中体现的，在社会网络中建立起来的。人际关系在此凸显和谐。重要的词语有：家庭、全世界/全国、名人。描绘产品时会出现时尚、自然、人际关系、礼仪、礼节等词语。图案中出现两个人以上的群体场景比较多，而且伴随着送礼、问候、相互交往等生活场景。

以下是我在德国和中国拍摄的照片，在正式研究中选取了100张，本书选取以下4张照片（如图9-5所示，左边是中国的户外广告，右边是德国的户外广告），以方便读者理解。

车后的德语广告词为：时尚学校——教育通向未来

新欧宝汽车

图 9-5　中德户外广告对比图

广告的效果比广告的分类更为重要。作为一种沟通工具，广告必须重视其信源、传递媒介和受众。每一种传递媒介均有其更有效发挥作用的规则。户外广告是通过图形和文字影响受众的，这就要求广告遵循以下规则：

- 图像的内容应引人注目，这种成为常识性的知识总是被忽略。
- 广告要注重整体，这要求减少对不相关的因素的关注。
- 户外广告不是被读的，而是被看的，因此文案必须清楚明了。
- 户外广告必须有感染力，以达到信息的传递效果。
- 重要信息应尽可能放在高处，使人的视力更容易触及。
- 将大量的信息压缩到只剩下最重要的文字。
- 最大限度地运用图案作为沟通要素。
- 广告上方应该有简短、明确而易懂的标题。
- 避免面面俱到的文案。
- 从整体的角度出发，把一些不重要的信息放在次要的地方。

我在文化人类学课程上召集了六位法语专业的本科生组成焦点小组，他们经过讨论，最后一致确定中国移动的法语区广告应该是：China Mobile! C'MON，Je vois!

这句广告词的中文意思是“中国移动，她是我的，我看见啦!”这个广告语简洁，而且最大限度地把广告内容压缩成最重要的文字，如果你注意看图 9-5 中欧宝在德国的广告，德国广告商把 C'est Mon Opel（这是我的欧宝）干脆简化成 C'MON！连系动词都省略掉，方便消费者识记。

有首法语歌曲叫 *La Vie en Rose*（《玫瑰人生》），由法国最著名也最受爱戴的女歌手琵雅芙（Edith Piaf）填词，路易·古格利米谱曲。自 1946 年琵雅芙首次演唱后就风靡整个法国，几乎就是法国的第二国歌。中国移动的广告语能让法国的消费者联想起那句"Je vois la vie en rose"（我看见玫瑰一样的生活），增加了广告的记忆点。

第 10 章 企业文化与人力资源管理

学习目标

◎ 了解人力资源管理的概念
◎ 了解传统人事管理与现代人力资源管理的差异
◎ 熟悉人职匹配、人与组织匹配的基本理论
◎ 了解管理学中的资源保存、资源获取等理论
◎ 掌握文化导向的人力资源管理模式的主要内容
◎ 掌握企业文化与工作分析、人员甄选、绩效管理、薪酬管理的关系

章首案例

那么多的“家文化”，缘何女员工仍不敢生娃？

家庭、亲属关系和继嗣是人类学研究的重要领域。工业体制对家庭组织显然有重要影响，工作和浪漫的婚姻似乎是对立的，比如美国女性步入婚姻的平均年龄从 1979 年的 21 岁提高到 2003 年的 27 岁，每户家庭人数也从 3.1 人降低到 2.6 人①。

相比之下，中国人对“家”的观念之重，“家文化”的积淀之厚，可以说已经渗透到了政治、经济、宗教、社团和企业等社会的各个层面。如果你翻开各个公司的企业文化手册，提出“家文化”的企业众多，你能看到很多“家文化”的理念和建构。

从企业文化的角度来看，“家文化”是指在企业大家庭里，以和谐为基础、以忠诚来维系，具有凝聚力和竞争力的“家文化”，这是个非常好的隐喻。然而，工作之“家”和生活之家显然是两回事，尤其是面对企业裁员时，原有的“家文化”反而加重了员工的抱怨，因为在中国人的传统观念中，被扫地出门是一件太丢面子的事。

更重要的是，当员工面对晋升和工作生活平衡时，女性员工除了推迟婚龄，晚生子的现象也日益严重，根据国家统计局发布的官方数据，虽然我国全面建成小康社会的实现

---

① 科塔克．人类学：人类多样性的探索：第 12 版．黄剑波，方静文，等译．北京：中国人民大学出版社，2012：428.

程度不断提高，二胎政策也进一步放开，但生育率却没有随之大幅提高。尤其是一胎生育率反呈逐渐下降趋势，2018年全年我国出生人口1 523万人，人口出生率为10.94‰，创下了1961年之后的最低水平，已成为极少数“未富裕低生育率”国家，这一现象引起了广泛关注。

职场女性不敢生娃，如何解释这一困顿呢？我辅导的在职研究生何杉运用访谈和因素分析方法，以上海的知识女性作为研究对象，结果发现该群体生育意愿主要受到社会保障、宏观背景、家庭条件、个人生育观及工作牵绊的影响，进而阐述了晚婚晚育现象、少生优生观念、自我价值实现等主观因素以及育儿成本攀升、孩子无人照料、社会保障欠缺等客观因素，导致都市知识型女性从萌发生育意愿到做出生育行为需要面临种种抉择和矛盾[①]，截取其论文中的几个词条就能看到症结（如表10-1所示）。

表10-1 工作环境和工作牵绊旋转成分矩阵及因子命名

	因子载荷1	因子载荷2
保障女性权利相关体系不够完善，男女平等远未实现	0.601	
就业歧视依然普遍存在，女性在生育前后的职业发展受限	0.544	
男主外女主内的观念尚未改变，大多家庭中女性付出比男性多	0.867	
生育会对职业发展造成一定负面影响		0.885
养育孩子使投入工作的时间减少		0.624
当事业和家庭发生冲突时，会选择以事业为重		0.792

何杉进而发现，工作牵绊影响着职业女性的生育观，也会给生育家庭带来影响。职业女性的社会地位较高，受人尊重，她们思维敏锐，容易接受新思想和新事物，且思想和意识比较超前、开放和开明，但她们对工作有着长远的发展计划和职业追求，她们要求自己经济独立、思想独立、生活独立，工作岗位相对稳定，工作环境相对单纯。她们都有清晰的目标和职业发展诉求。这就解释了为何在何杉的调查中，有60.18%的女性觉得生育孩子对她们的工作有负面影响，有74.66%的女性觉得养育孩子会使自己投入工作的时间减少。女性免不了要面临工作与家庭的双重压力，需要不断调适生活重心以适应变化。一方面，她们需要追赶上专业知识不断加快的更新速度，另一方面，她们也不可避免地要受到家庭、社会和个人心理的影响。生育对于职业发展的影响主要可表现为两个方面：

一是竞争优势减弱，晋升机会减少。不管什么单位，总是想用最低的人工成本创造最高的工作业绩，知识型女性在职业生涯中会遇到许多次岗位晋升、职称晋升的机会，但母亲角色会占用她们大量的时间和精力，使她们在竞争中错过事业上升的良好机遇。女性生育会削弱在与他人竞争时的优势，导致晋升机会减少。因此，有不少职业女性选择在生育前拼命打拼，直到到达一定职业地位后再选择生育，也有人选择转岗做精力要求不高的岗位，或离开目前的工作环境选择离家近、工作压力小、工资低、有更多的时间去照顾孩子的工作。

二是自我进修时间减少，职业发展遭遇瓶颈。对于都市知识型女性而言，她们在工作上担负着重大的责任，此外，为了提高自身素养，她们还需要经常参加培训和外出学

① 何杉．影响都市知识型女性生育意愿的因素分析．北京：中国人民大学，2019.

习，进行业务交流和专业进修，但从她们受孕开始，就面临着孕前产检、产假休养、哺乳子女等情况。不管是青年干部提拔的发展机会或是科研项目研究的申请机会，都会对业绩水平、年龄、资历等方面做综合考虑，当女性因为生育原因减少自我进修时间和放弃自我提高机会，职业发展就会遭遇永久性的瓶颈。因此，在做出生育决策前知识女性必须对自身工作处境做通盘考量，全面评估生育对于职业的影响程度，并做理性选择。

思考：

1. 企业文化中的“家文化”如何体现在企业人力资源管理之中？
2. 如何从人力资源角度增进女员工的生育意识？

本章通过简要阐述人力资源管理的主要内容以及企业文化与人力资源管理的相互关系，引导读者从文化的角度看待和思考人力资源问题，了解文化对人力资源管理的影响。

第 1 节　现代人力资源管理发展趋势

中国的人力资源管理模式在不到 40 年的时间，经历了人事管理—人力资源管理—战略型人力资源管理的历程，到现在几乎能在理论上保持与西方国家一致，例如人力资源三支柱——COE（人力资源专家中心）、HRBP（人力资源业务合作伙伴）和 SSC（共享服务中心），在北美也是新鲜事物，但很多的中国公司，如腾讯、阿里等已经吸收并且为我所用了。

进入 21 世纪，人力资源管理取代传统的人事管理，在内容上也不断拓展和深化，从文化人类学的角度来看，人力资源管理的理论围绕着人而非单纯的工作在演化，人力资源实践开始以人为目的，而不仅仅将人作为一种资源。

一　人与工作匹配

（一）人职匹配

人与工作相互匹配（person-job fit），是指员工的知识（knowledge）、技能（skill）、能力（ability）与工作所要求的条件相符的程度，因此在实践过程中，人力资源管理特别注重了解求职者的知识、技能、能力等特征。而工作属性则是另一重要的变量，它是企业呈现在外最容易衡量及求职者考虑是否接受雇用的重要因素。

总体上说，从 20 个世纪初古典管理理论产生到二战之前，人力资源管理主要研究人与工作的匹配，这一时期的学科内容主要以效率中心，分别从员工的知识、能力、人格和工作内容的标准化层面探讨人职匹配。从二战之后到 20 世纪 90 年代以前的这段时间，则可视为人与组织匹配理论的形成阶段，这一阶段的特点是在人和岗位的两个变量中加入了组织变量，从研究层次上更为全面地考虑人职匹配。匹配理论从 20 世纪 90 年代迄今，对于影响个人与组织匹配的研究不仅更全面，而且对个人与企业文化的匹配较为关注，人力资源进而走向战略管理和文化管理阶段。

人职匹配的理论指出，个体差异与工作特点共同决定了个体的工作行为，当人与工作相互适应时，员工会表现出积极的工作行为。这些积极的个体工作行为会进一步转换为组织绩效。到目前为止，大量的实证研究支持了人与工作相互适应模型的有效与可靠性，在人力资源管理中有着重要的影响[①]。

（二）人与组织的相互匹配

如果说在 20 世纪 70 年代，管理学界的权变管理独领风骚，而到了 20 世纪 80 年代，则是企业文化研究的当红时期。由于人类学家、社会学家、社会心理学家开始努力尝试以文化概念，如符号语言学、祭典、仪式、神话、故事、语言来分析组织中个人和团体的行为，这样也就有了“个人与文化匹配”（person-culture fit）的概念。

随着组织理论的成熟和企业文化研究迎来热潮，研究者们继续发展人职匹配模型，并加入了组织变量，即：员工的工作表现还与组织与人的相互适应，尤其是组织与人的价值观的一致性相关。查特曼（J. A. Chatman）描述了个人—组织匹配的运作原理。与其他企业文化研究者相似，查特曼也把焦点放在价值观上，他认为价值观相似（value similarity）是个人—组织匹配的重要因素，因为价值观是个人、组织间基本且持久的共同因素[②]。

我们可以以组织特性与人格特质的匹配程度来研究个人与组织匹配的主题（如图 10－1所示），而两方的特性皆以价值观为重点。所以，要想精确研究及预测员工行为，管理者必须考虑个人与组织间的选择及社会化互动过程，其中员工的行为表现可以从人格特质、价值观及能力等来加以观察，因为这些因素是较为固定且密切影响着行为的。

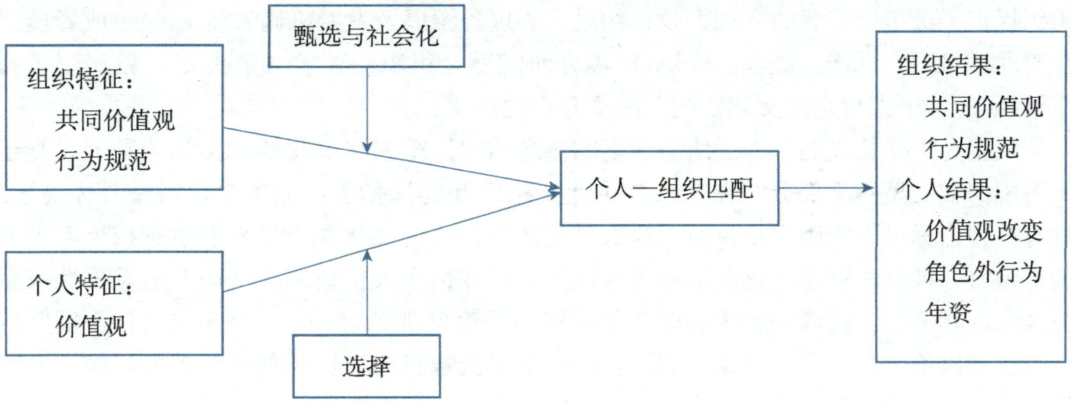

图 10－1　个人—组织匹配模型

资料来源：Chatman J A. Improving interactional organizational research：a model of person-organization fit. Academy of Management Review，1989（14）：333－349.

由此，个人—组织匹配模型进一步扩展为：组织—工作—个人。也就是说，个体的特点要同时适应组织和工作的要求。由此可以看出，影响工作行为的变量可以分为三大部分：一是工作特点，二是个体差异，三是情景或组织因素。其中核心是工作与人的相

---

① Edwards J R. Person-job fit：a conceptual integration，literature review，and methodological critique. International Review of Industrial and Organizational Psychology，1991（6）：283－357.

② Chatman J A. Improving interactional organizational research：a model of person-organization fit. Academy of Management Review，1989（14）：333－349.

互适应[①]。

尽管查特曼拓展了个人—组织匹配模型，但是由于组织有多个概念和操作形式，难以将其他形式都包括进来，如将个人与环境匹配区分开来。一直以来正是由于组织没有十分清楚的定义，使得个人与组织匹配是“难以捉摸的”，定义不准确也不一致[②]。

在这种情形下，为了较精确地研究个人与组织匹配的主题，学者们认为必须考虑组织特性与个人行为的社会化互动过程。个人与组织匹配的研究由此分为三个方向：（1）以企业文化匹配程度来定义个人与组织匹配；（2）目标匹配的观点；（3）以个人与组织间供需的观点，来解释个人与组织匹配的内涵[③]。

在这种背景下，克里斯托夫（Kristof）提出了一个整合的个人—组织匹配的模型。他认为个人与组织匹配的内涵应包括辅助性匹配（supplementary fit）与补偿性匹配（complementary fit）两项独立的研究维度。

克里斯托夫认为，只有当组织和个人具有相似的基本特征或者相互满足对方的需求的时候，才是匹配的[④]。其中组织和个人的需求和供给会受到双方的特征的影响，也就是说辅助性匹配会受到补偿性匹配的影响，只有在辅助性匹配基础上，补偿性匹配才能发挥作用（如图 10 - 2 所示）[⑤]。

具体说来，在克里斯托夫个人—组织匹配的概念结构中[⑥]，箭头 a 代表了组织的文化/气氛、价值观、目标、规范等基本特征与个人的人格、价值观、目标、态度等基本特征上的关联。当组织和个人在这些特征上有相似之处时，就实现了辅助性匹配。如果组织提供了员工所需要的资源财政、物质、心理资源以及发展机遇（箭头 b），或者员工在时间、努力、承诺、经验、KSAOs 等方面能适合组织的要求（箭头 c），就实现了补偿性匹配。“个人与企业文化匹配”的概念由此产生。

根据克里斯托夫的个人—组织匹配的概念结构，个人与文化匹配实际上是个人与组织匹配的辅助型匹配部分。在个人与企业文化匹配的评估上，因为文化很难具体描述，没有一种指标可以明确评估，所以要数量化地评估企业文化并明显地表达是相当不容易的。但有一种方法可将文化做数量上的评估，即评估个人价值观或认同上的重要性与企业文化的相关性。进而，基于企业文化的核心是价值观的理由，“个人与文化匹配”的研究也就以价值观为研究对象。简而言之，员工会选择与自己价值观相近的组织，而组织也会选择具有相似价值观的员工——价值观提供了一个起点，与员工甄选、培训与开发过程一起作用，以保证个人价值观能与组织价值观相互匹配。因此，个人价值观和组

---

① 于桂兰，梁潇杰，付博．个人-环境匹配理论//徐世勇，李超平．管理与组织研究常用的 60 个理论．北京：北京大学出版社，2019.

② Bretz R D Jr.，Rynes S L，Gerhart B. Recruiter perceptions of applicant fit：implications for individual career preparation and job search behavior. Journal of Vocational Behavior，1993（43）：310 - 327.

③ 郑仁伟，郭智辉．个人与组织契合、工作满足与组织公民行为关系之研究．人力资源管理学报，2004，4（4）：85 - 104.

④ Kristof A L. Person-organization fit：an integrative review of its conceptualizations，measurement and implications. Personnel Psychology，1996（49）：5.

⑤ Schein E H. Organizational culture and leadership. San Francisco：Jossey-Bass，1992.

⑥ Kristof A L. Person-organization fit：an integrative review of its conceptualizations，measurement，and implications. Personnel Psychology，1996（49）：5.

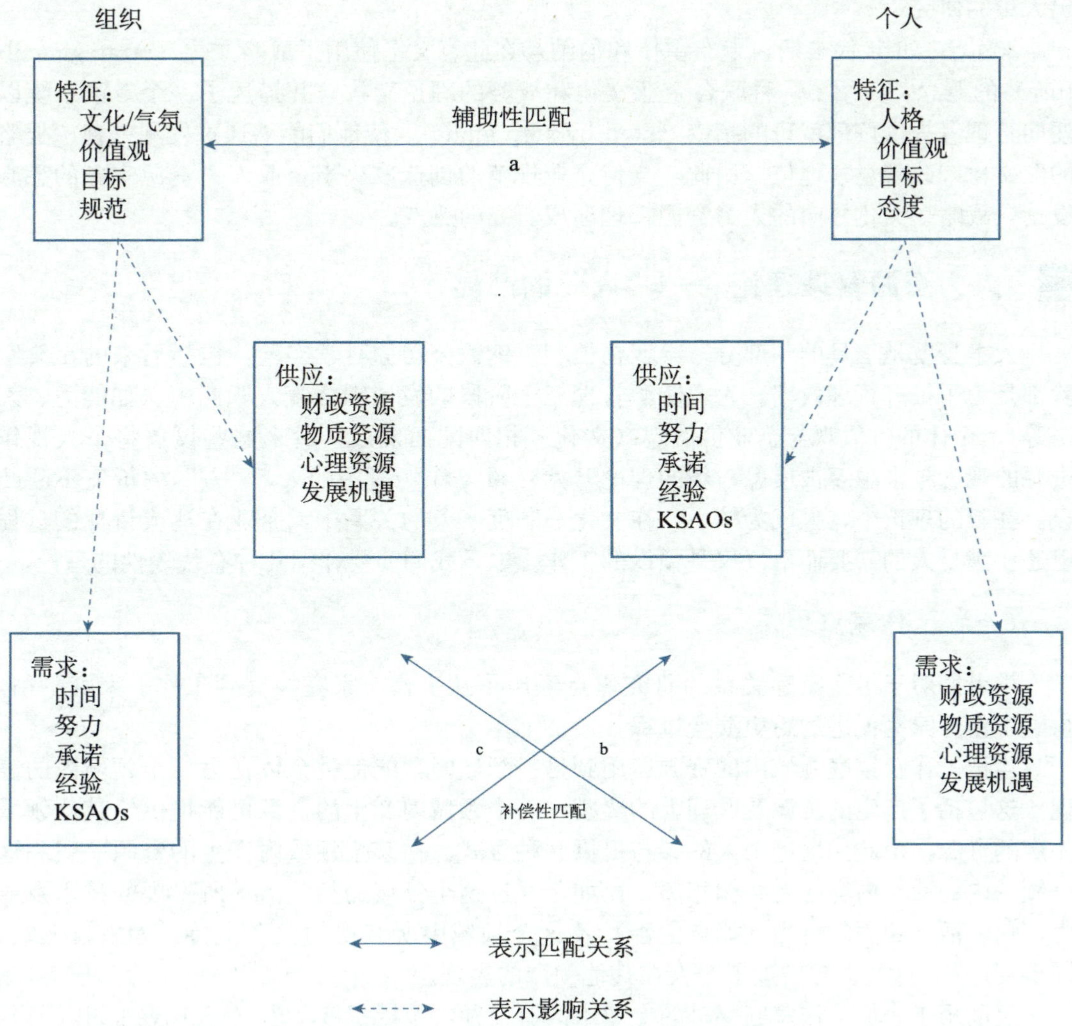

图 10-2　个人—组织匹配的多样性概念

织价值观的一致性是“个人与组织匹配”的关键。

卡布雷拉（E. F. Cabrera）和伯纳赫（J. Bonache）概述了个人与组织匹配的成熟阶段可以归纳的结论如下①：

（1）个人和企业文化的匹配是以个人文化价值观匹配为核心的，它属于个人与组织匹配的一部分，且个人与企业文化匹配和企业文化的研究是一脉相承的，都以价值观的研究为主。个人会依性别、种族及组织的亲近性界定自我角色，将自己本身归属于某个相似的社会类群，然后选择与自己相近的组织。组织价值观影响成员对组织的认同机制，而员工往往透过社会认同的寻求，以获得意义与关联性。

（2）个人与组织在文化上的匹配理论促使了人力资源管理学科的进一步发展。原有的组织—工作—个人要素除了各自的研究不断深化之外，还在三个变量的关系之间涌现

① Cabrera E F，Bonache J. An expert HR system for aligning organizational culture and strategy. Human Resource Planning，1999（22）：51-60.

出大量的研究。

20世纪90年代末期，卡布雷拉和伯纳赫在此意义上使用了战略文化（strategic culture）的概念，介绍了一种联合企业文化和战略的理论架构，并描述了一个专家系统以便向管理者提供按部就班的指南（step-by-step guide），使他们能够通过发展一种“战略的”文化来改善竞争地位。由此，支持企业规范的创造取决于企业人力资源实务的悉心设计，战略—文化导向的人力资源管理渐成研究的热点。

三 人力资源管理理论——“人”的凸显

人本身就是工具的一部分，泰罗在伯利恒钢铁公司的科学实验，包括后来的霍桑实验都是为了提升管理效率。人力资源管理三个阶段的发展围绕着人职匹配（如能力、人格等）、个体的价值观与企业价值观（文化）相匹配而发展，后来这些仅仅将个人视作资源的观念越来越多被反思，新的理论开始注重工作场所中的人，“人”的价值不断凸显。在新的理论中，人成为核心，在文化—制度—人的关系中，企业在达成目标的过程里还要满足人的需要而不仅仅是预设的工作。以下我们简要介绍几种有代表性的理论。

（一）工作家庭促进

学者们对于工作家庭关系的研究焦点经历了从工作—家庭冲突到工作—家庭平衡，再到工作—家庭促进的历史演变过程。

当把工作及家庭领域内的资源运用到另一领域时，能促进个体在另一个领域内的表现。这包括了产生的资源及心理上的奖励。一个领域内产生的资源可能提供给其他领域一定的资源，由此为增进个人的参与提供一种方式。在某个领域内产生的资源一般和这个领域内的活动内容或者结构相关，比如，通过这个领域的相关活动所发展的技术及能力、角色活动相关的行为（如自主性）及这个领域中所获得的社会支持，如来自上级、同事支持①。这些资源增进了个人在其他领域的表现。

目前用于表征工作家庭促进的专业术语有几种，包括积极溢出（positive spillover）、工作家庭增益（work-family enhancement）、工作家庭丰富化（work-family enrichment）、工作家庭助长（work-family facilitation），表示工作家庭之间积极关系的这几个概念是可以通用的②，但这些概念其实是不同的。我们对这几个概念略加解释如下：

1. 积极溢出

积极溢出指个体在某一领域的经历，如心情、技术、价值及行为等转移到另一个领域，使得这两个领域趋近于相同。工作家庭丰富化就是构建在积极溢出这个基础概念上的。这两个概念微小但是重要的区别在于，积极溢出能够使得一个领域的经历得以转移到另一领域，但是并没有改进个人的生活质量或者个人在另一领域的表现。有学者指出，要产生丰富化的效果，资源必须不仅能转移到另一个领域，而且应该能成功地应用于另一个领域中，使得个体的表现得以改善。

---

① Aryee S, Srinivas E S, Tan H H. Rhythms of life: antecedents and outcomes of work-family balance in employed parents. Journal of Applied Psychology, 2005, 90 (1): 132-146.

② Carlson D S, Frone M R. Relation of behavioral and psychological involvement to a new four-factor conceptualization of work-family interference. Journal of Business & Psychology, 2003, 17 (4): 515-535.

2. 工作家庭增益

工作家庭增益代表个体所获得的资源及经历有利于个体面对生活中的挑战。这样，增益强调的是个体所获得的利益及这些利益可能对个体生活中的不同领域所带来的积极作用。

3. 工作家庭丰富化

丰富化则强调个体由于一个领域获得的资源促进个人在其他领域的角色绩效。它是指个体在一个角色中的经历会改善个体在其他角色的表现，它可以通过工具性的渠道直接加以促进，也可以通过情感性的渠道来间接促进。工具性的渠道指员工相信家庭生活教会了他们和同事相处的新方式，或者增进了他们在工作中从事多任务的能力。情感性渠道可解释为一个领域中的投入通过积极的作用间接提高了对另一个领域的专注。

4. 工作家庭助长

助长的概念指的是一个领域的投入使得另一个领域的系统功能得到改善。它直接强调了一个角色的经历使得个体更容易满足另一个角色的要求。丰富化和助长的显著区别在于分析的水平，丰富化强调个人角色绩效或者生活质量的改善，而助长强调的是系统功能的改善，是个体在某一社会系统的投入而对另一社会系统的发展所产生的贡献程度。因此有可能丰富化的产生并没有改进并形成系统化功能的改进。比如，当一个人因为家庭给他带来的积极影响使得他的个人绩效得以改善（丰富化），但是这种个人改进的结果并不一定影响到更大的系统，如整个工作群体功能的改进或者与上级关系的改善。

需要说明的是，工作家庭促进也是双向的，可以分为工作—家庭促进（个体在工作中的角色对他在家庭中的角色有积极影响）和家庭—工作促进（个体在家庭中的角色对他在工作中的角色有积极影响）。这些概念对于我们更好地理解和发展人力资源管理理论具有重要的意义。

（二）资源保存理论和资源获取发展观

1. 资源保存理论

工作家庭相互促进是怎样产生的呢？资源保存理论（Conservation of Resources Theory）提供了一个识别具体资源方面的启发，他将资源定义为环境中我们可以作用的特性，这些资源包括了个人的特征和环境资源（物体、条件、能量及支持）①。个人特征如个人的自尊和乐观等特质。物体之所以受到重视是因为它们的物理特性或者通过拥有它们而获得的地位，如汽车、房子、衣服、食物等。条件指的是个人在结婚、被雇用或者获得资历后寻求的资源。能量，如时间、金钱及知识，指的是那些可以为获得其他资源，如工作时间、家庭时间及晋升机会等提供帮助的资源。支持则是如忠诚、亲密等，用来维持其他的资源。

2. 资源获取发展观

管理学研究、我们在第 4 章介绍的生态系统理论，以及资源依赖理论都没有单独或者直接建立起工作家庭促进模型。管理学研究及组织的生态系统观解决了为什么促进可能发生，但是并没有提供一个指导性的关联框架。资源保存理论则提供了一个指导，但

---

① Hobfoll S E. The influence of culture, community, and the nested-self in the stress process: advancing conservation of resources theory. Applied Psychology, 2001, 50 (3): 337 - 421.

是作为一个以压力为基础的理论，它只关注人们努力保存资源来减少压力，并没有直接或者明显地考虑个人成长或者发展背后的动力。如何将这三个理论结合起来，提供工作家庭促进的一个坚实的基础呢？2007 年，有学者从资源获取发展观的视角来解释工作家庭促进的理论框架，并指出其主要的前因、结果及调节变量①。

资源获取发展观的一个基本假设是个体有着为自己成长、发展及为他们所参与的系统，如家庭及组织获得最高水平功效的倾向性。正是因为有着这种积极发展的倾向性，当投入一种角色中，个人将获取那些能使得他们获得成长和发展的资源。我们由此提出个人会最大化地利用可使用的资源以获取积极的结果。当从一个领域所获得的资源得到了应用、保持并在另一领域得到加强时，则促进了整个系统的功能。

资源获取发展观指出促进的关键推动力是个人的特征和环境资源（物体、条件、能量及支持），这些可以推动个人获得新技能及能力（发展性获得）。个体所获得的任何一个资源更多，便有工作家庭促进方面更大的效能。同样地，资源积累得越多，促进便越有可能发生。相关的实证研究验证了某个领域的资源是使得“促进”发生的主要推动力。有学者通过研究发现工作要求是工作影响家庭生活的主要原因，而工作资源则是个人感知工作使得家庭获利的主要贡献因素②。也有学者发现工作相关的资源，特别是在工作中拥有更多的做出决策的机会及那些需要有效社会技能的工作，往往能让人感知到工作对家庭的有效促进③。

如图 10－3 所示，当个体投入一种社会角色时，会获取其成长的相关资源，而当个体充分利用资源时，便能获取到积极的收益。

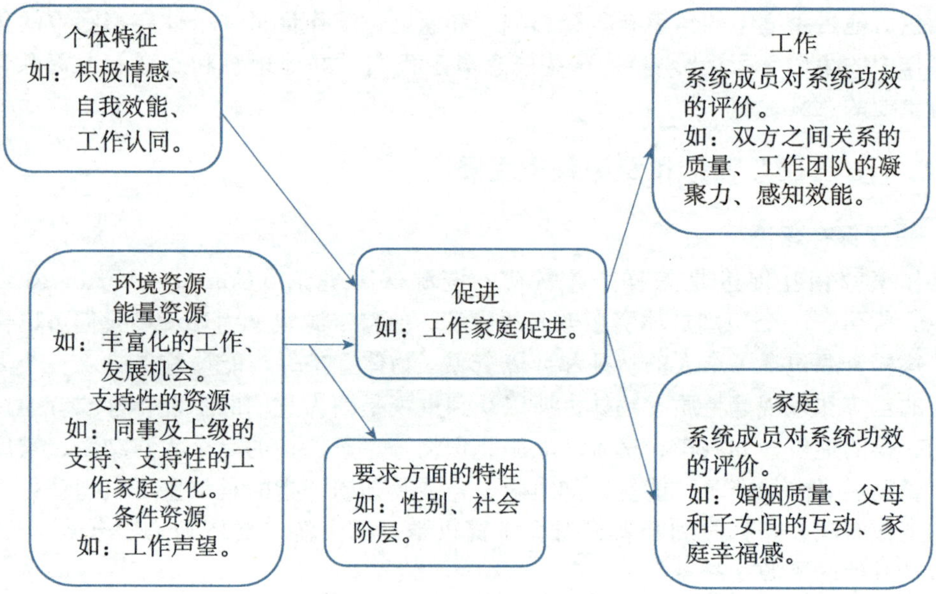

图 10－3　资源获取发展观的变量关系图

① Wayne J H，Grzywacz J G，Carlson D S，et al. Work-family facilitation：a theoretical explanation and model of primary antecedents and consequences. Human Resource Management Review，2007，17（1）：63－76.

② Voydanoff P. The effects of work demands and resources on work-to-family conflict and facilitation. Journal of Marriage & Family，2004，66（2）：398－412.

③ Grzywacz J G，Butler A B. The impact of job characteristics on work-to-family facilitation：testing a theory and distinguishing a construct. Journal of Occupational Health Psychology，2005，10（2）：97－109.

不难看出，资源获取发展观有效地整合了积极组织学术研究、生态系统论及资源保存理论。资源获取发展观是个体成长、发展和追求最高层次生活质量的倾向。工作、家庭和个体被连为一体加以考虑，这是既往的研究中很少涉及的。

第 2 节　“企业有文化”与人力资源管理模式

瑞士圣加伦大学领导与人力资源管理研究所希尔伯（M. Hilb）教授提出了综合性文化研究法。不仅如此，根据各国的人力资源管理实践，他还提出了“愿景导向”的人力资源管理模式。在希尔伯教授看来，愿景囊括企业目标、核心价值观、经营方针、企业精神等体现企业文化的诸要素，因此，这一模式可以被视为企业文化导向的模式。

以企业这一组织形态为例，该模式的出发点是人力资源和企业愿景之间的相互影响。用图 10-4 的人力资源管理立方体可以表明。

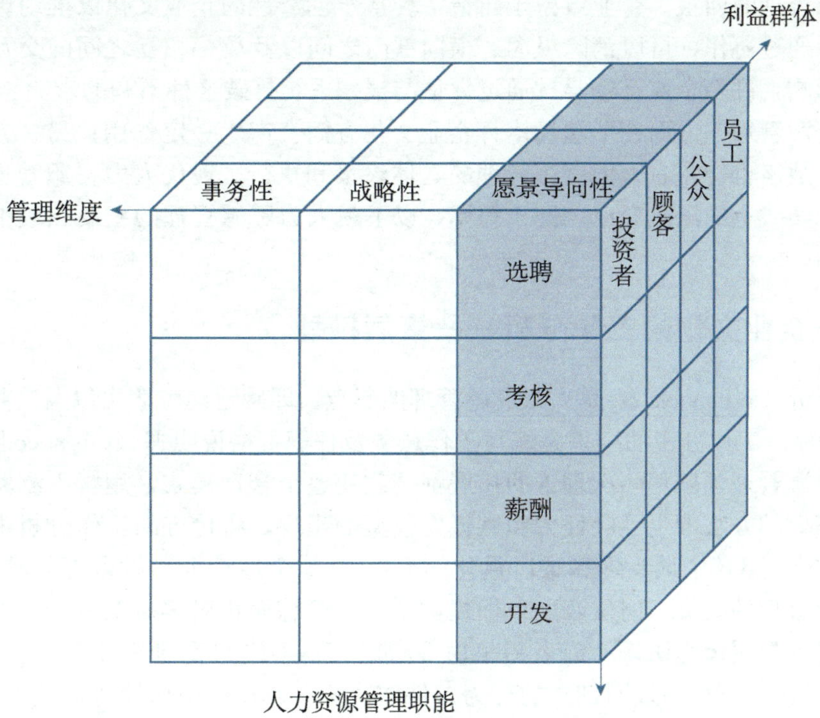

图 10-4　人力资源管理立方体

这一管理立方体展示了人力资源管理的四项最主要的职能、四个核心的利益群体和三个管理维度。

希尔伯教授认为，愿景是企业文化的核心，并且指出，大多数企业的人力资源管理还停留在事务性维度上，只是将股东作为唯一的利益群体，而且局限于对某一项人力资源管理职能的单一性运用上。而人力资源管理不仅要走向战略人力资源管理的第二阶段，还要进一步向文化导向的人力资源管理迈进。在此模式中，他列举了在人员招募、培训与开发、绩效管理、薪酬设计方面一些有操作性的工具、方法，并使之连为一体①。

构建文化导向的人力资源管理的前提就必须了解人力资本的实用性，在这一理论指导下，人力资源管理实践开始出现新的特点。尽管企业在不断地开发人力资本以使其不断地适应市场的需要方面曾做出了不懈的努力，但是仍然很难把握需要对人力资本进行改造的确切时机。

现代人力资源管理的出现，使得战略导向的人力资源管理向文化—战略导向的人力资源管理转变。文化—企业—人这一内容是如此引人瞩目，以至于我们有必要专门介绍。

在企业文化建设的过程中，需要各方力量的协同配合，其中主要是依靠员工队伍的核心技能，所以绩效评估的重点应放在员工的贡献及其贡献过程上，并且要将这一重点清晰地公布给企业的每一位员工，从而实现绩效评估与报酬体系相匹配。

保持企业在市场上的竞争优势，就必须持续不断地进行革新，探求以更好的方式提供产品与服务。因此，必须在激发员工每一步骤的革新与创造力的同时，对那些有贡献的员工给予合理的回报。企业致力于营造一种富于创造性的企业文化以推动革新也是必然的趋势。通过协作，可以消除纵向、横向部门之间以及员工相互之间的交互作用对市场竞争的影响，许多企业已经尝试通过评估与报酬系统打破这种不利的影响。

人力资源管理一方面在形塑和培育企业文化方面会产生一定作用；另一方面，企业文化和组织战略也会左右人力资源管理的具体决策和执行。现代人力资源管理，最终导致人力资源实践上的深刻变革。囿于篇幅，以下就人力资源管理的主要领域中的重要实践加以介绍。

一　基于企业文化的工作分析——素质模型

工作分析（job analysis）是人力资源管理的起点，即确定岗位职责以及这些岗位任职人特征的程序。工作分析的结果是编写工作任务及任职资格说明书（job specification）。

人力资源管理领域每一次理论的拓展都会改变整个管理模式，用智力测验作为预测未来工作绩效的方法催生了胜任力和胜任力模型的出现，将传统的工作分析中任职资格部分的那些 KSAOs 中最头疼和难以量化的 Os（其他个性特征）做得更加具有操作性，为人力资源管理的人员—岗位匹配目标提供了一个简练而相对客观的标准。并且，一般的企业和咨询公司运用访谈，或者最早由 20 世纪 50 年代的美国学者弗拉纳根（Flanagen）研究美国飞行员绩效而创立的行为事件访谈法，焦点小组访谈等质化的研究方法。素质模型开始用于多种行业和政府机构，用来发现特定工作所需的动机、特性、技能和能力等行为组合。后续研究发现素质可以作为建立人力资源系统标准的基础，如招聘和选拔、培训与发展、业绩评估、薪酬设计等。美国有学者 2001 年对 217 个组织对素质模型的使用进行了调查，发现其中 90%的组织将素质模型用于绩效管理，88%的组织用于招聘，64%的组织用于薪酬，还有 62%的组织将其用于培训和发展。

① 希尔伯．愿景与工具：整体性人力资源管理．石伟，王忠，译．北京：中国劳动社会保障出版社，2004：16－17.

这一发展和组织的外部环境的变化相关。这一时期，由于素质模型的产生，无论是战略、愿景，还是体现文化规范的价值观，组织能够把这些在以前属于不同层面的内容分解到各个岗位之中，并且用不同的胜任力将这些内容具象化，由此，一方面，基于企业文化和战略人力资源管理模型需要人力资源工作具有文化和战略导向；另一方面，人力资源管理会支持和培育企业文化，并促进企业文化，因此，素质模型的问世在人力资源方面拓展了人员和岗位匹配的深度，在企业文化、战略的和人力资源管理的素质模型之间建立起大体上的对应关系（如图 10－5 所示）。

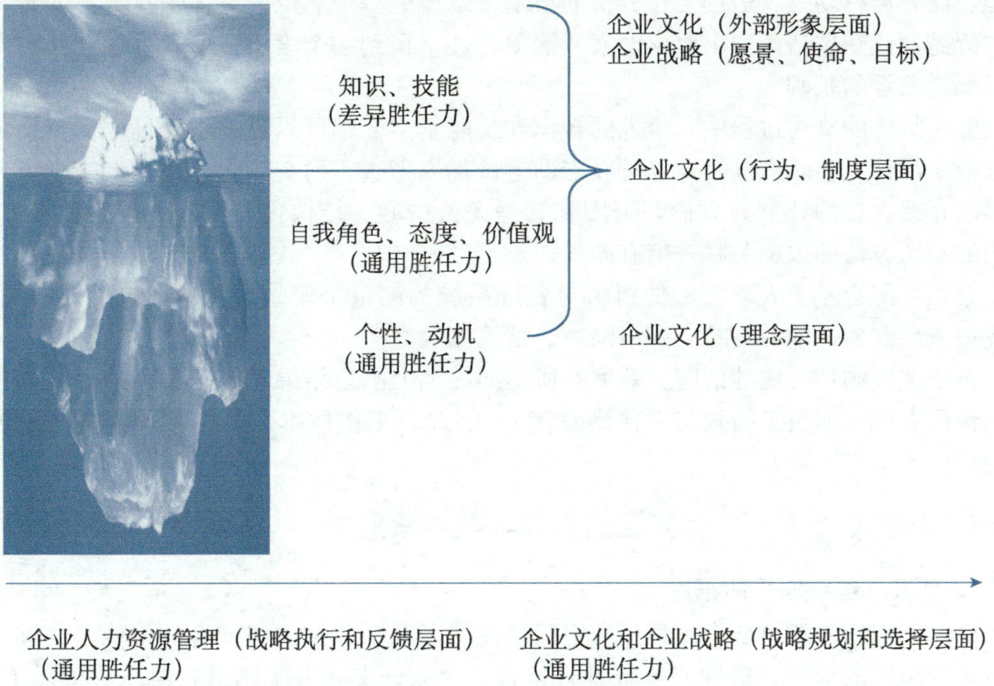

图 10－5　素质模型、企业文化和战略关系图

在图 10－5 中，我们借用在讨论胜任力时常使用的冰山模型，由此可见：（1）知识和技能是显而易见的，和一个组织的战略、文化诉求一致；（2）态度、价值观和个性动机是内隐的，这两个部分和企业文化中的理念层面对应，并表现为可以观测的外显行为；（3）企业文化的构建需要企业的员工普遍具有通用的素质；（4）组织战略总体上需要组织人力资源管理在战略执行和反馈方面与组织战略相一致，即员工要具有不同的素质，使得组织战略得以实施，从而提升整体竞争力；（5）企业文化和战略对员工的胜任力有要求。文化对应于通用素质，而战略对应于不同类型和不同层级员工的差异素质。

二　基于企业文化的人员甄选

基于企业文化的人员甄选，就是组织在选拔和任用人员时，除了考虑个人知识、技巧及能力和职位要求之间的匹配之外，还要重点考察个人性格、价值观及兴趣爱好与企业文化之间的匹配。因为，选任那些与企业文化匹配的人不仅能获得更佳的员工态度和行为，而且更有助于强化企业文化。

基于个人—文化匹配的招聘与甄选策略是基于人职匹配的招聘与甄选策略（包括理

论基础、操作技术、执行流程）之上的，我们分别介绍如下：

（一）基于人职匹配的招聘与甄选策略

人职匹配的招聘与甄选策略主要包括如下理论：工作的必备条件和员工具备的能力愈符合，则会产生愈佳的工作表现及工作满意度；要成功为某一职位找到合适的人才，需要精确地评估个人能力、工作能力素质模型和评估人才与职位是否相符。

因此，在人员甄选开始前，组织中的人力资源管理比较重视工作属性如工作职责、功能、任务与行动等。运用工作分析的技术可以得到一个职位的具体信息，进而推论该工作所需的认知技巧，列出要求的素质清单，甚至得到一个素质模型，并以此作为对候选任职者测评的基础①。

而在具体的测评过程中，个人的知识和技能基本上都可以借助学历证书、资格证书等系统来评价，实际甄选时，也可以借助笔试加以考查。而在能力方面，上文中已经有详尽的介绍，在测评能力方面，则用到管理评价中心、结构化面试、心理测量等方法，不同的测评方法的效标关联效度有差异。

总之，配合基于人职匹配的招聘与甄选系统的测量手段颇为完备，包括人格测验、职业适应性测验、能力测验、简历筛查、情境测验等②。

由于这些测评方法的信度、效度有所不同，加上测量结果对员工实际的个人效能的预测作用有限（如员工绩效与工作满意度）。因此，工作样本、员工背景调查等手段应运而生。

（二）基于个人—文化匹配的招聘与甄选策略

1. 个人—组织匹配的程序

个人—组织匹配就是个人特征与组织属性二者互动，强调应征者的价值、信仰和个人特质与组织的价值、信仰和规范是否符合。个人—文化匹配则重在组织价值观方面，个人价值观和组织价值观的一致性是个人—文化匹配的关键。

由此，在测评技术方面，人与组织匹配的研究就成了关键。测量时通常以同一工具同时测量个人价值观与组织价值观，并探讨二者的匹配度，其主要测量工具是奥莱利（O'Reilly）、查特曼及考德威尔（Caldwell）等人所发展的组织文化剖面图（organizational culture profile，OCP），以Q-分类的方式测量。还有的是对个人价值观和组织价值观的吻合进行诊断，并由此发展出价值观管理模式③。

也有学者指出测量个人—组织匹配需要了解的个人特征，主要是价值观和人格④。而范维安（Van Vianen）主张测量应征者的文化偏好⑤。

---

① 萧鸣政．人力资源管理开发与管理：在公共组织中的应用．北京：北京大学出版社，2005.

② 王垒，姚宏，廖芳怡，等．实用人事测量．北京：经济科学出版社，1999：121－122.

③ 多伦，加西亚．价值观管理：21世纪企业生存之道．李超平，译．北京：中国人民大学出版社，2009：15.

④ Kristof-Brown A，Barrick M R，Franke. Applicant impression management：dispositional influences and consequences for recruiter perceptions of fit and similarity. Journal of Management，2002（28）：27－46.

⑤ Harinck F，De Dreu C K W，Van Vianen A E M. The impact of conflict issues on fixed-pie perceptions，problem solving，and integrative outcomes in negotiation organizational. Behavior and Human Decision Processes，2000（81）：329－358.

个人价值观的测评，在经验上一般是使用价值观测试方法，但目前尚没有应用特别广泛的测量工具。因此，解读与分析企业文化，进而编制用于测量求职者的价值观之量表就成为一项重要的工作。在实践中，这项工作通常按下列步骤进行：

（1）访谈（半结构式）：收集组织价值观的初步资料，转化为可供测量的陈述句，并分别形成描述组织特性与个人特性的价值观类别，得到一系列价值陈述句。

（2）Q-分类：由受访者对各价值陈述句进行重要性的评定分类。

（3）对评定过的价值陈述句进行项目分析，据以删除相关系数偏低的项目；最后以相关系数较高的项目组成价值观量表。

（4）个人—文化匹配程度的测量。典型的方法如查特曼创立的剖面图比较程序（profile comparison process），在此他使用Q-分类（Q-sort）的方法建构企业文化价值观剖面图，然后以此和员工得分之间的相关系数来判定匹配程度。

（5）文化适应性测验（culture fit test）。这是紧随其后的对个体的价值观测验，用以判断潜在员工的信仰结构是否与公司文化相吻合。

（6）文化适合度面谈。询问求职者如何做决策，提一些问题，以引出他们对本公司所推崇的价值观的评价。这时通常使用结构化面试的方法。

（7）专家系统。最后，综合评定求职者，并判断其是否支持企业文化价值观。

然而，现有的测量个人价值观与组织价值观，再评估匹配水平的方法，无论是测验还是面谈，都需要事前对组织的核心价值观有深刻的理解，测验则要根据本组织的情况确定甄选标准。在使用面谈方法时，面试官的经验尤为重要。

2. 个人—文化匹配的实践

基于个人—文化匹配的招聘与甄选策略与基于人职匹配的招聘与甄选策略虽然内容有异，但是运作流程却大致相似。基于个人—文化匹配的招聘与甄选操作流程，也可以分为准备、实施和评估三个阶段：

（1）招聘与甄选的准备阶段：企业文化分析，明确组织价值观；选择或发展个人价值观（或企业文化偏好）评鉴方法；训练评分员；制订招聘计划（包含招聘的目的、对象、负责人及操作人员、招聘的范围、时间等）。

（2）招聘与甄选的实施阶段：发布招募广告；获取应征者名单及资料；简历筛选；进一步评估应征者（笔试、面试、测验等），做出聘用决策并发出邀请/拒绝信息。

（3）招聘与甄选的评估阶段：评估招聘工作的有效性和经济性，有必要时检讨、修正招聘与甄选系统。

以这一系统在人员选拔上的运用为例，因为组织规范不仅仅受人力资源实践的影响，还受员工固有的价值观的左右，所以人事甄选的程序会评估两种“匹配”：人职匹配和个人—组织匹配。第一步是人职匹配的考虑，这需要组织先行完成工作分析。系统会以工作分析的结果和求职者的个人素质进行对照。第二步是个人—组织的匹配评估，这需要运用文化—战略评估得出来的结果。系统会测试候选者并判断其是否具有支持组织战略文化的价值观。最后，系统会根据以上两步的结果，做出选择。

可见，基于个人—文化匹配的招聘与甄选策略与基于人职匹配的招聘与甄选策略的不同在于，以“文化分析”来替代“工作分析”，以价值观测量代替能力的测量。

综上，企业文化和人力资源管理之间存在双向的影响。通过招聘与甄选来获得价值观和组织价值观一致的员工的观点来自匹配研究，尤其是个人—组织匹配和个人—文化匹配的研究。个人—文化匹配的概念真正把企业文化研究和人力资源管理连接起来了。人力资源管理通过招聘与甄选以及员工入职后的培训（社会化过程）来获得个人价值观和组织价值观一致的员工，或者影响员工的行为，进而形成组织的行为规范。这是我们以下介绍的内容[①]。

三 基于企业文化的培训、开发与教育

（一）员工培训、开发

员工培训指的是通过有效的学习方式，使员工能够在这一环境中获得或学习特定的，与工作要求密切相关的知识、技能、能力和态度的过程。

员工培训和员工开发有所不同，培训强调的是帮助员工更好地完成现在承担的工作，而开发强调的是鉴于以后的工作对员工将提出更高的要求而对员工进行的一种面向未来的人力资本投资。

另外，员工培训与教育之间也有区别。培训的目的是按具体的工作要求需要对员工的行为方式进行塑造，是使员工可能的行为方式类别减少的过程；而教育的目的是对员工可能的行为方式的拓展，使他能够适应多种可能出现的情况，并在其中选择他自己最适合的一种去承担工作。其中，职前教育是使新员工熟悉企业、适应环境和形势的过程。由于员工希望尽快地被企业接纳，结果，这一时期员工比以后的任何时期都更容易接受来自企业环境的各种引导和暗示。在人力资源管理中，培训和教育已经呈现一种融合的趋势。

对于企业中的员工、管理者和领导者，员工开发中员工培训、开发和教育的基本程序都是评估企业开展员工培训的需要，确定企业绩效方面的偏差是否可以通过员工培训来弥补，设定员工培训的目标，设计培训项目，培训的实施和评价。企业文化培训作为员工培训的重要内容，体现在每个步骤中。尤其是对于企业文化中无形的部分，管理者应该坚持不懈，将文化贯穿于每个环节。

企业文化即组织所倡导的理念、价值观、行为方式与培训的内容的相似性对培训内容在组织中的迁移有一定影响。员工接受的培训内容与企业文化相似性大，他将更容易将所学的内容应用于工作环境中，同时培训内容和组织环境是相互作用、相互促进的。有关文化的知识和技巧可以增加对新社会环境的心理适应。知识和技能依赖于以前的经验，很多研究发现以前有国外生活经验的留学生在以后的跨文化生活中适应得比较好。

（二）跨文化培训的内容

此处我们介绍国外学者对跨文化培训内容的研究，以补全企业文化导向的人力资源管理中跨文化管理实践的几点重要特色，纵观国外学者 30 多年来在人类学和管理学领

---

① 杨铭．浅谈对应聘人员企业文化匹配度的甄别．人力资源管理，2018（2）：243－248.

域的研究，跨文化培训的内容主要包括跨文化认知、情感和行为三个维度。

1. 跨文化认知培训

跨文化认知培训是指通过学习东道国社会、历史、制度、文化和习俗等方面的知识，来培养和提高外派人员的跨文化认知能力。跨文化认知培训的内容主要应包括文化差异学习、东道国文化培训、东道国价值观介绍、母国文化认知和东道国语言学习等方面。

2. 跨文化情感培训

跨文化情感培训是帮助外派人员在异文化工作环境下控制、调节并保持稳定情绪的培训。相关培训内容包括应对变化、压力管理和自我反省。

3. 跨文化行为培训

跨文化行为培训是指通过受训者的亲身体验，来提高他们在异文化环境下应对跨文化冲突能力的培训。体验式跨文化的培训能够帮助受训者将对东道国文化的认知应用到模拟的或实际的工作场所中。也就是说，跨文化行为培训是外派人员将跨文化认知整合到个人行为中的过程，属于经验学习理论的主动实践阶段。跨文化行为培训的内容主要包括实地体验（或模拟实地体验）和人际交往技能培训。

随着跨国企业的发展和外派任务的变化，跨文化培训的内容应根据具体外派需要的变化而不断调整。众多国外学者证实，较之选择任何单一的跨文化培训内容，将三种跨文化培训内容结合起来能够显著提高跨文化培训效果。

四　基于企业文化的员工绩效与薪酬管理

绩效管理指将目标设定、绩效评估与开发整合成一体的、独立的通用的体系，其目的是确保绩效完全符合组织的战略性目标。绩效管理是管理者设定员工的工作目标与内容，提升员工工作能力以及评价和激励员工工作成果的过程。

显然，从这个定义中可以看到绩效管理过程包括目标设定、人员甄选与任用、绩效评价、薪酬、培训与开发以及员工职业生涯管理——也就是说，这个领域包含对员工的绩效产生影响的人力资源管理流程中的所有各个模块。然而，很少有比绩效管理和薪酬管理这两个领域更能体现人力资源管理本质的了，由于这两个领域常常被视为人员激励的范畴，因此在以下部分我们将其连在一起讨论。

（一）企业文化与绩效管理

绩效评估是绩效管理内容中的一个部分，它是指一种衡量、评价、影响员工工作表现的正式系统，以此来揭示员工工作的有效性及其未来工作的潜能，从而使员工和组织双方受益。成功的企业的绩效评估系统都会体现出特定的企业文化，或者说，有什么样的企业文化，也就有什么样的绩效评估系统。

不同的企业文化对绩效评估的标准和重点是不同的。例如，对于注重“团队精神”的企业，绩效评估会突出对“合作”、“奉献”及“对团队的影响”等体现团队精神和团队业绩的相关要求的考核，并且增大这些分指标的权重。而对于强调创新与竞争的企业，在绩效评估体系中就会突出对个人业绩与个人能力的评价。

有学者注意到作为企业文化核心的价值观对人力资源中的绩效管理的影响，图 10－6 所示是不同企业文化氛围对考核方法选择与引入的影响①。

图 10－6　企业文化类型与考核模式

在图 10－6 中，包含着四种企业文化类型和考核制度的特点：

1. 漠不关心的企业文化

（1）既不关心员工个人，又不关心他们的工作绩效。

（2）一般不会进行绩效考核。即使进行绩效考核，也不过是表面的，以取悦股东为主要目的。

（3）如果没有其他文化相配合，推行考核制度是不现实的。

2. 严厉的企业文化

（1）无视员工的个人与家庭状况，向员工提出过高的绩效要求。

（2）在目标管理的基础上实施强硬的绩效管理和评估制度。

（3）强调员工（尤其是经理人）要像自己承诺的那样干出成绩。

（4）不仅不顾评估初始阶段拟订的目标和标准已经变得越来越难以实现，还将进一步强调那些不实际的工作目标。

（5）使员工，尤其是被评估的员工对目标的制定和修订感到紧张和担忧。

3. 富有爱心的企业文化

（1）通过明确的机制或制度高度体现对员工的关怀。

（2）具有充分的理由施行评估，因为这项制度与其说是评估，倒不如说是讨论员工的进一步发展。

（3）不会对员工提出过高的绩效标准。

（4）会给人以家长式的感觉。

（5）会注意不让员工超负荷工作。如果员工愿意，则另当别论。但不会代表顾客要求员工实现过高的工作绩效。

4. 一体化性的企业文化

（1）非常重视员工及他们的绩效。是一种非家长制的关心，是对员工个人学习、成长及其价值实现的由衷尊重。

（2）非常重视组织针对市场和竞争环境而实施绩效管理。

（3）绩效管理和评估制度对绩效目标、工作任务和学习都很重要，如实施培训发展计划。

---

① 付亚和，许玉林．绩效管理．上海：复旦大学出版社，2003：67－68.

（4）把员工和他们的绩效融入日常管理之中。

（二）不同企业文化中绩效管理的侧重点

不同的组织管理文化特征对考核方法的选择与实施的影响也是明显存在的。显然，组织的分工特征、技术特征、人员特征不同，管理文化不同，对绩效制度影响是不一样的。因此，在选择考核方法的时候，需要认真考虑企业文化的特征，选择合适且有所侧重的考核制度。

以下我们介绍企业文化导向的薪酬设计（如表 10－2 所示）。

表 10－2　企业文化导向的绩效管理与薪酬设计主要内容表

类型	外部价值观	组织特征	绩效管理要点	薪酬设计要点
职能型文化	1. 企业的产出是市场所需要的 2. 企业利用现有的成熟技术服务于现有市场 3. 企业重视稳定性和可靠性	1. 员工的专业化分工很细 2. 职位等级分明 3. 决策与执行分离 4. 只有少数高层管理者的工作对企业绩效有直接影响	1. 职能型的支持：如财会、制造、采购等专业方面的人才 2. 逻辑推理/分析思考能力 3. 员工明确工作任务的绩效 4. 带动其他绩效的能力 5. 培养条理性 6. 在职能范围内加强其他能力	1. 以个人为考评衡量单位 2. 薪酬与所在的职位直接挂钩 3. 通过职位评价确定薪酬等级 4. 工龄和司龄也是薪酬等级的决定因素 5. 只要干好本职工作就能获得报酬，浮动工资比例小
流程型文化	1. 顾客对产品的满意度是企业成败的关键 2. 企业以高质量的产品/服务来满足现有市场 3. 企业重视质量和顾客满意	1. 由工作团队来执行相对独立的工作流程 2. 工作团队直接对顾客负责，重视顾客反馈 3. 员工对这个团队的成果负有责任，有能力从事团队中的多项工作 4. 团队对产品和服务策略有决策权	1. 相关的特殊能力 2. 个人与其他团队成员的合作情况 3. 技能 4. 技巧 5. 工作成果 6. 不墨守成规，在职权范围内灵活应变，为制度的改善努力	1. 薪酬与团队对企业的贡献挂钩 2. 个人的薪酬还与技能相联系 3. 收益分享制度 4. 浮动工资比例较大 5. 以团队为绩效衡量单位，顾客满意度是衡量团队绩效的主要指标 6. 薪酬总体水平位于市场平均水平之上
时间型文化	1. 市场需求可以创造 2. 企业成功的关键是领先开发新产品、迅速占领新市场 3. 企业重视时间和最终成果	1. 项目团队运作模式员工在不同时期可能处于不同的项目团队中 2. 团队对产品/服务的整个开发和运营负责并拥有决策权 3. 员工掌握多种能力，能灵活适应工作需要	1. 为达成目标所付出的努力 2. 对其他人的影响 3. 主动性 4. 创造力/理解思考的能力 5. 旺盛的学习热情 6. 极强的适应性	1. 薪酬奖励与团队的最终成果直接挂钩 2. 员工技能的增长可以在薪酬等级中体现 3. 宽带薪酬体系 4. 以团队考评衡量单位

续表

类型	外部价值观	组织特征	绩效管理要点	薪酬设计要点
网络型文化	1. 企业成功的关键在于抓住机会 2. 所需资源可以从外部环境中获得	1. 项目采取联合团队形式运作，成员根据项目需要临时由多方合作组成 2. 团队成员在参加项目之前已具备足够的知识和能力 3. 企业追求的是投资的回报	1. 开辟新思路，尝试新方法的能力 2. 树立自信心 3. 团队合作能力 4. 建立良好关系 5. 提高服务能力 6. 不断完善技能	1. 主要团队成员的薪酬经谈判确定 2. 奖励与项目的最终成果挂钩 3. 薪酬数额必须具备足够的吸引力 4. 薪酬的制度化程度较弱

（三）企业文化与薪酬制度①

企业文化也决定了组织薪酬设计的思路、方法。特别是薪酬设计过程中，人力资源管理者都需要考虑与企业文化有关的变量。根据组织外部价值观的不同，大致可以把企业文化划分为四种：职能型文化、流程型文化、时间型文化和网络型文化。在不同的文化中对于成功关键因素的认识不同，薪酬是直接反映组织的价值取向的，特别是企业。文化决定了薪酬必将是向对企业成功最为关键的因素倾斜，因而不同文化体系中薪酬具有不同的特征。与四种企业文化类型对应的薪酬设计要点也见表 10-2。

需要解释的是，和价值观的定义近似，组织的外部价值观是解决组织与外部环境的关系时所形成的价值观。外部价值观包含着组织成员对外部环境的判断和对应该如何处理组织与外部环境的关系的共识。这里的企业文化的环境可以指组织所在行业的客观状况，可以指和企业文化有关联的认定市场，甚至包括组织战略本身。

在马跃的论文中，组织的外部价值观决定了企业文化是否与组织环境相适应。但由于薪酬制度还体现着组织中人与人之间、人与组织之间关系的基本假设，这些内部价值观例如平等与不平等、确定与不确定、合作与竞争等内部价值观以及对应的薪酬设计都得考虑到，她指出：只有当企业文化适应于组织的内部和外部的环境，这种文化才是有效的文化。而且，随着组织的经历和面临的环境的不同，企业文化也处在不断的演变中。

通过外部价值观和内部价值观两方面对薪酬的影响的分析可以得出：企业文化对薪酬制度具有内在的规定性，企业文化中的特性对应着薪酬制度中各元素的特征，薪酬制度的设计必须与文化价值观相匹配，才能真正地为组织所接受。但是薪酬制度也不是单纯地处在被动适应的地位，薪酬制度所体现的组织提倡的价值观担负着支撑主流文化的任务。薪酬制度的改革，本质上是改造组织不适应内外环境的文化和利益格局，因此，考虑文化因素也是薪酬设计过程中的应有之义。

第 3 节　“企业是文化”与人力资源管理模式

翻开任何一本人力资源管理的书，你都能看到人力资源管理的相关概念和理论框

① 马跃．企业文化与薪酬设计．北京：中国人民大学，2001.

架。从管理学的角度你能看到一个很有趣的现象，在 21 世纪初，很多人力资源管理的书只介绍到薪酬、福利管理就结束了，而从 2008 年开始，随着《劳动合同法》的实施，员工关系连带人力资源管理领域的员工健康与保护、公平对待等都成为人力资源管理的重要内容，也成为企业必须面对的新挑战。

如果我们仅仅将企业文化作为经营业绩的自变量，我们难以解释缘何进入 21 世纪，伴随着国际化的进程，西方国家反而在国民健保、企业福利上都不断增加投入。反映在人力资源管理上，西方学者的研究领域不断拓宽，在原有的人力资源的工作分析、战略规划和选、育、用、留等环节之外，增加了员工关系的内容。

员工关系是指劳资双方的关系和员工关系会对企业的发展潜力产生巨大的影响，这种关系取决于不同的社会环境以及管理者对员工的基本看法。员工关系在国外是一个内涵较为广阔的专业术语，和国内许多教材仅仅只是介绍劳动关系和集体谈判不同，广义的员工关系除此之外，还包括人力资源管理中的道德、公正和公平对待问题，员工安全与健康、全球化人力资源管理和创业型企业中的人力资源管理。以下我们从文化层面加以介绍。

一　伦理、道德及工作中的公平对待

（一）科尔伯格的道德理论

伦理是指符合道德标准或某一专业行业的行为标准，是处理与人相关的价值观、行为对错与动机好坏的哲理，道德是个体的行为准则和内在的规范。在企业层面，伦理与道德是企业文化的重要组成部分，毫无疑问，企业层面的伦理和道德（企业文化）会影响到个体层面，而管理者和被管理者是员工关系中的主体，管理者需要具备相应的伦理和道德，运用正确的方法来提升个体的伦理、道德水平，强化公平对待。

伦理、道德现象过去一直是哲学中的伦理学研究的问题，在 20 世纪 80 年代初，以科尔伯格为首的道德认知发展学派，把道德判断和道德推理这类认识问题纳入认知心理学的研究领域内，伦理与道德不仅仅是哲学思维的产物，而且可以将其作为一个可控的变量。

科尔伯格的道德判断发展阶段模型和具体内容如表 10－3 所示。

表 10－3　科尔伯格的道德判断发展的三水平六阶段模型

水平	阶段	所谓的对	做得对的理由	社会观点
前习俗水平	阶段 1：他律道德（服从和惩罚）	避免破坏规则而受惩罚，对惩罚非理性地害怕，完全服从，避免对人和物造成物理伤害。	避免惩罚和权威的强力。	自我中心观点，不考虑他人利益或认识到与自己的利益是不同的。依据物质后果而不是依据他人的心理兴趣来裁判其行动。把自己的观点与权威的观点相混淆。

续表

水平	阶段	所谓的对	做得对的理由	社会观点
前习俗水平	阶段2：自我中心、工具性目的和交换	遵守会给人眼前利益的规则，行动是为了满足自己的利益和需要，并允许别人这样做，对的也就是公平的，即一种公平的交易、交换和协定。	在满足自己的需要或利益情况下，也要承认别人的利益。	具体的个人主义观点，意识到每个人都有自己追求的各种利益，且充满着冲突。通过服务的工具性交换或者工具性的合作或者每个人得到相同数量的“公平”方式来解决冲突。
习俗水平	阶段3：相互性的人际期望、人际关系与人际协调	遵从亲人的期望或一般人对作为儿子、兄弟、朋友等角色的期望。“为善”是至关重要的，意指有良好的动机，表明关心别人，也意指维持相互关系，如信任、忠诚、尊重、感恩等。	需要按自己和别人的标准为善，关心别人，相信“金科玉律”，愿意维护保持现行的规则和权威。	与他人相联系的个人观点，意识到人所享有的情感、协议和期望高于其个人的利益。设身处地考虑问题。但仍不能考虑普遍化的制度观点。
	阶段4：法律和规则、社会制度和良心	履行个人所承担的义务，严格守法，除非它们是与其他规定的社会责任性冲突的极端情况。相对的也指对社会、团体或机构有所贡献。	致力于使机构作为一个整体，避免破坏制度，或者使良心符合规定的责任。	把社会观点和人与人之间的协议、动机区分开来。将人际期望和动机放到其所在社会系统中的位置来考虑。采纳制度观点，并据以确定角色和规则。依据制度来考虑个人之间的关系。
后习俗水平或原则水平	阶段5：社会契约或福祉和个人的权利	意识到人人都持有不同的价值观和观点，而大多数价值观和规则都相对于所属的团体。但这些相对的规则通常只有是公平的才应该遵守，因为它们是社会契约。有些非相对的价值和权利诸如生命和财产则在任何社会中都必须遵守，而不管大众的意见如何。	有义务遵守法律，因为个人缔结的这种社会目的在用法律来发展所有人的福利和保护所有人的权利。关心法律和义务是基于整体的功利，即“为了绝大多数人的最大利益”。	超前的社会观点。这是一种理性的个人意识，是价值和权利超过社会依附和契约的观点。通过正规的协商、契约，客观的公平和机制，正当的过程来整合各种观点。考虑到道德行为法律观点，承认它们有时冲突，发现整合它们的困难。
	阶段6：普遍性的伦理原则	遵守自己选择的伦理原则，特定的法律和社会协议之所以通常有效，是因为它们建立在这种原则之上，当法律违背这些原则时，人们会按原则行事。	作为一个理性的人，相信普遍的道德原则的有效性，并且立志为之献身。	基于治理社会的道德依据的观点。这种观点使任何理性的个体都懂得道德的本质和人作为目的的这个事实。

资料来源：Kohlberg L，Kramer R. Continuities and discontinuities in childhood and adult moral development. Human development，1969（12）：93－120.

显而易见，处在前因循水平的个体从现实利益出发处理道德问题，不关心在某种情况下社会规定为正确的行为方式，只关心行动的实际后果（惩罚、奖励、工具的交换）。

而处在遵循道德水平上的个体从社会成员的角度处理道德问题，认识并考虑到群体或社会的使自己的行动符合社会道德规范的要求。

科尔伯格主张，道德判断最基本或核心的结构是公平原则的结构，他认为每一个（道德）阶段的核心就是一个潜在的公平概念，每个较高阶段就是更好地解决公平问题[①]。

（二）员工的公平对待

在企业层面，企业体现自己的伦理道德水平的方式之一就是在对待自己的员工时表现出的公平性程度。企业可以用来表明自己对道德有着严肃态度的另外一种“外部力量”是制定有关伦理道德的政策和行为规范。

对员工而言，管理和行为塑造有赖于塑造他们用作自己的行为指南的价值观。员工将根据他们对企业的信念履行工作职责，员工应当被明确地告知工作的真实情况，尽管有时这对管理人员或员工是不合适的。员工的信念，不管正确与否以及其不确定性的高低都将会影响工作绩效。

良好的沟通将确保员工的信念与企业的现实一致，管理人员必须仔细思考应当如何向他们的员工发出正确的信号。因为管理人员的一言一行都会向员工传递关于什么能做、什么不能做的信号。下面是一些管理者遵守伦理和道德，公平待人的指导原则[②]：

（1）阐明期望。首先，明确你在那些你认为非常关键的价值观方面的期望。例如，IBM 公司就清楚地陈述了它对伦理道德持有的严肃认真态度。

（2）运用符号和象征。“象征”——管理者的实际行为以及由此向员工传递的信号——最终是形成和维持公司文化的最重要因素。管理人员必须言出必行。他们不能一方面说“不要捏造财务数据”，另一方面自己则乐此不疲。

（3）提供物质支持。对管理者倡导的价值观进行物质上的强化——例如，他们提供的奖金、绩效评价标准以及所使用的惩戒程序等——都在员工应当做什么以及不应当做什么方面传递强烈的信号，公司会对道德行为进行奖励还是惩罚呢？

（4）制定政策、规则和工作程序。任何一个企业需要制定规则从而使每一个员工知道管理者对他们的期望。管理者需要不断地与员工进行沟通进而使企业制定的政策、规则和工作程序能够得到下属的支持，并且需要一贯地加以强化。就是说企业要通过建立制度而不是通过人治来建立积极正向的员工关系，从而避免管理中的随意性。

（5）关爱员工。很多管理者由于工作繁忙，往往只做出被动反应而不会思考产生问题的原因。在关爱员工方面，管理者要有意识维护员工的各项权利，除了运用制度化建设让员工知道如何维护权利，还要与员工积极地沟通，这是管理者的义务之一。

二 遵守《劳动合同法》，保持和谐的员工关系

社会并不是依赖企业或者管理者自己的伦理或公平感、道德来确定它们所做的事情

① Kohlberg L. The psychology of moral development：the nature and validity of moral stages. San Franscisco：Harper and Row Publishers，1984.

② 德斯勒．人力资源管理：第 14 版．刘昕，译．北京：中国人民大学出版社，2017：472.

是正确的，社会还会制定法律，明确哪些事情是企业能做的、哪些是不能做的。例如，道德发展阶段是经过科尔伯格及其同事进行30年的追踪研究所证明，有意思的是，道德判断测量方法只能测量前五个阶段，并不能测量作为普遍性的伦理原则的第六个阶段，第六个阶段只能以哲学和伦理学证明。

正如常人所言，“法制是最起码的道德标准”。关于员工关系，早在1951年，中央人民政府就颁布了《中华人民共和国劳动保险条例》，1956年出台了《工厂安全卫生规程》等三大规程。由于我国处于计划经济时期，劳动关系行政化，劳动立法相应停滞，劳动基本法一直处于空白状态，直到1992年建立市场经济体制目标急需劳动关系市场化，《中华人民共和国劳动法》应运而生，自1995年1月1日起施行。

《劳动法》颁布之后，劳动关系彻底市场化，但是市场化的劳动关系需要平衡：第一，劳动力的供求平衡。我国有大量的劳动力富余，这使得劳方在劳动关系双方的博弈中没有讨价还价的条件。第二，工会的力量越来越受到重视。30多年来我们国家促进经济发展的方法之一是各地为了吸引投资给企业很多优惠政策，为了做大蛋糕，在有些方面牺牲了劳动者的权益。而一项标志性的事件是《劳动合同法》在2008年1月1日正式实施。

由于我国市场经济是政府主导下的转型性市场经济，劳动关系具有的历史传承的复杂性更为突出。因此，中国企业在《劳动合同法》的实施过程中，不仅需要注重法律的影响，更不能忽略其他重要因素的存在，如法律与文化的相互作用。本章仅仅从法治文化的角度来诠释《劳动合同法》中的文化意义，由于既往的研究都是从实证主义角度出发，此处我们从《劳动合同法》的实定法基础与自然法精神着眼，探讨这部法律对于形成中国特色的劳动关系，进而形成劳资两利的和谐文化的理论意义。

(一)《劳动合同法》的宪法与民法基础

1. 宪法基础

(1) 人权。

《劳动合同法》将保护劳动者合法权益作为其立法宗旨，体现了宪法保护人权与公民基本权利的精神。权利与基本权利理念源于人权思想。人权起源于道德权利，是作为人应该享有的自由或资格，本质上是以人权思想为基础而形成的作为人应当享有的自然权。人权作为道德权利，具有超国家性与超实定法的性质①，属于应有权利的范围；此外，人权还是实有权利，即实实在在的现实权利。

人权与基本权利的关系是枝与叶、源与流的关系。从宪法文本中人权概念存在的基本特点来看，人权实定化以后成为基本权或基本权利②。可以说，人权源于自然法，而基本权利源于人权。劳动合同法主要涉及公民基本权利之社会经济权利。

(2) 社会经济权利。

1) 劳动权。宪法规定了我国公民享有的基本权利，其中劳动权包含在社会经济权利之内。劳动权是指一切有劳动能力的公民有劳动和取得劳动报酬的权利，具有自由权

---

① 胡锦光，韩大元．中国宪法．4版．北京：法律出版社．2018：149.

② 胡锦光，韩大元．中国宪法．4版．北京：法律出版社．2018：150－151.

与社会权的综合性质。劳动权包括劳动就业权和取得报酬权[①]。参加社会劳动的公民有权根据所提供的劳动数量和质量获得相应的报酬，这在《劳动合同法》第三十条关于劳动报酬的规定中得到了体现。

2）休息权。休息权是劳动者休息和休养的权利，是劳动者获得生存的必要条件，是实现劳动权的前提并与劳动权形成完整的统一体[②]。宪法将休息权列为公民基本权利之一，劳动法中规定了职工每日工作时限与休息时间。《劳动合同法》第三十一条规定："用人单位应当严格执行劳动定额标准，不得强迫或者变相强迫劳动者加班。用人单位安排加班的，应当按照国家有关规定向劳动者支付加班费。"本条为劳动者休息权提供了法律保障，符合宪法精神。

3）社会保障权。社会保障权是指因社会危险处于保护状态的个人，为了维持人的有尊严的生活而向国家要求给付的请求权，实现社会保障权是国家必须履行的义务，其实现过程需要国家的积极干预，发展社会保险制度是一种重要的实现形式[③]。《劳动合同法》第四十九条规定，"国家采取措施，建立健全劳动者社会保险关系跨地区转移接续制度"，即是维护劳动者该项权利。此外，第四十二条规定了用人单位不得解除劳动合同的情形，也是旨在保障劳动者的基本生活。

（3）宪政精神。

1）民主精神。《劳动合同法》第四条与第六条都明确规定了用人单位在制定规章制度或者决定重大事项时的集体讨论机制与平等协商原则。"……应当经职工代表大会或者全体职工讨论，提出方案和意见，与工会或者职工代表平等协商确定。"集体讨论与平等协商在集中与统一中发扬了民主，与民主平等的宪政精神相契合。

2）权力的制约与监督。本法第七十四条规定了劳动行政部门监督检查事项，第七十五条规范了监督检查措施并要求依法行政、文明执法。将权力关进制度的笼子，在法律框架内依法执法，划清了公权力的边界，对国家公权力的行使施以必要合理的限制。

2. 民法基础

合同编是民法典中的重要组成部分，《劳动合同法》坚持了民法的基本原则。此外，劳动合同的效力也与民法中关于民事法律行为效力的规定相贯通。

民法基本原则。民法的基本原则是指贯穿于民法，对各项民事制度起统率作用的基本准则，代表整个社会在民事领域的价值共识与价值追求[④]，分别是平等原则、自愿原则（也称意思自治）、公平原则、诚信原则、绿色原则、守法原则（即不得违反法律与公序良俗）。《劳动合同法》第三条规定，"订立劳动合同，应当遵循合法、公平、平等自愿、协商一致、诚实信用的原则"。民法的基本原则显而易见。此处，笔者将着重讨论平等、自愿与诚信三大原则。

（1）平等原则。民事主体在民事活动中的法律地位一律平等，统一适用同一民事法律，享有平等权利，受同等保护[⑤]。《劳动合同法》第二条规定了本法的适用范围：中华

---

① 胡锦光，韩大元．中国宪法．4 版．北京：法律出版社．2018：268－270.

② 胡锦光，韩大元．中国宪法．4 版．北京：法律出版社．2018：271.

③ 胡锦光，韩大元．中国宪法．4 版．北京：法律出版社．2018：272－273.

④ 张新宝．《中华人民共和国民法总则》释义．北京：中国人民大学出版社．2019：7.

⑤ 张新宝．《中华人民共和国民法总则》释义．北京：中国人民大学出版社．2019：7－9.

人民共和国境内的企业、个体经济组织、民办非企业单位等组织与劳动者建立劳动关系，订立、履行、变更、解除或者终止劳动合同，适用本法。国家机关、事业单位、社会团体和与其建立劳动关系的劳动者，订立、履行、变更、解除或者终止劳动合同，依照本法执行。需要注意的是，国家机关虽然有管理权，但在某些民事法律关系中，国家机关与自然人（或法人）的关系并不是管理与被管理的不平等关系，而是平等主体之间的有偿财产流转的关系，当然应受本法调整。

（2）自愿原则。《民法总则》第五条规定了自愿原则，本条是民法核心精神——意思自治的体现，即民事主体依据自己的理性判断与自身意愿，从事民事活动，管理自身事务[①]。该原则作为私法的重要支柱，在民法中的体现之一即为合同自由，如《劳动合同法》第三条所述——“订立劳动合同，应当遵循……平等自愿……的原则”。意思自治的基本精神在《劳动合同法》中得到贯彻发扬。

（3）诚信原则。诚信原则是指民事主体应当具有基本的善意，本着讲诚实、守信用的态度从事民事活动，秉持诚实原则、不为欺诈行为，是最低限度的道德要求在法律上的体现[②]。《劳动合同法》第八条规定了用人单位的告知义务和劳动者的说明义务，“用人单位招用劳动者时，应当如实告知劳动者工作内容、工作条件、工作地点、职业危害、安全生产状况、劳动报酬，以及劳动者要求了解的其他情况；用人单位有权了解劳动者与劳动合同直接相关的基本情况，劳动者应当如实说明”。本条即体现了这一原则。

3. 民事法律行为的效力

《民法总则》第一百四十三条明确指出了民事法律行为的三个有效要件，即行为人具有相应的民事行为能力；意思表示真实；不违反法律、行政法规的强制性规定，不违背公序良俗。相应地，行为人与相对人以虚假的意思表示实施的民事法律行为无效，基于重大误解、欺诈、胁迫的法律行为因为有悖于真实的意思表示而无效，违反法律和行政法规的强制性规定的民事法律行为无效。《劳动合同法》第二十六条关于劳动合同的无效的规定即与《民法总则》文本相呼应。

此外，《劳动合同法》第二十七条“劳动合同部分无效，不影响其他部分效力的，其他部分仍然有效”的规定也符合《民法总则》关于民事法律行为部分无效情况下其他部分效力的规定。

（二）《劳动合同法》中的自然法精神

在《劳动合同法》中，蕴含了如下的自然法精神：

1. 平等精神

自然法主张天赋人权，人人平等，公正至上。《劳动合同法》第十一条关于未订立书面劳动合同时劳动报酬不明确的解决的规定，引入了“同工同酬”，体现了人人平等的自然法理念。第四条对用人单位依法建立和完善劳动规章制度，保障劳动者一系列合法权益的规定，反映了保障人权的自然法精神。马里旦说过：“平等的哲学基础是自然法”。自然法不是普通意义上的法律，而是一种昭示了绝对公理和终极价值的正义论，

① 张新宝．《中华人民共和国民法总则》释义．北京：中国人民大学出版社．2019：12.

② 张新宝．《中华人民共和国民法总则》释义．北京：中国人民大学出版社．2019：13－15.

而人权正是这种超验的“真正的法律”。

2. 契约精神

契约精神源于古典自然法学派，并对民主、自由、法治的构筑有着深刻的影响。许多自然法学者如格劳秀斯、普芬道夫、多马、波蒂埃等都传播并发展了契约精神。契约精神包括契约自由精神、契约平等精神、契约信守精神和契约救济精神。其中，契约自由精神包含选择缔约者的自由、决定缔约的内容与方式的自由。如前所述，在《劳动合同法》中体现为缔结劳动合同的意思自治。契约平等精神与契约信守精神可分别见于前述平等原则与诚信原则，此处不再详述。契约救济精神是指在商品交易中人们通过契约来实现对自己的损失的救济。当缔约方因对方的行为遭受损害时，提起违约之诉，从而使自己的利益得到最终的保护，《劳动合同法》第七十七条即规定了劳动者权利救济的途径。

3. 公平正义

《劳动合同法》第三条基本原则、第二十条对试用期工资的规定、第二十二条关于服务期的规定等，全都蕴含并体现着自然法公平正义的价值。自然法本身就是独立于实在法而存在的正义体系。在法学中，自然法学说即指在自然状态中固有的正义法则，始终将法律与公平正义联系在一起。

三 员工安全与健康

员工的安全与健康是人力资源管理必须重视的主题。即使在经济发达的美国，2006 年，也有 6 026 名美国工人死于工厂事故；每年有 620 多万人由于工作中的事故致伤、致病，也就是说，每年美国每百名全日制工人中大约有 6.3 件工伤事故。美国安全专家认为，这些数字低估了工伤事故的实际情况。发表在《美国医疗协会杂志》上的一个研究成果认为，估计每年有 1 320 万工人因工受伤，86.22 万工人因工患病，每年工伤事故的总成本高达 1 710 亿美元。并且，许多工伤和事故没有报告[①]。

对于当下的中国，大部分行业领域事故发生率下降。然而，安全生产形势依然严峻复杂。2019 年以来化工、煤矿、金属非金属矿山、建筑施工发生多起重特大事故，反映出一些地区和企业安全发展理念不牢、抓安全生产不严不实、防范措施不到位、监管执法能力不足等问题。当前经济下行压力增大，部分企业只顾眼前利益，不顾长远发展，忽视了安全生产投入。

而从长远的文化建设的角度看，企业必须处理好企业眼前利益和长远发展的关系，重视和加强安全生产工作，安全文化建设就成为企业文化中重要的一支。前国家安全生产监督管理总局李毅中局长提出，安全生产“五要素”中，第一要素就是“安全文化”。

安全文化是综合安全因素共同作用的结果，是安全生产实践经验的总结，是人们不断追求安全理想的体现。它改善着人们对生产安全、生活安全、社会安全的态度，改变着人们的思维方式和行为准则，对社会和生产安全起着积极的推动作用[②]。

要建立良好的企业安全文化，需要《孙子兵法》中的“令民与上同意也”。管理者

---

① 德斯勒．人力资源管理：第 14 版．刘昕，译．北京：中国人民大学出版社，2017：624.

② 谭伯祥．企业安全文化建设研究．中国安全生产科学技术，2005，1（6）：121－122.

必须具备高水平的安全文化理念，即：安全思想意识、安全知识技能和安全心理行为三部分。为此，管理者首先要掌握国家的安全生产方针、政策以及法律法规，以增强法律意识和法治观念，确保员工安全生产的第一责任；其次，要不断掌握安全工程技术，密切关注国际国内安全管理的成功经验和新方法、新思路，以提高企业的安全管理水平；最后，要系统地评价企业安全状况，掌握事故发生的规律，为正确决策提供依据。

而企业一线员工是企业安全文化建设的基石，决定了企业安全管理的效果。一线员工在企业中占比最大，是构建安全文化的关键。发生事故往往是由思想麻痹、安全意识差的员工引起，管理者要针对安全生产中出现的问题，对全体员工进行安全技术培训和安全科技文化知识的教育，使每位员工具备安全生产的认识。从安全文化建构角度看，管理者需要从以下四个方面身体力行，推己及人。

(1) 加强安全培训。提高企业一线员工的安全文化素质，改变安全知识和技能贫乏的现状。企业安全文化须强化企业一线员工的安全人生观、安全价值观和安全科学技术的教育。建设安全文化的一个重要目标，就是丰富安全物质文化、完善安全的制度文化、充实安全的精神文化、重视安全的观念文化。这些目标只有通过安全文化的建设和安全教育来实现。

(2) 注重文化累积。安全文化要深入人心，依赖日常工作中多样的安全文化积累。企业可以开展针对性强，员工喜闻乐见的安全演讲、安全知识竞赛、安全展览等，形成企业安全文化建设的氛围和环境，建立起无时不在的、切实有效的企业安全文化场域。用安全制度文化、安全观念文化、安全物质文化来规范一线员工的行为，强化安全意识。

(3) 潜移默化，直指人心。管理者要构建一线员工的安全文化世界，用正确的安全价值引导，以安全的道德、伦理、行为为标准，激励一线员工形成科学的安全生产理念，用科学的思维文化方法去完善作业程序，提高操作技能，让安全生产的文化春风化雨，直指人心。

(4) 制度化建设。安全制度是安全生产的最后屏障，安全生产制度对于约束、规范员工行为意义重大。对企业一线员工安全文化建设来说，从制度入手是一条仍然行之有效的途径。

四 跨文化管理与员工帮助计划

EAP 又称员工帮助计划或员工援助项目（employee assistance program），是企业帮助员工及其家属解决职业心理健康问题，由企业出资为员工设置的一套系统的服务项目。设立员工帮助计划的目的在于透过系统的需求发掘渠道，协助员工解决其生活及工作问题，如工作适应、感情问题、法律诉讼等，帮助员工排除障碍，提高适应力，最终提升企业生产力。企业应当向员工提供有关员工帮助计划方面的信息并鼓励其在需要的时候接受服务。

EAP 源于美国解决员工酗酒、吸毒和不良药物影响所带来的心理障碍。20 世纪六七十年代，美国社会变动剧烈：药物滥用、家庭暴力、工作压力、疾病、离婚、法律纠纷、亲人伤亡等个人问题日益影响到企业员工的情绪和工作表现。在这一阶段，职场戒酒方案考虑的只是员工酗酒问题，缺少考虑酗酒问题背后的深层次原因。管理者没有触动到导致员工低工作效率的社会背景、工作环境问题和心理问题。随着变化的社会需求，员工帮助计划项目逐步多了起来，一些项目的服务范围也扩大了，把服务对象扩展到了员工家属。此时的员工帮助计划项目增多、内容丰富，以解决员工个人问题为主。

20 世纪 80 年代以来，社会不断进步、企业不断壮大、管理思想不断革新，企业心理服务得到了蓬勃发展。不仅在美国，而且在英国、加拿大、澳大利亚等发达国家和地区，均出现了大量的员工帮助计划项目。1995 年，美国劳工统计局的调查发现，拥有 50 人以上员工的私人公司购买员工帮助计划的比例已经达到了 39%，员工帮助计划正在成为西方现代工作场所一种常规化的服务实践。据统计，美国有将近四分之一企业的员工享受员工帮助计划服务。在美国《财富》杂志评选的世界 500 强企业中，有 90%以上的企业建立了员工帮助计划服务制度，80%的企业都聘请了专门的员工帮助计划服务公司，为企业的管理者和员工提供服务，这种服务也广泛运用在政府、社区和其他公共服务部门中。这不仅给企业带来收益，也促进了社会稳定，因此，在政府部门、军队也得到了广泛的应用。各州政府通过立法来加强对员工帮助计划的监管，这也促进了员工帮助计划的规范化和普及化。

随着跨国公司的发展和在世界各地的扩张，军队外驻、学术交流和留学生计划的发展，员工帮助计划迅速地被这些跨国公司介绍到世界各地，使得员工帮助计划在北美、欧洲和大洋洲等地的发达国家有了相当大的发展和广泛的应用，由此也产生了具有一定规模的从事员工帮助计划的跨国服务公司。

随着经济的全球化，国外知名企业越来越多地来到中国。与此同时，中国的企业不断践行“走出去”的战略。由于环境和文化差异，一些来华的国外雇员由于工作、人际交往、环境适应上的压力，加之缺乏心理健康专业机构提供的心理帮助服务，影响了他们的工作绩效。一些大型外资企业开始导入专业的服务——员工帮助计划，西方的员工帮助计划服务机构也随之开始进入我国市场。

同时，由于企业竞争加剧，中国员工也开始面对工作压力、人际交往压力、家庭成员关系压力等。2001 年 3 月，在联想集团诞生了我国第一个完整的员工帮助计划项目。目前我国也还只是在一些跨国公司的分支机构和少数国内知名大企业实施员工帮助计划服务。

国内的员工帮助计划的应用范围逐步由最初的外资企业发展到国有企业，第一个全套引进员工帮助计划的国有企业是中国联合工程公司，这标志着员工及其家属的心理服务不再只受到外企的重视，也逐步被我国政府和企事业单位的管理者所重视。

早期，我国企业大多是与医院的心理门诊、精神科或高校心理咨询中心合作开展员工帮助计划活动。逐渐地，企业开始寻找专业的机构，寻求得到更全面更有效的服务。在此需求的推动下，西方员工帮助计划服务机构开始进入我国市场。与此同时，在北京、上海等大城市陆续成立了一些本土的专业化的员工帮助计划公司和服务机构。“首届中国企业心理服务（EAP）国际论坛”于 2005 年 6 月在北京召开，这标志着专业化和商业化的员工帮助计划在我国逐步迈进。

我国最早关于员工帮助计划的服务项目，是为了解决员工工作压力、情绪困扰、组织公平感等问题，与员工个人生活相关的服务项目很少涉及。随着企业以人为本的观念加强，员工帮助计划在我国不断普及，我国员工帮助计划的服务项目开始更关注法律援助、健康生活方式、理财、饮食习惯、情感困扰等员工个人生活的方方面面。随着各类专业服务机构的推动，我国企业对员工的关怀日益增强，加之来自高校和研究单位的支持，我国的员工帮助计划服务开始成为向企业员工提供的一种普遍的心理健康援助服务。

本章小结

本章首先概述了人力资源管理的一般内容，梳理了传统人事管理与现代人力资源管理的区别与联系；其次简要阐述了企业文化与人力资源管理的相互关系；最后从工作分析、人员甄选、绩效与薪酬管理四个角度阐释了“企业有文化”背景下的人力资源管理体系，进而在“企业是文化”的背景下探究了企业伦理道德和员工公平对待、劳动合同法、员工安全与健康、员工帮助计划四个方面，引导读者从文化的角度看待和思考人力资源问题。

关键词

人力资源管理　人职匹配　工作分析　人员甄选　绩效与薪酬管理　伦理与道德　公平对待　员工关系　员工安全与健康　员工帮助计划

复习思考题

1. 什么是人力资源管理？
2. 人职匹配的基本理论有哪些？
3. 人与组织匹配的理论有哪些？
4. “企业有文化”背景下的人力资源管理侧重点包括哪些领域？
5. “企业是文化”背景下的人力资源管理侧重点包括哪些领域？
6. 如何建构企业的安全生产文化？
7. 谈谈你对企业文化导向的人力资源管理体系的认识。

案例

文化与人：家和文化——北京基础设施投资有限公司员工手册①

北京市基础设施投资有限公司（简称“京投公司”）成立于2003年，是由北京市国有资产监督管理委员会出资成立的国有独资公司，承担以轨道交通为主的基础设施投融资与管理，以及轨道交通装备制造与信息技术服务、土地与物业开发经营等相关资源经营与服务职能。

公司历任党政主要领导都高度重视企业文化建设，在企业与员工共同成长和发展中建立起以“团结、友爱、包容、共享”为基本内涵的京投“家和”文化。

家和万事兴。“家和”是京投公司企业文化追求的团队内部关系境界。不仅是艺术化的审美追求，而且是伦理化的价值观念。“家和”以“和”文化为理论基础，追求员工之间和睦、互助、共享、共进的氛围。“家和”既包容和尊重员工个性，又强调员工与企业之间和谐，从而使企业形成丰富多样又协调统一的整体。

因此，公司在人力资源管理上注重工作—生活平衡理念，与“家和”文化保持一

---

① 本案例与本章章首案例根据本书作者在京投公司任外部董事（2015年迄今）时进行的访谈而改写。

致。在人员招募上，公司严格按照招募流程，无性别歧视。2019 年上半年的人员招募，32 名入职的员工中，10 位是女性，占招募人数的 31%。

京投公司注重员工的开发和培训，无论是新员工的入职培训，还是在职员工的素质能力开发，京投公司每年在此项的投入占工资总额的 5%，并且投入金额年年递增。

京投公司将人力资源管理与企业民主管理有机融合，在不断完善员工激励约束机制的同时，非常注重员工合法权益的维护和保护。看一下精心设计、满载关爱的员工《家和手册》就知道了（如图 10－7 所示）。

图 10－7　《家和手册》示例图

注意以下福利和相关规定（如图 10－8 所示）。

工会体系

职工互助

暖・互助

依据北京市基本医疗保险认可的医疗机构的门诊、住院医疗费由个人承担"自付（一）"费用可享受医疗补助。

非工伤意外伤害及家财损失综合保障

缓解职工及职工子女因意外事故导致医疗费用支出增加和收入减少或因火灾、水暖管爆裂导致家庭财产损失带来的经济负担。

在职职工重大疾病互助保障

在互助保障有效期内会员首次确诊患有本活动所列的 25 类重大疾病的一类或多类时，会员可按照本活动有关规定领取互助金，用于缓解会员家庭经济困难。

在职职工住院医疗互助保障

在互助保障有效期内会员因病住院治疗（含急诊留观并收入住院治疗的）、门诊特定项目（门诊慢性病治疗除外），根据北京市基本医疗保险规定的医疗费用自付（一）部分，会员可按照本活动有关规定领取互助金，用于缓解会员家庭经济困难。

在职女职工特殊疾病互助

在互助保障有效期内会员首次确诊患有本活动所列的 12 类女职工特殊疾病的一种或多种时，会员可按照本活动有关规定领取互助金，用于缓解会员家庭经济困难。

08

帮扶救助

工会体系

京投家和温暖基金

为进一步做好职工困难帮扶和应急救助工作，京投公司工会在市温暖基金会的基本账户下，设立"京投家和"专项基金，主要用于与京投公司签订一年以上劳动合同的职工本人（及家属）重大疾病医疗和因突发事件或意外灾害造成家庭生活困难等的临时应急救助。

生活帮困

家庭人均收入符合北京市困难职工标准的职工，年度内给予相应一次性救助。

教育助学

职工家庭因生活困难造成子女上学难，但未达到北京市助学活动资助标准的，其子女在全日制教育阶段给予相应一次性资助。

医疗救助

职工本人或职工直系亲属（仅限配偶及未成年子女）患重大疾病（包括精神疾病），享受医疗保险待遇和其他补助后，个人承担医疗费确有困难、生活仍难以维持的，依据其当年自付医药费用金额，经审核后给予相应救助。

自付金额为医疗费自付部分减去医疗保险、企业补充医疗保险、职工互助保障等赔付后金额。

突发事件和意外灾害救助

职工本人或家庭因突发事件或意外灾害，依法享受有关部门经济补偿后，本人或家庭仍有较大损失和特殊困难的，依据其损失程度和家庭经济状况，给予相应的一次性应急救助。

其他扶助

包括职工见义勇为扶助、职工应征入伍扶助、职工死亡扶助。其他经京投家和专项基金项目执行组按照相关程序认定需要帮扶救助的项目，救助内容和标准经专项基金项目执行组研究决定。

具体可详细咨询公司工会办公室。

09

图 10－8　《家和手册》示例图

值得一提的是，公司领导与员工（乃至家庭成员）建立共同愿景，同时倾听员工声音，与员工沟通、处理好“小家、大家、万家和国家”的关系。内和外顺，企业才能适应不断变化的内外部环境，提升企业经营业绩。和在企业，和在家庭，和在心灵，和在品德，和在行动，和在文化。“家和”文化是一种先进的企业文化，依法治企、以德治企、公平诚信、和谐友爱。因此，以京投公司这种弘扬“家和”文化为代表的企业往往是对国家、对社会负责的企业，倡导关心全体员工的利益和愿望，有效地引导员工在道德行为、权利义务等方面不断进步，做到明长远之礼、立诚信之业。京投的“家和”文化理念之所以能够深入人心、丰富发展，除了企业领导高度重视、大力倡导之外，还来自企业多个层面的保障和支撑。我在访谈中汇集并整理了以下主要观点：

第一，国企与外资企业和民营企业相比，更加注重企业员工合法权益的保护，更加追求员工与企业共同发展、共享成果，这是由国企的政治属性和社会属性所决定的。

第二，企业文化的建设和发展，不仅要有理念，更为重要的是通过一件件与职工息息相关的细小举措落实的，比如印制《家和手册》，一本小册子真正让企业文化直达员工群体，沁入心脾。

第三，员工的关心关爱和权益维护并不是一蹴而就的，需要企业提供持续的、系统的、多方面的制度加以保证，形成软影响与硬约束的有机融合。

回到章首案例与思考的内容中来，在京投公司，缘何女性没有工作牵绊？值得一提的是，作为一家以轨道交通投融资为主体的企业，京投公司的女性员工占了39%。其中25～35岁的女性占19%。以女员工的权益来看，京投公司女员工除了享受手册中员工个人的医疗、保健、产假等权益外，考虑到中国儿童看病难的问题，京投公司专门和北京儿童医院合作，建立京投职工子女就诊绿色通道，有效地缓解了员工养育子女的后顾之忧。

学习与练习

1. 结合第9章有关跨文化管理的内容，谈谈你对人力资源管理影响企业文化建设的看法。

2. 如何通过人力资源管理的各种方式构建、支撑企业文化？

3. 阅读以下资料，分组讨论缘何华为肯用7年升级人力资源管理纲要为2.0版。

华为从一家当年一无所有的民营企业，成为所在领域的世界级领先公司，它到底做对了什么？驱动这种高速成长的机制到底是什么？

2018年3月20日，华为发布了《华为公司人力资源管理纲要2.0总纲》。华为用了7年的时间，把管理纲要从1.0升级到了2.0。其中，有两句话道出了华为成功的秘诀。第一，人力资源管理的价值贡献，在于让组织始终充满活力。第二，人力资源管理是公司商业成功与持续发展的关键驱动要素。所以，30年来，驱动华为由一个弱小企业变成今天进入“无人区”的领先企业，其核心是“对人的管理”。这两条秘诀把华为如何走到今天背后的原因讲明白了。

华为激活组织的理论基点：避免“熵增”。“黑天鹅”“蝴蝶效应”出现得太频繁了，我们真的搞不清楚未来，因此要重视组织。华为提出了一个激活组织的理论模型“熵”——任正非引用了热力学第二定律中“熵”的概念：自然、社会任何时候都是高温自动向低温转化的。也就是说，一个封闭系统，最终会达到热平衡，没有了温差，再不能做功。这个过程叫“熵增”，最后状态就是“熵死”，也称“热寂”。一个组织、系统要充满活力就是避免“熵增”，强化“熵减”。企业发展的自然法则也是“熵”由低到高，逐步走向混乱，并失去发展动力。在“熵”理论的启示下，任正非指出了管理“就是在混乱中怎么走向治，乱中求治”。

华为的活力引擎模型影响华为“熵增”的因素有哪些？比如，公司早期要钱没钱，但是有梦想、有冲劲，员工一致向外。一旦公司有钱了，大家的眼睛都开始盯着公司内部，窦娥式的员工大量出现：公司亏待了自己，奖金给得少，晋升慢，都成了怨妇。以前追求客户满意度，现在追求员工满意度。理论上是一致的，但现实是矛盾的。员工满意了，客户肯定不满意，员工都不去非洲了，在总部多好，那客户满意吗？所以要高度警惕那些看起来很对的理论，现实中大量的理论是经不起实践检验的。这些问题都是组织活力下降的一些表现。为此，华为总结了 18 项腐败行为、“干部八条”、华为十大内耗。然而，华为最厉害的是通过自我批判来增加活力。它的自我批判不是走形式，而是一套管理体系，包含了 20 多项措施。既深入到了文化之中，也深入到了管理、机制之中。

另外一个新的变化是，过去华为老强调物质、钱。从 2017 年开始，华为开始重点强调精神激励。拿破仑曾讲过：精神和物质的比例应该是 3∶1。钱不能解决所有问题，能够通过金钱解决的问题都不是问题。华为的活力引擎模型，不仅仅是一个实践探索，更是一个理论探索①。

---

① 吴春波．华为人力资源管理，刚刚升级到了 2.0 版本．中外管理，2018 (8)：50 - 51.

参考文献

一、中文参考文献

[1] 沙因 E，沙因 P. 组织文化与领导力：第 5 版．陈劲，贾筱，译．北京：中国人民大学出版社，2020.

[2] 白光林，杨韬．国内组织文化与组织绩效关系研究述评．组织与人力资源管理，2014，28（7）：94－98.

[3] 宝贡敏，徐碧祥．组织认同理论研究述评．外国经济与管理，2006（1）：39－45.

[4] 曹亚霜．辱虐管理对知识型员工离职倾向的影响研究：组织认同和人格特质的作用．沈阳：东北大学，2014.

[5] 陈壁辉，李庆．离职问题研究综述．心理科学进展，1998（1）：26－31.

[6] 陈春花．企业文化的改造与创新．北京大学学报（哲学社会科学版），1999（3）：51－56.

[7] 陈传明，张敏．企业文化的刚性特征：分析与测度．管理世界，2005（6）：101－106.

[8] 陈峰．冲突管理方式对员工创新绩效的影响研究．合肥：安徽大学，2018.

[9] 陈浩．心理授权与组织认同的关系研究．经济纵横，2010（7）：123－126.

[10] 陈会．组织文化对员工影响的探讨．管理观察，2018（3）：98－99.

[11] 陈加洲，凌文辁，方俐洛．组织中的心理契约．管理科学学报，2001，4（2）：74－78.

[12] 陈维政，忻蓉，王安逸．企业文化与领导风格的协同性实证研究．管理世界，2004（2）：75－83.

[13] 陈玉和，白俊红，李佳．创新型文化及其构建：基于企业 DNA 理论的探讨．山东科技大学学报（社会科学版），2007（2）：50－54.

[14] 陈云．马斯洛人本主义心理学：以《动机与人格》为核心文本的研究．北京：首都师范大学，2014.

[15] 陈志刚．员工公平感与人力资源薪酬策略以及组织承诺的关系研究．杭州：浙江大学，2004.

[16] 程自勇．组织文化对员工离职倾向的影响研究．杭州：浙江工商大学，2012.

[17] 邓建有，周晓东．企业文化对知识共享的影响分析．科学学与科学技术管理，2005（9）：82－85.

[18] 迪尔，肯尼迪．企业文化：企业生活中的礼仪和仪式：珍藏版．李原，孙健

敏，译．北京：中国人民大学出版社，2020.

［19］董培．浅析组织文化与组织认同的关系．重庆科技学院学报（社会科学版），2008（1）：92－93.

［20］樊耘，余宝琦，纪晓鹏．组织文化分类的演进与竞合（双C）文化模型的提出．管理评论，2009（1）：102－108.

［21］高霞，张俊娟．浅析组织文化主要理论对组织行为的影响．绥化师专学报，2004（2）：33－36.

［22］官志华，曾楚宏．基于需求层次理论的核心员工激励．中国人力资源开发，2006（1）：60－62.

［23］郭纪金．企业文化．广州：中山大学出版社，1995.

［24］胡博文．基于管理视角的企业文化影响因素调查分析．财会通讯，2013（29）：32－34.

［25］胡燕．组织文化认同、工作满意度和离职倾向的相关研究．重庆：西南大学，2010.

［26］胡泳．海尔中国造之企业文化与素质管理．海口：海南出版社，2010.

［27］姜思．互联网创业企业GSKJ公司文化建设研究．北京：中国人民大学，2015.

［28］姜泽许．高绩效人力资源实践对员工离职倾向的影响研究．北京科技大学，2014.

［29］柯林斯，波勒斯．基业长青．北京：中信出版社，2009.

［30］科特，赫斯科特．企业文化与经营业绩．北京：华夏出版社，1997.

［31］黄河，吴能全．组织文化形成途径：我国中小型民营企业的跨案例研究．管理世界，2009（S1）：56－64.

［32］黄卫伟．价值为纲．北京：中信出版集团股份有限公司，2017.

［33］胡玮玮，姚先国．组织文化、知识管理战略与绩效关系研究．科研管理，2009（30）：91－98.

［34］卡梅隆，奎因．组织文化诊断与变革：第3版．王素婷，译．北京：中国人民大学出版社，2020.

［35］克拉克，霍夫曼-马丁诺．新政治文化．何道宽，译．北京：社会科学文献出版社，2006.

［36］李成彦．组织文化对组织效能影响的实证研究．上海：上海师范大学，2005.

［37］李成彦．组织文化研究综述．学术交流，2006（6）：183－185.

［38］李成彦．组织文化对组织效能的实证研究．生产力研究，2009（7）：145－165.

［39］李海，张德．组织文化与组织有效性研究综述．外国经济与管理，2005，27（3）：2－11，26.

［40］李海，张勉．企业文化是核心竞争力吗?：文化契合度对企业绩效的影响．企业管理，2012（4）：125－134.

［41］李平．以绩效为导向的企业文化创新．科学大观园，2007（4）：83.

［42］黎群，唐艳．对企业文化测评方法的研究．北京交通大学学报（社会科学版），2007，6（4）：49－52.

［43］卢嘉，时勘，杨继锋．工作满意度的评价结构和方法．中国人力资源开发，2001（1）：15－16.

［44］罗长海，林坚．企业文化要义．北京：清华大学出版社，2003.

［45］罗佳，苗元江．离职意向：员工离职行为的“预测者”．现代企业教育，2010（18）：71－72.

［46］马华维．企业文化建设的实证研究：对一国有大型电力公司企业文化建设的调查与分析．管理世界，2001（3）：56－61.

［47］马明峰．组织文化测评的方法与工具．江苏商论，2007（2）：120－122.

［48］马斯洛．动机与人格．许金声，译．北京：中国人民大学出版社，2007.

［49］彭小娜．组织认同感对员工知识共享意愿的影响研究．大连：东北财经大学，2010.

［50］秦志华，傅升，蒋诚潇．基于领导—成员交换视角的组织公平与组织认同关系研究．商业经济与管理，2010，1（2）：37－43.

［51］石伟．组织文化．上海：复旦大学出版社，2004.

［52］宋联可，杨东涛，杨浩．组织文化评价量表研究．华东经济管理，2009（23）：150－153.

［53］孙海法，戴水文，童丽．民营企业组织文化价值观的维度．中山大学学报（社会科学版），2004（3）：101－105.

［54］孙海燕．饭店企业文化、组织承诺与离职倾向的关系研究．杭州：浙江大学，2012.

［55］孙岚．组织文化对员工组织认同影响研究．重庆：西南大学，2009.

［56］谭陆军．基于OCAI量表法的企业文化诊断与再造研究：以赛尔集团为例．宁波：宁波大学，2014.

［57］唐炎钊，袁睿晗．企业文化塑造的跨案例研究．管理案例研究与评论，2012，5（4）：292－305.

［58］王国顺，张仕憬，邵留国．企业文化测量模型研究：基于Denison模型的改进及实证．中国软科学，2006（3）：145－250.

［59］王乾龙．阿里巴巴的企业文化．深圳：海天出版社，2010.

［60］王彦斌．组织认同与行动理性．云南行政学院学报，2007（5）：25－27.

［61］王亚鹏．组织文化、组织文化吻合度与员工的组织公民行为．心理与行为研究，2009（2）：137－144.

［62］王玉芹，张德．创新型文化与企业绩效关系的实证研究．科学学研究，2007，25（2）：475－479.

［63］王忠民，陈继祥，续洁丽．试论影响员工离职的若干组织因素．管理现代化，2001（5）：44－46.

［64］翁清雄，胡倍．人才流动的成长效应：一个探索分析框架．经济管理，2008（5）：56－59.

［65］奚菁．组织认同与组织承诺之比较及其对管理实践的启示．前沿，2009（11）：162－165.

［66］谢厚鹏．企业文化的定性与定量测评研究．北京：北京交通大学，2007.

［67］熊明良．组织认同在员工离职倾向决定中的调节效应研究．软科学，2008，22（7）：64－69.

［68］徐二明．企业战略管理．北京：中国经济出版社，2002.

［69］徐尚昆．中国企业文化概念范畴的本土构建．管理评论，2012，24（6）：124－131.

［70］徐晓锋，车宏生，林绚晖，等．组织支持理论及其研究．心理科学，2005，28（1）：130－132.

［71］姚景照．组织价值观及其测量．现代企业教育，2011（2）：201－202.

［72］严燕．基于识别特征视角的组织认同研究．北京：北京交通大学，2016.

［73］叶仁荪，王玉芹．国有企业员工退出行为的博弈分析．上海管理科学，2004（6）：52－54.

［74］于珊，陈晓红．员工心理契约及其违背后工作态度的中美跨文化比较．系统工程，2008（2）：53－61.

［75］曾昊，陈春花，乐国林．组织文化研究脉络梳理与未来展望．外国经济与管理，2009，31（7）：33－41.

［76］赵海涛，陈广．华为的企业文化．深圳：海天出版社，2010.

［77］赵琼．国外企业文化研究进展．华北电业，2002（4）：19.

［78］张光进，廖建桥，骆静．Denison 企业文化量表在中国背景下的有效性分析．管理评论，2007（11）：42－48.

［79］张德．企业文化建设．北京：清华大学出版社，2003.

［80］张德，王玉芹．组织文化类型与组织绩效关系研究．科学学与科学技术管理，2007（7）：146－151.

［81］张勉，李海，魏钧．企业文化和企业绩效的关系研究：一致性和均衡性的观点．科学学与科学技术管理，2007，28（8）：140－148.

［82］张勉，李树茁．人口变量、工作满意度和流失意图的关系实证研究．统计研究，2001（10）：51－56.

［83］张勉，李树茁．雇员主动离职心理动因模型评述．心理科学进展，2002，10（3）：337－339.

［84］张勉，张德．组织文化的影响和传播机制研究述评．科学学研究，2003（12）：177－182.

［85］张勉，张德．组织文化测量研究述评．外国经济与管理，2004，26（8）：2－7.

［86］张水英．基于员工视角的企业社会责任对其工作投入影响的实证研究．广州：华南理工大学，2011.

［87］张亚军．知识型员工工作满意度对离职意愿影响的实证研究．西安：西安石油大学，2011.

［88］张志学，鞠冬，马力．组织行为学研究的现状：意义与建议．心理学报，2014，46（2）：265－284.

［89］赵黎明．当代国有企业文化建设研究．长春：吉林大学，2015.

[90] 赵西萍，刘玲，张长征．员工离职倾向影响因素的多变量分析．中国软科学，2003 (3)：71-74.

[91] 甄珍，付东普．创新型企业文化构建的案例研究．管理案例研究与评论，2012，5 (3)：157-166.

[92] 郑伯埙．组织文化价值观的数量衡鉴．中华心理学刊，1990，32 (3)：31-49.

[93] 周勇，金文文．知识型企业新员工组织认同对知识共享绩效的影响研究．企业管理，2018 (3)：119-121.

[94] 朱筠笙．跨文化管理：碰撞中的协同．广州：广东经济出版社，2000.

二、英文参考文献

[1] Argyris C. Understanding Organizational Behavior. London：Tavistock Publications，1960.

[2] Amabile T M，Conti R，Coon H，et al. Assessing the work environment for creativity. Academy of Management Journal，1996，39 (5)：1154-1184.

[3] Cameron K S，Quinn R E. Diagnosing and changing organizational culture：based on the competing values framework. New York：John Wiley & Sons，2011.

[4] Cooke R A，Rousseau D M. A quantitative approach to the assessment of organizational culture. Group and Organization Studies，1988 (13)：245-273.

[5] Currivan D B. The causal order of job satisfaction and organizational commitment in models of employee turnover. Human Resource Management Review，1999，9 (4)：495-524.

[6] Day D，Crain E. The role of affect and ability in initial exchange quality perceptions. Group and Organization Management，1992，17：380-397.

[7] Denison D R. Corporate culture and organizational effectiveness. New York：John Wiley & Sons，1990.

[8] Denison D R，Mishra A K. Toward a theory of organizational culture and effectiveness. Organization science，1995，6 (2)：204-223.

[9] Denison D R. What is the difference between organizational culture and organizational climate? A native's point of view on a decade of paradigm wars. Academy of Management Review，1996，21 (3)：619-654.

[10] Eisenberger R，Cummings J，Armeli S，et al. Perceived organizational support，discretionary treatment and job satisfaction. Journal of Applied Psychology，1997，82：812-820.

[11] Eisenberger R，Armeli S，Rexwinkel B，et al. Reciprocation of perceived organizational support. Journal of Applied Psychology，2001，86 (1)：42-51.

[12] Gilley J W，Eggland S A. Principles of humnan resources development. Reading：Addision-Wesley，1989.

[13] Gordon G G，DiTomaso N. Predicting corporate performance from organizational culture. Journal of Management Studies，1992，29 (6)：783-798.

[14] Godfrey P C. Identity in organizations：building theory through conversations. California，SAGE Publications. Inc，1998.

[15] Hatch M，Schultz M. Relations between organizational culture，identity and image. European Journal of Marketing，1997，31：356－365.

[16] Hellman，Chan M. Job satisfaction and intent to leave. Journal of Social Psychology，1997，137 (6)：677－696.

[17] Henri J F. Organizational culture and performance measurement systems. Accounting，Organizations and Society，2006，31 (1)：77－103.

[18] Hofstede G. Culture's consequences：international differences in work-related values. Beverly Hills：Sage，1984.

[19] Hostede G，Hofstede G. Cultures and organizations：software of the mind. New York：McGraw Hill，1991.

[20] Hofstede G，Neuijen B，Ohayv D D，et al. Measuring organizational cultures：a qualitative and quantitative study across twenty cases. Administrative Science Quarterly，1990：286－316.

[21] Kotter J P，Heskett J L. Corporate culture and performance. Burlington：Free Press，1992.

[22] Latour B. The pasteurization of France. Cambridge：Harvard University Press，1993.

[23] Lee B C P. Going beyond career plateau：using professional plateau to account for work outcomes. Journal of Management Development，2003，22 (6)：538－551.

[24] Lee T W，Mitchell T R. An alternative approach：the unfolding model of voluntary employee turnover. Academy of Management Review，1994，19 (1)：51－89.

[25] Locke. What is job satisfaction? . Organizational Behaviour and Human Performance，1999 (4)：309－336.

[26] Mobley W H，Griffeth R W，Hand H H，et al. Review and conceptual analysis of the employee turnover process. Psychological Bulletin，1979，86：493－522.

[27] Morris M W，Leung K，Ames D，et al. Views from inside and outside：integrating emic and etic insights about culture and justice judgment. Academy of Management Review，1999，24 (4)：781－796.

[28] Naumann S E，Bies R J，Martin C L. Laid off，but still loyal：the influence of perceived justice and organizational support. International Journal of Conflict Management，1998，9 (4)：356－368.

[29] Northouse P G. Leadership：theory and practice. Thousand Oaks：Sage Publications，1997：113－121.

[30] O'Reilly C A，Chatman J，Caldwell D F. People and organizational culture：a profile comparison approach to assessing person-organization fit. Academy of management journal，1991，34 (3)：487－516.

[31] Orpen C. The effects of exchange ideology on the relationship between per-

ceived organizational support and job performance. The Journal of Social Psychology, 2001, 134 (3): 407-408.

[32] Ouchi W G, Wilkins A L. Organizational culture. Annual Review of Sociology, 1985, 11 (1): 457-483.

[33] Parker M. Post-modern organizations or postmodern organization theory? . Organization studies, 1992, 13 (1): 1-17.

[34] Pettigrew A M. On studying organizational cultures. Administrative Science Quarterly, 1979, 24 (4): 570-581.

[35] Poole M S. Communication and organizational climates: review, critique, and a new perspective. //McPhee R, Tompkins P K. Organizational communication: traditional themes and new directions. Beverly Hills, CA: Sage, 1985, 79-108.

[36] Prahalad C K, Hamel G. The core competence of the corporation. Harvard Business Review, 1990: 79-93.

[37] Robert C, Wasti S A . Organizational individualism and collectivism: theoretical development and an empirical test of a measure. Journal of Management, 2002, 28 (4): 544-566.

[38] Roth J. Enabling knowledge creation: learning from an R&D organization. Journal of Knowledge Management, 2003, 7 (1): 32-48.

[39] Sackman S A. Uncovering culture in organizations. Journal of Applied Behavioral Science, 1991, 27 (3): 295-317.

[40] Schein E H. Coming to a new awareness of organizational culture. Sloan Management Review, 1984, 25 (2): 3-16.

[41] Schein E H. Review of corporate culture. Human Resource Management, 1989, 28 (4): 557-561.

[42] Schein E H. Organizational culture and leadership. San Francisco: Jossey-Bass, 1992.

[43] Schein E H. Culture: the missing concept in organization studies. Administrative Science Quarterly, 1996, 41 (2): 229-240.

[44] Self D R, Holt D T, Schaninger W S. Work-group and organizational support: a test of distinct dimensions. Journal of Occupational and Organizational Psychology, 2005, 78: 133-140.

[45] Steel R P, Griffeth R W. The elusive relationship between perceived employment opportunity and turnover behavior: a methodological or conceptual artifact? Journal of Applied Psychology, 1989, 74: 846-854.

[46] Turnley W H, Feldman D C. Re-examining the effects of psychological contract violations as mediators. Journal of Organizational Behavior, 2000, 21: 25-42.

[47] Waterman R H, Peters T J. In search of excellence: lessons from America's best-run companies. New York: Harper & Row, 1982.

[48] Wayne S, Shore L, Liden R. Perceived organizational support and leader-

member exchange: a social exchange perspective. Academy of Management Journal, 1997, 40: 82-111.

[49] Wheeler A R, Gallagher V C, Broucr R L, et al. When person-organization (mis) fit and (dis) satisfaction lead to turnover: the moderating role of perceived job mobility. Journal of Managerial Psychology, 2007, 22 (2): 203-219.

[50] Wilkins A L, Ouchi W G. Efficient cultures: exploring the relationship between culture and organizational performance. Administrative Science Quarterly, 1983 (28): 468-481.

图书在版编目（CIP）数据

企业文化：基于人类学和管理学的视角/石伟著．--北京：中国人民大学出版社，2020.8
中国人民大学劳动人事学院第四代系列教材
ISBN 978-7-300-28504-7

Ⅰ.①企…　Ⅱ.①石…　Ⅲ.①企业文化—高等学校—教材　Ⅳ.①F272-05

中国版本图书馆 CIP 数据核字（2020）第 164767 号

中国人民大学劳动人事学院第四代系列教材
企业文化
——基于人类学和管理学的视角
石　伟　著
Qiye Wenhua——Jiyu Renleixue he Guanlixue de Shijiao

出版发行	中国人民大学出版社		
社　　址	北京中关村大街 31 号	**邮政编码**	100080
电　　话	010－62511242（总编室）		010－62511770（质管部）
	010－82501766（邮购部）		010－62514148（门市部）
	010－62515195（发行公司）		010－62515275（盗版举报）
网　　址	http://www.crup.com.cn		
经　　销	新华书店		
印　　刷	固安县铭成印刷有限公司		
开　　本	787 mm×1092 mm　1/16	**版　　次**	2020 年 8 月第 1 版
印　　张	20.25 插页 1	**印　　次**	2024 年 6 月第 3 次印刷
字　　数	465 000	**定　　价**	55.00 元

中国人民大学出版社　管理分社

教师教学服务说明

中国人民大学出版社管理分社以出版工商管理和公共管理类精品图书为宗旨。为更好地服务一线教师，我们着力建设了一批数字化、立体化的网络教学资源。教师可以通过以下方式获得免费下载教学资源的权限：

- ★ 在中国人民大学出版社网站 www.crup.com.cn 进行注册，注册后进入“会员中心”，在左侧点击“我的教师认证”，填写相关信息，提交后等待审核。我们将在一个工作日内为您开通相关资源的下载权限。

- ★ 如您急需教学资源或需要其他帮助，请加入教师 QQ 群或在工作时间与我们联络。

中国人民大学出版社　管理分社

教师 QQ 群：648333426(工商管理)　114970332(财会)　648117133(公共管理)
教师群仅限教师加入，入群请备注（学校+姓名）

联系电话：010-62515735，62515987，62515782，82501048，62514760

电子邮箱：glcbfs@crup.com.cn

通讯地址：北京市海淀区中关村大街甲 59 号文化大厦 1501 室（100872）

管理书社　　人大社财会　　公共管理与政治学悦读坊